A verdadeira Jane Austen

Uma biografia íntima

Livros de Jane Austen publicados pela **L**&**PM** EDITORES:

A abadia de Northanger
Amor e amizade & outras histórias
Emma
Jane Austen – SÉRIE OURO *(A abadia de Northanger; Razão e sentimento; Orgulho e preconceito)*
Lady Susan, Os Watson e Sanditon
Mansfield Park
Orgulho e preconceito
Persuasão
Razão e sentimento

Paula Byrne

A verdadeira Jane Austen

Uma biografia íntima

Tradução de RODRIGO BREUNIG

Texto de acordo com a nova ortografia.

Título original: *The Real Jane Austen: A Life in Small Things*

Tradução: Rodrigo Breunig
Capa: Ivan Pinheiro Machado
Ilustrações: © Sara Mulvanny, 2013
Preparação: Marianne Scholze
Revisão: Patrícia Yurgel

CIP-Brasil. Catalogação na publicação
Sindicato Nacional dos Editores de Livros, RJ.

B999v

Byrne, Paula, 1967-
    A verdadeira Jane Austen: Uma biografia íntima / Paula Byrne; tradução Rodrigo Breunig. – 1. ed. – Porto Alegre [RS] : L&PM, 2018.
    440 p. : il. ; 21 cm.

    Tradução de: *The Real Jane Austen: A Life in Small Things*
    ISBN 978-85-254-3776-1

    1. Austen, Jane, 1775-1817. 2. Escritoras inglesas - Biografia. I. Breunig, Rodrigo. II. Título.

18-50732   CDD: 928.21
                                 CDU: 929:821.111

Meri Gleice Rodrigues de Souza - Bibliotecária CRB-7/6439

Copyright © 2013, Paula Byrne.
All rights reserved
© da tradução, L&PM Editores, 2016

Todos os direitos desta edição reservados a L&PM Editores
Rua Comendador Coruja, 314, loja 9 – Floresta – 90.220-180
Porto Alegre – RS – Brasil / Fone: 51.3225.5777

PEDIDOS & DEPTO. COMERCIAL: vendas@lpm.com.br
FALE CONOSCO: info@lpm.com.br
www.lpm.com.br

Impresso no Brasil
Inverno de 2018

Para a minha própria Elinor (Ellie)

Sumário

Nota da autora 11

Prólogo: A carpintaria do Capitão Harville 13

1. O perfil da família 27
2. O xale das Índias Orientais 45
3. Os cadernos de velino 73
4. A lista de assinaturas 97
5. As irmãs 115
6. A caleche 135
7. O chapéu de bico 151
8. Os cenários teatrais 165
9. O cartão de renda 185
10. Os proclamas de casamento 209
11. A miniatura em marfim 231
12. A filha de Mansfield 253
13. As almofadas de veludo carmesim 267
14. As cruzes de topázio 281
15. A caixa de letras 299

16. O laptop 315
17. O cheque de royalties 341
18. A máquina de banho 365

Epílogo 385
Notas 389
Créditos das imagens 417
Agradecimentos 419
Índice remissivo 423

O aposento era muitíssimo caro a Fanny, e ela não teria trocado sua mobília nem mesmo por tudo que havia de mais bonito na casa, muito embora os detalhes que já de origem eram feios tivessem sofrido todos os abusos das crianças; e os seus maiores requintes e ornamentos eram um desvanecido escabelo fabricado por Julia, malfeito demais para pertencer à sala de visitas, três transparências, criadas num furor por transparências, para as três vidraças inferiores de uma janela, nas quais Tintern Abbey postava-se entre uma caverna na Itália e um lago enluarado em Cumberland, uma coleção de perfis da família, considerados indignos de figurar em qualquer outro lugar, sobre a cornija da lareira, e ao lado destes, e afixado na parede, o pequeno esboço de um navio enviado do Mediterrâneo por William quatro anos antes, com *H.M.S. Antwerp* na margem inferior, em letras tão compridas quanto o mastro principal.

Mansfield Park, vol. 1, cap. 16

[Ela tomou] aquele pedaço de papel... [e o trancafiou,] com a corrente, como a mais estimada parte do presente. Essa era a única coisa semelhante a uma carta que jamais recebera dele; ela poderia nunca receber outra; era impossível que jamais fosse receber outra tão perfeitamente gratificante na ocasião e no estilo. Nunca duas linhas tão adoradas haviam caído da pena do mais ilustre autor – nunca tão completamente abençoadas as pesquisas do mais afetuoso biógrafo. O entusiasmo do amor de uma mulher fica inclusive fora de alcance para o biógrafo.

Mansfield Park, vol. 2, cap. 9

Nota da autora

Cada capítulo começa com uma descrição da imagem que define seu tema. Os romances de Jane Austen são citados das edições da Oxford World's Classics, mas as referências nas notas finais seguem a forma de volume e número do capítulo, de modo a tornar possível a localização da passagem relevante em outras edições. Assim, por exemplo, 1.8 significa capítulo 8 do volume 1 (*Persuasão* e *A abadia de Northanger* foram publicados originalmente, cada um, em dois volumes, e os outros quatro romances concluídos, cada um, em três volumes). As grafias irregulares nas cartas e nos escritos juvenis de Austen são mantidas (celebremente, "Love and Freindship"*, mas também "beleive"**, "neice"***, "Lime" para Lyme, Keen para o ator Kean, e assim por diante). As notas também reconhecem, em pontos relevantes, o trabalho dos muitos maravilhosos especialistas em Jane Austen dos quais me vali.

 A fim de dar aos leitores uma ideia dos valores monetários – seja para o custo de um cartão de renda ou para o valor do cheque de direitos autorais de Jane Austen –, usei somas equivalentes de 2011 derivadas do calculador online de inflação histórica do Banco da Inglaterra (e com somas equivalentes em dólares numa base aproximada de 1 libra para 1 dólar e 50 centavos). É preciso ter em mente, no entanto, que são valores meramente indicativos: ao longo dos séculos, a inflação foi bem maior para certas coisas do que para outras.

---

* Em vez de *Love and Friendship*, "Amor e amizade". (N.T.)
** Para *believe*, "acreditar". (N.T.)
*** Para *niece*, "sobrinha". (N.T.)

Prólogo

A carpintaria do Capitão Harville

Esta é uma aquarela de Lyme Regis, no litoral sul da Inglaterra. Chalés aninham-se na encosta. Um velho quebra-mar de pedra conduz até a linha da água. Um homem e uma mulher estão caminhando na praia e uma figura solitária contempla o mar. Um barco a remo segue seu caminho rumo a um navio fundeado na baía. O olhar é atraído para um panorama amplo de falésias inclinadas e céu aberto.[1]

Jane Austen amava o mar. Segundo se conta, quando seu pai anunciou, em dezembro de 1800, que estava deixando o cargo de reitor da paróquia de Steventon e se retirando para Bath, ela ficou tão chocada que desmaiou. Jane só se reconciliou com a mudança quando a família prometeu tirar férias à beira-mar todos os verões. Em 1801 e 1802, eles foram para Sidmouth e Teignmouth, em Devon. Em 1803 e 1804, foi a vez de Lyme Regis.

"Os jovens estavam enlouquecidos para ver Lyme."* Quando eles chegam, no capítulo onze de *Persuasão*, Jane Austen descreve a pequena estância balneária à beira-mar no estilo de um guia turístico: a baía aprazível, as novíssimas máquinas de banho, o famoso Cobb, a bela linha de falésias que se estende ao leste da cidade, os encantos dos "arredores imediatos" – a alta extensão de campo em torno de Charmouth, "a diversidade de madeiras da alegre aldeia de Up Lyme, e, sobretudo, Pinny, com seus abismos verdejantes entre românticas rochas [...] tão maravilhoso e encantador cenário é exibido que supera qualquer das paisagens semelhantes da mais que famosa Ilha de Wight".[2]

"Esses lugares precisam ser visitados e revisitados para que se compreenda o valor de Lyme", Jane Austen diz a seus leitores. Ela havia visitado Lyme pelo menos duas vezes, testemunhando, numa ocasião, um incêndio que destruiu uma série de casas. Quando descreve o lugar em seu romance, ela está visitando-o de novo, dessa vez em sua imaginação. Sua descrição é o equivalente literário das gravuras de atrações turísticas populares que podiam ser obtidas com grande facilidade no florescente mercado gráfico da época – a versão da Regência para o cartão-postal.

Jane Austen se importava muitíssimo com a precisão. Queria que seus romances correspondessem à vida real. Ao ler o esboço de um romance de sua sobrinha Anna, assinalou que era um erro retratar pessoas em Dawlish fofocando sobre notícias de Lyme: "Lyme não serve – fica a uma distância de mais ou menos 65 quilômetros de Dawlish, ninguém falaria de Lyme por lá".[3] Seus romances eram fincados no mundo real. A fim de criá-los,

---

* Os trechos citados de *Persuasão* são transcritos, aqui, da tradução de Celina Portocarrero. Porto Alegre: L&PM, 2011. (N.T.)

ela fazia uso da realidade que conhecia: as pessoas, os lugares, os acontecimentos. A célebre cena ficcional na qual Louisa Musgrove quase morre ao ser "saltada" dos degraus estreitos do Cobb não é baseada num incidente real, mas não poderia ter sido escrita se Jane Austen não tivesse visitado a Lyme real e memorizado sua topografia.

A descrição pitoresca das rochas românticas de Lyme não é, no entanto, seu estilo mais comum. E, neste caso, sua paixão pelo mar talvez a tenha levado a idealizar a realidade do lugar. "Fiquei decepcionada com Lime", escreveu sua cunhada Mary para essa mesma sobrinha Anna, "pois, em função do Romance da sua Tia Jane, eu havia esperado um lugar bonito e limpo, ao passo que ele se mostrou sujo e feio."[4]

A queda no Cobb, o diálogo de mau gênio em Box Hill, a escapada pelo valado além dos terrenos de Sotherton, o acidente na estrada com o qual começa seu último romance inacabado: as cenas ao ar livre, nos romances de Austen, são muitas vezes excursões dramáticas – envolvendo desventuras, transgressões, discussões, mal-entendidos, propostas –, ao passo que sua locação habitual é entre quatro paredes, dentro do mundo da conversação cortês, ainda que cheia de farpas, nas salas de visita e sobre as mesas de jantar. O capítulo onze de *Persuasão* não se detém por muito tempo no panorama à beira-mar. A narrativa segue os visitantes prontamente para dentro.

Não, contudo, para o interior de um casarão, do tipo que se tornou familiar nas adaptações para televisão e cinema dos romances de Austen (nas quais as casas são quase sempre maiores do que deveriam ser). "Junto ao pé de um velho quebra-mar de data desconhecida"[5], diante do mar, em Lyme, há uma fileira de chalés. Entramos numa sala apertada, mas acolhedora. É a casa do capitão Harville, que se aposentou com saúde debilitada – resultado de um ferimento grave, sofrido em serviço naval durante a guerra que perdurou por quase toda a vida adulta de Jane Austen. Esta pequena e aconchegante moradia será revisitada mais tarde, mas, para um primeiro vislumbre da arte da observação minuciosa de Austen, considere-se um único detalhe:

O capitão Harville não lia muito. Mas idealizara excelentes acomodações e instalara belas prateleiras para uma razoável coleção de volumes bem-encadernados, de propriedade do capitão Benwick. Sua claudicância o impedia de fazer muitos exercícios, mas um espírito prestativo e ingênuo parecia torná-lo permanentemente útil em casa. Desenhava, envernizava, construía, colava; fazia brinquedos para as crianças; criava agulhas e alfinetes aperfeiçoados e, se não havia mais o que fazer, dedicava-se à sua grande rede de pesca num dos cantos da sala.

Anne Elliot logo engatará o capitão Benwick numa conversa sobre livros, debatendo os relativos méritos dos dois poetas mais famosos do momento, Sir Walter Scott e Lord Byron. Ela sugere delicadamente que a poesia romântica pode não ser a leitura mais saudável para um homem de coração partido como Benwick – embora perceba a ironia de suas exortações por "paciência e resignação" à luz do seu próprio coração partido.

Mas é a carpintaria do capitão Harville que se fixa na mente: as prateleiras graciosamente modeladas, o verniz, a cola, os brinquedos para as crianças. Jane Austen cresceu em uma casa de livros e leitura, mas também vinha de uma família que valorizava trabalhos manuais, o ofício de fazer as coisas, fosse com agulha ou madeira.

O capitão Benwick lendo poesia em voz alta enquanto o capitão Harville conserta sua rede é uma pequena imagem de como ela imaginava um lar seguro e um senso de pertencimento. Seu círculo familiar era um lugar de línguas afiadas, riso e dedos em movimento, com um romance sendo lido em voz alta e todas as damas ocupadas com seus bordados. Tanto seu mundo como seus romances podem ser trazidos à vida pela textura das coisas, pela vida dos objetos.

* * *

Esboço de um navio da Marinha Real desenhado pelo sobrinho de Jane Austen, o capitão Herbert Austen

Em janeiro de 1852, o almirante Francis Austen recebeu uma carta da filha do reitor da Universidade Harvard. "Uma vez que alta autoridade crítica já pronunciou as composições de personagem na obra de Jane Austen como perdendo apenas para as de Shakespeare", a srta. Quincy começava, "a admiração transatlântica parece supérflua; entretanto, pode não ser desinteressante para sua família receber uma garantia de que a influência de sua genialidade é amplamente reconhecida na República americana."[6] Ela estava escrevendo porque queria um autógrafo da grande romancista.

O almirante foi mais do que prestativo. Ficou encantado por saber que a "celebridade" das obras de sua falecida irmã havia alcançado o outro lado do Atlântico. Enviou não apenas uma assinatura, mas toda uma carta de Jane Austen. E alegremente forneceu um esboço de sua personalidade. Ela era jovial, não se irritava com facilidade, era um pouco tímida com estranhos. Sua reserva natural era mal interpretada, por vezes, como arrogância. Era gentil e engraçada, sem nunca deixar de estimular "o júbilo e a hilaridade dos convivas". Adorava crianças e as crianças adoravam-na: "Seus sobrinhos e sobrinhas, dos quais havia muitos, não podiam ganhar maior mimo do que se aglomerar ao redor e ouvir as histórias da Tia Jane".

A srta. Susan Quincy compartilhou o conteúdo da carta de Jane Austen com sua irmã, que ficou "praticamente sem chão" de tanto entusiasmo. A conclusão, elas concordaram, só podia ser a de que o almirante Austen era tão fascinante que "deve ter sido igual ao capitão Wentworth na juventude". Seria o irmão de Jane Austen, realmente, a inspiração para o herói de *Persuasão*? A srta. Quincy comunicou a resposta de sua irmã para o almirante idoso. Este respondeu que ficava muito lisonjeado, mas:

> Não sei se no caráter do capitão Wentworth a autora pretendeu, em qualquer grau, delinear o de seu irmão. Talvez possa ter feito isso, mas de fato considero que partes do capitão Harville foram extraídas de mim; pelo menos a descrição de seus hábitos domésticos, gostos e ocupações apresenta considerável semelhança com os meus.

O almirante Austen não nega a possibilidade de que pudesse existir algum elemento de si mesmo – ou do outro irmão naval de Jane, Charles – no caráter do capitão Wentworth. Mas ele positivamente celebra o fato de que o trabalho manual do capitão Harville é o seu próprio.

Quando o bebê de Francis Austen nasceu, em 1807, ele mesmo cortou os tecidos para as roupas de dormir da criança. Em outra ocasião, de acordo com sua irmã Jane, "fez uma ótima franja para as cortinas da sala de visitas". Como Harville, "torneava prata" de modo a fazer agulhas para redes de pesca. Quando Jane Austen observou seus jovens sobrinhos passando as noites fazendo redes para pegar coelhos, descreveu-os como sentados "lado a lado, como dois Tios Franks quaisquer poderiam fazer".[7] Jane também se lembrava de seu irmão Frank, como sempre o chamava, fazendo "uma ótima pequena batedeira de manteiga".[8] Ele era perito em tornear madeira.

Não pode haver dúvida de que a carpintaria do capitão Harville é, ao mesmo tempo, um elogio a Frank e uma piada da família. Ao reconhecer a alusão depois da morte de Jane, o almirante Austen está dando aos leitores dela o direito de estabelecer associações entre as pessoas que sua irmã conhecia e os personagens que ela criou. Consequentemente, também nos dá licença para estabelecer ligações entre seus romances e os lugares que ela frequentou (e aqueles dos quais ouviu falar), isso para não mencionar os acontecimentos históricos durante os quais viveu.

Contudo, na biografia familiar "oficial" de Jane Austen, salienta-se que seu mundo era um mundo fechado em si, isolado, e que os personagens de seus romances eram sempre tipos genéricos, jamais baseados em indivíduos reais. O fundamento para essa leitura de sua obra foi lançado pelo irmão Henry na breve "Notícia biográfica da autora" que prefacia seus romances publicados postumamente, *A abadia de Northanger* e *Persuasão*: "Curta e fácil será a tarefa do mero biógrafo. Uma vida de utilidade, literatura e religião não foi de modo algum uma vida de acontecimentos". Além disso, "seu poder de inventar personagens parece ter sido intuitivo, e quase ilimitado. Ela se valia da natureza; entretanto, por mais que se tenha deduzido o contrário, jamais de indivíduos".[9]

A negação por parte de Henry dos grandes acontecimentos e da inspiração em "indivíduos" dizia respeito ao desejo dos clericais Austen de agir com discrição, decoro e reticência. Essa era a imagem da própria Jane Austen que a família pretendia estabelecer no domínio público. Reforçaram-na durante a era vitoriana por meio de um livro de memórias, publicado em dezembro de 1869 por James Edward Austen-Leigh, filho de outro de seus irmãos do clero, James. Jane Austen foi uma escritora das mais espirituosas, mas não há muitas piadas no registro oficial da família. O almirante Francis Austen era conhecido por sua falta de senso de humor, mas pelo menos ele consegue soltar uma piada no final de sua segunda carta para a srta. Quincy: "Não sou *vice*-almirante [*vice admiral*], tendo alcançado, nos últimos 3 anos, o posto mais alto de almirante. Eu gostaria de poder acreditar que, na mudança de posto, deixei todos os *vícios* [*vices*] para trás". Espantosamente, aqui ele parece estar recordando a piada mais questionável de sua irmã, acerca de "*Rears* e *Vices*" na marinha britânica.* Não era o tipo de assunto que poderia ter detido James Edward Austen-Leigh em seu registro devoto da vida supostamente tranquila de sua tia.

Esse livro de memórias da família inaugurou a tradição da biografia de vida inteira de Jane Austen. O texto avançava do berço à sepultura num ritmo monótono e com uma calma provincial. No século e meio desde sua compilação, estudiosos dedicados reuniram vários outros detalhes sobre a vida de Austen. Cento e sessenta de suas cartas sobrevivem, assim como cadernetas de bolso de membros da família, diários de conhecidos, as transações bancárias de seu pai.[10] Com o benefício de tal material mundano, biografias e mais biografias seguiram o padrão de James Edward e rastrearam a vida cotidiana de Jane Austen de Steventon para Bath, para Chawton, para Winchester.[11]

Este livro é algo diferente, mais experimental. Em vez de pormenorizar todos os fatos conhecidos, esta biografia se concentra numa variedade de momentos-chave, cenas e objetos tanto na vida como na obra de Jane Austen. Não começa onde o registro oficial da família começou, com o traçado da ascendência. Não procura sustentar a ilusão de que Austen conhecia pouco do mundo. Reconhece as lacunas em nosso conhecimento, bem como nas provas documentais. Vários milhares de suas cartas estão perdidos ou destruídos, e, por anos muito importantes de sua vida, não sabemos praticamente nada de seu paradeiro.

Além disso, esta biografia segue mais o exemplo de Frank Austen do que o de Henry. Sugere que, como quase todos os romancistas, Jane Austen criou seus personagens misturando observação e imaginação. Ela se baseou em pessoas que conhecia e experiências pelas quais passou. O capitão Harville não é um *retrato* de Frank, mas o personagem fictício é trazido à vida e tornado memorável pela adoção de uma característica particularmente encantadora de um indivíduo real: sua paixão pela carpintaria. Quando Austen escreve sobre ideias – as virtudes e os vícios da marinha britânica,

---

* O trocadilho se refere, por um lado, a contra-almirantes e vice-almirantes; por outro, a "traseiros" e "vícios". (N.T.)

a denúncia do tráfico de escravos, o movimento evangélico –, ela o faz por meio da criação de personagens memoráveis, não escrevendo sermões. Sua simpatia pela abolição pode ser inferida não só daquilo que ela escreve em suas cartas sobre o ativista Thomas Clarkson, mas também das associações pró-escravidão de dois de seus personagens mais monstruosos, a sra. Norris e sra. Elton.

Jane Austen adorava, mais do que tudo, falar sobre as pessoas. Sabia um bocado sobre as vidas de sua família extensa, seus amigos e seus conhecidos mais superficiais. Quando contamos as histórias das vidas dessas pessoas, vemos Austen, de súbito, num cenário muito mais amplo do que aquele no qual é confinada pela versão de sua vida difundida pelos irmãos do clero. Somos transportados para as Índias Orientais e para o Ocidente, para a guilhotina na Paris revolucionária, para um mundo onde há escândalo de alta sociedade num momento e um caso insignificante de furto em loja no momento seguinte. Esta biografia segue Austen em suas viagens, que foram menos limitadas do que se costuma admitir, e a insere no contexto global bem como no inglês, no urbano bem como no rural, no político e histórico bem como no social e doméstico. Essas perspectivas mais amplas foram de uma importância vital e ainda subestimada para sua vida criativa.

Kingsley Amis, um romancista cômico cuja admiração por Austen era enorme, escreveu certa vez que "aqueles que conhecem meus romances e a mim sabem que eles são firmemente não autobiográficos, mas, ao mesmo tempo, cada palavra deles inevitavelmente diz algo sobre o tipo de pessoa que sou".[12] É com esse espírito que deveríamos interpretar a relação entre os romances de Jane Austen e seu mundo.

As opiniões de seus personagens não são as dela. Os escritos em que Jane expõe seu eu verdadeiro mais diretamente são suas cartas. Quando sua devotada sobrinha Fanny Knight morreu, em 1882 (por essa altura, chamava-se Lady Knatchbull), Lord Brabourne, filho de Fanny, topou com um tesouro: o manuscrito original de *Lady Susan* "na própria caligrafia de Jane Austen" e:

> uma caixa quadrada cheia de cartas, amarradas com cuidado em pacotes separados, cada um dos quais era endossado

"Para Lady Knatchbull", na caligrafia de minha tia-avó, Cassandra Austen, e junto havia um embrulho endossado, na caligrafia de minha mãe, "Cartas de minha querida Tia Jane Austen, e duas de Tia Cassandra após sua morte", embrulho esse que continha as cartas escritas à minha própria mãe.[13]

Essas cartas, Brabourne sugeria, "contêm os derramamentos confidenciais da alma de Jane Austen e de sua irmã amada, intercaladas com muitos detalhes familiares e pessoais que, sem dúvida, ela não teria contado a nenhum outro ser humano". Com a morte de sua mãe, chegara o momento propício para sua publicação. O talento único da "'inimitável Jane' (como um velho amigo meu costumava sempre chamá-la)", Brabourne argumentou, era o fato de que ela "descreve homens e mulheres exatamente como homens e mulheres realmente são, e conta sua história de vida comum e cotidiana com composição tão verdadeira, tamanha simplicidade sedutora e, além disso, com tamanha pureza em estilo e linguagem, tudo num grau que raras vezes foi igualado, e talvez nunca superado".

Por esse motivo, o que poderia ser mais adequado do que a publicação "das cartas que mostram o que era sua própria 'vida comum cotidiana', e que proporcionam uma imagem dela tal como nenhuma história escrita por outra pessoa poderia transmitir tão bem?". "É certo", Brabourne concluiu, triunfante, "que agora sou capaz de apresentar ao público um material inteiramente novo, do qual poderá ser recolhido um conhecimento mais pleno e mais completo de Jane Austen e de seus 'pertences' do que poderia ter sido obtido de outro modo".[14]

Todos os biógrafos posteriores fizeram amplo uso das cartas. No entanto, uma nova leitura delas revela uma série de detalhes e conexões até agora negligenciados, mas significativos, entre eles um ato crucial de apadrinhamento literário, as consequências momentosas de um testamento e a evidência do conhecimento de Austen da história extraordinária da adoção de uma garota negra pelo juiz abolicionista Lord Mansfield.

A visão de Lord Brabourne sobre sua tia-avó como a romancista inimitável da "vida comum cotidiana" se tornara uma opinião corriqueira ao final da era vitoriana. É derivada, em última instância, da avaliação mais importante da obra de Austen escrita em sua própria vida: um longo ensaio-resenha sobre a publicação de *Emma*, discutindo também *Razão e sentimento* e *Orgulho e preconceito*, de autoria de Sir Walter Scott, o romancista mais celebrado em toda a Europa (embora, àquela altura, ele ainda estivesse publicando sua ficção, como a própria Austen, sob o véu do anonimato). O ensaio de Scott voltará a ser discutido mais para o final deste livro, mas sua ideia principal é, de fato, a forte alegação de que Jane Austen foi a primeira romancista da história a oferecer uma representação precisa do "andamento da vida comum". Ela apresenta ao leitor, "em vez das cenas esplêndidas de um mundo imaginário, uma representação correta e impressionante do que ocorre diariamente em torno dele". Scott conclui que "o conhecimento do mundo por parte da autora, e o tato peculiar com o qual apresenta personagens que o leitor não poderá deixar de reconhecer, nos traz à mente algo dos méritos da escola flamenga da pintura. Os temas não costumam ser elegantes, e certamente nunca são grandiosos; mas revelam um acabamento natural, com uma precisão que deleita o leitor".[15]

A "representação correta e impressionante" das cenas da "vida comum", elaborada com precisão, tato e minúcia: essa é, de fato, a essência da arte de Austen, assim como no realismo da pintura holandesa. Vermeer cria a sensação de um mundo real por meio de uma carta aberta, um brinco de pérola, uma janela de treliça, um jarro e uma toalha de mesa, um instrumento musical. Nesse mesmo sentido, os objetos desempenham um papel fundamental no ato de trazer à vida os mundos ficcionais de Austen.

Minha inspiração para escrever este livro veio de dois momentos primorosos de *Mansfield Park*, citados anteriormente como epígrafes. Primeiro vem a pequena sala de estar de Fanny Price, concretizada por certos objetos cuidadosamente escolhidos.

Postadas sobre as vidraças, há três imagens de cenas românticas – a ruína de Tintern Abbey, uma caverna erma na Itália e um lago enluarado na região campestre de Wordsworth – sob a forma nova e em voga das "transparências". Em *Um ensaio sobre impressões transparentes e transparências em geral*, publicado em 1807, certo Edward Orme alegava ter inventado a técnica por acidente, quando deixou cair um pouco de verniz sobre a parte escura de uma gravura, e, "depois de ser exposto novamente à luz, o ponto onde o verniz havia sido derramado formou uma luz no meio da sombra".[16] A presença das imagens sugere a sensibilidade romântica de Fanny.

Em cima da lareira paira uma coleção de "perfis" da família: esse era outro meio artístico em voga e não elitista, a silhueta, uma forma de retratismo que será discutida no capítulo um. A família Austen, muito unida, estimava seus perfis e miniaturas, que eram os equivalentes das fotografias emolduradas de entes queridos em uma casa moderna.

Além dos perfis, afixado na parede pela própria Fanny, encontra-se o objeto que faz do quarto uma legítima propriedade dela: o "pequeno esboço de um navio enviado do Mediterrâneo por William quatro anos antes, com *H.M.S. Antwerp* na margem inferior, em letras tão compridas quanto o mastro principal". Assim como Jane Austen se correspondia constantemente com seus irmãos quando eles estavam longe, no mar, preocupando-se com sua sobrevivência em face da guerra e das condições climáticas, Fanny também permanece perto de seu irmão aspirante por meio do esboço na parede. Embora a ação do romance só saia raras vezes dos limites de Mansfield Park, os objetos transportam o leitor para um cenário mais amplo.

Na segunda passagem, Fanny investe todo seu amor aparentemente não correspondido por Edmund em dois outros pequenos objetos: um pedaço de papel e uma simples corrente de ouro. As pequenas coisas, no mundo de Jane Austen, não se limitam a evocar lugares distantes. Elas também podem ser portadoras de grandes emoções. As emoções intensas associadas com amor e morte costumam ser refletidas em objetos. Cartas e lembrancinhas são de grande importância nos romances: o foco sobre um objeto é, muitas vezes, um sinal para o leitor de que aquela é uma sequência-chave no desenrolar emocional da narrativa. Esta biografia é uma tentativa de escrever a vida de Austen de acordo com o mesmo princípio. Seguindo o exemplo da carpintaria do capitão Harville, cada capítulo começa com uma coisa real, algumas dessas coisas saídas direto de sua vida, outras evocadas por seus romances. Esses objetos e essas imagens lançam nova luz sobre a vida de Austen e seus personagens ficcionais, sobre o funcionamento de sua imaginação e sobre a configuração de seus incomparáveis mundos ficcionais.

1

O perfil da família

Todos os rostos estão voltados para o menino. Ele está sendo passado para uma das duas mulheres elegantemente vestidas, com cabelo empoado, que estão sentadas à mesa jogando xadrez. A tapeçaria circundante faz com que o retrato se assemelhe a uma cena teatral. À maneira de atores bem versados na arte da gesticulação, os vultos estão falando com as mãos: os dedos do pai repousam sobre os ombros de seu filho, e o menino, por sua vez, tem os braços estendidos em súplica na direção de sua nova mãe. A mão desta permanece sobre uma peça de xadrez, como se tivesse conquistado um peão. O dono da casa se inclina por trás da cadeira da outra mulher, que é irmã dele. Sua pose relaxada evidencia uma descontraída autoconfiança de proprietário. A irmã aponta o dedo para o menino, como se dissesse: "Então essa é a criança que está vindo para nossa grande casa". A mãe biológica do menino está ausente.

A silhueta, datada de 1783, é de William Wellings, um dos principais praticantes dessa forma em grande voga de retrato miniaturizado. Um perfil preto simples, recortado em cartão, podia ser tirado em poucos minutos e custar tão pouco quanto um xelim. Embora fossem às vezes conhecidos como "miniaturas de pobre", os perfis eram famosos pela precisão de representação que podiam alcançar. "Nenhuma arte se aproxima de uma silhueta bem-feita, na verdade", escreveu o influente fisionomista Johann Caspar Lavater. James Edward, sobrinho de Jane Austen, ficaria renomado no seio da família por sua habilidade na arte. Ele conseguia executar silhuetas sem desenho preliminar, cortando-as diretamente com uma tesoura especial, "as pontas [...] com uma polegada de comprimento, e as alças curvas com cerca de três polegadas".[17]

As silhuetas eram conhecidas como "sombras", ou "tons", ou "perfis". Daí Austen imaginar a "coleção de perfis da família" na sala de estar de Fanny Price em *Mansfield Park*. Esta aqui conta uma história. Aos olhos modernos, o meio acentuadamente sombreado parece bastante oportuno devido à natureza solene do tema: a entrega de uma criança de uma família para outra. Foi encomendada por Thomas Knight, um cavalheiro rico, mas sem filhos, do condado de Kent, para comemorar a adoção formal de seu sobrinho, Edward Austen, um dos irmãos mais velhos da futura romancista. Não foi só a silhueta de Wellings que comemorou a adoção. Os Knight também encomendaram uma pintura a óleo. Essa pintura está pendurada hoje em Chawton Cottage e mostra uma criança muito bonita, com cabelos dourados e brilhantes olhos castanhos. O menino aparece vestindo um terno de veludo azul.

No perfil de família, o pai, na esquerda da cena, é George Austen. A mãe adotiva, recebendo Edward, é Catherine Knight, que muitos anos depois veio a ser a única patrocinadora literária de Jane Austen. O próprio Thomas Knight encontra-se à direita, parado acima da irmã Jane. Em 1783, o menino Edward chegou a seu décimo sexto aniversário, ao passo que a criança na silhueta parece ser bem mais jovem. Isso sugere que os Knight podem ter solicitado ao artista que evocasse a cena de dois ou três anos antes, quando o menino foi ficar pela primeira vez com o casal sem filhos no casarão.

O pequeno Neddy conheceu seus abastados tio e tia quando tinha doze anos. Em 1779, os recém-casados Knight visitaram seus parentes em Steventon e se afeiçoaram de tal maneira ao menino de cabelos dourados que decidiram levá-lo junto com eles em sua lua de mel. Era bastante comum fazer esse tipo de coisa: George e Cassandra Austen levaram um menino chamado George Hastings com eles em sua própria excursão de lua de mel. As crianças de classe distintas tinham, em geral, mais liberdade e independência do que poderíamos esperar pelos padrões atuais: quando menina, a irmã de Jane Austen, Cassandra, visitava com frequência a tia e o tio Cooper em Bath.

Em 1781, Thomas Knight herdou duas grandes propriedades em Hampshire e Kent. Por aquela altura, já era uma questão preocupante que ele e sua esposa Catherine não dessem nenhum sinal de que pudessem vir a ter seus próprios filhos. Eles precisavam de um menino adequado para adotar e tornar seu herdeiro. Mais uma vez, a prática não era incomum na era georgiana, quando a preservação de grandes patrimônios era a chave para a riqueza e o status. Foi assim que o jovem Edward Austen foi levado a Kent, primeiro para visitas prolongadas durante os meses do verão e, por fim, num arranjo permanente. De acordo com a tradição familiar talvez dramática demais, George Austen hesitou, apenas para que sua esposa dissesse: "Creio, meu Querido, que é melhor satisfazer seus primos e deixar a Criança partir". O cocheiro do sr. Knight, que tinha vindo a cavalo, conduzira um pônei pelo caminho todo desde Godmersham, em Kent. O menino montou-o pelo caminho todo na volta, cerca de 160 quilômetros. Entre os irmãos e irmãs dos quais se despediu quando saiu de casa estava Jane Austen, com cerca de cinco anos e meio.

Não apenas os meninos eram transferidos para famílias ricas. Jane Austen conhecia pelo menos dois casais sem filhos

O perfil da família / 29

que adotaram meninas e as fizeram suas herdeiras. Havia Lord Mansfield, o grande juiz abolicionista, que adotara sua sobrinha Lady Elizabeth Murray. Ela se tornou vizinha de Edward Austen e encontrou Jane Austen em diversas ocasiões. E também havia uma família chamada Chute, num casarão das proximidades, que adotou uma menina chamada Caroline Wigget quando esta tinha três anos de idade. Portanto, não causa surpresa que os romances de Jane Austen revelem mais do que um interesse passageiro pela adoção. Em *Mansfield Park*, Fanny Price, considerada um fardo para sua família, é enviada para viver com seus primos ricos, os Bertram. Em *Emma*, Frank Churchill é adotado pela família de um casal rico, mas sem filhos, e Jane Fairfax, uma órfã, é criada com os Dixon.

O caso de Emma Watson, no romance incompleto de Jane Austen *Os Watson*, oferece uma reversão marcante da convenção: ela viveu longe de sua família de nascimento, mas é enviada de volta para viver com eles. Em *Emma*, Isabella Knightley clama contra a adoção, sugerindo não ser algo natural: "Existe algo de tão chocante na circunstância de uma criança ser tirada dos pais e do lar onde nasceu [...] Abrir mão de um filho! Eu realmente nunca consegui ver com bons olhos qualquer pessoa que propusesse uma coisa dessas a qualquer outra pessoa".[18] Mas Jane Austen acreditava que a boa sorte de um membro da família era boa sorte para todos.

* * *

Em um belo dia de verão em 1782, uma menina de seis anos de idade aguardava, com empolgação, o retorno de seu pai num cabriolé alugado, o equivalente de um táxi, da principal estação de diligências em Andover, Hampshire. O pai estava voltando para casa com sua filha mais velha, que tinha ido visitar parentes em Bath. Incapaz de conter a excitação por ver a querida irmã, e com a promessa de uma carona para casa no cabriolé, a menina de seis anos arrastou pela mão seu irmão Charles, de três anos, e os dois caminharam sozinhos até New Down, uma aldeia perto de Micheldever – a cerca de dez quilômetros de distância – para encontrar o cabriolé.[19]

O saguão de entrada do casarão de
Godmersham, onde Edward Austen
viveu ao ser adotado por seu tio rico

Jane Austen, sétimo bebê do reverendo George Austen e sua esposa Cassandra, nome de solteira Leigh, nasceu no presbitério do vilarejo de Steventon no dia 16 de dezembro de 1775, um sábado, e foi batizada de forma privada por seu pai, no dia seguinte, para garantir que sua alma fosse salva caso morresse em seus primeiros dias. O reverendo afirmou que ela se parecia muito com seu irmão Henry, de quatro anos, e seria "um brinquedinho" para sua irmã Cassandra, que tinha quase três.[20] Jane foi batizada publicamente em abril do ano seguinte, na Sexta-Feira Santa. Teve três padrinhos: sua tia-avó, também chamada Jane Austen, esposa de Francis Austen de Sevenoaks, Kent, um parente bem de vida; Samuel Cooke, um vigário de Surrey que se formara em Oxford e tinha parentesco com um primo materno; e certa sra. Musgrave de Oxfordshire, esposa de outro primo materno.

Esses são os fatos concretos de seu nascimento, mas a caminhada para encontrar o cabriolé alugado é o primeiro vislumbre que temos dela na infância. A vinheta pode sugerir que Jane era ousada, sem medo de assumir a liderança. O que certamente indica é o quanto ela amava e sentia falta da irmã mais velha. Estabelece um padrão para o resto de seus dias. Durante a maior parte de sua vida, Jane Austen viveu sob o mesmo teto que Cassandra. Quando as duas se separavam, com uma delas visitando amigos ou parentes, elas escreviam uma à outra quase diariamente. Para nossa exasperação, as cartas de Cassandra a Jane foram perdidas, e, num ato imperdoável aos nossos olhos, Cassandra destruiu muito mais cartas de Jane do que as guardou. Mas aquelas que sobrevivem fornecem o melhor registro que temos de sua vida íntima.

Jane Austen foi criada numa família grande e amorosa, formada principalmente por meninos. Era uma das duas meninas numa família de oito, espremida entre Frank, que nasceu em 1774, e o mais novo, Charles, nascido em 1779. Estes dois cresceriam para ser seus "irmãos marinheiros". Frank só era vinte meses mais velho do que Jane. Ela descreveu Charles, citando uma de suas escritoras favoritas, Fanny Burney, como "nosso próprio irmãozinho particular".[21] Seus irmãos foram de imensa importância para ela ao longo de sua vida. A perda de quase todas as suas cartas a eles deixa a maior lacuna em nosso conhecimento sobre ela. Jane escrevia para Cassandra somente quando as duas estavam separadas; ela escrevia para seus irmãos afastados em serviço quase o tempo todo.

Todas as crianças Austen foram cuidadas nos primeiros meses por uma família vizinha, os Littleworth, voltando para casa quando já tinham começado a falar e andar. Uma delas gerava angústia especial na família: George, o segundo filho, nascido em 1766, era mentalmente incapacitado. Era epilético e possivelmente surdo. Em julho de 1770, seu pai escreveu que o garotinho sofria convulsões e não dava nenhum sinal de melhora: "Só Deus sabe até quando isso vai durar, mas, no melhor julgamento que posso formar no presente, não devemos ser otimistas demais nesse Tópico; seja como for, temos este conforto: ele não pode ser uma criança má ou perversa".[22]

Em dezembro daquele ano, George, agora com quatro anos, estava morando com pais de criação. Sua mãe escreveu que continuava tendo convulsões. "Meu pobrezinho George veio me ver hoje. Parece estar muito bem, embora tenha tido um acesso recentemente; quase doze meses já se passavam desde que tivera o último, então [eu] estava com esperança de que os ataques não voltassem mais, mas não devo me felicitar assim agora."[23] A gravidade de sua condição é aparente numa carta em que seu padrinho Tysoe Saul Hancock, cunhado do sr. Austen, menciona "o caso do meu afilhado, que deve ser sustentado sem a menor esperança de que seja capaz de se cuidar sozinho".[24]

Por volta da época em que essa carta foi escrita, a sra. Cassandra Austen informou a parentes que não poderia visitar Kent por causa de sua situação doméstica.[25] Ela estava grávida de sete meses e tinha quatro meninos morando todos em casa: James com sete anos de idade, George aos seis anos e com necessidades especiais, Edward tendo acabado de completar cinco, Henry com dezessete meses e tendo voltado, pouco antes, de seu período de criação no vilarejo. Havia criados para ajudar, mas era necessário administrar tanto a casa como seu pequeno pedaço de terra, que tinha galinhas e uma vaca. O reverendo George Austen estava ocupado com seus deveres paroquiais e negócios. No ano seguinte, ele obteve o benefício eclesiástico de uma segunda paróquia. Nessas circunstâncias, não era de surpreender que uma casa tivesse sido encontrada para o pequeno George, na qual pudesse receber mais atenção e assistência.[26]

A enfermidade mental não era uma novidade na vida da sra. Austen. Seu irmão mais novo Tom, dito "imbecil", havia sido deixado aos cuidados de um sacristão da paróquia, Francis Culham, de Monk Sherborne, perto of Basingstoke. George foi enviado para se juntar a ele quando ficou claro que o menino não estava melhorando. Ele viveu com seu tio Tom e os Culham pelo resto da vida, sobrevivendo até passar dos setenta anos. Morreu de hidropisia (acumulação de fluido corporal, causada frequentemente por insuficiência renal) no início do reinado da rainha Vitória, pouco mais de vinte anos após a morte de sua irmã Jane. Em seu atestado de óbito, foi descrito como um "cavalheiro".

O perfil da família

Por ocasião da morte da sra. Austen, em 1827, venderam-se algumas ações que ela possuía, e as receitas foram divididas entre seus filhos sobreviventes. Edward Knight, adotado em riqueza, transferiu sua parte para George, de modo a pagar por seus cuidados. Alguns biógrafos assumiram uma atitude de censura em relação aos Austen pelo tratamento dedicado a George. Vários deduziram que a família sentia vergonha e era despreparada no que dizia respeito à doença mental, exilando George pelo bem dos outros filhos. Outros argumentaram, no sentido contrário, que uma referência nas cartas de Jane Austen sobre "falar com os dedos" sugere que ela poderia ter aprendido a linguagem de sinais como resultado de conversas com o irmão supostamente surdo e "idiota". Nunca saberemos se ela o visitou ou não na casa dos Culham.

Existiam muitos manicômios privados na era georgiana, alguns deles com reputações sombrias devido a seu tratamento desumano dos insanos, e Bedlam Hospital, em Londres, era o mais infame. Os doentes mentais eram confinados, na maioria, em asilos de trabalho, albergues de pobres e prisões. Ao alojar George com uma família, os Austen o salvaram desse destino.

A vida de Jane Austen coincidiu com um período de novo esclarecimento em relação à loucura e a incapacidade mental. O rei George III enlouqueceu e foi tratado, de maneira rigorosa e amplamente divulgada, pelo dr. Francis Willis, em seu hospício em Lincolnshire. A busca por uma cura para o rei levou a uma mudança nas atitudes públicas quanto aos enfermos mentais. Ao final do século, o quacre William Tuke fundara The Retreat, um hospício em York que foi pioneiro no tratamento humano dos doentes mentais e serviu de modelo para outras instituições.[27]

Graças à loucura do rei George, testemunhada em primeira mão pela romancista Fanny Burney, a doença mental deixou de ser um tópico impronunciável de conversa na sociedade educada. Jane Austen brincava com frequência sobre loucura em seus primeiros escritos. Já adulta, gracejou sobre história de loucura na família em relação a sua sobrinha Anna, que desejava se casar contrariando a vontade da família: "Minha querida sra. Harrison, devo dizer, receio que o Jovem tenha um pouco da sua Loucura de Família – e, embora frequentemente pareça existir algo de Loucura em Anna também, creio que ela herda mais dessa condição da família de sua Mãe do que da nossa".[28] Isso não é de todo uma piada: a família materna de Jane Austen, os Leigh de Stoneleigh, tinha uma espetacular história de loucura, e a atitude de Jane quanto à loucura e à doença mental revela uma falta de constrangimento e sentimentalismo decorrente, talvez, de sua proximidade com pessoas afetadas pela condição. Em acréscimo ao círculo familiar imediato de Austen, com seu tio Tom e o irmão, Eliza de Feuillide, prima de Jane, tinha um filho chamado Hastings que sofria "ataques" e não se desenvolvia como as outras crianças.

A história de George Austen permanece obscura. Quando menina, Jane era especialmente próxima de dois outros irmãos: Frank e Charles. Frank, apelidado de "Fly", era um menino pequeno, robusto, "sem medo do perigo, que encarava a dor de frente". Com frequência se metia em problemas. Jane nos dá um adorável vislumbre retrospectivo da infância do irmão num poema que escreveu para celebrar o nascimento do filho dele:

> Amado Frank, de sorrir não termino
> Por Mary estar bem com um menino ...
> Que nele vejamos, meu querido,
> Outro Francis William, em tudo parecido!
> Que ele herde tua infância ardente,
> Ou melhor, teu espírito insolente.[29]

Calor, insolência, espírito: essas eram qualidades que a própria Jane Austen tinha e que valorizava em Frank. Ao mesmo tempo, tinha um fraco por Charles, o caçula da família, que era de temperamento doce e afetuoso, sem a natureza ardente de Fly. É fácil vê-lo sendo arrastado por Jane para encontrar a carruagem de Cassandra. O afeto que ela sentia pelos irmãos transparece com clareza no modo como seus romances são repletos de piadas internas – um fenômeno comum em famílias numerosas, que tantas vezes têm sua própria linguagem secreta.

Não era só por causa dos irmãos que o presbitério de Steventon, a casa da família, era um lar de meninos. O pai de

Jane Austen, George, hospedava escolares para complementar seu estipêndio de reitor, efetivamente dirigindo seu próprio pequeno internato. Ao longo dos anos houve, provavelmente, mais de quinze meninos, que proporcionavam uma rede de contatos entre as famílias locais prósperas. Vários deles permaneceram devotados aos Austen, e entre eles havia alguns pretendentes em potencial para as duas meninas. A mãe de Jane, Cassandra, parece ter sido muito popular com os estudantes. Ela compôs versos cômicos para os garotos. Escreveu um poema engraçado instando um aluno relutante a voltar para a escola e seus estudos, em vez de desperdiçar seu tempo dançando. Outro menino se queixou à sra. Austen que se sentia deixado de fora porque ela não lhe escrevera um poema especial.

O primeiro estudante a ser hospedado em Steventon, em 1773, era um aristocrata de cinco anos de idade, John Charles Wallop, Lord Lymington. Era o "retardado" e excêntrico filho mais velho de Lord Portsmouth, que morava a meros dezesseis quilômetros de distância, em Hurstbourne Park. Um menino chamado William Vanderstegen foi hospedado mais para o final daquele mesmo ano. Em 1779, ano em que a mãe de Jane Austen, Cassandra, deu à luz seu último filho, havia quatro meninos morando em Steventon – Fulwar Craven Fowle, Frank Stuart, Gilbert East e um menino chamado Deane (ou George ou Henry). Depois de 1781, estavam incluídos entre os alunos George Nibbs, um irmão de Fulwar, Tom, e possivelmente seus irmãos William e Charles. Nos últimos anos, John Warren, Charles Fowle, Richard Buller, William Goodenough, Deacon Morrell e Francis Newnham frequentaram a escola. Pelo menos dez dos meninos permaneceram quatro anos ou mais. O reverendo George Austen só parou de ensinar em 1795, quando Jane havia chegado a seu vigésimo ano de vida.[30]

Lord Lymington ficou apenas alguns meses em Steventon. A sra. Austen o considerava "bem-humorado e ordeiro"[31], mas sua mãe o levou embora por causa de sua gagueira grave, que foi piorando enquanto seu comportamento se tornava mais errático com a passagem dos anos. Abundavam histórias de suas excentricidades, incluindo seu hábito de beliscar criados, jogá-los em cercas vivas e aprontar outras brincadeiras de mau gosto. Certa vez, tentou pendurar um menininho no campanário da igreja do vilarejo. O jovem Lord Byron reagiu com forte objeção ao ser beliscado por Lord Portsmouth, atirou uma concha enorme contra sua cabeça em retaliação (quebrando um espelho) e, muitos anos depois, em 1814, exerceu uma vingança cruel tomando parte numa trama tortuosa para casá-lo com uma mulher malévola que o torturava e batia nele com um chicote. Jane Austen comentou esse casamento com a irmã Cassandra: "E eis aqui Lord Portsmouth casado também, com a srta. Hanson!".[32] Não se sabe se ela tinha ou não tinha conhecimento de que Lord Byron havia entregado a noiva no altar. Byron registrou em seu diário que "tentou não rir na cara dos suplicantes" e "bateu suas mãos esquerdas, por engano, uma na outra".[33]

Mais tarde, John Wallop ficou conhecido como Conde Vampiro por seu suposto vício de beber o sangue de seus criados. Acabou sendo diagnosticado formalmente como lunático. Apesar de todas as suas tribulações, nunca se esqueceu dos Austen, e os convidava para seu baile anual em Hurstbourne Park. Em 1800, logo após seu primeiro casamento, Jane compareceu ao baile e escreveu um longo e vívido relato para a irmã. Cassandra formara claramente uma impressão favorável do conde ao longo dos anos. Jane parece surpresa com o interesse dela: "Lord Portsmouth superou os demais em suas recordações atenciosas de você, indagou mais a respeito da duração da sua ausência e concluiu desejando que eu transmitisse 'lembranças dele a você quando lhe escrevesse de novo'".[34] Nossa imagem habitual do lar da família de Jane Austen não costuma abrir espaço para suas boas memórias do conde lunático.

Os outros meninos abriram um leque de contatos mundanos para a família Austen. William Vanderstegen era filho único, nascido quase vinte anos depois do casamento de seus pais. Seu pai foi um dos primeiros comissários do Tâmisa, profundamente envolvido em uma campanha para tornar o rio mais navegável. O pai de George Nibbs possuía uma plantação nas Índias Ocidentais: voltaremos a encontrá-lo num capítulo posterior. Richard Buller, que permaneceu por cinco anos, tornou-se clérigo em Devon antes de morrer com uma idade tristemente precoce. Sua proximidade com os Austen

**Vista dos fundos do presbitério de Steventon:
a casa de infância de Jane Austen**

transparece numa carta escrita por Jane a Cassandra em 1800, na qual ela lhe dá a notícia de que o jovem havia se casado pouco antes: "Recebi uma carta muitíssimo carinhosa de Buller; temi que ele chegasse a me oprimir com sua felicidade e seu amor pela Esposa, mas não é o caso; ele a chama simplesmente de Anna, sem quaisquer enfeites angelicais, motivo pelo qual o respeito e lhe desejo alegria – e no decorrer da carta toda, de fato, ele parece mais absorto por seus sentimentos em relação a nossa família do que em relação a ela".[35] No ano seguinte, visitaram-no em seu vicariato em estilo Tudor na pequena cidade de pedra de Colyton, na costa de Devon.

Cassandra deixou uma impressão particularmente forte em outro dos pensionistas de seu pai, Tom Fowle. Os dois noivaram e já tinham planejado seu casamento quando ele morreu de febre amarela nas Índias Ocidentais. Essa perda foi um fator decisivo no desenvolvimento da vida da própria Jane Austen. George Austen, claramente, não tinha pudor algum em criar suas filhas ao lado de uma variedade de jovens desconhecidos, embora não tenha sobrevivido nenhum registro de qualquer interesse romântico da parte de Jane. As histórias de rolar de rir que Jane escreveu na mocidade, cheias de violência, bebedeira, loucura e suicídio, sugerem que ela desempenhou em Steventon mais um papel de menina levada do que o de uma jovem ingênua em busca do amor. Ela foi mais uma Catherine Morland – jogando beisebol[36], rolando pelo gramado em declive nos fundos da casa, preferindo críquete a bonecas – do que uma Isabella Thorpe namoradora correndo atrás de jovens desavisados pelas ruas de Bath. Havia de fato um gramado em declive nos fundos do presbitério de Steventon, perfeito para descer rolando.

* * *

Em parte, talvez, devido à necessidade de abrigar um número cada vez maior de pensionistas, George e Cassandra Austen decidiram enviar suas filhas para a escola. Com sete anos de idade, Jane Austen, acompanhando sua irmã de dez anos, foi levada para Oxford pela prima Jane Cooper. Elas seriam ensinadas por certa sra. Cawley, parente de Cooper. Sete nos parece ser uma idade precoce para uma garotinha estar vivendo longe de sua família, sobretudo quando afastada de um lar tão caloroso, amoroso, cheio de vida e animação. Deve ter sido uma tortura trocar a segurança e a proteção da residência da família pela escola em Oxford, embora o irmão mais velho, James Austen, estivesse estudando lá e tenha mostrado as atrações da cidade para as meninas. O arranjo foi similar ao de Steventon: era o caso de uma família hospedando alunas, não um ambiente escolar formal. Presumivelmente, George Austen fizera o cálculo financeiro de que a renda obtida com o envio de suas filhas para longe e a criação de mais espaço para meninos pensionistas no presbitério excederia o desembolso necessário para mantê-las em Oxford.

De acordo com o folclore da família, Jane insistiu em acompanhar sua irmã rumo a Oxford. A sra. Austen alegou que, se "Cassandra estivesse prestes a ter a cabeça cortada, Jane insistiria em partilhar seu destino".[37] De Hampshire a Oxford são cerca de oitenta quilômetros, que as duas meninas por certo percorreram em diligência.

Em setembro, a sra. Cawley transferiu a "escola" para Southampton e, feito isso, o estabelecimento foi atingido por um surto de tifo. As três garotas adoeceram, mas a sra. Cawley deixou de alertar a família. Foi Jane Cooper quem escreveu para sua mãe e lhe deu a notícia. A sra. Austen e a sra. Cooper vieram imediatamente levar as meninas para casa. Jane Austen estava muito doente, e quase morreu. Todas se recuperaram plenamente, mas a sra. Cooper pegou a febre e morreu em outubro. Só podemos imaginar o choque e a aflição da família. O dr. Cooper ficou inconsolável, e dedicou o resto de seus anos à educação dos filhos Jane e Edward. Para celebrar a memória de sua amada esposa, mandou para Cassandra um "anel representando um raminho de diamantes, com uma esmeralda", e Jane ganhou uma faixa para o cabelo que passou a usar em bailes.[38]

A experiência de Southampton não intimidou o reverendo e a sra. Austen na ideia do internato. Dentro de um ano, Jane e Cassandra, junto com a prima Jane Cooper, agora órfã de mãe, viram-se num estabelecimento mais formal, desta vez em Reading, uma próspera cidade mercantil a pouco mais de trinta quilômetros de Steventon, nas principais rotas de transporte de Londres para Oxford e o oeste do país.

Chama-se Abbey School e era dirigida por Sarah Hackitt, que atendia pelo nome de Madame Latournelle, sem dúvida porque as professoras francesas estavam no auge da moda. A escola era contígua aos restos da vetusta Abadia de Reading: "a maior parte da casa era cingida por um belo jardim antiquado, onde as jovens damas tinham permissão de vaguear sob as árvores altas nas noites quentes de verão".[39] A escola era ligada a uma antiga passagem de portão que dava para uma área verde e uma praça de mercado mais além. No interior da casa, as novas garotas eram recebidas pela diretora em um salão revestido de lambris no qual tapeçarias de chenille, retratando túmulos e salgueiros-chorões, pendiam em volta nas paredes.

Segundo um membro da família, a escola era "livre e tranquila [...] Nos tempos de Cassandra e Jane, as meninas não parecem ter sido controladas de forma muito rigorosa, pois elas e sua prima, Jane Cooper, foram autorizadas a aceitar um convite para jantar numa estalagem com os respectivos irmãos, Edward Austen e Edward Cooper".[40] Como notaram os descendentes da família, tudo soa bastante parecido com a escola da sra. Goddard em *Emma*, que "tinha uma espaçosa casa com jardim, dava às crianças uma fartura de comida nutritiva, deixava que elas corressem livres e soltas no verão, e no inverno tratava suas frieiras com as próprias mãos".⁴¹ Madame Latournelle sempre se vestia da mesma maneira e tinha uma perna de cortiça. Ela incentivava as artes, a dança e o teatro em particular. Abbey School parece ter sido um lugar feliz, cheio de mocinhas contentes. "Eu poderia morrer de rir disso, como costumavam dizer na escola", Jane Austen comentou em uma de suas cartas para Cassandra. ⁴²

Depois de vinte meses passados em Abbey School, ela voltou para casa em definitivo em dezembro de 1786, a poucos dias de seu décimo primeiro aniversário. Sua educação formal terminara. Mas a casa para onde retornava era um lar do qual seu irmão Edward estava, agora, permanentemente ausente.

Como já foi sugerido, a transferência de crianças de uma casa para outra por meio da adoção formal, como aconteceu com Edward Austen Knight, ou por um arranjo mais informal, como acontece com a fictícia Fanny Price em *Mansfield Park*, não era de modo algum incomum. Se os Knight, como Lord Mansfield e os Chute, tivessem desejado uma menina em vez de um menino, então Jane Austen teria sido separada de sua amada Cassandra.

Jane Austen retrabalhou o tema das crianças adotadas várias vezes em seus romances, e o utiliza para sugerir suas ideias sobre fatores inatos e externos, bons e maus pais, a importância da infância em relação à vida adulta. "Dá-me a criança de até sete anos eu lhe dou o homem", como diz o velho ditado jesuíta.

Jane Austen era próxima de seu pai, que apoiava sua ambição de se tornar uma escritora publicada. Seus sentimentos em relação à mãe eram bem mais complicados. Há poucos exemplos de paternidade/maternidade eficaz nos romances. Isso é, em parte, um artifício de enredo: a heroína deve fazer suas próprias escolhas, julgamentos e erros antes de atingir a maturidade e encontrar uma alma gêmea digna de virar seu cônjuge. A exceção a essa regra da heroína imperfeita é a menos apreciada (ou menos bem-entendida) heroína de Jane Austen, Fanny Price. A fictícia Fanny tem quase a mesma idade que o Edward Knight da vida real tinha quando foi levado embora de casa pela primeira vez. *Mansfield Park* é, talvez, o primeiro romance da história a retratar a vida íntima de uma menina.⁴³

Jane Austen penetra intuitivamente nos sentimentos e na consciência da criança conforme ela é arrancada de sua família e transferida para Mansfield Park. O medo e a ansiedade de Fanny, exacerbados pela intimidação malévola da sra. Norris, são elaborados de maneira brilhante. Tendo escutado que precisa ser uma menina boa e agradecida, e ganhando uma torta de groselha como consolo, Fanny se desfaz em lágrimas. É a negligência indiferente o que afeta seu espírito sensível: "Ninguém pretendia ser indelicado, mas ninguém se preocupou de procurar garantir o conforto dela".[44]

Um dos principais temas do romance é a importância da casa. A palavra* é repetida mais de 140 vezes no decorrer da narrativa. O que "casa" significa? É um lugar ou é uma família? O que acontece quando uma casa é deixada desprotegida ou é mal governada? Quando Fanny retorna para sua casa em Portsmouth, ela experimenta uma epifania que abala o âmago de sua alma:

> Sua sofreguidão, sua impaciência, seu anseio por estar com eles era tal que trazia uma ou duas linhas do Tirocinium de Cowper o tempo todo diante de si. "Com quão intenso desejo ela quer sua casa" permanecia continuamente na ponta de sua língua como a verdadeira descrição de um ardor que ela não poderia supor ser sentido mais intensamente no peito de nenhum aluno de escola.
> Quando Fanny saíra para Portsmouth, ela tinha adorado chamar a residência de seus pais como sua casa, tinha gostado de dizer que estava indo para casa; a palavra havia sido muito preciosa para ela, e ainda o era, mas precisava ser aplicada a Mansfield. *Essa* era agora a sua casa. Portsmouth era Portsmouth; Mansfield era sua casa.[45]

A referência literária é crucial. William Cowper era o poeta favorito de Jane Austen. O poema ao qual ela se refere aqui, *Tirocinium*, era conhecidíssimo. Ele pede a um pai que não mande seu filho à escola, mas o eduque em casa, para que os laços naturais de afeto não sejam prejudicados e para que a orientação espiritual e moral do pai seja predominante.

---

* "Home", casa ou lar. (N.T.)

Por que em casa desconhecida buscar alojamento
Para quem é sempre querido em todos os pensamentos?
Este segundo desmame, absurdo e vão,
Dilacera vocês dois, fere-os no coração!
A vara indentada, perdendo a cada dia do mês
Talho após talho, até ficar lisa de vez,
Testemunha, muito antes de a dispensa chegar,
Com quão intenso anseio ele deseja seu lar.[46]

Na verdade, *Mansfield Park* poderia ser lido como uma versão em prosa de *Tirocinium*. É uma profunda exploração sobre o dever dos pais de moldar o desenvolvimento moral e espiritual de seus filhos. Inclui um pai que é emocionalmente distante, seus filhos "impelidos ao respeito frio". Reflete sobre a importância da casa, a natureza da boa educação, a alienação de filhos em relação ao pai, a importância da consciência: "No início, a consciência tem na vida / Uma rapidez que mais tarde é perdida". No centro do livro há uma criança acanhada, tímida e deslocada, com uma inabalável autoconsciência.

Fanny é uma heroína profundamente sensível, e ama a natureza, a poesia e a biografia, em especial Shakespeare, Crabbe e Cowper. É religiosa, e seu ânimo se deprime com facilidade. Além de citar o *Tirocinium*, ela também adora outra obra de Cowper, *A tarefa*, um poema inspirado por sua musa, Lady Austen (uma parente distante de Jane), viúva elegante e atraente que lhe determinou "a tarefa" de escrever um poema sobre "um sofá". Esse extraordinário poema em seis livros é a grande celebração da vida retirada e religiosa no século XVIII. "Deus criou o campo, e o homem criou a Cidade" está entre seus versos mais famosos. Cowper empreende um ataque feroz à sociedade contemporânea, condenando o tráfico de escravos, o despotismo francês, os costumes da moda e os clérigos apáticos. "Inglaterra, com todos os teus defeitos, ainda te amo – / Meu país!", escreve Cowper, e os sentimentos poderiam ser os da própria Austen.

Foi Henry Austen, irmão de Jane, quem revelou que Cowper era seu poeta favorito. Mas ninguém poderia ter adivinhado essa preferência a partir de sua representação de Fanny Price e, em

O perfil da família / 43

Persuasão, de Anne Elliot. Tão admirado pelos poetas românticos Coleridge e Wordsworth como por Jane Austen, Cowper foi um homem brilhante, mas profundamente atormentado, um depressivo que tentou se matar pelo menos três vezes e que ficou confinado em um manicômio, por algum tempo, antes de escapar do desespero e encontrar refúgio numa profunda fé cristã. Era amigo de John Newton, comerciante de escravos que virou pregador evangélico, autor de "Amazing Grace". A poesia de Cowper foi pioneira porque ele escreveu sobre a vida cotidiana e as cenas do campo inglês. Para Jane Austen, sua obra encarnava o amor ao campo assim como a obra do dr. Johnson encarnava a vida enérgica da cidade.[47] Ele transformou a poesia inglesa quase da mesma forma como a própria Jane Austen iria transformar a ficção inglesa.

Embora Jane Austen fosse retornar ao tema da criança adotada em *Emma*, neste romance ela não entra na mente da criança como faz em *Mansfield Park*. Neste último, porém, a transferência de Fanny para a grande casa é uma bênção e uma redenção final, sobretudo para Sir Thomas: "Fanny era de fato a filha que ele queria. A gentileza caridosa de Sir Thomas cultivara um conforto primoroso para ele mesmo. Sua liberalidade teve um rico reembolso".[48] A filha do ramo empobrecido da família redime o lar materialmente mais próspero, mas moralmente falido. Aceitando Fanny, os Bertram se tornam mais humanos.

Mansfield Park não é uma releitura da história dos parentes abastados de Jane Austen, os Knight de Godmersham Park. Seu irmão Edward Austen, que virou Edward Knight, não é o "original" de Fanny Price. Mas o tema do vínculo entre ramos de uma família com perspectivas muito diferentes aproximava-se da experiência pessoal de Austen. A liberalidade dos Knight acabou por permitir que se tornasse uma romancista. A sra. Knight, sua única patrocinadora, foi descrita por ela como "gentil e amável e amistosa".[49] E, de modo decisivo, foi através dos Knight que Edward pôde dar uma casa para sua mãe e suas irmãs. Se ele não tivesse sido adotado, não teria herdado, adulto, sua mansão em Chawton, de onde foi capaz de dar a suas parentes pobres a propriedade modesta, nos arredores, na qual Jane viveu os últimos oito anos de sua vida e escreveu seus romances.

2

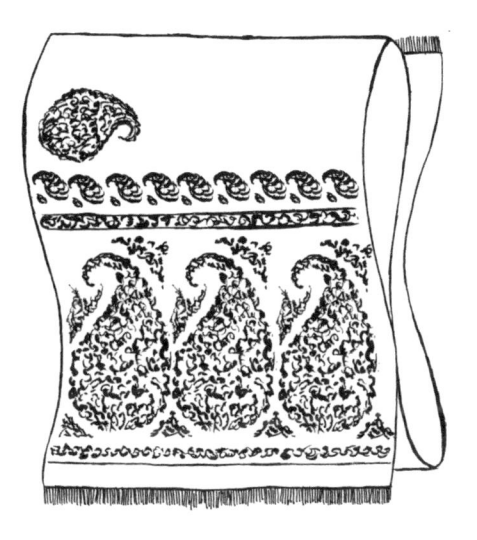

O xale das Índias Orientais

Os xales eram tecidos à mão na Caxemira desde o século XI. Os mais refinados exemplares eram confeccionados sob patrocínio mongol para que fossem usados na corte ou presenteados como dádivas ostentosas. Podiam levar vários meses para ficar prontos, requerendo as habilidades de fiandeiros, tintureiros, modelistas, artesãos responsáveis por arranjar urdidura e trama, tecelões e finalizadores. Os melhores eram feitos com o velo do baixo-ventre de cabras-selvagens da Ásia Central, enquanto a pashmina, lã de qualidade mais baixa, vinha de cabras domesticadas. Muitos desses xales eram trazidos à Europa, onde passaram a ser um acessório de moda popular durante a vida de Jane Austen. A demanda ocidental afetou devidamente a produção na Caxemira: na época em que o xale ilustrado aqui foi confeccionado, o clássico design *boteh*, derivado de plantas floridas, já se tornara mais formal e estilizado. Este "xale lua" em específico é quadrado, como a maioria dos xales de caxemira, e foi concebido para ser usado sobre os ombros.

Em janeiro de 1772, Phila, tia de Jane Austen, recebeu por envio de seu marido, que estava morando em Calcutá, "uma peça de xale florido para fazer um roupão quente de inverno".[50] Setenta anos depois, a irmã de Jane Austen, Cassandra, mencionou em seu testamento "um grande xale indiano". O item pertencera, outrora, à mulher da qual ela tivera esperança de vir a ser nora.[51] A própria Jane Austen, certa vez, deu um xale a uma vizinha de Steventon. Ela observou sua sobrinha Cassy usando um belo xale vermelho e uma conhecida de Bath usando um modelo amarelo.[52] E em sua casa de Chawton, hoje, o visitante ainda pode ver um xale de seda em cor creme que lhe foi presenteado por Catherine Knight, a mãe adotiva de seu irmão Edward.

"Fanny", diz Lady Bertram em *Mansfield Park*, "William não deverá esquecer meu xale se ele for para as Índias Orientais; e eu vou dar a ele uma comissão por qualquer outra coisa que me seja proveitosa. Eu gostaria que ele pudesse ir para as Índias Orientais, de forma que eu pudesse ter o meu xale." Ela hesita por um instante, e então termina com indulgência característica: "Creio que vou querer dois xales, Fanny".[53]

Quando Jane Austen via ou usava um xale indiano ou escrevia sobre um, ela entrava em toda uma nova área de intercâmbio cultural, um mundo que ficava longe do universo de seu próprio vilarejo em Hampshire. Por meio de seus laços familiares, ela tomava conhecimento desse mundo mais amplo, que entrava sutilmente em sua imaginação, moldando seus romances numa medida bem maior do que costuma ser percebido. Graças, em especial, a uma prima carismática, existe um fio conectando Jane Austen a lugares que normalmente não associamos a ela: não apenas as Índias Orientais, mas também as ruas da Paris revolucionária.

A Companhia das Índias Orientais, com suas muitas atividades comerciais, estava se transformando em uma força econômica e política significativa no âmbito da economia global. Algodão e seda, corante anil e especiarias, para não mencionar diamantes e ópio, eram importados em enormes quantidades. Conforme os bens chegavam ao oeste, pessoas partiam para o leste. As Índias viraram o lugar certo para você fazer a sua fortuna quando já não havia esperança em casa.

Uma jovem, uma órfã chamada Cecilia Wynne, deixa sua casa na Inglaterra e parte para Bengala. Sua viagem rumo às Índias Orientais dura seis meses, numa passagem repleta de perigos e privações. Ela está indo com um objetivo em mente: encontrar um marido. Deixada sem sequer um tostão pelo pai, está viajando a mando de um parente rico que anseia por vê-la casada. A irmã mais nova da jovem, também desamparada, recebera uma proposta de colocação como dama de companhia de uma senhora na Inglaterra.

Quando Cecilia chega às Índias Orientais, sua bela aparência garante que ela logo encontre um marido rico. É mais velho que ela e muito respeitável: ela é considerada como "casada esplendidamente, mas infeliz no casamento". De volta à Inglaterra, Cecilia é vista por aqueles que a conhecem como uma jovem de sorte. Por todos, exceto por uma amiga que não nutre nenhuma dessas ilusões românticas: "Você chama de sorte uma Moça de Gênio e Sentimento ser despachada para Bengala em busca de um Marido, para lá ser casada com um Homem cujo Temperamento ela não tem oportunidade alguma de julgar até que seu Julgamento já não lhe seja de nenhuma utilidade, que poderá ser um Tirano, ou um Tolo, ou ambas as coisas até onde ela pode saber? Você chama *isso* de sorte?". Outra jovem retruca, cínica: "Ela não é a primeira Moça que foi para as Índias Orientais atrás de um Marido, e eu afirmo que seria uma ótima diversão se eu fosse tão pobre assim".[54]

Essa história é fictícia. Chama-se "Catharine, ou O caramanchão", e foi escrita pela jovem Jane Austen em 1792, quando ela tinha dezesseis anos. Mas os fatos da história replicam quase exatamente o destino de suas próprias tias: Philadelphia, irmã mais velha do reverendo George Austen, de fato viajou para as Índias Orientais em busca de um marido, enquanto Leonora, sua irmã mais nova, tornou-se dama de companhia de uma senhora em casa, na Inglaterra. Mesmo na adolescência, a jovem Jane Austen

O xale das Índias Orientais / 47

já se preocupava com as dificuldades enfrentadas por mulheres reduzidas a um estado de absoluta dependência de parentes que se revelavam, com frequência, cruéis e insensíveis. Seu interesse pelo apuro das mulheres empobrecidas e pelas árduas realidades do mercado matrimonial georgiano nunca diminuiu. Certa vez, Jane aconselhou à sobrinha Fanny que "Mulheres Solteiras têm uma medonha propensão à pobreza – o que constitui um argumento muito forte em favor do matrimônio".[55] As mulheres enviadas às Índias Orientais atrás de maridos porque não tinham dote ou qualquer chance de encontrar um par inglês não eram senão exemplos extremos de um fenômeno generalizado.

Então qual foi a história dessas três crianças – Philadelphia, conhecida na família como Phila, George e Leonora – nascidas em rápida sucessão em maio de 1730, maio de 1731 e janeiro de 1733? É um conto de irmãos separados, uma madrasta insensível e a perspectiva da penúria ou pior.

Talvez uma das razões pelas quais George Austen veio a se tornar um pai tão amoroso, gentil e atencioso, enchendo sua casa de crianças, seja o fato de sua própria infância ter sido uma experiência de negligência e infelicidade. Sua mãe, Rebecca, morreu pouco depois de dar à luz Leonora. Seu pai, William Austen, um cirurgião, casou-se de novo, mas morreu cedo demais também. O pequeno George só tinha seis anos.

A madrasta não tinha o menor interesse pelas três crianças pequenas. O testamento de William Austen estabelecera seus dois irmãos como mandatários dos órfãos. Um desses tios, Stephen, era livreiro na Catedral de São Paulo, em Londres. Ele e a esposa receberam sob seus cuidados o sobrinho e as duas sobrinhas. Segundo a tradição da família, as crianças foram negligenciadas, inclusive maltratadas.[56] Mas nunca podemos ter a completa segurança de saber até onde confiar no que um ramo de uma família diz a respeito de outro. A negligência não deve ter sido total, visto que a pequena Leonora permaneceu vivendo na casa. Presumivelmente, seu status teria sido semelhante ao de Fanny Price em *Mansfield Park*. Quase nada se sabe de sua vida posterior, a não ser que virou dama de companhia. George, por sua vez, foi enviado para morar com uma tia em Tonbridge, Kent. Frequentou a bem estabelecida escola local e provou ser um menino inteligente, ganhando uma bolsa de estudos para Oxford.

Philadelphia não desfrutou dessas oportunidades educacionais. Quando tinha quinze anos, foi empregada como aprendiz de modista em Covent Garden. Sua função era trabalhar fazendo camisas e blusas, aventais e lenços de pescoço, gorros e mantos, toucas e chapéus, regalos e babados, enfeites para vestidos. As modistas aprendizes levavam vidas difíceis e insalubres, com longas horas de trabalho em condições precárias. Muitas delas morriam jovens, mas sempre havia uma fila de mocinhas disponíveis para tomar seus lugares. Algumas, especialmente aquelas tão atraentes quanto Phila, eram tentadas ou forçadas a assumir outra profissão. O termo "modista de Covent Garden" era gíria para prostituta. Naquela parte de Londres, a linha divisória entre os diferentes tipos de garota trabalhadora era muito tênue.

Phila precisava escapar. Tendo terminado seu aprendizado e chegando à maioridade, herdou sua pequena parcela do espólio do pai. Em novembro de 1751, tomou uma atitude ousada, solicitando aos Diretores da Companhia das Índias Orientais autorização para viajar à Índia a bordo do navio da empresa, o *Bombay Castle*.

Ela zarpou em 18 de janeiro de 1752, junto com outras dez "jovens beldades". Todas tinham a mesma ambição: encontrar um marido entre os solitários homens de negócios, soldados e administradores brancos que trabalhavam nas Índias Orientais. Na linguagem coloquial dos ingleses em Bengala, as mulheres desse tipo passariam a ser conhecidas como "a frota pesqueira".

Uma das outras jovens, Mary Elliott, nomeara os mesmos dois cavalheiros de Phila no papel de "fiadores" para sustentar sua solicitação, por isso podemos supor que já fossem amigas antes de subir a bordo. Outra que também se tornaria uma boa amiga para Phila era Margaret Maskelyne. Tendo apenas dezesseis anos, filha órfã e empobrecida de um pequeno funcionário público, estava fugindo de uma vida de tédio com suas tias solteironas em Wiltshire. O exército havia levado à Índia seu irmão aventureiro, Edmund, e ele julgava ter encaminhado um cônjuge para ela: uma carta chegara à Inglaterra com a informação de que ele "arranjara um marido para Peggy se ela optar por empreender tão longa viagem por alguém que aprovo muitíssimo, mas nesse caso ela deve se apressar, pois ele está em tal humor casamenteiro que acredito que quem chegar primeiro irá levá-lo".[57]

As beldades destinadas a Bengala chegaram ao porto de Madras, afinal, no início de agosto. Todas as onze haviam sobrevivido às condições a bordo do navio, descritas por Jane Austen como "um castigo que não precisa de outro para torná-lo muito severo".[58] Muitas pessoas morriam na passagem. Como deve ter sido para aquelas garotas? Uma saudade de casa por deixar a Inglaterra combinada com os terrores da viagem, enjoo, semanas e mais semanas de condições apertadas, fedor do porão, frio no convés e calor embaixo. A ameaça de naufrágio sempre presente. Se as moças fossem abastadas, poderiam partilhar das refeições do capitão, mas o preço desse privilégio era alto, e muitos capitães da Companhia cobravam quantias exorbitantes e desmedidas taxas de juro se o crédito fosse necessário. Os capitães também atuavam como fornecedores gerais de mercadorias, tais como roupas, iguarias, até mesmo móveis, que eles vendiam tanto a seus passageiros como aos habitantes no local de destino.

A primeira visão da Índia que as jovens tiveram foi a linha longa e baixa da Costa de Coromandel. O contraste de viajar de um congelante inverno inglês para um agosto em Madras (hoje Chennai) pode ser imaginado prontamente: o calor e a umidade, mas também as gloriosas montanhas e o mar, as construções brancas, o céu infinito, o cheiro de Madras, com sua mistura de poeira quente, esterco queimado e especiarias. Do convés, com a brisa quente lhes batendo no rosto, elas viram as muralhas de Fort St. George, com o campanário de St. Mary's Church erguendo-se graciosamente por trás. A igreja era de um branco brilhante, sua superfície coberta com *chunam*, um cimento feito de conchas marinhas queimadas. Ela brilhava ao sol poente. À direita do forte ficava a povoação nativa ou "Cidade Negra", e à esquerda o antigo assentamento português de Tomé. Ao redor de tudo, areia dourada e palmeiras verdes.[59]

As moças foram levadas até a comporta marinha do forte num frágil bote *masula*. De lá, seriam arrastadas para um turbilhão de concertos, bailes e piqueniques. Sua busca por maridos estava iniciada. Margaret Maskelyne foi devidamente apresentada ao homem que seu irmão lhe arranjara. Ele era o governador de Bengala, e dali a seis meses já estaria casado com Margaret. Acabaria por conquistar fama sob o nome Lord Clive da Índia.

Em 1745, ano em que Phila começou seu aprendizado em Covent Garden, um homem chamado Tysoe Hancock, sete anos mais velho do que ela, zarpou rumo às Índias Orientais. Hancock ocupava o cargo de Cirurgião Extraordinário para a Companhia das Índias Orientais em Madras, mas também estava envolvido na expedição de diamantes e ouro. E estava em busca de uma esposa. Sabia tudo tanto sobre as perspectivas quanto sobre os perigos enfrentados pelas "beldades da frota pesqueira". "Você sabe muito bem", escreveu numa carta, "que nenhuma Moça, mesmo com meros Catorze anos de Idade, pode chegar à Índia sem atrair a Atenção de todo e qualquer Janota do Lugar, dos quais há uma vasta abundância em Calcutá, com ótimas Figuras e nenhuma outra Recomendação [...] a Devassidão sob o nome delicado de Galantaria é o Vício Reinante do Assentamento".[60]

O tio abastado de Phila, Francis, um cavalheiro próspero que fez sua fortuna prestando serviços legais e comprando terras em Sevenoaks, Kent, era o advogado e agente de negócios de Tysoe Hancock. Esta ligação os uniu. Em fevereiro de 1753, pouco mais de seis meses depois de sua chegada à Índia, a tia de Jane Austen passou a ser a sra. Tysoe Hancock. Em Fort St. David, onde se fixou para sua vida conjugal, deve ter se sentido a um milhão de milhas de distância do tempo em que trabalhava como costureira pobre para senhoras finas. Era agora a soberana de uma residência com inúmeros empregados, incluindo as criadas pessoais chamadas Diana, Silima, Dido e Clarinda. Usava sedas e musselinas requintadas. O jardim, sombreado por fileiras de magnólias-brancas, oferecia uma fartura de abacaxis e romãs. A única coisa que lhe faltava era um bebê, mas, depois de seis anos de casamento, o casal continuava sem filhos.

Em 1759, os dois se mudaram para Fort William, em Calcutá, a pedido de Lord Clive. Ali, integraram-se à elite da comunidade britânica de Bengala, conhecendo e fazendo amizade com Warren Hastings. Hastings entrara na Companhia das

Índias Orientais em 1750 como escriturário, e em 1773 ascenderia à posição de primeiro governador-geral da Índia. Hastings e Hancock iniciaram uma relação comercial, negociando sal, madeira, tapetes, arroz e ópio de Bihar. Phila se reencontrou com sua amiga da viagem de fuga, Mary Elliott. Mary também conseguira obter um rápido enlace logo após sua chegada, mas este terminou abruptamente quando seu marido teve a infelicidade de estar entre os soldados britânicos que morreram encarcerados no Buraco Negro de Calcutá. Com uma pressa um tanto indecente, Mary casou-se com Warren Hastings poucos meses depois. Em dezembro de 1757, ela deu à luz um filho chamado George. Em seguida, em 1758, teve uma filha chamada Elizabeth, que não sobreviveu. As amigas que outrora tinham feito parte da frota pesqueira não ficaram juntas por muito tempo, pois Mary Hastings morreu em julho de 1759, poucas semanas depois de Phila ter se mudado para Calcutá.

Calcutá era maior e mais luxuosa do que a Costa. Grandes mansões que lembravam palácios italianos se alinhavam diante do rio. Era mais parecida com uma cidade europeia do que Madras, pois suas casas e seus edifícios públicos não ficavam todos amontoados nos confins do forte, mas se mesclavam nas ruas da própria cidade. Armênios se misturavam aos portugueses, proporcionando cozinheiros e empregados aos ingleses. Muitos dos ingleses moravam em grandes vivendas de um andar alcançadas por escadas exteriores, ostentando belas varandas nas quais eles ficavam sentados no fresco da noite. As paredes não eram empapeladas, mas caiadas de branco, e, com o clima sendo quente demais para tapetes, os pisos eram cobertos por esteiras. Os quartos eram grandes, frescos e arejados, decorados com peças importadas da Europa. Muitos dos ingleses possuíam uma "casa de verão" fora da área urbana, para onde se retiravam nos fins de semana, fugindo do calor intenso da cidade. As sestas eram necessárias, com o calor se mostrando tão forte que as damas se retiravam trajando "a mais ínfima cobertura". Somente no fresco da noite é que todos vestiam suas roupas mais requintadas e saíam para a sociedade. Um dos pontos de encontro mais populares era Holwell's Gardens, onde os britânicos se reuniam para jantares festivos e para seus filhos brincarem. No início de 1761, Philadelphia descobriu que afinal estava grávida.

* * *

A nova vida de Phila dificilmente poderia ter sido mais diferente da de seu irmão George, o futuro pai de Jane Austen. Depois de Oxford, ele foi ordenado diácono e passou a dar aulas em sua antiga escola, em Tonbridge. Depois de sua segunda ordenação, como clérigo efetivo, em 1755, renunciou ao posto de professor e voltou para Oxford, onde se tornou capelão assistente na St. John's College.

Em 1762, George Austen conheceu Cassandra Leigh. Eles se casaram dois anos depois, e foram acompanhados em sua lua de mel por um menino doentio de sete anos de idade, chamado George Hastings. Os mundos da Índia e da Inglaterra estavam colidindo novamente: a primeira criança a entrar para o lar do pai de Jane Austen era o filho de Warren Hastings.

Phila, tia de Jane Austen

George Hastings tinha sido enviado à Inglaterra em 1761, pela altura em que Phila Hancock estava grávida. Foi confiado inicialmente aos Leigh, de Adlestrop, que eram velhos amigos de Warren Hastings. Nesse sentido, ele veio como parte do pacote de casamento, quando George Austen pediu a mão de Cassandra Leigh. George foi recompensado com um salário pago por Hastings, e as despesas efetuadas em nome do menino foram reembolsadas. Após a lua de mel, o menino foi morar com os recém-casados no presbitério em Deane, Hampshire, onde o reverendo George Austen recebera um benefício eclesiástico. Mas o garoto estava com uma saúde bastante debilitada. Ele morreu de difteria no outono. De acordo com a tradição familiar, Cassandra Austen reagiu muito mal, como se George fosse seu próprio filho.

Enquanto isso, em Calcutá, os sete anos estéreis da irmã Phila chegavam ao fim. Em 22 de dezembro de 1761, ela finalmente deu à luz uma filha. Esta se chamava Eliza Hancock, a menina que traria cor, perigo e emoção ao mundo de Jane Austen.

A família Austen ainda possui uma escrivaninha indiana de pau-rosa que, segundo se diz, foi dada de presente por Warren Hastings para Phila Hancock, a fim de agradecê-la por ter cuidado de sua esposa moribunda. A fofoca entre os britânicos em Calcutá era de que Phila se tornara, bem depressa, muito mais do que enfermeira e amiga. Parece ter sido um segredo aberto, na comunidade da Companhia das Índias Orientais, que Eliza era filha ilegítima do grande Warren Hastings. Ele era o padrinho reconhecido da menina, que ganhara seu nome em homenagem a Elizabeth, filha de Hastings que morrera na infância. Eliza, por sua vez, batizaria seu único bebê, um filho, em homenagem a ele: Hastings.

A fofoca se alastrou, alimentada por uma secretária enciumada de Clive chamada Jenny Strachey. O próprio Lord Clive escreveu à esposa exigindo que ela se dissociasse de sua companheira de viagem da frota pesqueira: "Em circunstância alguma, qualquer que seja, esteja em companhia da sra. Hancock, pois ela sem sombra de dúvida se entregou ao sr. Hastings".[61]

Warren Hastings permaneceu profundamente leal a Phila e sua filhinha, que rapidamente ficou conhecida como Betsy. Ele reservou uma fortuna de cinco mil libras para a criança, mais tarde duplicando a quantia, dando-lhe mais do que o suficiente para um dote que possibilitasse um bom casamento. A fonte do dinheiro era um título de quarenta mil rúpias transferido a Hastings para ser pago na China, valor que ele repassou a Eliza em dinheiro inglês. Somas dessa espécie, provenientes da conexão Índia-China naquele período, sempre exalavam um cheiro de ópio.

Hastings era famoso pela generosidade e conhecido por seu amor pelas crianças, mas suas cartas particulares a Phila são excepcionalmente carinhosas e reveladoras: "Beije minha querida Bessy por mim, e assegure-a de minha mais terna afeição. Que o Deus da Bondade abençoe vocês duas".[62] Fosse Hastings ou não o pai biológico de Eliza, ela sempre o tratou como pai. Quando se casou com seu primo Henry, em 1797, escreveu de imediato para Hastings, buscando seu consentimento para a união. Após a morte de Eliza, Henry visitou Hastings. Relatando a visita, Jane Austen escreveu, um tanto misteriosamente, que ele "em nenhum momento *insinuara* o nome de Eliza no menor grau".[63] Jane estava claramente surpresa com o fato de que Hastings não dissera nada sobre os últimos dias da criança que tanto adorava. Podemos muito bem deduzir que a relação era tão próxima, e sua dor, tão grande, que ele não suportou mencioná-la.

No verão de 1765, a família Hancock chegou de volta à Inglaterra, acompanhada por Warren Hastings e pela criada Clarinda. Segundo se relatou, a primeira notícia que ele ouviu em sua chegada foi o comunicado dos Austen quanto à morte de seu filho. Ele ficou profundamente abalado, e seu amor por sua afilhada Eliza apenas se intensificou. Em Londres, os Hastings e os Hancock alugaram casas próximas uma da outra. Eliza e sua mãe permaneceram na Inglaterra quando Hancock retornou a Bengala. Ele lhes enviava suprimentos maravilhosos: especiarias para cozinhar, folhas de curry, limões e mangas em conserva, pimentas, tempero balychong e molho cassoondy. Perfumes, como essências de rosas de Patna, chegavam também. Diamantes eram enviados em valores que chegavam aos milhares de libras, além de *mohurs* (moedas) de ouro. Ele também despachava tecidos finos e sedas para roupa de cama e vestidos destinados tanto à mãe quanto à filha. Elas recebiam algodão riscado, sannoe, doreas, musselina, fustão listrado, sedas de Malda, chintz e xales floridos. Em retribuição, Phila enviava livros, gim e jornais. Hancock pedia que a esposa compartilhasse os tesouros com membros de sua família, incluindo, claro, George Austen e sua família, que, por aquela altura, estava crescendo depressa. Não é de admirar que a escrita juvenil de Jane Austen contivesse referências a bens de consumo tais como musselinas indianas, para não mencionar molhos curry.[64]

Hancock escrevia cartas vívidas a sua esposa, contando histórias aterrorizantes de empregados mortos por tigres em Sundarbans e relatando que duas criadas dela, Diana e Silima, haviam se tornado prostitutas. Phila compartilhava essas notícias indianas com os pais de Jane Austen. Visitava Hampshire com frequência para ajudar a sra. Austen em seus confinamentos de gravidez. Sem dúvida estava presente no nascimento de Cassandra, e provavelmente no de Jane, em 1775.

Warren Hastings conheceu George Austen em julho de 1765, em Londres. Austen ficou impressionado ao extremo com Hastings, que tinha sido um classicista brilhante na Westminster School e sempre se sentira decepcionado com a circunstância de que, em vez de seguir à universidade, fora enviado à Companhia das Índias Orientais na juventude. Hastings amava a poesia latina e tinha um gosto por escrever versos com base no modelo horaciano. George Austen instava a seus próprios filhos que se inspirassem na erudição do grande homem.

Os pais de Eliza queriam que ela fosse educada na Inglaterra ou na França. A menina foi confiada aos melhores professores de Londres para cursos de desenho e dança, e também de música. Ela aprendeu a tocar violão e espineta. Cavalgava, atuava e falava francês. Essa era uma típica educação voltada ao aperfeiçoamento do sexo feminino com o propósito expresso de atrair um homem de posses. Mas Hancock também insistia que Eliza tivesse lições de aritmética e escrita: "seus outros Talentos serão Ornamentos para ela, mas estes são absolutamente necessários".[65] Ele recebia conselhos sobre sua educação de Hastings, que exortava "uma exercitação precoce em Economia", mas dava também a entender que sustentaria Eliza: "Porém, se eu viver e topar com o sucesso que é meu Direito esperar, ela não haverá de ficar sob a Necessidade de se casar com um Comerciante, ou qualquer homem para seu Amparo".[66] Hancock se inquietava em função da filha. Preocupava-se com sua saúde moral, temendo que pudesse "contrair a Leviandade ou os Desatinos dos franceses", e também com sua saúde física – quando ela teve vermes intestinais, ponderou que "nunca poderão ser observados com Cautela demasiada, pois podem ser enormemente prejudiciais para sua Constituição".[67]

Após a morte de Hancock, sozinho na Índia, em 1775, ainda tentando ganhar dinheiro e fracassando, Eliza e sua mãe permaneceram em Londres por mais um ano. Em seguida, iniciaram suas viagens pela Europa, indo primeiro à Alemanha e à Bélgica antes de chegar a Paris em 1779. Em 1780, Eliza já tinha visto a família real francesa de perto em Versalhes, começado a tocar harpa e posado para sua miniatura em marfim. Era um presente para seu amado tio George Austen, despachado para o presbitério. Ela aparece trajando um bonito vestido decotado, adornado com fitas azuis, e seu cabelo se mostra fortemente empoado, como a moda ditava em Paris ("as cabeças em geral parecem ter sido mergulhadas em um tonel de farinha", escreveu numa carta).[68]

Jane Austen tinha cinco anos quando a miniatura chegou a Steventon. Um ano depois, Eliza ficou noiva de um capitão do regimento de dragões de Maria Antonieta, Jean-François Capot de Feuillide. Dez anos mais velho do que Eliza, era filho de um advogado provincial – embora ele se autodenominasse conde de Feuillide, por razões um tanto duvidosas. George Austen desaprovou completamente o enlace, temendo que o autoproclamado conde fosse um caçador de fortunas e reclamando que Eliza e sua mãe estavam abandonando seus amigos, seu país e até mesmo sua religião.[69]

Em dezembro de 1773, Hancock redigiu cartas de procuração autorizando George Austen a atuar em nome da irmã no manejo confidencial dos recibos provenientes da Índia. As faturas das transmissões de diamantes eram emitidas em nome de George Austen. Hastings e Hancock também estavam envolvidos no comércio de ópio, entre outras mercadorias. É espantoso supor que a educação de Jane Austen e os livros da biblioteca de seu pai, que tanto contribuíram para inspirá-la em sua carreira como escritora, podem muito bem ter sido financiados, pelo menos indiretamente, pelo comércio de ópio. Evapora-se a ideia de sua família como totalmente isolada do mundo num vilarejo aconchegante em Hampshire.

A morte de Hancock, no ano de 1775 em Calcutá, foi a ocasião para que Warren Hastings duplicasse seu legado à afilhada Eliza. George Austen era um dos curadores nomeados nos documentos legais. Foi apenas dois meses depois da morte de Hancock que Jane Austen nasceu.

Cecilia Wynne, na novela de juventude "Catharine", é a única jovem dama na ficção de Austen a se juntar à frota pesqueira para ir atrás de um casamento na Índia. Mas seus laços familiares com Bengala despontam periodicamente nos romances maduros. O pedido de Lady Bertram por um xale das Índias Orientais é um exemplo. E, em *Razão e sentimento*, Marianne e Willoughby zombam da experiência de Brandon por lá: "ele lhe contou que nas Índias Orientais o clima é quente e os mosquitos incomodam muito" [...] "'Quem sabe', disse Willoughby, 'as observações do coronel se estenderam até a existência de nababos, moedas indianas de ouro e palanquins'".[70] Jane Austen nunca baseou suas histórias diretamente em experiências de sua própria família, mas, numa vida dominada por conversação, pela troca de notícias da família, pela contação de histórias e pela redação de cartas, parece ser mais do que uma pequena coincidência que a razão pela qual Brandon pede a transferência de seu regimento para Bengala seja seu desejo de escapar ao desgosto de perder seu grande amor, que se chama Eliza. Ela é forçada a se casar com o irmão dele, contra sua vontade, e mais tarde se torna prostituta; sua filha, também chamada Eliza, é seduzida por Willoughby com apenas dezesseis anos, tem um filho dele e é abandonada. Para Jane Austen, ao que parece, o nome Eliza estava intrinsecamente ligado tanto às Índias Orientais quanto ao escândalo sexual.

* * *

Eliza

Eliza Hancock, agora condessa de Feuillide e trazendo consigo um menino, irrompeu na vida do presbitério de Steventon bem a tempo para as festividades natalinas de 1786. Franzina e elegante ao extremo, tinha maçãs do rosto salientes, feições delicadas, grandes olhos expressivos e um volumoso cabelo crespo. O casamento não havia domado a vivaz Eliza. Ela conquistou admiradores abundantes em Steventon, homens e mulheres. Jane Austen, com a idade impressionável de onze anos, ficou simplesmente enfeitiçada pela prima que trazia histórias da Índia e da Europa à Hampshire rural.

Para a jovem Jane Austen, Eliza Hancock era a encarnação viva de sua personagem favorita em um de seus romances favoritos: Charlotte Grandison em *Sir Charles Grandison*, de Samuel Richardson. Ler as cartas reais de Eliza é como ler as fictícias de Charlotte. Por temperamento, Eliza era incompatível com o casamento, que, para ela, significava renunciar "à querida Liberdade e ao ainda mais querido flerte". "O flerte é uma coisa encantadora", escreveu, "faz o sangue circular!" Sobre seu primeiro marido, o conde, comentou: "É muito pouco dizer que ama, uma vez que ele literalmente me venera". Sobre os casamentos, gracejou: "Nunca estive senão em um único casamento na minha vida, e a ideia me pareceu muito estúpida". Sobre si mesma, escreveu: "A independência e a homenagem de meia dúzia são preferíveis à sujeição e à fixação a um único indivíduo [...] estou cada vez mais convencida de que Ela não é nem um pouco feita para o sóbrio Matrimônio".[71]

Sua vivacidade hipnotizava os Austen. Ela tocava piano para eles todos os dias e organizava danças improvisadas na sala de estar. Contava histórias de Paris e de Maria Antonieta. Reclamava, quanto ao teatro francês, que "ainda é moda traduzir, ou melhor, assassinar Shakespeare".[72] Deu para Jane, de aniversário, um conjunto em doze volumes com as histórias de *L'Ami des enfants*, de Arnaud Berquin.

Jane e Cassandra, que tinham estado no internato pelos dezoito meses anteriores, haviam voltado para casa em definitivo. No presbitério de Steventon, Eliza também encontrou Henry Austen, não mais uma criança, mas um homem alto e bonito, prestes a ir para Oxford. Ele logo fez questão de visitá-la quando ela voltasse para Londres e de se preparar para recebê-la em visita na faculdade. Na St. John's, em Oxford, Eliza "ansiava por ser *Admitida*, para que eu pudesse andar [no jardim] todos os dias". "Além disso", acrescentou, "fiquei deleitada com o Traje Preto e considerei o Barrete Quadrado uma formosura esplêndida".[73]

Eliza confessara a Philadelphia ("Phylly") Walter, prima dos Austen, que já não estava apaixonada pelo marido. Enquanto este estava na França, ela levava, de acordo com essa prima, uma "vida muito dissipada" em Londres.[74] A julgar pelas cartas remanescentes de Eliza, sua vida foi repleta de socialização e aventura. Ela deixa por pouco de ser assaltada e atacada por salteadores em Hounslow Heath. Leva Hastings, seu filho, para Hastings e outros balneários pelo benefício dos banhos de mar. Frequenta bailes e a ópera, e se desloca de lá para cá entre a Inglaterra e a França.

Após o sucesso de sua visita a Steventon em 1786, ansiava por voltar a Hampshire, embora seu tio lhe tivesse dito que só poderia recepcionar visitas em pleno verão e no Natal. Fez planos para voltar a Steventon no Natal seguinte e incentivou os primos em seus planos de encenar produções teatrais privadas. Como será visto, Eliza foi protagonista na escolha das peças, e não é surpresa que os títulos escolhidos por ela destacassem heroínas espirituosas que se recusavam a ser intimidadas por homens.

Tanto James quanto Henry Austen se sentiam "fascinados" pela coquete Eliza, de acordo com o filho de James, que escreveu o primeiro livro de memórias sobre Jane. Uma das histórias cômicas que Jane Austen escreveu antes do final da década de 1780 foi intitulada "Henry e Eliza". Eliza é uma bela menina enjeitada encontrada em uma "Haycock"*, assim como a prima de Austen era uma bela menina de origem incerta chamada Eliza Hancock. A ação gira em torno de uma fuga romântica empreendida pelos personagens do título, que escapam rumo à França deixando apenas um bilhete sucinto: "Senhora, estamos casados e fomos embora". Com a Eliza real, tudo podia acontecer, e a jovem Jane Austen parece ter considerado tanto excitante como divertido imaginá-la fugindo com Henry. Mal sabia ela como a história dos personagens Eliza e Henry da vida real terminaria.

Eliza retornou a Steventon no verão de 1792, em circunstâncias bem mais sombrias. Trouxe consigo um cabedal de histórias verídicas tão chocantes quanto qualquer trecho dos romances góticos que as jovens damas devoravam na época. Eliza, sua mãe e o pequeno Hastings haviam fugido da França enquanto a tempestade de problemas se formava nos meses que antecederam a tomada da Bastilha, em 1789. Estavam em Londres quando irrompeu a notícia da revolução. Dali em diante, foram forçadas a permanecer na Inglaterra.

Em janeiro de 1791, o marido de Eliza, Jean-François, sem dúvida lamentando, agora, seu título de "conde", fugira para Turim com o irmão do rei e outros emigrados da realeza. Eliza escreveu de Londres à família Austen em Steventon, revelando-lhes a notícia e também dando boletins da saúde em declínio de sua mãe. Ela obteve conforto com fofocas sobre seus primos em Steventon, sobretudo Jane e Cassandra: "Ouvi dizer que elas são perfeitas beldades e, claro, que arrebatam corações às dezenas".[75]

---
* "Meda de feno". (N.T.)

Depois de uma longa batalha contra o câncer de mama, Phila Hancock morreu em 1792. O marido de Eliza conseguiu, por uma rota tortuosa, juntar-se a ela na Inglaterra para lhe proporcionar algum conforto em seu luto. Eles foram a Bath para um período de recuperação e ela ficou grávida. O conde decidiu, no entanto, voltar à França, com receio de ter suas terras confiscadas. Como Eliza contou,

> M. de F propôs permanecer aqui por algum tempo, mas logo recebeu Relatos da França informando-lhe que, já tendo ultrapassado sua Licença, caso continuasse na Inglaterra ele seria considerado como sendo um dos Emigrantes, e, consequentemente, teria toda a sua propriedade confiscada pela Nação. Tais conselhos não eram de ser negligenciados, e M. de F foi obrigado a partir para Paris.[76]

Poucos dias depois da partida dele, os nervos de Eliza, já desgastados, entraram em colapso quando ela foi apanhada em meio a graves distúrbios em Londres. No dia 4 de junho de 1792, aniversário do rei, um grupo de quarenta criados tinha sido convidado para um jantar festivo num pub, o Pitts Head. Não houve perturbação até que o alto condestável de Westminster entrou com seus guardas no pub, criou problema e prendeu todos os criados, levando-os para uma cadeia em Mount Street. Na manhã seguinte, uma multidão apareceu diante da cadeia e soldados foram chamados para reprimir o tumulto. A carruagem de Eliza foi atacada e seu condutor ficou ferido; a situação aterrorizante a deixou fora de si, fazendo com que abortasse o bebê que concebera durante a visita de seu marido à Inglaterra. Ela escreveu um relato intenso dos acontecimentos:

> O ruído do populacho, as espadas desembainhadas e baionetas apontadas dos guardas, os fragmentos de tijolo e cimento lançados por todos os lados, um dos quais quase matou meu Cocheiro, os disparos em uma extremidade da rua já iniciados, tudo, em suma, alarmou-me tanto que realmente não me recuperei desde então. A Confusão conti-

nuou por todo aquele dia, e na Noite e no Dia seguinte, e por essas quarenta e oito Horas nada vi senão grandes grupos de Soldados desfilando para cima e para baixo nesta Rua, da qual Mount Street fica muito perto, havendo apenas Grosvenor Square entre elas. Minhas apreensões consistiam em que eles iriam incendiar as casas que tão empenhados estavam em demolir e em pensar que, se fosse esse o caso, dentro de quão pouco tempo, em uma Cidade como esta, um Fogo muito insignificante no início poderia ser produtivo das mais graves Consequências.[77]

Paralelos com a história recente da França foram traçados de imediato. Uma caricatura dos distúrbios de Mount Street, publicada dois dias depois, mostrava um criado francês discutindo com um guarda violento e dizendo: "Ah, Sacre Dieu! Eu achav que erra tudo Dançe na terrá de Liberté!". No muro ao fundo se vê uma cópia da Tomada da Bastilha, com canhões e cabeças decapitadas espetadas em lanças. A implicação é clara: como Paris, Londres corria perigo de ser arrastada rumo à revolução.[78]

Eliza fez planos imediatos de escapar para Steventon. No entanto, em função do aborto e, em seguida, de um ataque severo de varicela, só chegou ao presbitério em agosto. E foi assim que apareceu no lar dos Austen, com a cabeça ocupada pelos distúrbios ingleses e por ansiedades quanto ao marido em Paris. Enfraquecida pelo aborto e pela doença, chorou quando viu o tio cujas feições tanto se assemelhavam às da mãe amada que ela perdera pouco antes.

Ela notou o quanto sua prima Jane crescera e assegurou a Phylly Walter, que não gostava de Jane, que a moça "encontrava-se enormemente aprimorada tanto em modos como em pessoa". Eliza também expressou seu próprio senso de lealdade em relação à irmã mais nova: "Meu coração dá preferência para Jane, cuja amável inclinação por mim exige, de fato, uma retribuição da mesma natureza".[79]

Eliza pode ter se sentido segura no ambiente rural de Hampshire, compartilhando histórias e livros com seus primos, mas as notícias da França lhe chegavam nas cartas privadas de Jean-François e também através da imprensa inglesa: "Minhas Cartas privadas confirmam os Informes proporcionados pelas Impressões públicas", escreveu para Phylly Walter, "e garantem-me que nada do que lemos nelas é exagerado".[80] Estava se referindo aos Massacres de Setembro, a onda de violência em massa que começou com a invasão do Palácio das Tulherias e culminou no massacre de catorze mil pessoas, incluindo padres, prisioneiros políticos, mulheres e até crianças pequenas com oito anos de idade. William Wordsworth testemunharia o rescaldo ao passar por Paris logo depois. O impensável acontecera: a França aboliu sua monarquia e estabeleceu formalmente a república.

As atrocidades eram relatadas em detalhes horripilantes na imprensa inglesa. A família real estava aprisionada, e os jornais londrinos se concentravam no destino da princesa de Lamballe, amiga da rainha. Em 3 de setembro, ela foi morta pela multidão e decapitada; suas entranhas e sua cabeça foram carregadas em lanças. A cabeça foi levada para um barbeiro, que arrumou o cabelo, com seus notáveis cachos loiros, de modo a torná-lo instantaneamente reconhecível a Maria Antonieta quando fosse exibido, subindo e descendo, diante da janela onde ela estava encarcerada. Caricaturas de cabeças decapitadas sendo carregadas em lanças pelas ruas de Paris enchiam as janelas das gráficas de Londres.

Eliza só pode ter ficado aterrorizada em função de Jean-François, pois a imprensa inglesa relatava que até mesmo aqueles que supostamente soassem como aristocratas ou se assemelhassem a um no menor grau já teriam "o corpo trespassado por uma lança". O *Times* informava que "um anel, uma corrente de relógio, fivelas bonitas, um novo casaco ou um bom par de botas, numa palavra, qualquer coisa que assinalasse o aspecto de um cavalheiro e que atraísse o olhar da turba na certa custaria a vida do proprietário. A IGUALDADE era a pistola, e o SAQUE, o objetivo".[81]

Eliza era consolada pelos calmos e práticos Austen. Eles se azafamavam em cuidados com ela, tranquilizavam suas inquietações e, mais importante, davam atenção a seu bebê, Hastings – "muito formoso", "muito gordo" e "muito bonito", de acordo com a sra. Austen.[82] Eliza se preocupava por ele ainda não ter dentes. Depois, quando a dentição teve início afinal, ele começou a ter convulsões. Conforme ficava mais crescido, não conseguia começar a caminhar ou falar adequadamente, e era óbvio que algo estava errado. As comparações com o pequeno George Austen eram inevitáveis. A prima Philly Walter escreveu a seu irmão para lhe contar que Hastings tinha ataques, era incapaz de andar ou falar, mas produzia um contínuo "grande barulho": "Muitas pessoas dizem que ele dá sinais de ser fraco da cabeça; que seus olhos são singulares, isso é muito certo; nossos medos são de ele ser como o pobre George Austen".[83] Tempos depois, escreveu: "Receio que ele já seja um idiota rematado".[84]

Por um longo tempo, Eliza se recusou a crer que algo estivesse errado com seu amado "filho e Herdeiro". Suas cartas são cheias de referências a Hastings, pois ela se comprazia com cada mínimo sucesso do menino: "Ele dobra seus punhos prodigiosos e soca o ar bem ao estilo Inglês". Há algo de muito comovente em sua tentativa de convencer a si mesma de que seu filho era completamente normal, apesar de sua terrível epilepsia, seus ruídos estranhos e sua luta com a fala e os movimentos. Ela insistia em mantê-lo em casa consigo. Mandá-lo embora, para que se juntasse ao primo Austen similarmente inválido, em Monk Sherborne, estava fora de questão. Eliza se devotava a lhe ensinar o alfabeto e a tagarelar em francês e inglês. Segundo todos os relatos, o "pequeno Hastings" era uma criança dócil, que costumava oferecer às pessoas seus "bolos ou maçãs mastigados pela metade". Quando um médico recomendou banhos de mar, Eliza o obedeceu com a maior felicidade, passando meses em estâncias balneares, insistindo em seu efeito eficaz sobre a saúde do menino. Ela o "calçou" cedo (tirando-o dos "vestidinhos" e colocando-lhe casaquinhos e calças compridas), a fim de aliviar suas dificuldades em andar. Carinhosamente o chamava de "um arteiro tão grande quanto qualquer outro que já mereceu essa denominação". Eliza nunca o teria descrito como idiota, como a prima Phylly Walter costumava fazer. Os primos Austen o adoravam, e ele passava períodos em Steventon com frequência. Hastings era, nas palavras de Eliza, "o Brinquedinho da Família toda".[85]

A vida aventurosa e difícil de Eliza teve um grande impacto sobre a imaginação vívida da adolescente Jane Austen. Essa ligação familiar próxima ao reinado do terror a levou muito mais para perto da Revolução Francesa do que a maioria de seus contemporâneos ingleses. De acordo com a tradição familiar, o desagrado de Jane em relação aos franceses nunca mais a deixou dessa época em diante.

Eliza permaneceu em Steventon, provavelmente, até a primavera de 1793. Em 1º de fevereiro, a nova República Francesa declarou guerra à Grã-Bretanha e à Holanda. As guerras revolucionárias e napoleônicas francesas continuariam por mais vinte anos. Há uma lenda familiar não corroborada, provavelmente apócrifa, de que Eliza voltou à França e depois escapou, em gravidez avançada mais uma vez, na companhia de uma criada (talvez a Madame Bigeon que seria sua governanta nos últimos anos). Ela certamente havia voltado a Londres em março de 1794. À uma hora num sábado muito chuvoso, Warren Hastings a visitou, a seu pedido, e ela leu para ele um parágrafo do jornal de emigrados dando a pior notícia possível: "que no dia 22 de fevereiro – Jean Capote Feuillide foi condenado à morte".[86]

Jean foi guilhotinado um dia depois de ter sido considerado culpado. Listado no registro oficial como "Prisioneiro Nº 396", foi colocado às pressas numa carroça de condenados e levado ao cadafalso no quinto dia do recém-criado mês de *ventôse* do Ano 2, de acordo com o calendário revolucionário.[87] O tribunal revolucionário o considerara culpado de duas acusações. Em primeiro lugar, por cumplicidade com Nicolas Mangin, que foi executado no mesmo dia, em conspirar contra a unidade e indivisibilidade da República e a soberania do povo francês. Em segundo lugar, por ser "cúmplice da mulher Marboeuf na tentativa de seduzir, por meio de um suborno, um dos secretários do Comitê de Segurança Pública em uma tentativa de persuadir esse funcionário público a roubar ou queimar documentos relacionados à referida Marboeuf".[88] A família não tinha dúvida de que tais acusações eram forjadas. Pelo ponto de vista de Eliza, seu marido ajudara com grande nobreza uma amiga idosa, a marquesa de Marboeuf, tentando subornar seus caluniadores (ela fora executada algumas semanas antes pelo crime de "desejar a chegada dos prussianos e dos austríacos"[89], inimigos da República). Ele fora traído e guilhotinado. Havia uma lenda familiar de que ele tentara se salvar alegando ser um valete que fingia ser seu patrão, embora nenhuma evidência dessa trama infrutífera tenha vindo à tona em seu julgamento.

Não existem cartas sobreviventes de Jane Austen até 1796 e, por isso, não há maneira de saber como a execução do prisioneiro 396 afetou-a, mas sua proximidade com a prima e o pequeno Hastings deve ter trazido para dentro casa o pleno horror da guilhotina. Eliza observou em suas cartas que as crianças Austen eram muito especiais, cada uma delas dotada de "habilidades incomuns". Jane, sua evidente favorita, retribuía o interesse de Eliza dedicando-lhe histórias e usando-a como modelo para suas coquetes espertas. A noção de que Jane Austen era de alguma forma alheia aos acontecimentos violentos de seu tempo é desmentida pelo fato de que Eliza estava com ela e sua família no presbitério de Steventon em setembro de 1792, um dos meses mais sangrentos e mais dramáticos daquela época sangrenta e dramática, e de que permaneceram em contato estreito na ocasião do guilhotinamento do marido de Eliza.

* * *

Foi no final do verão de 1792, exatamente na época em que Eliza chegou a Steventon com notícias da França revolucionária, que Jane Austen começou o romance breve "Catharine, ou O caramanchão",

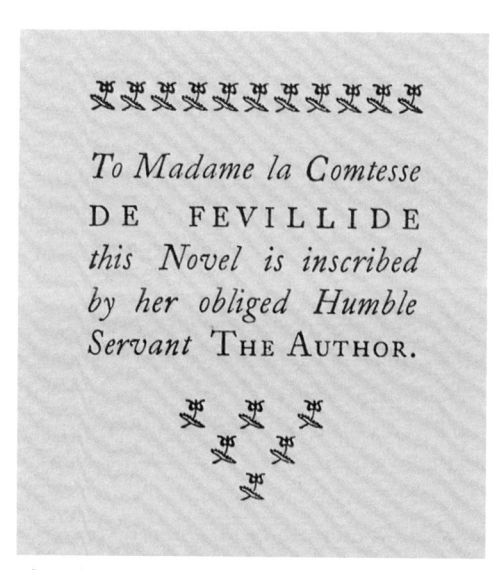

To Madame la Comtesse DE FEVILLIDE *this Novel is inscribed by her obliged Humble Servant* THE AUTHOR.

Para Eliza: o afeto de Austen por sua prima fica claro em sua decisão de dedicar a ela a novela precoce "Amor e amizade" que inclui a história de Cecilia Wynne partindo com a frota pesqueira rumo à Índia. Um dos outros personagens, o sr. Stanley, "nunca quer saber de nada além de política"[90], enquanto outra, a sra. Percival, mantém um elegante desprezo pelos horrores do mundo moderno:

> Depois da Ceia, com a Conversa se direcionando ao Estado das Coisas no Mundo político, a sra. P., que era da firme opinião de que a Raça Humana como um todo estava se degenerando, afirmou que, de sua parte, Tudo em que acreditava estava indo para o brejo, toda ordem tinha sido destruída na face da Terra [...] a Depravação nunca se mostrara tão generalizada antes.[91]

Catherine[92], a heroína, é uma jovem astuta interessada em política, e fica chocada quando sua amiga desmiolada, Camilla, professa: "Não sei nada de política e não suporto ouvi-la mencionada".

Catherine encontra socorro em um pavilhão de jardim que ela construiu. Quando Edward Stanley, recém-retornado da França, beija a mão de Catherine no caramanchão, sua tia, a sra. Percival, fica horrorizada: "Por mais *dissoluto* que me parecesse ser o seu comportamento, eu não estava preparada para tal visão [...] vejo claramente que tudo já está de cabeça para baixo, e toda ordem terá em breve chegado ao fim por todos os cantos do Reino". Catherine fica consternada com a reprimenda da tia: "No entanto, minha senhora, não mais depressa, espero, por culpa de qualquer conduta minha [...] pois, palavra de honra, nada fiz esta noite que possa contribuir para derrubar a instituição do reino". "Você está equivocada, Criança", responde a mulher mais velha, "o bem-estar de todas as Nações depende da virtude de seus indivíduos, e qualquer pessoa que ofender de forma tão grosseira o decoro e a decência estará certamente acelerando sua ruína."[93]

Essa é uma das referências mais explícitas de Austen à Revolução Francesa. Não há como compreender mal o que a sra. Percival quer dar a entender com a derrubada da instituição do Reino. Ela não vê distinção entre a política radical e a perigosa improbidade sexual: em sua opinião, Edward Stanley contraiu ambos os vícios em suas viagens francesas. A estabilidade do Estado, ela sugere, depende do comportamento adequado entre os sexos. Ela fica horrorizada por Catherine ter negligenciado os sermões e catecismos aperfeiçoadores que lhe impingiu.[94] A influência francesa, as leituras inadequadas e a licenciosidade sexual significam apenas uma coisa: revolução. O fato de que Jane Austen está obviamente zombando da paranoia política da tia Percival demonstra que ela não tem nenhuma simpatia pelo conservadorismo irracional. Ao mesmo tempo, porém, a presença de Eliza e de suas notícias francesas na residência em Steventon alertavam a jovem Austen quanto aos altos riscos do atual "Estado das Coisas no Mundo político".

Mais adiante naquela turbulenta década de 1790, Jane Austen escreveu o primeiro rascunho do romance que acabou sendo publicado, após sua morte, sob o título *A abadia de Northanger*. Ele contém uma cena não muito diferente do debate de Catherine com a sra. Percival. O diálogo ocorre em Beechen Cliff, a colina acima da cidade de Bath. Henry Tilney está dando lições a outra Catherine, a srta. Morland, sobre o pitoresco, e então avança para a política e o "estado da nação":

> Deleitado com o progresso da garota, e temendo que pudesse enfastiá-la de uma só vez com sabedoria excessiva, Henry foi se afastando aos poucos do assunto e, numa suave transição, partindo de um fragmento rochoso e de um carvalho sem vida que ele situara no alto de seu panorama, passando para carvalhos em geral, para florestas, cercamento de florestas, terras improdutivas, terras da coroa e o governo, chegou em breve à política; da política, foi fácil passar para o silêncio.[95]

De modo notável, é Catherine quem põe fim ao silêncio: "Ouvi dizer que algo realmente muito assombroso vai aparecer em Londres dentro de pouco tempo". Catherine está falando, na verdade, de um novo romance gótico prestes a ser publicado, mas é mal interpretada pela irmã de Henry, Eleanor, como se estivesse se referindo a distúrbios populares em Londres: "Deus do céu! Onde ouviu dizer uma coisa dessas?".

– Uma amiga minha soube do caso por uma carta que chegou de Londres ontem. [Catherine responde] Espera-se que seja excepcionalmente terrível. Prevejo assassinatos e coisas do tipo.
– A senhorita fala com serenidade espantosa! Mas espero que as informações de sua amiga tenham sido exageradas; e se um projeto como esse é conhecido de antemão, medidas adequadas serão tomadas pelo governo, sem dúvida, para impedir que ele seja levado a efeito.
– O governo – disse Henry, fazendo esforço para não sorrir – não deseja e tampouco ousa interferir em tais questões. Assassinatos são necessários; o governo não quer saber se são muitos ou poucos.
[...]
– Srta. Morland, não preste atenção ao que ele diz; mas tenha a bondade de me esclarecer esse terrível distúrbio.
– Distúrbio! Que distúrbio?

A referência de ler sobre os horrores londrinos em uma carta de uma amiga ecoa o detalhe da vida real de Eliza escrevendo para sua família sobre os distúrbios de Mount Street. A fala reprovadora de Henry, dirigida a sua irmã, culpa a imaginação feminina pelo mal-entendido:

> Minha querida Eleanor, o distúrbio só existe na sua cabeça. [...] A senhorita [Catherine] falou sobre horrores iminentes em Londres; e em vez de concluir no mesmo instante, como qualquer criatura racional teria feito, que tais palavras só poderiam dizer respeito a uma nova coleção de livros, imediatamente ela imaginou uma turba com três mil homens reunidos em St. George's Fields, o Banco atacado, a Torre ameaçada, as ruas de Londres transbordando de sangue, um destacamento dos Twelfth Light Dragoons (a esperança da nação) convocado a vir de Northampton para subjugar os insurgentes.

A descrição vívida de Henry lembra uma série de insurreições violentas nas ruas de Londres: os anticatólicos Gordon Riots em 1780, os distúrbios de Mount Street testemunhados por Eliza e também os tumultos do pão de 1795, quando turbas famintas saquearam farinha e pão, danificando moinhos e padarias. A ameaça à Torre e a imagem das ruas de Londres transbordando de sangue evocam inevitavelmente a Bastilha e os Massacres de Setembro.

"Catharine, ou O caramanchão" termina de modo abrupto, com o retorno de Edward Stanley à França. Os acontecimentos daquele inverno, culminando nas execuções de Luís XVI e, mais tarde, Maria Antonieta, talvez tenham contribuído para a decisão de Jane de deixá-lo inacabado, embora ela continuasse fazendo ajustes no fragmento pelo menos até 1809. Muitos críticos reclamaram que a autora ignorou os acontecimentos históricos de seu tempo. Em 1913, o historiador Frederick Harrison descreveu-a para seu amigo Thomas Hardy como "uma pequena cínica sem coração [...] redigindo esquetes satíricos sobre seus vizinhos enquanto dinastas rasgavam o mundo em pedaços e despachavam milhões para suas sepulturas".[96] Esse tipo de acusação ignora a evidência de "Catharine" e *A abadia de Northanger*, nos quais a ansiedade quanto à revolução é claramente parte da narrativa. E negligencia o fato de que, por causa de sua prima Eliza, Jane Austen foi levada a uma proximidade excepcional dos acontecimentos da França revolucionária. Por que o romance de Austen não se envolve de maneira mais direta e frequente com os dinastas que "rasgavam o mundo em pedaços e despachavam milhões para suas sepulturas"? Poderia ter sido não tanto porque ela soubesse de tudo e não estivesse nem um pouco preocupada, mas porque sabia demais e se importava profundamente? Amando Eliza como amava, teria sido doloroso demais demorar sua pena sobre a culpa e a desgraça da Paris revolucionária.

3

Os cadernos de velino

❦

Há três deles. Cada um tem na capa uma inscrição em caligrafia cuidadosa, à imitação de um romance em três tomos ou um conjunto de obras completas: *Volume Primeiro*, *Volume Segundo*, *Volume Terceiro*. O primeiro – uma coleção de pequenas histórias, peças de teatro, poemas e sátiras – termina com a data 3 de junho de 1793, mas é claro que algumas das obras foram escritas muito antes, numa idade de meros onze ou doze anos, e, em seguida, transcritas em bela caligrafia quando a autora já estava em seu décimo oitavo ano. O volume padronizado, adquirido em uma papelaria, é encadernado em pele de carneiro curtida sobre cartões marmoreados. Encontra-se hoje na Bodleian Library, em Oxford.

O *Volume Segundo*, ilustrado aqui, é outra miscelânea, incluindo duas noveletas epistolares, uma paródica "História da Inglaterra" e várias "Sobras", tudo provavelmente composto quando a autora tinha por volta de quinze anos. É outro caderno de papelaria, desta vez encabeçado por um agradecimento em latim: "um presente de meu pai". Em formato in-quarto pequeno, é encadernado em legítimo pergaminho – velino – colado sobre papelão encorpado. Encontra-se hoje na Biblioteca Britânica, em Londres, onde está também o *Volume Terceiro*, que é muito similar em tamanho e igualmente encapado em velino, com sua frente desfigurada por um borrão de mancha líquida. Esse volume final contém apenas duas obras: uma história fragmentária chamada "Evelyn" e a bem mais longa, mas mesmo assim inacabada, "Catharine, ou O caramanchão". A primeira página é assinada e datada "Jane Austen – 6 de maio de 1792". Uma nota a lápis na parte interna do cartão oposto, na caligrafia de seu pai, soa como um registro de orgulho paternal: "Efusões de Fantasia por uma Dama Muito Jovem consistindo em Contos num Estilo inteiramente novo".[97]

Essas são as primeiras obras de Jane Austen, copiadas em sua melhor caligrafia e preservadas por ela. Por que Jane as escreveu dessa maneira? Em primeiríssimo lugar, para diversão de sua família. Colada na parte interna dianteira do cartão de capa do *Volume Primeiro*, o mais desgastado dos três, há uma nota escrita por Cassandra depois da morte de sua irmã: "Para meu irmão Charles. Creio recordar que algumas das brincadeiras deste Vol. foram escritas expressamente para sua diversão". Mas Jane Austen também se deu ao trabalho de criar esses livros, o que envolveu labuta pesada com pena de ganso e tinteiro, de modo a se apresentar, pelo menos em sua própria imaginação, como autora profissional. Apesar de escritos à mão, os volumes têm os apetrechos dos livros devidamente publicados: sumário, dedicatórias, divisões de capítulos. Mesmo ainda adolescente, Jane Austen já sabia o que queria da vida: ser uma escritora.

Sua carreira literária começou em 1787, quando chegou aos doze anos. Quase poderíamos dizer que, como Mozart, ela foi uma criança prodígio. Ao longo de sua adolescência, continuou a escrever contos e peças, esquetes e histórias, farsas e paródias. Os manuscritos originais estão perdidos, mas as belas cópias nos cadernos de velino somam cerca de noventa mil palavras. Esse corpo de obra ficou conhecido como sua "juvenília". Embora o conteúdo dos cadernos de velino seja hoje bem conhecido pelos estudiosos, eles ainda são negligenciados, com frequência, pelos leitores e até pelos biógrafos. No entanto, essas obras iniciais fornecem um vislumbre extraordinário da imaginação vívida e muitas vezes desvairada da Jane Austen real.

Virginia Woolf foi a primeira a observar que os escritos juvenis de Jane Austen eram "feitos para durar mais que as festas de Natal". E que, com a tenra idade de quinze anos, ela estava escrevendo "para todos, para ninguém, para o nosso tempo, para o tempo dela". A admiração de Woolf pela pura alegria e energia esbaforida dos primeiros esquetes cômicos de Austen se expressa nos adjetivos "assombroso" e "não infantil".[98] O que pensar de uma frase como a seguinte, do primeiro "romance" de Jane Austen, que tem um erro de ortografia adoravelmente juvenil em seu título, "Love and Freindship"? "Ela nada mais era do que uma mera Jovem Dama bem-humorada, cortês e prestativa; como tal, dificilmente poderíamos não gostar da moça – ela era somente um Objeto de Desprezo."[99] Boas moças sendo objeto de desprezo? Não é exatamente a imagem de Austen que os membros de sua família procuraram estabelecer nas memórias a seu respeito que escreveram depois de sua morte. "A garota de quinze anos está rindo, em seu canto, do mundo", Woolf observou. "Garotas de quinze estão sempre rindo", acrescenta – e a isso podemos acrescentar: sobretudo quando, como Austen e a própria Woolf, são uma de duas irmãs numa casa cheia de meninos.

Bem perto do fim de sua vida, Jane Austen passou uma mensagem para sua sobrinha indicando que seu único arrependimento como escritora era o fato de ter escrito demais numa idade precoce. Aconselhou sua sobrinha a gastar seu tempo lendo em vez de empunhar a pena cedo demais.[100] Por isso, talvez não fosse ficar de todo satisfeita em saber que sua precoce obra de adolescência é agora amplamente lida. Contudo, embora essas primeiras histórias não fossem destinadas ao consumo público, ela continuou apreciando-as e, na verdade, alterando e editando seus escritos juvenis até passar dos trinta anos.[101] Por estar escrevendo para si e sua família, ela se permitia uma falta de restrição impensável nos romances publicados. Nesse sentido, os cadernos de velino dão acesso à autêntica vida interior de Jane Austen, livre dos grilhões da convenção literária e da máscara de respeitabilidade exigidos pela impressão. Se a criança é o pai do homem, como alegou o contemporâneo William Wordsworth, então a menina é mãe da mulher. A vida não tão secreta de Jane Austen entre onze e dezessete anos revela uma escritora de maravilhosa exuberância e autoconfiança. Ela também demonstra ser uma jovem mulher de opiniões firmes e fortes paixões.

Um momento decisivo foi a conquista de um espaço todo dela. Pouco depois de Jane e Cassandra voltarem do internato em definitivo, em 1786, elas ganharam o direito de usar uma sala de estar no andar de cima, adjacente ao quarto de dormir. Em suas cartas, Jane se referia ao aposento como seu Camarim. Ele tinha papel de parede azul, cortinas listradas azuis e um tapete marrom-chocolate. Ficavam na sala o piano de Jane e sua escrivaninha. Havia uma estante de livros e uma mesa para as caixas de costura das irmãs.

Jane Austen era uma soberba satirista social. A sagacidade era altamente valorizada na família Austen. As primeiras histórias são, na maioria, sátiras, textos burlescos ou paródias. A razão de ser desse tipo de escrita é copiar ou caricaturizar o estilo ou espírito de obras sérias de modo a estimular o riso, muitas vezes por meio de uma exageração ridícula. O grande exemplo da forma, no século XVIII, era Henry Fielding, cujas obras Austen conhecia bem. Sua *Tragédia das tragédias, ou A história de Tom Thumb, o Grande*, era o texto burlesco clássico da tragédia teatral. O "grande" Tom Thumb é um guerreiro heroico que calha de ser um anão. Ele é oferecido em casamento à princesa Huncamunca, provocando ardente ciúme na rainha Dollalolla. Tom morre em consequência de ter sido engolido por uma vaca, mas seu fantasma retorna. O fantasma é morto por sua vez, e quase todos os demais personagens do elenco matam uns aos outros em duelos ou, pesarosos, tiram suas próprias vidas. A jovem Jane Austen adorava esse tipo de coisa, e, quando ela usa nomes como Crankhumdunberry e Pammydiddle, está prestando homenagem a Fielding.

O grande rival de Fielding, Samuel Richardson, foi pioneiro no romance de cortejo centrado em heroína ao publicar o estrondoso sucesso *Pamela, ou A virtude recompensada*. Pamela é uma criada humilde que rechaça as investidas sexuais de seu patrão, o sr. B., e o doma com sua virtude e seus princípios religiosos, obtendo dele, então, uma proposta de casamento. Fielding detestava a hipocrisia da ideia de que a recompensa pela virtude devesse ser tão descaradamente material: o casamento com um homem rico possuidor de uma grande casa. Ele respondeu com sua sátira *Shamela*, cuja heroína, longe de ser uma vítima inocente e virtuosa, é uma diabinha maquinadora e sem escrúpulos que captura seu patrão num casamento-armadilha. Ler *Shamela* é como ler o romance original através de um espelho distorcido. No romance original, Pamela fica incomodada com as investidas sexuais de seu patrão, mas, em Fielding, ela está armando um longo e ardiloso jogo de conquista sexual:

> Ele me pegou pela mão, e fingi ser tímida: Ai, digo eu, Senhor, espero que não pretenda ser rude; não, diz ele, minha querida, e aí ele me beijou, até tirar meu fôlego – e fingi ficar irritada, e fiz menção de fugir, e aí me beijou de novo, e ele respirava muito depressa, e parecia muito bobo; e por azar a sra. Jervis entrou, e praticamente estragou o desporto. Como é importuna tal Interrupção![102]

Jane Austen adorava fazer sua família gargalhar enquanto lia suas sátiras, mas, assim como Fielding, também aprovava o burlesco como um meio literário para expor a hipocrisia moral e social. E também tinha, como Fielding, um olhar aguçado para os absurdos e as limitações de grande parte da ficção de seu tempo.

A primeira história que ela copiou em seu precioso caderno foi "Frederic e Elfrida", uma paródia muito engraçada dos romances sentimentais da época. Para aqueles que começam a ler Jane Austen com *Orgulho e preconceito* e chegam aos cadernos de velino somente depois dos seis romances maduros, é uma experiência desorientadora ler "Frederic e Elfrida: um romance". No início da história, surge a notícia de que uma nova família ocupou uma casa nas proximidades. Frederic, Elfrida e Charlotte, amiga de Elfrida, vão apresentar seus cumprimentos. As recém-chegadas à vizinhança são a sra. Fitzroy e suas duas filhas. A conversa gira, num primeiro momento, em torno dos méritos relativos das musselinas indiana e inglesa. Até aqui, bem *Orgulho e preconceito*. Mas uma das irmãs é linda e tola, e a outra, feia e inteligente. Nesse mundo às avessas, é a feia e corcunda Rebecca que granjeia os elogios: "Adorável e charmosíssima donzela, não obstante sua repulsiva vesguice, suas madeixas oleosas e sua corcunda dilatada, mais medonhas do que a imaginação poderá pintar ou a pena poderá descrever, não posso me abster de expressar meu arrebatamento com as qualidades cativantes de sua mente, que tão amplamente compensam o horror pelo qual decerto é sempre acometido à primeira vista o visitante incauto".[103]

Como em Fielding, a sátira depende de um manejo impecável dos clichês estilísticos do romance sentimental. Num romance sério da época, você leria frases como: "Dali em diante, as famílias de Etherington e Cleves viveram no gozo de harmonia e repouso ininterruptos, até Eugenia [...] ter alcançado seu décimo quinto ano". Em "Frederic e Elfrida", Jane Austen escreve: "Dali em diante, a intimidade entre as famílias [...] cresceu a tal ponto que eles não tinham escrúpulos em chutar uns aos outros janela afora à menor provocação".[104]

"Durante esse feliz período de harmonia", Austen prossegue, "a srta. Fitzroy mais velha fugiu com o cocheiro e a amável Rebecca foi pedida em casamento pelo capitão Roger de Buckinghamshire." O mundo dos cadernos de velino é tão bem informado e tão desinibido que não podemos ter total certeza de que a jovem Austen ignorasse bem-aventuradamente o significado, em gíria georgiana, do verbo "to roger".[105] A sra. Fitzroy desaprova o enlace "por conta da tenra idade do jovem casal": Rebecca tem apenas 36 anos, e o capitão Roger, 63. Charlotte, em seguida, fica noiva de dois homens ao mesmo tempo. Dando-se conta de sua violação do decoro social, ela comete suicídio pulando em um córrego, enquanto Elfrida, que tem uma constituição das mais delicadas, é reduzida a "uma sucessão de desmaios" na qual "mal tinha paciência suficiente para se recuperar de um até cair em outro".[106]

A segunda história, "Jack e Alice: um romance", é dedicada por Austen a seu irmão mais novo Frank, "Aspirante a bordo do Navio de Sua Majestade o *Perseverance*". Jane, é de se presumir, enviou uma cópia com uma carta. Precisamos imaginar Frank recebendo-a vários meses depois, em algum lugar nas Índias Orientais, e sorrindo diante do humor seco de sua esperta irmã. Ela aperfeiçoou a arte satírica do *bathos*, ou "afundamento", a transição abrupta de um estilo elevado para uma conclusão ridícula. Uma elegante festa noturna é descrita até que, ao final do capítulo, todos os convivas "foram carregados para casa, podres de tão bêbados".[107] E uma personagem chamada Lady Williams se enche de lirismo para falar sobre sua preceptora:

> "A srta. Dickins foi uma excelente educadora. Instruiu-me nos caminhos da virtude; sob seu ensino, tornei-me diariamente mais amável, e talvez já pudesse, por esta altura, ter quase atingido a perfeição, não tivesse minha digna preceptora sido arrancada de meus braços quando eu nem sequer atingira meu décimo sétimo ano. Jamais esquecerei suas últimas palavras. 'Minha querida Kitty', disse ela. 'Boa noite pra você'. Nunca mais a vi depois disso", continuou Lady Williams, enxugando os olhos. "Ela fugiu com o mordomo naquela mesma noite."[108]

Vários dos maiores dons de Austen estão presentes aqui, embrionários: não só o timing cômico e os gestos reveladores (aquela lágrima sentimental), mas também o senso de malícia e o puro deleite com as fraquezas humanas – a incongruência da "digna preceptora", nos "caminhos da virtude", fugindo com o mordomo. Austen já tem um controle absoluto de seu tom, e, em outro momento de "Jack e Alice", há sinais da ironia mais letal, porque mais sutil, que virá nos romances maduros: "Todos os desejos de Caroline se centravam em um marido titulado".[109]

"Henry e Eliza: um romance" poderia ser descrito como um *Tom Jones*, de Fielding, mesclado a *Emma*, de Jane Austen – em tom de paródia. Eliza, como Tom, é uma criança enjeitada. Ela é levada para o lar dos bondosos Sir George e Lady Harcourt, que são vistos pela primeira vez supervisionando os trabalhos de seus tratadores de feno, recompensando os industriosos com sorrisos de aprovação e punindo o ociosos com uma boa cacetada. Eles educam Eliza em "um amor à virtude e um ódio ao vício". Ela cresce para ser o deleite de todos os que a conhecem. Então, a frase seguinte começa como uma antecipação de *Emma*, mas termina com uma guinada: "Amada por Lady Harcourt, adorada por Sir George e admirada pelo mundo todo, ela viveu em um transcurso contínuo de felicidade ininterrupta até ter alcançado seu décimo oitavo ano, quando, calhando de ser apanhada, certo dia, ao roubar uma cédula de 50 libras, foi expulsa de casa por seus benfeitores desumanos".[110] De ser alguém, uma Emma, ela se transforma em ninguém, uma Jane Fairfax, que precisa procurar uma ocupação "na qualidade de humilde acompanhante". Ganha o posto na casa de uma duquesa, onde Henry Cecil, o noivo abastado da única filha, apaixona-se por ela. O capelão, que também se apaixonou por ela, casa os dois numa cerimônia particular (e ilegal) e eles fogem para o continente.

Uma família de alcoólatras e jogadores, uma jovem cuja perna é fraturada por uma armadilha de aço armada para pegar caçadores clandestinos nas terras do cavalheiro que ela está perseguindo, uma criança que arranca os dedos de sua mãe a mordidas, uma heroína ciumenta que envenena suas irmãs, numerosas fugas românticas: os cadernos de velino não contêm os assuntos que poderiam ser esperados da filha de um pároco. Contudo, pensando bem, o presbitério de Steventon não era o típico lar de um pároco. Os familiares tinham todos mente aberta e claramente adoravam humor negro. Como Shakespeare, cujas obras liam juntos em voz alta, sabiam que "a teia de nossa vida é feita de fio emaranhado, o bem e o mal juntos".[111] Enxergando o absurdo da dieta perpétua de virtude e devoção da literatura ortodoxa na biblioteca da família, eles saboreavam a coleção de mulheres libertinas, beberrões, ladrões e assassinos da jovem e inabalável Jane.

"Lesley Castle", dedicado a Henry, começa com uma mulher casada chamada Louisa deixando para trás seu filho e sua reputação ao fugir com um certo Rakehelly Dishonor Esq. (um nome que poderia ter saído direto de uma comédia do período da Restauração). Contudo, passadas algumas páginas, o marido "escreve de uma maneira muitíssimo jovial, afirma que o ar da França recuperou enormemente tanto sua saúde como seu ânimo; que ele agora cessou inteiramente de pensar em Louisa com qualquer grau seja da piedade ou de afeto, que até mesmo se sente agradecido a ela por sua fuga, pois considera uma ótima diversão estar solteiro de novo".[112] Depois da morte de Jane, Henry, por aquela altura entrado em santas ordens, escreveria uma breve memória enfatizando a devoção de sua irmã. Naquele momento, havia esquecido já por muito tempo, ou fizera questão de esquecer, a história juvenil dedicada a ele na qual a consequência do adultério de uma mulher é uma nova vida de "ótima diversão" para o marido rejeitado.

"Ótima diversão", de fato, é a palavra de ordem nos cadernos de velino. Criada em uma casa cheia de meninos, compartilhando piadas com os pensionistas do sexo masculino e querendo animar o jovem Frank enquanto este suportava os rigores de uma vida de aspirante, ela se jogava nas palhaçadas e se deliciava com o puro prazer das palavras. Cada página dos cadernos de velino cintila com o amor de Jane Austen pela linguagem. A história chamada "Uma coleção de cartas", ao final do *Volume Segundo*, é um façanha até mesmo em sua dedicatória: "Para a srta. Cooper – Cara prima: Consciente do Caráter Charmoso que por todos os Cantos e em Cada Clima da Cristandade é Clamado Concernente à senhorita, Com Cautela e Cuidado Confio à sua Crítica Caridosa esta Coleção Culta de Comentários Curiosos, que foram Cuidadosamente Colhidos, Coletados e Classificados por sua Cômica prima – A Autora".[113]

* * *

Pela época em que chegou ao *Volume Segundo*, Jane estava escrevendo paródias mais plenas, mais sofisticadas. Desta vez, Oliver Goldsmith era o alvo de sua sátira, e até mesmo Cassandra entrou na brincadeira. A "História da Inglaterra" de Jane Austen, com

Duas das aquarelas de Cassandra na "História da Inglaterra" de sua irmã: Henrique V (à esquerda) talvez se assemelhe a Henry Austen, e Eduardo IV (à direita), ao primo Edward Cooper

ilustrações de Cassandra, é um esquete pró-Stuart, pró-catolicismo, que debocha dos convencionais livros escolares de história da época. Zomba inclusive do livro didático que seu pai usava em sua própria sala de aula. Ela claramente adorava provocar seu pai. A popular obra em quatro volumes de Oliver Goldsmith *História da Inglaterra desde os primórdios até a morte de Jorge II* (1771) era em si uma abreviação fortemente tendenciosa da *História da Inglaterra desde a invasão de Júlio César até a Revolução de 1688*, de David Hume (seis volumes, 1754-1762). Jane Austen possuía seu próprio exemplar da obra de Hume, que é imensamente superior à de Goldsmith. Goldsmith publicou depois uma versão abreviada de sua *História* em um volume. Assim, parte da piada de Austen era abreviar a história já abreviada.

O exemplar de Steventon da *História* de Goldsmith, inscrito com o nome do irmão mais velho James, contém anotações marginais na caligrafia dela. Os volumes de Goldsmith ainda estão em posse da família, e as anotações de Jane Austen foram publicadas na íntegra, recentemente, pela primeira vez.[114] Seu primeiro rabisco conhecido desfigurou um livro: seu livro didático de francês, de quando ela tinha oito anos, tem sua assinatura "Jane Austen, 5 Dez. 1783", e depois "Mãe irritada pai saiu" e "Eu queria ter terminado".[115] Uma vez que tivesse uma pena na mão, ela não conseguia parar de escrever. Lendo as opiniões tendenciosas de Goldsmith sobre a história inglesa, ela exibe a ânsia quase incontrolável de rabiscar que é a marca do escritor nato.

As anotações sobre Goldsmith revelam com clareza seus próprios sentimentos apaixonadamente monarquistas. Aos olhos de Jane Austen, Oliver Cromwell era um "Monstro Detestável!".[116] Goldsmith nos informa que ele "herdou uma pequena fortuna paternal", ao que Austen acrescenta: "E isso foi mais do que ele merecia". Ela enaltece Lady Fairfax ("Mulher Encantadora!") por fazer comentários legalistas na galeria destinada ao público quando o rei foi levado a julgamento. A execução do rei arrancou suas mais vigorosas denúncias. "Tal era a fortitude dos Stuart quando oprimidos e acusados!", escreveu sobre o rei Carlos I. Jane terminou e datou sua paródica "História da Inglaterra" em 26 de novembro de 1791, com seu ódio à revolução inglesa agravado pela francesa.[117]

Em um relato da morte do parlamentar John Hampden, Goldsmith escreveu sobre seu caráter: "afabilidade no trato, moderação, arte, eloquência no debate e penetração no conselho". Austen respondeu na margem: "que pena que tais virtudes devessem ficar obscurecidas pelo republicanismo". Sobre outros antimonarquistas, escreveu: "Que vergonha esses membros" e "Sujeitos Descarados". Com frequência, trocava a palavra "inocência" por "culpa" em relação aos antimonarquistas. "Fiddlededia", escreve – querendo dizer disparate ou babosseira.

Jane Austen adorava os Stuart. Um discurso comovente atribuído a Bonnie Prince Charlie recebe a seguinte anotação: "Quem, senão um Stuart, poderia ter falado assim?". Sua lealdade era inspirada por sua ascendência Leigh. Sobre os Stuart, a jovem Jane Austen comentou em suas marcações a lápis: "Uma família que foi sempre maltratada, TRAÍDA ou NEGLIGENCIADA, cujas virtudes são raramente reconhecidas enquanto seus erros jamais são esquecidos". Eram opiniões fortes para uma mocinha. Suas simpatias jacobitas significavam que partilhava da hostilidade de

Goldsmith quanto aos whigs, que dominavam a política na era georgiana. Ele alegava que "os whigs governavam o Senado e a corte [...] tolhiam as camadas mais baixas da população com severas leis e as mantinham à distância com vis distinções; depois, ensinavam-nas a chamar isso – de Liberdade", e Jane concordava: "Sim, Essa é sempre a Liberdade dos Whigs e dos Republicanos". Diante do comentário de Goldsmith de que "todas as severas e mais restritivas leis foram promulgadas por esse partido, continuamente atordoando a humanidade com um grito por liberdade", ela escreve: "Meu caro dr. G. – Eu vivo há tempo suficiente neste Mundo para saber que é sempre assim". Jane sentiu que os whigs representavam dinheiro novo, egoísmo e autoexaltação. Suas simpatias estavam com os pobres e oprimidos. Ao lado do relato de um casal empobrecido que foi forçado ao recurso extremo de cortar a garganta do filho e se enforcar, escreveu: "Como são dignos de pena os Pobres, e os Ricos, de culpa". Ela compartilhava com o pai e com a família toda um paternalista conservadorismo cristão.

Em outro de seus livros de Steventon, a antologia de Vicesimus Knox dos *Extratos elegantes: ou úteis e divertidas passagens em prosa selecionadas para o aperfeiçoamento dos estudiosos*, discordou com o máximo menosprezo quanto ao caráter de sua heroína, Maria da Escócia: "Não", "Não", "Uma mentira", "Outra mentira", "ela não era apegada a ele". Do mesmo modo, fazia veemente oposição a qualquer elogio à rainha Elizabeth I: "uma mentira", "uma Mentira – uma completa mentira do começo ao fim".[118]

Tendo desfigurado a *História* de Goldsmith, Jane acabou decidindo que iria escrever uma paródia fundamentada, mostrando as inadequações dele como historiador. Deu para sua obra o título de "A história da Inglaterra desde o reinado de Henrique quarto até a morte de Carlos primeiro. Por uma historiadora parcial, preconceituosa e ignorante", dedicou-a a Cassandra e acrescentou um *nota bene*: "Haverá pouquíssimas datas nesta História". Austen parodia o tom e o estilo de Goldsmith com precisão infalível, apontando suas incongruências e omissões.

Jane Austen deixava muito clara sua antipatia por Elizabeth I, embora chegasse a atribuir parte da culpa a seus conselheiros homens: "Foi o peculiar infortúnio dessa mulher ter maus ministros – uma vez que, perversa como ela mesma era, não poderia ter cometido tão extensa injúria não tivessem esses homens vis e dissolutos sido coniventes com seus crimes e a encorajado em todos". Todas as suas simpatias estavam com Maria da Escócia: "Firme em sua mente; constante em sua religião; e preparou-se para enfrentar o destino cruel ao qual estava condenada com uma magnanimidade que só poderia proceder da inocência consciente". Mary, diz ela, encontrava-se desamparada por todos, com exceção do duque de Norfolk, e seus únicos amigos agora "são o sr. Whitaker, a sra. Lefroy, a sra. Knight e eu". Whitaker era o autor de um livro chamado *Maria da Escócia Vindicada*, publicado pouco antes, em 1787. A sra. Knight era, claro, a esposa de Thomas Knight, que adotara o jovem Edward Austen e que desempenharia um papel importante na futura carreira literária de Jane. A sra. Lefroy era uma amiga e mentora que vivia em um presbitério nas proximidades.

Jane Austen faz também uma série de piadas bem informadas sobre as preferências homossexuais do rei James I e de seu círculo. As "atenções" de seu cortesão Sir Henry Percy "eram totalmente confinadas a Lord Mounteagle", ao passo que "Sua Majestade era daquela disposição amável que inclina às amizades, e em tais pontos era dotado de uma penetração mais aguçada em descobrir méritos do que a de muitas outras pessoas". A natureza dessas "amizades" pode ser insinuada na expressão "penetração mais aguçada"[119], mas fica explícita na charada que Austen insere, então, em sua "História": "Minha primeira é o que a minha segunda foi para o rei James primeiro, e você pisa no meu todo". A resposta, naturalmente, é car-pet*, uma alusão a Sir Robert Carr, o mais notório dos amantes homossexuais do rei James.[120] Aqueles que acreditam que Jane Austen nunca poderia ter feito uma piada sobre sodomia na marinha ("*Rears* and *Vices*") poderão querer reconsiderar sua opinião à luz da piada sobre o rei James, feita na adolescência. E lida em voz alta para família e amigos. Os georgianos, como fica claro no próspero comércio de caricaturas crivadas de duplos sentidos, estavam muito longe dos pudicos vitorianos.

---

* *Car*: carro; *pet*: animal de estimação; *carpet*: tapete. (N.T.)

Como todas as grandes famílias, os Austen tinham sua própria linguagem particular, suas piadas internas. Muitas das alusões se perdem para nós, sem dúvida, mas algumas podem ser deduzidas. Jane era conhecida por ter as bochechas vermelhas, por isso há diversas piadas sobre mocinhas que têm bochechas vermelhas demais. Mais uma vez, Jane se valia dos nomes de membros da família em histórias como "A bela Cassandra" e "Henry e Eliza". Dificilmente será por coincidência que uma história dedicada a Frank inclua um jovem devoto dividido entre ingressar na Igreja e se juntar à marinha, que acaba virando capelão a bordo de um navio de guerra. Outra história descreve um menino que, como Charles e Frank, é "colocado na Academia Real para Marinheiros em Portsmouth com cerca de treze anos de idade". Ao se formar, ele é "despachado a bordo de uma das embarcações de uma pequena frota destinada para Terra Nova [...] de onde ele envia para casa, com regularidade, um grande cão terra-nova todos os meses para sua família".[121] E suspeitamos de alguma espécie de piada familiar numa história dedicada à mãe de Austen, na qual Jane escreve: "Eu vi você através de um telescópio, e fiquei tão impressionado com seus encantos que, daquele momento até este, nunca mais provei comida humana".[122]

A pequena "História da Inglaterra" do *Volume Segundo* é uma legítima produção em família: é salpicada com ilustrações caricaturais de reis e rainhas da Inglaterra, desenhados pela irmã de Jane, Cassandra. As caricaturas correspondem à narrativa de Jane em tom zombeteiro. O retrato que Cassandra faz da rainha Elizabeth a apresenta como rabugenta e feia, com um nariz comprido de bruxa, enquanto Maria da Escócia é cheia de rosto, com faces rosadas e belos cabelos escuros encaracolados. Eduardo IV, que é, Jane comenta, "famoso por sua beleza", é desenhado de modo a ficar parecido com um criador de porcos.

A comparação dos desenhos com retratos sobreviventes levou à sugestão recente de que "A história da Inglaterra" poderia ser uma brincadeira de família num grau ainda maior, algo que biógrafos anteriores não tinham percebido.[123] Henrique V, o rei-soldado exemplar, revela uma desconcertante semelhança com Henry Austen, que considerava seriamente uma carreira no exército. Jaime I se parece um pouco com James Austen, e Eduardo VI, com Edward Austen. O feio Eduardo IV, que dá impressão de estar usando as vestes de um clérigo evangélico, é o retrato escarrado de um primo do qual Jane não gostava nem um pouco – Edward Cooper, um clérigo evangélico. Elizabeth I tem o nariz adunco da sra. Austen. Se essa hipótese estiver correta, só pode haver uma única candidata para a semelhança com a heroína da obra, Maria da Escócia. Ao que parece, Cassandra delineou Maria à semelhança de sua irmã Jane. Maria da Escócia tem bochechas vermelhas, uma boca pequena, olhos grandes e um nariz marcante, uma miniatura pequena, mas perfeitamente esboçada, de Jane aos dezessete anos de idade. Ao longo dos cadernos de velino há uma série de piadas e alusões internas da família, muitas das quais se perdem para nós. Essa poderia muito bem ser a maior piada de todas: que a jovem autora poderia estar visível bem diante dos nossos olhos; ela está olhando direto para nós.

* * *

"Enlouqueça com a frequência que quiser; mas não desmaie...": é o que diz Sophia, uma das (anti-)heroínas de "Amor e amizade".[124]

Embora Jane Austen fosse uma grande defensora do romance, ela tinha plena noção de suas limitações. A fim de quebrar o molde com sua escrita, precisava estabelecer aquilo de que não gostava e aquilo que não funcionava. Jane Austen adorava os romances de Samuel Richardson e Fanny Burney, mas não tinha medo de parodiar suas convenções. Assim, um de seus personagens, Sir Charles Adams, é baseado no herói idealizado de Richardson, Sir Charles Grandison. Numa sutil alfinetada em Richardson, revelando um senso cômico apurado, surpreendente para sua idade, Austen faz seu herói egocêntrico comentar: "Não espero nada mais em minha esposa do que minha esposa encontrará em mim – perfeição".[125]

Qualquer leitor dos cadernos de velino notará uma sucessão aparentemente interminável de heroínas chorando e desmaiando. No final de "Edgar e Emma", a heroína se retira para seu quarto e continua em lágrimas pelo "restante de sua vida". Em "Uma bela descrição dos diferentes efeitos da sensibilidade sobre diferentes mentes", Melissa se drapeja em sua cama – envolta de forma um

Desenho feito por Cassandra de Maria da Escócia
na "História da Inglaterra" de Jane Austen

tanto diáfana em "uma camisola de fina musselina branca, uma blusa translúcida de cambraia e um gorro de malha francês" – de modo que o devotado Sir William possa lhe ministrar cuidados em seu aflito ataque de extrema sensibilidade. Um médico pergunta se ela está pensando em morrer, e a resposta é que "Ela não tem força para pensar em absoluto". "Pois então", retruca o médico espirituoso, "ela não pode pensar que tem força".[126]

É complicado, para os leitores modernos, compreender totalmente o gênio dos cadernos de velino sem situá-los no contexto do "sentimentalismo" e do "romance de sensibilidade" do final do século XVIII. O sentimentalismo é um conceito escorregadio, não menos porque aquilo que foi, em primeiro lugar, um termo aprovador foi se transformando, cada vez mais, em algo pejorativo. O culto da sensibilidade ou do sentimentalismo era encenado num código de conduta que dava mais ênfase aos sentimentos do que à razão. A intensa sensibilidade à experiência emocional e a forte receptividade à natureza eram percebidas como as marcas da pessoa sensível. Os médicos escritores da época ligavam a sensibilidade à loucura, aos nervos sobrecarregados e à histeria. Em certo sentido, era o termo do século XVIII para o que hoje chamamos de transtorno maníaco-depressivo. Na literatura daquele tempo, o suicídio era visto, por vezes, como a manifestação definitiva da sensibilidade extrema.

A sensibilidade tinha origem na filosofia, mas virou um movimento literário, em especial no gênero emergente do romance. Os personagens dos romances sentimentais costumam ser indivíduos frágeis, propensos à sensibilidade, que se manifesta em lágrimas, desmaios e uma excitabilidade nervosa. A *Viagem sentimental*, de Laurence Sterne, *O vigário de Wakefield*, de Goldsmith, e *O homem de sentimento*, de Henry Mackenzie, eram exemplos do gênero que enfatizavam o "sentimento" e visavam induzir uma reação emocional ou sentimental do leitor, geralmente narrando cenas de aflição ou ternura. O mais famoso de todos os romances sentimentais foi *Os sofrimentos do jovem Werther*, de Goethe, retratando um herói altamente sensível que se mata por causa de um amor não correspondido. Dizia-se que todo e qualquer adolescente se identificava com o herói e derramava lágrimas ao ler o romance, alguns chegando até mesmo ao ponto extremo de cometer suicídio em imitação do protagonista.

O outro lado da moeda dessa mania sentimental popular era o argumento de que tal comportamento extremado era mero narcisismo, um histrionismo autoindulgente. Além disso, pensadores antissentimentais associavam a volatilidade emocional da sensibilidade à violência da Revolução Francesa. Afinal, *La Nouvelle Héloïse*, de Jean-Jacques Rousseau, era uma das bíblias da sensibilidade, e tratava-se do mesmo Rousseau cujo *Contrato social* e cuja teoria da "vontade geral" sustentavam a ideologia dos jacobinos. A jovem Jane Austen, em seu furor antirrevolucionário, pertencia firmemente ao campo da antissensibilidade – embora vinte anos mais tarde seu primeiro romance publicado, *Razão e sentimento*, fosse revelar uma reação mais matizada e complexa perante o fenômeno.

Durante o exato período no qual Jane Austen preparava os cadernos de velino, seus irmãos também estavam envolvidos em um projeto literário centrado na crítica da sensibilidade. James

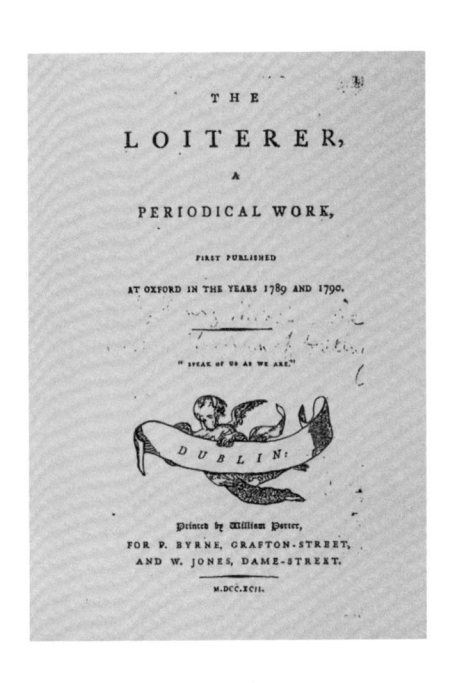

Austen, sofisticado, criativo e ambicioso, ingressou aos catorze anos na *alma mater* de seu pai, St. John's College, em Oxford. Já demonstrava certo talento como poeta. Em 1786, partiu numa excursão extensa pelo continente, incluindo uma visita à propriedade da prima Eliza de Feuillide em Guienne, na França. Depois de retornar para casa, recebeu as ordens sagradas e foi ordenado diácono em dezembro de 1787. Enquanto servia como cura em Hampshire, mas ainda passando a maior parte do tempo em Oxford, ele lançou, com ajuda de seu irmão Henry, que por aquela altura também já estava estudando em St. John's, um periódico literário semanal chamado *Loiterer*. Era inicialmente destinado ao público universitário de Oxford, mas James afinal conseguiu obter uma distribuição mais ampla, contratando um editor londrino chamado Thomas Egerton e, além disso, publicando anúncios no *Reading Mercury*, o jornal local que cobria Steventon e o resto de East Hampshire. O periódico circulou por pouco mais de um ano, de 1789 a 1790. Acabou sendo fechado porque, como James afirmou, as contas de impressão eram compridas demais, e a lista de assinaturas dos leitores, curta demais. James desistiu de sua ambição de ser um autor publicado, embora tenha continuado a escrever poesia para seu próprio prazer (quando não estava caçando raposas) ao longo de sua carreira na Igreja.

O *Loiterer* contém uma grande dose de humor universitário – uma edição típica fala de *tuft-hunting*, a arte de ficar agarrado na casaca de um estudante aristocrático. Os ensaios são espirituosos, mas frequentemente forçados. Há um volteio epigramático na escrita, mas nunca se equiparando ao viço da caçula dos irmãos. Eis James: "NADA tantas vezes já interrompeu a harmonia das famílias particulares, e colocou a tabela genealógica inteira dos Parentes em armas uns contra os outros, como a desafortunada propensão com a qual os velhos e os jovens sempre descobrem diferir, tanto quanto possível, em suas opiniões sobre quase todos os assuntos que lhes aparecem no caminho."[127]

Mas o ponto de perfeito alinhamento entre o *Loiterer* e os cadernos de velino está em sua postura compartilhada diante da sensibilidade excessiva e de seus efeitos debilitantes sobre os romances e seus leitores:

> Faço alusão aqui, senhor, ao excesso de sentimento e sensibilidade que as obras do grande Rousseau sobretudo introduziram, que todo romance posterior fomentou desde então, e que os modos voluptuosos da época presente abraçaram com o máximo entusiasmo. Não vou enumerar aqui os inúmeros efeitos perniciosos produzidos por tal excesso na moral da humanidade, quando, sob a máscara do sentimento e da liberalidade, ocultam-se as mais grosseiras seduções dos sentidos [...] Pois embora esses Heróis e Heroínas de sentimental memória sejam apenas personagens imaginários, mesmo assim podemos razoavelmente presumir que foram criados para que pareçam prováveis; e, portanto, também podemos concluir que todos os que adotarem suas opiniões irão partilhar seu destino; que serão torturados pela delicadeza pungente de seus próprios sentimentos, e cair como Mártires de sua própria Suscetibilidade.[128]

Jane diz o mesmo com bem menos palavras.

O tom é mais aproximado do estilo de Jane em algumas das edições escritas pelo irmão Henry. Por exemplo, isto, sobre as regras para a educação de um dama distinta: "Assim que ela conseguir entender o que lhe é dito, deixe-a saber que deve encarar a perspectiva do matrimônio como a única meta da existência e o único meio de obter felicidade; e que quanto mais velho, mais rico e mais tolo seu Marido for, tanto mais invejável será sua situação".[129]

Mas a contribuição mais espirituosa e estilosa na coleção completa do *Loiterer* aparece na edição número nove. Está escrita na voz de uma leitora:

> *Para o* AUTOR *do* LOITERER [...] Fique sabendo, Senhor, que sou grande leitora, e, para não mencionar algumas centenas de volumes de Romances e Peças, efetivamente acompanhei, nos últimos dois verões, na verdade, todos os absorventes artigos dos nossos mais celebrados escritores periódicos [...] Garanto-lhe, meu coração pulou de alegria quando tomei conhecimento de sua publicação, que encomendei imediatamente e venho recebendo desde então.
> Lamento, entretanto, dizê-lo, mas francamente, senhor, considero-a o mais estúpido trabalho do tipo que jamais vi: não que alguns dos artigos não sejam bem escritos; porém, seus temas são tão mal escolhidos que nunca interessam a ninguém. – Conceba uma coisa dessas: em oito números, sequer uma história sentimental sobre amor e honra, e tudo mais [...] Ora, meu caro senhor – que importância tem para nós a maneira como os homens de Oxford gastam seu tempo e dinheiro – para nós, que temos mais o que fazer para passar os nossos. De minha parte, nunca, senão uma única vez, estive em Oxford na minha vida, e estou certa de que não desejo voltar para lá nunca mais [...] Obtenha um novo grupo de correspondentes, formado por jovens de ambos os sexos, mas particularmente do nosso; e permita-nos ver algumas histórias boas, emocionantes, relatando os infortúnios de dois amantes que morreram de súbito, bem quando estavam a caminho da igreja. Deixe o enamorado

ser morto em um duelo, ou perdido no mar, ou o senhor poderá fazê-lo se matar com um tiro, como bem quiser; e quanto à enamorada, ela enlouquecerá, naturalmente; ou, caso queira, o senhor poderá matar a dama e deixar que o enamorado enlouqueça; mas não esqueça: seja lá o que o senhor fizer, sua dupla de herói e heroína deverá possuir uma grande dose de sentimento, e ter nomes muito bonitos. Caso julgue adequado cumprir a minha injunção, o senhor poderá esperar receber notícias minhas outra vez, e talvez eu possa inclusive lhe dar um pequeno auxílio; caso contrário, porém – que o seu trabalho seja condenado à loja de doces, e que o senhor continue sendo para sempre um solteiro, e seja atormentado por uma irmã solteirona cuidando da sua casa.
Sua, contanto que o senhor se comporte direito,
SOPHIA SENTIMENT.

Uma jovem leitora de fora de Oxford, que é uma leitora fervorosa e tem um perverso senso de humor, que tira o seu nome de uma personagem teatral disponível na biblioteca de Steventon (na peça *O mausoléu*, de William Hayley), que adora zombar do romance de sensibilidade ("deixar que o enamorado enlouqueça") e que termina a carta com uma piada sobre ser atormentado por uma irmã... Há uma fortíssima probabilidade de que a carta de "Sophia Sentiment" para o editor do *Loiterer* seja a primeira obra publicada de Jane Austen.[130]

Se Jane era realmente "Sophia Sentiment", então, de modo notável, sua primeira aparição em público, além dos conhecedores de Oxford, se deu pelas mãos de um "pirata" de Dublin. Após o fechamento da revista, as páginas restantes foram encadernadas e publicadas em Oxford, mas, em 1792, uma edição independente foi impressa em formato de livro pela P. Byrne and W. Jones, de Dublin. Patrick Byrne era o principal editor católico da Irlanda. Mais tarde, foi acusado de envolvimento em um complô contra o rei George III. Foi preso, acusado de alta traição e enviado ao cárcere de Newgate, onde ficou doente. Uma petição por sua libertação obteve êxito, afinal, e ele emigrou para a Filadélfia, onde administrou um bem-sucedido empreendimento editorial até sua morte, em 1814, no meio da guerra anglo-americana.[131] Ele era um improvável primeiro editor para Jane Austen.

Os cadernos de velino existem em diálogo com os ensaios do *Loiterer*. Há muitos paralelos, tanto no fraseado como no tema. No início da carreira literária de Jane Austen, assim como em sua maturidade, há uma estreita relação entre seus irmãos e seu caminho rumo à obra impressa. "Lesley Castle: um romance inacabado em cartas", do *Volume Segundo*, é dedicado a Henry, com uma piada imaginando que o irmão conseguiu arranjar um ótimo contrato de publicação para ela: "Srs. Demanda e Co. – favor pagar a Jane Austen Solteirona a soma de cem guinéus por intermédio de seu Humilde Servo H.T. Austen".[132] Vários anos depois, ele de fato atuaria como seu agente literário.

Mas o melhor de tudo que aparece nos cadernos, as duas obras nas quais o leitor moderno pode realmente enxergar as sementes da futura romancista, foi escrito para as mulheres importantíssimas de sua família. Poderíamos ter esperado dedicatórias trocadas: "Catharine, ou O caramanchão", com sua conexão indiana e seu viés político, é para Cassandra, embora pareça pertencer mais ao mundo de Eliza de Feuillide, ao passo que "Amor e amizade" é para Eliza, embora consista de versões cômicas dos tipos de carta que depois seriam trocadas entre Jane e Cassandra.

"Amor e amizade" é a melhor sátira da jovem Austen ao romance de sensibilidade. O excesso emocional – a indulgência com a exuberância de sentimento por si só – era o alvo específico de sua sátira. Muitos romances sentimentais continham clichês como órfãos perdidos, heroínas desfalecentes, reencontros emocionados entre filhos perdidos e seus pais, improváveis encontros casuais. "Amor e amizade" zomba de tudo isso com um brilhantismo implacável. Acima de tudo, Austen demonstra o quanto a má conduta moral, o egoísmo e a hipocrisia podem estar disfarçados por trás da fachada de sensibilidade.

Suas heroínas Laura e Sophia mentem, enganam e roubam – tudo em nome da sensibilidade. Tratava-se, afinal, de um código de conduta que desavergonhadamente colocava o indivíduo em primeiro lugar. Quando Sophia é apanhada roubando dinheiro, ou, em suas palavras, "majestosamente removendo a quinta cédula" de uma gaveta, ela reage no tom magoado de uma heroína virtuosa: "A dignidade de Sophia estava ferida; 'Desgraça (exclamou ela, apressadamente recolocando a cédula na gaveta), como ousas acusar-me de um ato cuja mera ideia me faz corar?'".[133] As heroínas são esmagadas por "sentimento" excessivo. Quando elas testemunham um reencontro emocionante, desmaiam alternadamente num sofá. Em um momento de angústia, uma delas grita e cai desmaiada no chão, enquanto a outra grita e fica instantaneamente louca.

"Amor e amizade" é, em parte, uma paródia do romance de Cassandra Hawke – prima de Jane – *Julia de Gramont* (1788), um livro que contém muitos dos clichês satirizados por ela com tão perspicaz precisão. Austen repete as linhas gerais do enredo e a linguagem sentimental de *Julia*. Também toma emprestado o nome do herói, Augustus, para seu próprio protagonista sem princípios.

Outro dos clichês do romance sentimental que Jane Austen parodia é o uso de cenários naturais como um lugar para obter consolo. Em *Julia*, a heroína entra em um bosque sombreado que lhe traz à mente as frequentes vezes em que passeou ali com Augustus. "Cada assento, cada arbusto evoca uma ideia querida em sua lembrança".[134] Em "Amor e amizade", Sophia e Laura entram em um bosque sombreado e direcionam seus pensamentos para seus amantes:

> "Que céu lindo! (disse eu) Como seu anil é encantadoramente variegado por essas delicadas listras de branco!"
> "Ah!, minha Laura (retrucou ela, retirando apressadamente seu olhar de uma observação momentânea do céu), não me aflija dessa maneira, chamando minha atenção para um objeto que tão cruelmente me faz recordar o colete de cetim azul listrado de branco do meu Augustus! Tenha piedade de sua infeliz amiga, evite um assunto tão aflitivo."[135]

Depois de ler esse tipo de coisa em "Amor e amizade", é difícil levar o romance sentimental do século XVIII totalmente a sério.

Jane Austen adorava o burlesco, e nunca o abandonou por completo. Desde sua primeira sátira de maior fôlego ao romance gótico e sentimental, *A abadia de Northanger*, até seu último romance inacabado, *Sanditon*, continuou a usar elementos do gênero em seu trabalho. Mas sua crítica da sensibilidade é séria e ao mesmo tempo brincalhona. Pouco depois da conclusão dos cadernos de velino, Samuel Taylor Coleridge palestrou em Bristol sobre o tráfico de escravos:

> A verdadeira Benevolência é uma Qualidade rara entre nós. A Sensibilidade, de fato, nós temos de sobra – que Dama leitora de romances não transborda de sentimento, para grande aborrecimento de seus Amigos e Família? – suas próprias amarguras como os Príncipes do Inferno no Pandemônio de Milton, entronadas, volumosas e vastas, ao passo que as misérias de nossos semelhantes definham em diminutas formas pigmeias, e ficam abarrotadas, uma multidão inumerável, em certo canto escuro do Coração sobre o qual o olho da sensibilidade brilha debilmente a longos intervalos – um sentimento aguçado de infortúnios insignificantes é covardia egoísta, não virtude.[136]

Como veremos, Austen era uma grande admiradora de Thomas Clarkson, amigo de Coleridge e líder abolicionista. O argumento de Coleridge de que a "sensibilidade" era fundamentalmente egoísta e, portanto, um empecilho para a verdadeira "benevolência" que orienta o comportamento cristão – e que deveria fazer de todo cristão verdadeiro um abolicionista – é algo com que Jane Austen concordava vivamente.

4

A lista de assinaturas

Este é um romance em cinco volumes no formato duodécimo, datado de 1796. Na folha de rosto, lemos *Camilla: ou Um retrato da juventude. Da autora de Evelina e Cecilia*. Foi impresso em duas casas editoriais, T. Payne, Mews Gate, e Cadell and Davies, Strand. Uma dedicatória à rainha Charlotte leva o nome de F. d'Arblay, que alguns anos antes havia sido empregada por Sua Majestade como alta dama de companhia. Madame d'Arblay era conhecida por seus amigos como Fanny Burney, filha de um amigo do dr. Johnson, o famoso historiador musical Charles Burney.

Havia uma enorme sensação de expectativa no mundo literário elegante pelo terceiro lançamento de uma das escritoras favoritas da nação. O que aumentou o sentimento de emoção foi a opção astuta de Burney por publicar *Camilla* mediante assinatura, com compradores pagando de forma antecipada, a fim de assumir os custos de produção, garantindo que "sua venda seja quase instantaneamente tão rápida quanto generalizada".[137] O *Morning Chronicle* fizera o primeiro anúncio público em 7 julho de 1795: "PROPOSTAS para impressão por assinatura de NOVA OBRA, em Quatro Volumes, 12mo. Pela AUTORA de EVELINA e CECILIA: a ser entregue no 1º dia de julho de 1796 ou antes. As assinaturas serão de um guinéu; a ser pago no momento da subscrição."

A própria Burney colocou em ordem alfabética sua lista de assinantes para a edição impressa. Admitiu abertamente que também manteve um olho atento quanto a protocolo e cargo: os assinantes de elite ganharam a devida proeminência. A lista de nomes, que se seguia à Dedicatória e à Advertência, percorria 38 páginas. A realeza, a aristocracia, políticos e escritores estavam ali – mil assinantes no total. Edmund Burke se inscreveu para cinco conjuntos, e a viúva do renomado ator David Garrick, para dois. Warren Hastings prometeu "atacar as Índias Orientais" em nome da romancista. A sra. Hannah More, a srta. Edgeworth e a sra. Radcliffe de Babington, romancistas de proa da época, todas elas registraram seus nomes, assim como o naturalista Sir Joseph Banks, a célebre duquesa de Devonshire, a atriz Sarah Siddons, o paisagista Humphry Repton, vários membros da família Leigh de Adlestrop e, espremida entre "George Aust, Esq." e "Sra. Ayton", certa "Srta. J. Austen, Steventon". Ela estava em seu vigésimo ano; o guinéu foi pago por seu pai, sinal de compromisso com seus interesses literários. Essa foi a primeira aparição de Jane Austen em obra impressa. Na verdade, uma vez que seus romances seriam publicados anonimamente, foi uma das duas únicas ocasiões em que seu nome apareceu publicamente durante sua vida. A outra foi numa lista de assinatura para um volume de sermões.

O exemplar de *Camilla* de Jane Austen era cartonado, com páginas não cortadas, e depois seria encadernado em lombada de couro, provavelmente por Cassandra, que herdou os volumes após a morte da irmã. Embora Jane estimasse seus romances, não via problema em desfigurá-los em nome de uma boa piada. Como escritora novata, ela simplesmente não conseguia resistir ao impulso de rabiscar, mesmo em lugares nos quais isso era bastante inadequado. Na parte de trás do romance há uma inscrição, com a palavra final obscurecida pela encadernação: "Desde que esta obra foi ao Prelo, teve lugar uma circunstância de certa importância para a felicidade de Camilla, a saber, que o dr. Marchmont afinal [morreu?]".[138]

A piada de Jane Austen, aqui, refere-se ao intrometido dr. Marchmont, que é o principal obstáculo à união dos amantes. Ao longo de cinco compridos volumes, ele consegue impedir Camilla e Edgar de se casarem, apesar do fato de que os dois se adoram e são compatíveis. Austen sabe perfeitamente bem que a história é fictícia, mas os personagens foram criados de uma forma tão realista que ela não consegue resistir à tentação de imaginar sua vida continuando após o final do livro. A seu minúsculo modo, sua intervenção na última página de *Camilla* é uma licença para os inúmeros amantes dos romances de Jane Austen que se propuseram a imaginar como poderia se desenrolar o casamento de Elizabeth e Darcy.

Austen foi forçada a vender muitos de seus pertences quando se mudou para um alojamento em Bath, mas esse era um romance que ela nunca iria vender. Após a morte de Cassandra, o livro foi dado a Martha Lloyd, cujos descendentes o legaram à Bodleian Library, em Oxford. O pai de Austen, que tinha uma conta na livraria de John Burdon em College Street, Winchester, possuía uma biblioteca de várias centenas de livros, mas esse recurso secou quando a família deixou sua casa e a biblioteca foi vendida. Quando Jane visitava Kent, havia sempre a biblioteca bem abastecida do irmão rico Edward, que incluía muitos romances. Por fim, quando ela iniciou sua parceria com a editora de John Murray, o próprio Murray passou a lhe emprestar livros.

A maioria das dezenas de romances que Austen lia era emprestada de bibliotecas. As bibliotecas comerciais de subscrição começaram quando livreiros passaram a alugar exemplares de novos títulos em meados do século XVIII. Em 1790, cerca de seiscentas bibliotecas de locação e empréstimo estavam em funcionamento, com uma clientela de cerca de cinquenta mil.[139] Para consternação dos comentaristas morais, houve uma verdadeira epidemia de mulheres lendo romances.

Morando em Bath e Southampton, Jane Austen dependia de bibliotecas públicas de circulação ou subscrição. Nas bibliotecas, quase todos os romances eram emprestados sem encadernação, em péssimo estado de tão usados. Pode haver uma insinuação dessa negligência no recuo horrorizado do sr. Collins quando lhe oferecem um livro para ler em voz alta em *Orgulho e preconceito*: "Tudo indicava que ele pertencia a uma biblioteca de circulação".[140] Em *Sanditon*, o inacabado romance final de Austen, Sir Edward Denham tem o cuidado de enfatizar que a nova estância balneária ostenta uma refinada e sofisticada biblioteca de "subscrição". O sr. Parker visita essa biblioteca não para retirar um livro, mas para inspecionar a importantíssima lista de subscrição. Ele quer verificar se há pessoas elegantes em número suficiente na cidade: "A lista de assinantes era de todo corriqueira. Lady Denham, srta. Brereton, sr. e sra. P. – Sir Edward Denham e srta. Denham [...] eram seguidos por nada melhor do que – sra. Mathews – srta. Mathews, srta. E. Mathews, srta. H. Mathews".[141]

Algumas bibliotecas cobravam um ingresso de entrada, outras cobravam uma taxa para o empréstimo de livros. A leitura estava se transformando numa atividade social. As bibliotecas eram lugares onde você se encontrava com amigos e trocava fofocas. Algumas eram anexadas a uma loja de modas ou armarinho, como é a de *Sanditon*, em que a heroína retira um exemplar de *Camilla* e também compra adornos: Charlotte paga por seus bens, "pois não tinha a juventude de Camilla, e não tinha nenhuma intenção de ter seu desassossego".[142] A frase se refere a uma cena famosa do romance de Burney, envolvendo a conquista de um medalhão de ouro, que se passa em uma biblioteca. Lydia Bennet, em *Orgulho e preconceito*, encontra oficiais na biblioteca e vê "ornamentos tão lindos" que a deixam "simplesmente enlouquecida".[143]

O livro de memórias da família insiste que James, o devoto irmão de Jane Austen, formou e orientou seu gosto pela leitura.[144] Mas ela não precisava de nenhum professor desse tipo. Seu gosto era eclético e abrangente. Ela tinha liberdade para perambular à vontade pelas estantes das bibliotecas, tanto as públicas como as privadas. Lia romances e os discutia – sobretudo com suas amigas, notadamente com sua mentora Anne Lefroy –, mas também lia sermões, ensaios, relatos de viagem, biografia e poesia.

Os romances eram um gênero relativamente novo de literatura e chegavam com má reputação: "O mero lixo da biblioteca de circulação", como Sheridan escreveu em seu estrondoso sucesso teatral *Os rivais*. O paradigma cômico da leitora tonta de romances era sua Lydia Languish, uma leitora equivocada de ficção: "A moça está louca! – seu cérebro foi afetado pela leitura" é a exclamação de Sir Anthony Absolute. Lydia arranca páginas dos *Sermões* de Fordyce e as usa para enrolar o cabelo. A Lydia de Jane Austen, em *Orgulho e preconceito*, também detesta os sermões de Fordyce. A peça de Sheridan ajudou a perpetuar a ideia de que os romances eram uma forma inferior de escrita. A ideia de que livros do tipo errado eram perigosos para jovens do sexo feminino é recorrente ao longo do século XVIII, com comentadores torcendo o nariz para "Aventuras românticas, Chocolate, Romances e Inflamadores que tais".[145] A paródia literária associada aos efeitos nocivos da leitura de romances sobre a mente ingênua é encontrada com frequência em ensaios e revistas do final do século XVIII, e até mesmo em romances como *A Quixote mulher*, de Charlotte Lennox.

Jane Austen não concordava com a visão de que as bibliotecas de circulação fossem repositórios de ideias ocas. Em 1798, ela comentou sobre a abertura de uma biblioteca de subscrição em Basingstoke, na qual pretendia se inscrever: "Como um incentivo à subscrição, a sra. Martin nos informa que a sua Coleção não consiste apenas de Romances, mas de todo tipo de Literatura etc. etc. – Ela poderia ter poupado esse pretexto a *nossa* família, que é grande leitora de romances e não se envergonha de sê-lo."[146]

Quando a família se mudou para Chawton, Austen entrou num grupo de leitura e começou a pegar livros emprestados da Alton Book Society. Cada membro pagava uma subscrição anual de um guinéu. Havia multas para a devolução atrasada de livros. Em 1811, o clube já tinha bem mais de duas centenas de obras, mantidas em uma estante especial na casa do sr. Pinnock, em

Alton. Uma grande parcela era formada por um tipo sério de não ficção – em torno de política, viagens, biografia, história e teologia. Mas romances também estavam disponíveis. Em 1813, Jane leu *Rosanne*, um romance profundamente cristão, de Laetitia M. Hawkins. "Temos 'Rosanne' na nossa Sociedade, e o considero bem como você o descreve; muito bom e inteligente, mas tedioso. A grande excelência da sra. Hawkins se dá nos assuntos sérios. Há certas conversas muito aprazíveis e reflexões sobre religião: nos tópicos mais leves, porém, creio que cai em diversos absurdos".[147] Cair em absurdos e falta de realismo eram as principais críticas de Jane Austen a determinados tipos de romances, fossem os excessivamente didáticos, como os da sra. More, fossem os excessivamente românticos, como os da sra. Radcliffe. Ela preferia os romances que eram "naturais" e "fiéis à vida" – aqueles que, nas palavras dadas ironicamente a um personagem tolo em *Sanditon*, consistem de "insípidos tecidos de ocorrências ordinárias dos quais nenhuma dedução útil pode ser extraída".[148]

Uma vez que o gênero era tido em tão baixa estima, a própria Fanny Burney se mostrava cautelosa em usar a palavra "romance", muito embora tivesse empreendido uma excelente defesa do gênero no prefácio de seu primeiro livro, *Evelina*. *Cecilia* tinha como subtítulo "memórias de uma herdeira", e *Camilla*, "um retrato da juventude". Na advertência, Burney descrevia *Camilla* como "esta pequena obra", e mesmo em 1814, altura na qual se poderia esperar que já tivesse plena confiança no gênero, escreveu sobre o romance como uma "espécie de escrita nunca mencionada, sequer por quem a defende, senão com um olhar que teme o desprezo".[149] Austen pegou emprestada a expressão "esta pequena obra" para sua advertência em *A abadia de Northanger*, mas, dentro do próprio livro, declara efetivamente a suas irmãs-autoras que chegou a hora de parar de pedir desculpas e levantar a voz em defesa tanto do gênero como da palavra – "Ah! É apenas um romance!".

Em termos históricos, o leitor volúvel de romances era tão passível de pertencer ao sexo masculino quanto ao feminino. Por certo Jane Austen manteve essa visão do início de sua carreira como escritora até o fim. Em sua obra precoce "Amor e amizade", Edward é o herói diretamente acusado de colher noções absurdas da leitura de ficção, e, em *Sanditon*, Sir Edmund Denham é uma figura quixotesca, ridiculamente encantado com romances de sensação e determinado a ser um "homem perigoso, bem na linha dos Lovelaces" (ele alude ao estuprador carismático de *Clarissa*, de Richardson). Henry Tilney, em *A abadia de Northanger*, afirma ter lido "centenas e centenas de romances" e, provocador, defende seus direitos como leitor do sexo masculino: "pois eles leem tantos romances quanto as mulheres", diz para Catherine Morland.[150]

Embora *A abadia de Northanger* seja uma paródia do romance gótico da moda, é também uma oportunidade para Austen fazer sua defesa fervorosa do gênero: "Parece existir um desejo quase generalizado de depreciar as capacidades e desvalorizar o trabalho do romancista, de menosprezar as obras cujos únicos atributos são o talento, a perspicácia e o bom gosto".[151] Em *A abadia de Northanger*, o gosto literário é um guia para o caráter; assim, John Thorpe, o nobre rural brutamontes, grosseiro e simplório, aprecia a lubricidade gótica de *O monge*, de M.G. Lewis, e a "diversão" da sra. Radcliffe, mas não gosta do tipo de romance que Austen está empenhada em defender – como os de Fanny Burney:

> – Eu estava pensando naquele outro livro estúpido, escrito por aquela mulher sobre a qual tanto falam, aquela que se casou com um emigrante francês.
> – O senhor se refere a *Camilla*?
> – Sim, esse mesmo; tanta coisa inverossímil! Um velho brincando de gangorra! Peguei o primeiro volume certa vez e o folheei, mas logo vi que seria perda de tempo; de fato, adivinhei que era tolice antes mesmo de começar a ler; assim que soube que ela se casara com um emigrante, tive certeza de que jamais seria capaz de ler o livro até o fim.
> – Nunca o li.
> – Não perdeu nada, eu lhe garanto; é a tolice mais horrível que a senhorita poderia imaginar; não há nele absolutamente nada além de um velho brincando de gangorra e aprendendo latim; juro por minha alma que não há nada mais.[152]

A "justiça" dessa crítica "infelizmente se perde" para Catherine, porque naquele momento eles chegam aos alojamentos da sra. Thorpe, onde John prova ser um filho tão "obediente e afetuoso" quanto é "leitor perspicaz e imparcial de *Camilla*": ele saúda sua mãe com um vigoroso aperto de mão e lhe diz que seu "chapéu maluco" a deixa parecida com uma bruxa velha.

Henry Austen alegou que os romancistas favoritos de sua irmã foram os dois gigantes da ficção inglesa no século XVIII, Samuel Richardson e Henry Fielding. *Clarissa* e *Sir Charles Grandison*, de Richardson, eram obras de imensa importância para Jane, e é claro que ela tinha um conhecimento íntimo do *Tom Jones* de Fielding, que muitas vezes era considerado impróprio para mocinhas. Contudo, em sua própria magnífica defesa do romance em *A abadia de Northanger*, os exemplos não são as obras de Richardson e Fielding:

> "Não sou leitor de romances"; "Raramente abro um romance"; "Não pense que *eu* leia romances com frequência"; "Não é nada mau, para um romance". Essa é a cantilena habitual. "Que livro está lendo, senhorita ...?" "Ah! É apenas um romance!", responde a jovem dama, fechando o livro com indiferença afetada, ou com vergonha momentânea. "É apenas *Cecilia*, ou *Camilla*, ou *Belinda*"; ou, para resumir, é apenas um livro qualquer no qual são ostentados os maiores poderes da mente, no qual são transmitidos ao mundo, na linguagem mais esmerada, o conhecimento mais profundo da natureza humana, o esboço mais apurado de suas variedades, as mais vivas efusões da perspicácia e do humor.[153]

O trecho deixa claro que os romances admirados acima de todos os outros por Jane eram *Cecilia* e *Camilla*, de Fanny Burney, e *Belinda*, de Maria Edgeworth.

Richardson fora pioneiro no romance de costumes centrado em heroína com *Pamela*, *Sir Charles Grandison* e *Clarissa*, mas, por mais que Jane Austen o admirasse, suas heroínas são idealizadas "imagens da perfeição" do tipo que ela evitava em suas próprias obras. Jane preferia muito mais as "anti-heroínas" do autor, como a irmã vivaz de Sir Charles, Lady G. Fanny Burney desbravava terreno em sua busca por extrair "personagens da natureza", como sugeria seu prefácio a *Evelina* (1778). Burney também abria novos caminhos em sua decisão de encerrar seu segundo romance, *Cecilia* (1782), com um final "realista": "o Herói e a Heroína não são nem mergulhados nas profundezas da infelicidade, nem exaltados em *inumana felicidade* – não seria mais natural tal estado intermediário, mais de acordo com a vida real, e menos semelhante a qualquer outro Livro de Ficção?".[154]

O último capítulo de *Cecilia* inclui uma frase que inspirou Jane Austen: "'Este infeliz negócio como um todo', disse o dr. Lyster, 'foi resultado de ORGULHO e PRECONCEITO [...] Lembre-se: se a ORGULHO e PRECONCEITO você deve suas desgraças, tão maravilhosamente equilibrados são o bem e o mal que a ORGULHO e PRECONCEITO você deverá também o término delas'".[155] *Orgulho e preconceito* é, de fato, uma homenagem a *Cecilia*. A heroína de Burney, Cecilia Beverley, é bonita, inteligente, vivaz e rica, mas sua riqueza tem um preço. A condição de sua herança é: quem ganhar sua mão terá de abandonar o sobrenome e assumir o dela. O herói é Mortimer Delville, um homem de berço nobre cujo orgulho familiar fala mais alto. Ele ama Cecilia, mas, como Darcy com Elizabeth, afirma que vai se "degradar" caso venha a se casar com ela, por lhe faltar nobreza. Ele nunca concordará em se tornar o sr. Beverley. Sua mãe, a sra. Delville, é uma idosa autoritária que se opõe, num primeiro momento, e então sanciona o casamento. Lady Catherine de Bourgh é uma versão desse tipo de senhora poderosa e orgulhosa que se opõe à jovem usurpadora.

Burney escreveu que sua intenção, em *Cecilia*, foi retratar personagens que não fossem nem totalmente bons nem totalmente maus, mas fiéis à vida: "Pretendi, com a sra. Delville, criar uma grande personagem, mas não uma personagem perfeita; pretendi, ao contrário, misturar no papel, como muitas vezes vi misturadas na vida, qualidades nobres e raras com defeitos marcantes e incuráveis". Sobre os Delville, escreveu: "Apenas pretendi mostrar o quão diferentemente o orgulho, como todas as outras qualidades, opera em diferentes mentes".[156] Esta última frase poderia ser uma descrição de *Orgulho e preconceito*.

Em muitos sentidos, *Cecilia* é um romance profundamente chocante e perturbador. Ao que parece, a jovem Jane Austen teve total liberdade para ler textos emocional e moralmente desafiadores. Com seu grande elenco de personagens, ele é um protótipo dos grandes romances vitorianos de George Eliot, Dickens e Thackeray. Um dos tutores de Cecilia, o sr. Harrel, viciado em jogo que a chantageou, mata-se com um tiro em Vauxhall Pleasure Gardens com a moça presente. A história de fundo é a sedução de uma jovem inocente que é forçada, então, a se prostituir. Cecilia, abandonada pelo marido, afunda em pobreza e loucura. Seu colapso nervoso, ao fim do livro, é apresentado em cores fortes. O herói e a heroína se unem afinal, mas com um grande custo pessoal para a saúde mental e a beleza física de Cecilia.

Desde o sucesso de *Evelina*, Burney queria criar uma heroína feia, pobre, mas esperta. Chamava sua ideia de "projeto feio". Sua intenção original era de que Cecilia seria esse novo tipo de heroína comum (chamada Eugenia), mas foi convencida a abandonar a ideia. Burney se recusou a desistir de Eugenia, no entanto, e ela aparece em seu terceiro romance, *Camilla*, como a irmã bexigosa e aleijada da heroína. Eugenia contrai varíola e fica gravemente desfigurada; depois, cai de uma gangorra, lesionando a coluna na queda. A esperta e amável Eugenia é a verdadeira heroína do romance.

De modo marcante, as heroínas de Jane Austen raramente são descritas como lindas e cheias de predicados. Até mesmo Emma Woodhouse é mais "bonita" do que "linda". As descrições físicas de suas heroínas são raras. Austen prefere mostrar como elas adquirem qualidades adoráveis ou possuem uma bela característica em particular, como olhos cintilantes. Jane Bennet é a beldade da família, mas a heroína é a enérgica Elizabeth, que ridiculariza a tendência comum de idealizar em excesso a espécie feminina. Burney foi a primeira romancista a criar heroínas desgraciosas ou até mesmo extremamente feias. Sem ela, não teria sido possível, para Jane Austen, rejeitar a convenção de que uma heroína precisa ser linda.

Jane Austen decerto sentiu especial prazer e orgulho quando recebeu seu conjunto de cinco volumes de *Camilla*, em 1796. Não

Fanny Burney

havia somente a antecipação de uma leitura tão boa e tão longa quanto a de *Cecilia*. Havia o frisson adicional de ver seu próprio nome na lista de assinantes, bem como uma ligação pessoal: seu padrinho Samuel Cooke era um amigo íntimo de Burney.[157] O reverendo Samuel Cooke era casado com uma prima da sra. Austen que compartilhava seu nome, Cassandra Leigh. Ela era a filha de Theophilus Leigh, diretor de Balliol College, Oxford. Os Cook viviam num vilarejo em Surrey chamado Great Bookham. Defronte deles, em uma pequena casa chamada The Hermitage, vivia Fanny Burney, agora casada, como John Thorpe define em *A abadia de Northanger*, "com um emigrante", o general Alexandre d'Arblay. Burney conhecera seu futuro marido em Juniper House, uma antiga estalagem de posta encravada num vale no sopé de Box Hill, que havia se tornado abrigo para um grupo de emigrantes que tinham fugido da Paris revolucionária.

Fanny era uma visitante frequente na casa dos Cooke. Não gostava muito da filha adolescente deles, Mary, que considerava "cerimoniosa e fria", mas gostava muito de Cassandra Cooke, que era também uma romancista. Pode ter sido Cassandra quem pediu a Jane que subscrevesse *Camilla*. Burney morou perto dos Cooke de 1793 a 1797, quando se mudou, nas proximidades, para construir Camilla Cottage. Samuel Cooke batizou o único e adorado filho de Burney, que, em homenagem ao pai, ganhou o nome de Alexandre. Jane Austen gracejaria, depois, sobre se casar com ele, ficando claro, portanto, que ela e sua irmã fofocavam sobre a vida familiar dos D'Arblay.

Os Cooke sentiam particular admiração por *Mansfield Park*, e Samuel escreveu a Jane Austen para dizê-lo, observando que não gostara tanto do novo romance de Madame d'Arblay (*A errante*, publicado no mesmo ano). Sabemos que Jane Austen visitou seu padrinho em Surrey. A topografia da fictícia Highbury, em *Emma*, guarda algumas semelhanças com a de Great Bookham, e não pode haver dúvida de que Jane Austen conhecia Box Hill. Por certo conversou a respeito de romances ao passar algum tempo com Cassandra Cooke. A publicação do romance de Cassandra, *Battleridge*, em 1799, pode ter ajudado a convencer Jane Austen de que também poderia ser uma autora publicada. Não é improvável que ela tivesse lido o romance em manuscrito.

Jane escreveu a Cassandra em outubro de 1798: "Sua carta foi acompanhada até aqui por uma da sra. Cooke, na qual ela afirma que *Battleridge* não deve sair antes de janeiro; e tão insatisfeita está com a morosidade de Cawthorn que pretende nunca mais empregá-lo".[158] Cawthorn, da Cawthorn and Hutt, Cockspur Street, em Londres, era o editor da sra. Cooke. Aqui, Jane Austen revela seu interesse pelos problemas de publicação de sua prima. A franqueza de Cassandra Cooke em debater essas questões sugere que os Austen apoiavam suas tentativas de se tornar uma romancista publicada. Mais tarde, como veremos, Jane experimentou frustrações semelhantes com seu primeiro editor.

Jane e seus primos Leigh tiveram leais antepassados *cavalier** durante a Guerra Civil. Em 1642, Sir Thomas Leigh recebera o rei Carlos I em Stoneleigh por três dias, quando os portões de Coventry ficaram fechados para ele. Os Leigh foram multados

---

* Partidários de Carlos I. (N.T.)

pesadamente pelo governo de Cromwell, mas mantiveram suas terras e suas simpatias monarquistas.

O prefácio de Cooke a *Battleridge: um conto histórico* alega que o romance foi baseado numa história verdadeira ocorrida no interregno. O personagem principal é a figura histórica de Doctor Scott, que, mesmo sendo um favorito de Carlos I, consegue ganhar a admiração de Oliver Cromwell (que aparece como um personagem no primeiro volume). *Battleridge* conta, na verdade, duas histórias diferentes, ambas supostamente baseadas em "fatos". A principal diz respeito ao rapto e detenção de uma jovem cuja fortuna familiar é restaurada pela recuperação de uma escritura que tinha sido perdida, trancada no fundo falso de um baú de cedro. O livro tem características tipicamente góticas: loucura, castelos antigos, documentos perdidos, pais e filhos cruéis, donzelas belas, mas enlouquecidas, sacerdotes sábios. Em seu prefácio, Cooke reconhece os romances de Goldsmith, Richardson e Burney como exemplares por não representarem suas heroínas como "anjos", e a sra. Radcliffe, como a "Rainha do tremendo". Cooke também escreve que foi aconselhada por amigos a ampliar seu livro, adicionando uma segunda "história escocesa fundada em fatos". *Battleridge* é o protótipo do romance gótico parodiado em *A abadia de Northanger*. Austen, sem dúvida, parece usá-lo como motivo de chacota em vários pontos. Por exemplo, o gosto travesso de Catherine Morland por beisebol e críquete é um eco brincalhão da queixa de um personagem masculino na segunda página de *Battleridge*: "Chega de críquete, chega de beisebol, estão me mandando para Genebra". As simpatias pró-Stuart do romance, no entanto, devem ter agradado a Jane Austen, como foram do agrado de Mary Leigh, a irmã de Cassandra Cooke, que escreveu uma história descrevendo as conexões da família Leigh com os Stuart e seu apoio a eles.[159]

Jane Austen tinha outra prima romancista pelo lado Leigh da família. Era Cassandra Hawke, que escreveu *Julia de Gramont* (1788), romance sentimental bem recebido na imprensa[160], e se vangloriava disso, para grande irritação de Fanny Burney, que o classificou como "amor, amor, amor, sem mistura e sem sofrer adulteração de quaisquer materiais mais mundanos".[161] A irmã de

Cassandra Hawke, Elizabeth, descreveu-a como vivendo "jamais sem uma pena em sua mão; ela não conseguiria deixar de escrever para salvar sua vida".[162]

Fanny Burney conheceu essas irmãs, Elizabeth e Cassandra, numa festa em 1782, e escreveu um relato longo e satírico em seu diário. Burney sentiu ao mesmo tempo irritação e vontade de rir de Elizabeth, a prima tagarela de Jane Austen, que insistia em apresentá-la a Cassandra Hawke como uma "irmã autora". O relato pode ser lido como uma cena teatral, com a jovem Burney sentada ao lado das duas "ilustres damas". Elizabeth fala sem parar sobre escrever, sobre as "centenas de romances" que leu, sobre peças de teatro e autoras. Por acaso Burney conhece alguma das autoras? Não era *Evelina* "o mais elegante romance" jamais escrito? "Tamanho estilo [...], há nele uma vasta quantidade de invenção! E a senhorita tem tanto humor, também! Já minha irmã não tem humor nenhum – com ela, tudo é sentimento." Estava Burney, ela perguntou, "escrevendo outro romance"? "Não, minha senhora." "Ah, eu ouso dizer que está. Ouso dizer que está escrevendo um neste exato minuto!"

Burney, com típicos poderes de observação penetrante, notou que, em contraste com sua irmã gritona, a bela Cassandra era "extremamente lânguida, delicada e patética; aparentemente acostumada a ser tida como o gênio de sua família, e bem contente em ser encarada como uma criatura caída das nuvens".[163] Mal sabiam os Leigh que o verdadeiro gênio da família seria uma prima humilde de Hampshire.

* * *

Jane Austen admirava muitíssimo a romancista Maria Edgeworth. Quando *Emma* foi publicado, Austen pediu a John Murray que mandasse um exemplar de cortesia para Edgeworth, na Irlanda. Maria conhecia o tio e a tia de Jane Austen, sr. e sra. James Leigh--Perrot[164], mas não é claro que tenha se dado conta da relação, dizendo: "A autora de *Orgulho e preconceito* teve a bondade de me enviar um novo romance recém-publicado, *Emma*".[165] Edgeworth não ficou impressionada com o romance, a julgar pelos comentários que fez para seu meio-irmão: "Não havia nele nenhuma his-

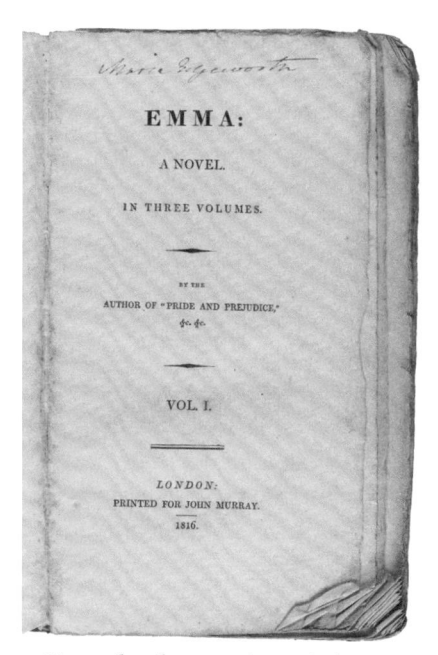

Exemplar de cortesia enviado por
Jane Austen a Maria Edgeworth

tória, exceto que a srta. Emma descobriu que o homem concebido por ela como amante de Harriet era um admirador dela mesma – e ele ficou ofendido ao ser rejeitado por Emma [...] e um fino e cremoso mingau aguado, de acordo com a opinião do pai de Emma, é uma coisa ótima, e é muito difícil fazer uma cozinheira entender o que você quer dizer com um fino e cremoso mingau aguado".[166]

Edgeworth era uma prolífica autora de romances, ensaios e ficção infantil. Vários dos seus romances, incluindo o grande sucesso *Castelo Rackrent* (1800), eram ambientados na Irlanda, onde ela crescera. Seus romances da sociedade londrina eram *Belinda* (1801), *Leonora* (1806), *Contos da vida elegante* (1809-1812) e *Patronato* (1814). Walter Scott afirmava ter trocado a poesia pela ficção como resultado da influência dela.

Belinda, o romance que Jane Austen selecionou para um destacado louvor com sua menção em *A abadia de Northanger*, era um livro controverso. Retratava uma (anti-)heroína viciada em ópio e apresentava um casamento inter-racial entre uma jovem camponesa chamada Lucy e um servo jamaicano chamado Juba. Na terceira edição, Edgeworth eliminou essa parte do enredo. A própria Belinda chega perto de se casar com um crioulo rico das Índias Ocidentais. O romance também retrata uma personagem chamada Harriet Freke, fortemente baseada na feminista Mary Wollstonecraft. Harriet se veste como um homem, sente atração sexual por Belinda e repulsa pelos homens. "Sou uma paladina dos Direitos da Mulher", ela diz ao atônito herói, Clarence Hervey.[167]

Os romancistas que Jane Austen menciona em seus próprios romances e nas cartas remanescentes representam, provavelmente, apenas uma fração das dezenas de autores cujas obras ela conhecia. É muito difícil reconstituir seu histórico de leitura por causa de sua dependência das bibliotecas de empréstimo. Não havia dúvida de que Jane tinha opiniões fortes. Ela não se deixou impressionar pelo romance popular de Sydney Owenson (Lady Morgan) *A selvagem garota irlandesa*. Em janeiro de 1809, enquanto as Austen preparavam sua mudança para Chawton, Jane escreveu a Cassandra: "Temos aqui *Ida de Atenas*, da srta. Owenson; obra que deve ser muito astuta, porque foi escrita, como diz a autora, em três meses. Só lemos o Prefácio até aqui; mas a garota irlandesa dela não gera grandes expectativas. Se o calor de sua Linguagem pudesse afetar o corpo, talvez a leitura valesse a pena com este clima".[168]

Uma autora que ela detestava com veemência era Jane West. West era uma escritora conservadora e didática, no avesso do estilo de Jane Austen. Acreditava fervorosamente que o lugar da mulher era em casa, declarando: "Minha agulha sempre decreta sua primazia em relação a minha pena".[169] Em setembro de 1814, Jane Austen escreveu para sua sobrinha Anna que estava "bastante determinada [...] a não ficar satisfeita com *Alicia de Lacy*, da sra. West, se um dia eu topar com ele, e espero que isso nunca me aconteça. Creio que *posso* ser agressiva com qualquer coisa escrita pela sra. West. Botei na cabeça, na verdade, que nunca vou gostar de quaisquer Romances, com exceção dos da srta. Edgeworth, dos Seus e dos Meus".[170] O fato de desprezar tanto a conservadora Jane

West é um indício seguro de que a própria Austen não era nada conservadora.

Seu gosto recaía em quem se rebelava contra as convenções literárias: Burney com suas heroínas feias ou deficientes e seus finais incertos, Edgeworth com suas feministas e seus casamentos inter-raciais. Os romances de Jane Austen eram, em essência, romances de cortejo centrados em heroínas, e não manuais de conduta disfarçados de romances à maneira de Jane West. São romances de formação nos quais tutores e figuras parentais muitas vezes deixam a desejar. A heroína não recebe uma lição: ela aprende com seus próprios erros.

Numa carta escrita de Bath, em 1805, Jane Austen refletiu sobre o fato de ter estado em companhia de pessoas muito mudadas em relação a uma visita anterior: "Com que grupo diferente estamos andando agora! Mas sete anos, suponho, são suficientes para mudar todos os poros de nossa pele, e todos os sentimentos de nossa mente".[171] O eu e as emoções evoluem. Nós mudamos, nos desenvolvemos com a experiência: é o que nos torna humanos, e esse é o processo que o romance pode acompanhar em mais detalhes e mais nuances do que qualquer outro esforço criativo. Catherine Morland, as irmãs Dashwood, Elizabeth Bennet, Emma Woodhouse, Fanny Price, Anne Elliot: nenhuma delas é, ao fim da história, a mesma que era no início. Foi através de Fanny Burney e Maria Edgeworth que Jane Austen percebeu que o romance podia ser um veículo para mostrar como sete anos, ou dezessete anos, eram suficientes para mudar todos os poros de nossa pele e todos os sentimentos de nossa mente.

É uma atitude comum, nesta nossa própria época, desdenhar de "janeites" que falam de Elizabeth Bennet, do sr. Darcy e dos demais como se fossem pessoas de verdade; assim, poderá ser motivo de surpresa constatar que Jane Austen, ironista soberbamente consciente de si, considerava suas criações ficcionais, ainda que de um modo brincalhão, como figuras de carne e osso. Em conversas com sua família – como em seu comentário rabiscado na parte de trás de seu exemplar de *Camilla* –, ela deu vida posterior para os personagens de seus romances. Sugeriu que Jane Fairfax sofre uma morte precoce, de parto, que Kitty Bennet se casa com um jovem clérigo e que a grande soma de dinheiro dada pela sra. Norris a William Price é de uma libra. De acordo com o livro de memórias da família, ela pensava em personagens fictícios como pessoas que conhecesse: "Cada circunstância narrada em Sir Charles Grandison, tudo que jamais foi dito e feito na sala de cedro, era-lhe familiar; e os dias de casamento de Lady L. e Lady G. eram tão bem recordados como se elas tivessem sido vivas".[172]

Jane amava as criações cômicas de Burney, como a "inimitável srta. Larolles"[173], loquaz líder do mundo elegante em *Cecilia*, e o cativante, porém tolo, Hugh Tyrold de *Camilla*.[174] Compartilhava esse amor com sua querida irmã. As alusões a Fanny Burney são uma espécie de código carinhoso em suas cartas a Cassandra: "Cuide do seu precioso eu, não trabalhe demais, tenha em mente que as Tias Cassandras são tão escassas como as srtas. Beverleys".[175] E, mais uma vez: "Transmita meu amor a Mary Harrison, e lhe comunique o meu desejo de que, sempre que ela estiver afeiçoada por um Jovem, algum *respeitável* dr. Marchmont os mantenha separados por cinco Volumes".[176]

Por uma estranha coincidência, o ano de 1814 viu não apenas a publicação do terceiro romance de Jane Austen, *Mansfield Park*, mas também o lançamento de romances muito aguardados de suas favoritas Burney e Edgeworth – *A errante* e *Patronato*. Walter Scott também publicou seu primeiro romance naquele ano, e Jane Austen gracejou, para sua sobrinha Anna, que ele deveria ter se limitado a escrever poesia: "Walter Scott não tem nada que escrever romances, sobretudo romances bons. Não é justo. Ele tem Fama e Lucro de sobra como poeta, e não devia ficar tirando o pão das bocas de outras pessoas. Não gosto dele, e não pretendo gostar de Waverley se isso estiver ao meu alcance – mas receio que não vou conseguir".[177] A fama de Scott eclipsou, de fato, as de Burney e Edgeworth, mas elas são as escritoras para ler se quisermos ter uma noção dos modelos que inspiraram Jane Austen a se tornar uma romancista.

5

As irmãs

Duas jovens damas aparecem trajadas em musselina branca.[178] Seus vestidos são clássicos e soltos, de cintura alta, no estilo da Regência. Seus cabelos estão armados no alto da cabeça, fixados com belas faixas. Uma está usando um xale rosa drapejado em volta da cintura, e a outra, um xale azul. Elas lembram estátuas gregas, mas as faces rosadas e os olhos brilhantes demonstram sua vitalidade. Uma está segurando uma carta desdobrada, de um pretendente, de uma amiga ou parente. Estão de pé nas terras de uma residência majestosa, compartilhando uma confidência relacionada, talvez, ao conteúdo da carta. Parecem dignas de pertencer a um romance de Jane Austen. Poderiam ser Marianne e Elinor Dashwood, Jane e Elizabeth Bennet, Julia e Maria Bertram, Emma e Isabella Woodhouse, Anne e Mary Elliot.

A jovem à esquerda, na verdade, é Charlotte Trevanion. Uma etiqueta fixada no retrato informa que ela "casou-se em 1803". À direita está Georgiana Trevanion, "solteira". São cunhadas. Charlotte, nome de solteira Hosier, nasceu em 1783. Casou-se com John Purcell Bettesworth Trevanion, um major de dragões, descrito mais tarde como "um cavalheiro que, às pretensões de nascimento e linhagem, aos talentos brilhantes, ao mais refinado gosto e aos modos mais polidos, unia um apego esclarecido e ardente à causa da liberdade civil e religiosa".[179] Charlotte fez o que era esperado das jovens damas de sua classe: deu filhos a ele. Cinco crianças ao longo de sete anos. Em 1810, sofreu o destino de tantas de suas semelhantes: morreu no parto. Em St. Michael, Caerhays, a igreja perto da residência da família na Cornualha, há um monumento de pedra em sua homenagem com anjinhos de pranto e uma empena de folha recurvada sobre uma arca tumular com inscrição elegíaca.

Um dos filhos de Charlotte, Henry Trevanion, casou-se com Georgiana Augusta Leigh, filha do tenente-coronel George Leigh e sua prima Augusta, meia-irmã de Lord Byron. Agora fica complicado: Augusta era filha de Lady Amelia Darcy com o capitão "Mad Jack" Byron, cujo pai, almirante "Fairweather" Jack Byron, ingressara por casamento na família Trevanion. O pai do coronel Leigh, general Charles Leigh, havia se casado com a irmã de Mad Jack Byron. Para encurtar, poderíamos dizer que quase todo mundo, nessa história, era primo de todos os outros. Os tentáculos da família Leigh se alastravam de forma tão ampla que o casamento entre o general Leigh e a tia de Byron significa que Jane Austen e Lord Byron podem ter sido primos distantes.[180]

Mas Henry Trevanion era infiel. Sentia-se apaixonadamente atraído pela irmã mais nova de sua esposa, Medora, que era, quase sem dúvida, filha de uma união incestuosa entre Byron e Augusta. Medora ficou grávida e seu pai a trancafiou numa instituição em Maida Vale na qual as jovens da classe alta eram escondidas para que tivessem seus filhos ilegítimos. Henry organizou sua fuga e os dois escaparam para a Normandia, onde o bebê nasceu morto.

Então se retiraram para um castelo remoto e decrépito na França rural, onde se passaram por irmão e irmã. Medora virou católica e declarou a sua intenção de entrar em um convento. Entretanto, ficou grávida de novo. A abadessa era tolerante e lhe encontrou um alojamento, onde uma filha nasceu em 1834, batizada Marie-Violette Trevanion – ela ostentava, dizia-se, uma estranha semelhança com seu provável avô Lord Byron. Após uma série de abortos espontâneos, Henry Trevanion e Medora Leigh afinal se separaram. Em sua autobiografia, Medora escreveu que Henry se entregou à religião e à caça. A empobrecida Medora viajou com sua filha (que acabou virando freira), casou-se com um francês e morreu em 1849.

"Eu li *O corsário*, remendei minha anágua, e não tenho mais nada para fazer", Jane Austen escreveria para Cassandra em 5 de Março de 1814.[181] *O corsário*, de Byron, era o poema best-seller da época – sua primeira edição vendeu dez mil cópias no dia da publicação. A popularidade da obra não devia pouco aos escândalos crescentes envolvendo seu nome. As histórias de sua união incestuosa com Augusta Leigh estavam começando a circular na sociedade. Em *O corsário*, a amada do herói se chama Medora.

A história emaranhada que brota da figura jovial de Charlotte Trevanion nos lembra que era comum entre a pequena nobreza, na época de Jane Austen, as pessoas se casarem com seus primos. E que não era incomum um homem se casar com uma irmã e, contudo, desejar a outra. Que irmãos e irmãs podiam ter relacionamentos muito intensos, mesmo incestuosos. Que uma morte precoce no parto era uma possibilidade muito forte para qualquer mulher jovem que se casasse; e que as cartas são um canal essencial do afeto e da intimidade entre irmãs.

Pela época em que completou 21 anos, Cassandra Austen ficou noiva de um jovem clérigo que esperava receber um benefício eclesiástico no distante Shropshire. A sra. Austen, preparando-se para uma eventual saída de casa das duas filhas, que entravam agora no mercado matrimonial, quase se desesperou com as perspectivas da mais nova. Para uma de suas noras, confidenciou: "Conto com você como um verdadeiro conforto para mim na minha velhice, quando Cassandra estiver longe em Shropshire, e Jane – sabe Deus onde".[182]

Visitas a Southampton, Gloucestershire e Kent haviam exposto as moças a uma seleta de jovens elegíveis, mas o noivado de Cassandra não era com um estranho misterioso que ela conhecera num baile ou num ponto de encontro da moda. Era com um jovem que tinha sido como um irmão para ela. Tom Fowle era um dos pensionistas, educado na sala de aula da casa da família. Sabemos muito pouco a respeito dele, exceto que a família Austen lhe devotava enorme apreço e que era um participante ativo no teatro amador em Steventon. Tom Fowle, mestre em artes por Oxford em 1794, estava destinado à Igreja. Mas uma residência e uma renda dependiam do benefício eclesiástico em Shropshire, de modo que os namorados precisaram protelar o dia do casamento.

Enquanto isso, em janeiro de 1796, Cassandra foi passar um período com a família de Tom em seu presbitério, perto de Newbury. Jane e Cassandra haviam enfrentado algumas separações temporárias quando uma ou outra saíra em visitas a familiares, mas aquele era o prenúncio de algo novo e indesejável: uma vida distanciada, na qual a troca de cartas haveria de ser o principal meio de sustentar a relação fraterna. A primeira carta sobrevivente de Jane Austen remonta precisamente a esse momento. As cartas sobreviventes para Cassandra são o registro mais íntimo que temos da vida interior de Jane. A primeira delas foi escrita por ocasião do vigésimo terceiro aniversário de Cassandra – quase certamente o primeiro aniversário em que as irmãs ficaram separadas –, e começa com: "Em primeiro lugar, espero que você viva mais 23 anos".[183] São palavras brincalhonas, mas mal escondem a ideia de que Cassandra poderia não viver mais 23 anos: casamento significava parto, que muitas vezes significava morte.

Nas cartas que Jane escreveu a Cassandra por essa época, ela passa uma impressão de estar experimentando diversas vozes: fofoqueira, brincalhona, carinhosa, falsamente pomposa ("Fico muito lisonjeada por seu encômio de minha última Carta, pois escrevo apenas pela Fama, e sem quaisquer vistas de Emolumento pecuniário").[184] Faz pouco-caso do abismo que está se abrindo entre as duas, mas, no fundo do coração, está pensando na grande distância entre Steventon e Shropshire. Quando veio a escrever seus romances, sempre demonstrou forte consciência de que o distanciamento de uma irmã era uma das penalidades do casamento: em seu romance mais "perfeito", *Orgulho e preconceito*, Jane e Elizabeth, "em acréscimo a todas as outras fontes de felicidade", ficam separadas por apenas "trinta milhas"*.[185]

Jane Austen gostava de mulheres. Tinha várias amigas queridas e se devotava àquelas que estimava. Valorizava profundamente a lealdade e o companheirismo das amigas que podia considerar quase como irmãs. Dedicava particular apreço pelas irmãs Bigg, Catherine e Alethea, e pelas irmãs Lloyd, Martha e Mary.

As relações entre amigas eram estreitas ao extremo, e era comum que essas ligações fossem reforçadas por casamento com irmãos, como foi o caso com os Austen e as Lloyd. Mary Lloyd se casou com James Austen, e Martha, aos 62 anos, casou-se com Frank Austen. Além disso, as Lloyd eram primas do noivo de Cassandra, Tom Fowle. Eliza, irmã de Mary e Martha, casou-se com o primo Fulwar Fowle, que era outro dos alunos de Steventon do sr. Austen. O casamento proposto entre Cassandra e Tom teria feito dela uma prima por casamento das Lloyd, bem como cunhada delas. As relações eram quase tão intrincadas quanto as dos Trevanion, Byron e Leigh: as Lloyd e os Fowle descendiam dos Craven, que eram, por sua vez, aparentados aos Leigh de Stoneleigh, e Tom Fowle, portanto, era também um primo distante de Cassandra por descendência.[186]

Cath Bigg era uma opção de parceira para Jane em bailes nos quais os homens se mostravam em falta. Ela descreveu-a como "agradável e de aspecto sereno", o que era uma espécie de provocação, visto que Cath e Alethea, como a fictícia Catherine Morland, tinham propensão para o mau uso da palavra "ótimo"**: "As Bigg a chamariam de mulher ótima", Austen gracejou certa vez. Henry Tilney censurando Catherine – "e este é um dia ótimo, e nós estamos dando um passeio muito ótimo, e vocês duas são jovens damas muito ótimas" – pode muito bem ter sido uma piada interna entre Jane Austen e as Bigg.[187] Como veremos, chegaria o tempo em que a própria Jane quase virou cunhada das Bigg. Não virou, mas permaneceu em ótimos termos com Catherine e Alethea.

---

* Cerca de cinquenta quilômetros. (N.T.)
** "Nice". (N.T.)

As irmãs Lloyd haviam perdido um irmão pequeno, vitimado pela varíola, e, embora as garotas tenham sobrevivido à epidemia, tanto Martha como Mary ficaram com graves cicatrizes. Martha estava entre as amigas mais queridas de Jane Austen. Era gentil, de temperamento doce, e profundamente cristã. Foi provavelmente, por algum tempo, dama de companhia de certa sra. Dundas, uma inválida de Barton Court, em Kintbury. Era também uma excelente cozinheira. Após a morte de sua mãe, viveu com as Austen como integrante da família. Martha era dez anos mais velha do que Jane Austen, que tinha uma tendência de fazer amizade com mulheres mais velhas. "Com que verdadeira simpatia nossos sentimentos são compartilhados por Martha, disso você não precisa ser informada; ela é a amiga e Irmã sob qualquer circunstância", escreveu para Cassandra.[188]

Mas foi sempre de sua irmã de sangue que ela permaneceu mais próxima. Por isso, o período após o anúncio do noivado foi um tempo de grande incerteza. Algumas frases da carta enviada por Jane a Cassandra, na casa de seus futuros sogros, são excepcionalmente duras, até mesmo distantes, no tom: "Fico muito contente por saber, através de Mary, que o sr. e a sra. Fowle estão satisfeitos com você. Espero que você continue proporcionando satisfação".[189]

O benefício eclesiástico de Shropshire ainda não se efetivara, e Tom Fowle aceitou, então, um cargo temporário como capelão de seu benfeitor, Lord Craven, nas Índias Ocidentais. Em abril de 1797, Cassandra tomou conhecimento da trágica notícia de que seu noivo havia morrido de febre amarela em San Domingo. Foi um golpe para a família toda, e Jane escreveu de imediato a Eliza para informá-la da notícia. Eliza, por sua vez, relatou o clima em Steventon: "Acabo de receber uma carta de Steventon, onde estão todos em grande Aflição [...] pela morte do sr. Fowle [...], Jane afirma que sua Imã se comporta com um grau de resolução e Decoro que nenhuma mente comum poderia revelar em tão penosa situação".[190] É torturante que tenhamos apenas o relatório de Eliza sobre essa carta fundamental de Jane Austen, e não a coisa em si.

Tom foi sepultado no mar, portanto não havia túmulo, nenhum lugar ao qual se pudesse ir para prantéa-lo. Tudo que restou dele para Cassandra foi um pequeno legado em seu testamento. Lord Craven afirmou mais tarde que nunca o teria levado para as Índias Ocidentais caso soubesse que o jovem estava prestes a se casar. Um consolo frio, sem dúvida.

A conduta de Cassandra no luto pode ter sido impecável, mas ela adotou trajes de viúva com a máxima rapidez, abandonando quaisquer outras perspectivas de matrimônio. Resignou-se ao celibato e não mudou de ideia.

Jane Austen era uma pessoa muito reservada. Em suas cartas a Cassandra, permitia-se uma liberdade de expressão e pensamento negada a muitos outros membros familiares e amigos. Esses textos eram, segundo sua sobrinha Caroline Austen, "abertos e confidenciais". Na era georgiana, as cartas eram como jornais, repassadas de mão em mão e lidas em voz alta para membros da família e amigos, mas podemos constatar, pelos comentários de Jane Austen, que algumas passagens, por intenção, deveriam permanecer privadas. Ela tinha o cuidado de compartilhar apenas alguns trechos das cartas de Cassandra: "Li todos os fragmentos que pude da sua carta" (para Sackree, a criada), e, mais uma vez, "Li o principal da sua carta" (para Edward).[191]

As cartas para Cassandra flagram Jane Austen em conversa particular, algo que é, talvez, só uma das razões pelas quais sua voz soa tão moderna e familiar. É verdade que a maioria das cartas transmite notícias e troca informações, às vezes triviais ou aparentemente incompreensíveis, mas a voz inimitável não pode ser suprimida. "Saímos de Guildford 20 minutos antes das 12 (espero que alguém se importe com essas minúcias)"[192], ela diz a Cassandra. Jane aguardava suas cartas com imensa expectativa, e simulava ciúmes quando Cassandra escrevia para os outros irmãos: "Não vou me dar o trabalho de lhe anunciar quaisquer outros filhos de Mary se, em vez de me agradecer pela informação, você continuar se preocupando em escrever para James. Estou certa de que ninguém poderá desejar suas cartas tanto quanto eu, e acredito que ninguém as merece mais".[193]

Apesar do fato de que nenhuma das duas se casou, em anos posteriores as irmãs ficaram separadas por longos períodos de tempo, e o desapontamento de Jane com a separação sempre transparece. Ela admirava e adorava sua irmã mais velha, como Caroline

As irmãs / 121

Austen observou: "O hábito de respeitá-la começou na infância, pareceu sempre continuar [...], ela me dizia com frequência [...], Tia Cassandra poderia ensinar tudo muito melhor do que *ela* – Tia Cass *sabia* mais [...], ela sempre *realmente* pensava na irmã como superior em relação a si mesma".[194] A melhor escritora cômica da época efetivamente descreveu sua irmã Cassandra como "a melhor escritora cômica da época atual".[195]

Os comentários deliciosamente irreverentes e pouco reservados de Jane Austen despertaram, em algumas ocasiões, o desprezo de certos leitores, como quando ela faz piadas de mau gosto sobre aborto espontâneo, morte ou adultério. Sua profunda capacidade de desenvolver amizades femininas nem sempre é óbvia em suas cartas. Ela podia ser ferina e mordaz com mulheres tolas de seu círculo social, sobretudo aquelas que idolatravam (estupidamente) seus filhos ou seus maridos.

Sabe-se bem que ela fez uma piada de mau gosto sobre aborto espontâneo: "A sra. Hall, de Sherbourn, caiu de cama ontem com uma criança morta, algumas semanas antes do nascimento previsto, devido a um susto. Suponho que lhe aconteceu, desprevenida, de ter olhado para seu marido".[196] "Pense só", escreveu, "a sra. Holder estar morta! Pobre mulher, ela fez a única coisa no mundo que poderia fazer, permitir que deixássemos de abusar dela."[197] Ela também podia ser rude com respeitados membros da família: "Minha Tia pode fazer o que bem quiser com suas fragatas".[198]

Mas todos esses comentários perversamente engraçados foram feitos para sua irmã em correspondência privada, com o propósito expresso de fazer Cassandra rir. O comentário infame sobre aborto foi citado diversas vezes como prova de sua insensibilidade, mas, como Christopher Ricks assinala em um brilhante ensaio sobre Jane Austen e crianças, quando essa citação é lida em voz alta para uma plateia de mulheres, geralmente provoca sonoras gargalhadas.[199] Tendem a ser os críticos do sexo masculino que consideram sua piada ofensiva; as mulheres são feitas de material mais duro. Muitas vezes, as piadas de mau gosto de Jane Austen são feitas às custas dos homens: "O sr. Waller está morto, eu soube; não posso ficar pesarosa com isso, tampouco, talvez, poderá sua Viúva se lamentar muito".[200] Não obstante, as piadas sobre a morte pegam pesado mesmo. "Sinto muito pela perda dos Beach de sua menininha", ela escreveu para Cassandra, "especialmente porque foi aquela tão parecida comigo."[201]

Sem levar em conta o aspecto óbvio de que os georgianos tinham um jeito diferente de lidar com a morte, tais comentários são fundamentais para entender o particular funcionamento da relação entre Jane e Cassandra. As cartas de Jane demonstram como ela gostava de desempenhar o papel da irmãzinha malcriada, confessando a Cassandra que está de ressaca, que gastou sua mesada toda em trivialidades, ou que se comportou de modo indecoroso: "Imagine tudo de mais libertino em matéria de flerte", ela escreve. E: "Se *sou* Animal selvagem, não consigo evitar".[202]

Muitas de suas cartas mostram-na divertindo sua irmã com comentários rudes, frequentemente sobre outros pares de irmãs. Ela podia ser crítica e maldosa, sobretudo em se tratando de atratividade física. No relato de um baile, descreve "as duas senhoritas Cox" como "vulgares, de feições largas", as senhoritas Maitland com "grandes olhos escuros, e um bocado de nariz", as irmãs Debary fedendo a "mau hálito", as senhoritas Atkinson como "garotas gordas com narizes curtos", e a sra. Blount com seu "rosto largo, fita diamante, sapatos brancos, marido rosa e pescoço gordo".[203] Quanto a Lady Fagg e suas filhas: "Nunca vi família tão feia, cinco irmãs tão absolutamente feias!".[204]

Jane faz com que as mulheres descritas por ela pareçam figuras numa caricatura do grande artista satírico Gillray. Quanto mais ultrajante o comentário, tanto mais ela fazia sua irmã rir. Anna Austen confirma essa imagem em suas memórias, afirmando que ela e Jane faziam Cassandra rir tanto que esta "implorava que parássemos", dizendo "Como vocês *conseguem* ser tão tolas?".[205]

Quanto mais absurdo o jogo de palavras, melhor: "Vou guardar minhas dez libras também, para me agasalhar no próximo inverno". "Tomei a liberdade, alguns dias atrás, de pedir ao seu gorro de veludo preto que me emprestasse a coifa", "Teremos ervilhas em breve – pretendo comê-las com patos de Wood Barn e Maria Middleton". Duas mesas "cobertas com baeta verde mandam a você suas mais amorosas lembranças". "Não direi que suas amoreiras estão mortas, mas receio que não estejam vivas".[206] O que sempre surpreende é a voz atemporal. Mas é só nas cartas para Cassandra, de fato, e não nas poucas remanescentes enviadas a seus irmãos, que a voz da "irmãzinha malcriada" se faz ouvir.

Podemos realçar o vínculo inigualável com Cassandra considerando as relações de Jane Austen com suas cunhadas. Sua relação com a segunda esposa do irmão James, sua velha amiga Mary Lloyd, azedou-se ao longo dos anos. Jane insinua que Mary tinha ciúmes da união da família e censurava James por vir a Steventon com tamanha frequência.[207] Em 1813, já não havia meias-palavras: "Como pode a sra. J. Austen ser tão provocadoramente desajuizada? Eu esperava mais de seu professado, se não verdadeiro, respeito por minha Mãe".[208] Jane escreveu para Cassandra, que tinha sido encarregada de fazer compras para Mary: "Espero que a metade dessa soma não exceda em grande medida o que você pretendera oferecer no altar do afeto de cunhada". Essa última frase é cáustica. Revela que Jane podia dizer qualquer coisa para Cassandra em total confiança, e que as duas compartilhavam a crença de que uma cunhada nunca poderia ser exatamente o mesmo que uma irmã verdadeira.

Mary era zelosa com dinheiro, uma característica que Jane desprezava. Em uma das últimas cartas antes de sua morte, ela descreveu sua irmã Mary como "uma Mulher, grosso modo, de espírito *pouco* liberal", e disse a uma amiga íntima que seu caráter não iria se corrigir: "Não tenha essa esperança, minha querida Anne; tarde demais, está tarde demais".[209] Já foi sugerido que Jane deu à sra. Norris algumas das características desagradáveis de Mary[210], mas talvez exista uma semelhança maior com a avarenta sra. John Dashwood de *Razão e sentimento*. As cunhadas têm péssima imagem nesse romance. A deserdação com a qual o livro começa é um dos atos menos fraternais de todos os romances:

> A sra. John Dashwood não aprovava de maneira alguma o que o marido pretendia fazer por suas irmãs. Tirar 3 mil libras da fortuna de seu querido menino seria empobrecê-lo no mais terrível grau. Implorou para que ele pensasse novamente sobre o assunto. Como ele poderia justificar para si mesmo roubar seu filho, e além disso seu único filho, em

tão enorme quantia? E que possível direito as senhoritas Dashwood, que eram aparentadas dele apenas na metade do sangue, algo que ela não considerava parentesco, poderiam ter sobre a generosidade do irmão para merecer tão enorme montante? Era muito bem sabido que afeição nenhuma jamais deveria existir entre os filhos de qualquer homem por casamentos diferentes; e por que precisava ele se arruinar, e arruinar seu pobre pequeno Harry, doando todo o seu dinheiro para suas meias-irmãs?[211]

Outra das cunhadas de Jane, a rica e bela Elizabeth Bridges, que se casou com seu afortunado irmão Edward, parece ter lhe inspirado desgosto. Jane tinha ciúmes de como Elizabeth lhe tomava Cassandra, pois Elizabeth aproveitava toda oportunidade para convidar a mais velha para visitas prolongadas a Rowling House, primeiro, e depois a Godmersham. Elizabeth estava geralmente grávida ou se recuperando de uma gravidez, e Jane até admitia que ela exercia muito bem o "Negócio da Maternidade". Mas ela não conseguia amar Elizabeth como se fosse uma irmã. Uma das sobrinhas observou que, embora os filhos de Elizabeth gostassem da tia esperta na condição de "companheira de brincadeiras e contadora de histórias", "não eram de fato apegados a ela". Anna comentou que sua mãe não era afeiçoada a Jane e "preferia a irmã mais velha".[212] Quando Jane Austen afirma, sobre as Bridges de Goodnestone, que "um pequeno talento ia longe demais", quer dizer que, embora elas fossem elegantes e dessem pródigas festas, não eram intelectuais. Não obstante, Jane apreciava o luxo de Kent. "Vou comer Sorvete e beber vinho francês, e pairar acima da Economia Vulgar", afirmou durante uma visita, quando Elizabeth estava grávida mais uma vez e mostrava-se "excepcionalmente ativa para sua situação e tamanho".[213] Jane ficou chocada, mas não demasiadamente aflita, quando tomou conhecimento, depois, da notícia de que Elizabeth morrera dando à luz seu décimo primeiro filho, um menino chamado Brook. "Não precisamos nos lançar a um Panegírico sobre a Falecida", comentou com secura.[214] Sua preocupação era com as crianças e seu querido irmão Edward.

Outra cunhada que morreu de parto foi Fanny Palmer. Jane gostava da mocinha loira de feições delicadas, que tinha meros dezessete anos quando se casou com seu irmão Charles nas Bermudas. Ela se baseou na experiência da cunhada como esposa naval para criar a personagem da sra. Croft em *Persuasão*. Charles era devotado à esposa, a quem chamava de "Fan". O casal tinha três filhas pequenas que viviam com eles a bordo do *Namur*. Doze das cartas de Fanny dessa época sobreviveram, e pintam um quadro convincente da vida de uma jovem esposa de marinheiro criando suas filhas em condições precárias e confinadas. Suas cartas descrevem-na fazendo "caprichados Spencers" (casaquinhos) para as meninas pequenas, levando-as para alimentar os pombos, lendo na biblioteca do navio e indo ao teatro do navio, que ela adorava.[215]

Em *Persuasão*, há uma longa discussão sobre a conveniência de mulheres vivendo a bordo de um navio. A crença antiquada do capitão Wentworth de que navio não é lugar para mulheres é desconsiderada por sua irmã: "Oh, Frederick! Mas não posso acreditar que isso parta de você... Que requinte mais fútil! Mulheres podem se sentir tão confortáveis a bordo quanto na melhor casa da Inglaterra. Acredito ter vivido a bordo tanto tempo quanto muitas mulheres, e nada conheço que seja superior às acomodações de um navio de guerra". Para completar, a sra. Croft acrescenta: "Mas detesto ouvi-lo falar como um cavalheiro refinado e como se as mulheres fossem todas damas refinadas, em vez de criaturas racionais. Nenhuma de nós espera estar em águas calmas durante toda a vida".[216]

Fanny Palmer se encaixava bem na categoria das esposas que viviam seus momentos mais felizes a bordo do navio. Quando ela ficou em terra com o benfeitor de Charles, Sir Tom Williams (que outrora tinha sido casado com Jane Cooper, prima de Charles), sentiu-se ansiosa para voltar a bordo. "Embora eu tenha recebido todas as bondades e atenções de ambos", contou à irmã, "não consigo deixar de sentir um grande desejo de *estar em casa*, por mais desconfortável que possa ser essa casa – mas devo me sujeitar e fingir gostar. Acredito que o capt. Austen deseja mais permanecer do que o contrário."[217]

Charles voltou para casa depois de uma ausência de vários anos para exibir sua nova esposa e nova família. Era um pai de família dedicado, o que às vezes incomodava Jane: "Creio que acabei de fazer uma boa ação – arranquei Charles de sua esposa e filhas no andar de cima e fiz com que ele saísse para caçar".[218] No entanto, ela gostava de Fanny, e sempre ficava contente com suas visitas, observando, em uma carta, que eles haviam chegado para ficar em Chawton depois de uma passagem marítima muito agitada: "aqui estão eles sãos e salvos, com seus adoráveis jeitos de sempre, Fanny parecendo tão pura e branca quanto possível esta manhã, e o querido Charles todo afetuoso, plácido, calmo, em jovial bom humor".[219]

Charles e Fanny se viam num dilema, pois sua filha mais velha vinha sofrendo com fortes enjoos no mar. Cassandra Austen se oferecera para tomar conta dela durante o inverno, mas o casal devotado não conseguia suportar a ideia de deixá-la. Em 1814, Fanny estava esperando um quarto bebê. Jane soube que ela se

Cassandra Austen

encontrava "a salvo, de cama, com uma Menina – Aconteceu a Bordo, quinze dias antes do esperado" (o uso da expressão "a salvo" é um lembrete quanto aos perigos do parto), mas, tragicamente, Fanny morreu e o bebê a seguiu duas semanas depois.

Cassandra comunicou a notícia para sua velha tia Elizabeth Leigh, que registrou em seu diário: "A família Austin passa pela grande perda da apegada e amada esposa do cap. C: Austin; que morreu (por erro) a bordo de um Navio do qual deveria ter sido retirada antes".[220] Charles não teve escolha senão enviar suas três meninas enlutadas para que fossem cuidadas pelos avós Palmer e pela tia Harriet em Bloomsbury. Seu diário registrou o profundo sentimento de perda: ele sonhava "com minha queridíssima e sempre lamentada Fanny".[221] Outro sonho evocou a memória de brincar com sua querida filhinha Harriet na cama dela, como tantas vezes fizera "em dias mais felizes".[222] Ainda pesaroso, e ainda distante no mar mais de um ano depois, confortou-se com a leitura de *Emma*, que "chegou em momento propício": "Estou encantado com ela, mais ainda, inclusive, do que com meu favorito *Orgulho e preconceito*".[223] Ele o releu três vezes numa longa viagem para casa. Tempos depois, Charles encontraria consolo casando-se com a irmã de sua esposa, Harriet.

* * *

O maior elogio vindo de Jane Austen se deu quando ela descreveu sua sobrinha Fanny Knight como "quase uma irmã" – o "quase" é importante. Ninguém poderia ser tão importante quanto Cassandra. A família concordava que, no rescaldo da morte de Tom Fowle, as irmãs, sempre próximas, aproximaram-se ainda mais. "Elas pareciam levar uma vida voltada para si mesmas, dentro da vida familiar em geral, que só era compartilhada entre as duas", escreveu uma sobrinha-neta perceptiva. "Não direi verdadeiros, mas seus plenos sentimentos e opiniões eram conhecidos apenas por elas mesmas. Somente elas entendiam completamente o que cada uma sofrera e sentira e pensara".[224]

Desde o início de sua carreira, Jane Austen escreveu sobre irmãs. "Eu o rejeitaria de pronto se tivesse certeza de que nenhuma das minhas irmãs o aceitaria", diz uma das "Três Irmãs" no *Volume*

Primeiro. "Agora vou assassinar minha irmã", anuncia a narradora de "Carta de uma jovem dama" entre os "Fragmentos" do *Volume Segundo*.[225] É altamente significativo que tenha sido durante o noivado de Cassandra com Tom Fowle que Jane Austen começou a esboçar os textos que acabaram se transformando em seus dois primeiros romances publicados. Ambos tratavam de pares de irmãs. Um deles, sem dúvida – o outro, muito possivelmente – foi concebido sob a forma de cartas: "Elinor e Marianne", provavelmente iniciado em 1795, era um romance epistolar à maneira de *Clarissa* e *Sir Charles Grandison*, de Richardson, e *Evelina*, de Burney. "Primeiras impressões", iniciado provavelmente no ano seguinte, também pode ter sido epistolar.

Cassandra desempenhou seu próprio papel no encorajamento de Jane em sua ambição de se tornar uma autora publicada. Era a primeira leitora de Jane e conhecia bem "Primeiras impressões". Anna Austen, que morava no presbitério de Dean, perto de Steventon, lembrava-se da tia lendo o manuscrito de "Primeiras impressões" com ela presente na sala e a suposição de que, como criança muito pequena, não iria prestar atenção: "No entanto, prestei atenção, com tanto interesse, e com tanta conversa depois a respeito de 'Jane e Elizabeth', que ficou decidido, em nome da prudência, não se ler mais nada da história comigo em volta".[226] Em 1799, Jane escreveu a Cassandra: "Não me admira sua vontade de ler *primeiras impressões* de novo, pelas tão raras vezes que você lhe passou os olhos, e isso há tanto tempo".[227] A ideia de ela só ter lido "raras vezes" o texto é claramente uma piada: ela acompanhava o progresso de sua irmã palavra por palavra.

Jane Austen estava entre os primeiros romancistas a escrever sobre pares de irmãs. Em *Razão e sentimento* e *Orgulho e preconceito*, ganhamos pares de irmãs cujo relacionamento entre si é tão importante quanto seu interesse por enlaces românticos. Havia uma longa tradição, tanto em drama como em ficção, de contrastar uma dama vivaz com uma figura feminina racional, mas costumavam ser amigas em vez de irmãs. Os leitores, consequentemente, ficam tentados a traçar paralelos entre as irmãs dos romances e Cassandra e Jane Austen. De modo invariável, são as irmãs mais novas, como Elizabeth Bennet e Marianne Dashwood, que são representadas dizendo coisas chocantes para suas irmãs mais velhas, provocando tanto sua indignação como seu riso. Essa atitude parece ser muito parecida com a de Jane em suas cartas a Cassandra.

Portanto, as irmãs mais velhas, mais sábias, mais calmas, mais cautelosas e de comportamento primoroso costumam ser comparadas a Cassandra. Elinor Dashwood não gosta de desenho, como Cassandra gostava? A mais jovem e mais tempestuosa Marianne Dashwood, em *Razão e sentimento*, não compartilha seu amor pela música e pelos romances com sua criadora, a irmã mais nova Jane? E, em *Orgulho e preconceito*, poderia ser um toque deliberadamente espirituoso a designação do nome *Jane* Bennet para uma irmã mais velha semelhante a Cassandra, quando a própria Jane tinha uma visão de mundo mais próxima à da irmã mais nova? A visão de mundo de Elizabeth Bennet é bem mais desiludida, e ela não é diferente de seu pai ao fazer piadas para encobrir seu cinismo natural: "São poucas as pessoas de quem realmente gosto, e menos ainda as que tenho em bom conceito. Quanto mais observo do mundo, mais me decepciono; e cada dia que passa confirma minha crença na inconsistência do caráter humano e na pouca confiança que se deve ter nas aparências de mérito ou sensatez".[228] Isso é bem o tipo de coisa que a própria Jane Austen poderia ter dito em uma de suas cartas.

O registro familiar vitoriano comenta sobre a diferença entre as duas irmãs: "Elas não eram exatamente iguais. Cassandra tinha uma disposição mais fria e mais calma; mostrava-se sempre prudente e ajuizada, mas com menos demonstração externa do sentimento e um temperamento menos ensolarado do que o apresentado por Jane".[229] Cassandra pode ter sido "prudente e ajuizada", mas é errado crer que ela fosse, de alguma forma, menos passional do que a irmã. Sua decisão de permanecer solteira depois da morte de seu noivo era profundamente romântica.

Em *Razão e sentimento*, Austen descreve três pares de irmãs, as Dashwood, as Steele e as Jennings. Seu retrato de todos os três pares reflete sobre seu tema da razão versus paixão. Uma das ideias pelas quais tinha interesse era estudar como pessoas na mesma situação agiam de formas bastante diferentes. Assim, Marianne e

Elinor são ambas representadas sofrendo com o coração partido. Elinor demonstra coragem e abnegação em seu sofrimento silencioso, ao passo que Marianne se entrega livremente a sua dor.

Uma das perguntas que o romance faz é se é possível viver um segundo amor. A crença de Marianne é de que você só pode amar uma vez, mas ela é forçada a reavaliar seu ponto de vista quando se apaixona pela segunda vez:

> Marianne Dashwood nasceu para ter um destino extraordinário. Nasceu para descobrir a falsidade de suas próprias opiniões, e para contrariar, com sua conduta, suas mais favoritas máximas. Nasceu para superar um afeto formado muito tarde na vida, aos dezessete anos, e para voluntariamente, com nenhum sentimento superior a forte estima e amizade animada, entregar sua mão para outro! E *esse* outro, um homem que sofrera não menos do que ela mesma no desenrolar de um envolvimento anterior, um homem que dois anos antes ela tinha considerado velho demais para se casar, e que ainda se valia da salvaguarda constitucional de um colete de flanela![230]

Jane Austen, ao contrário do que as pessoas poderiam esperar, era da firme crença de que não há somente uma pessoa no mundo que você pode amar. Ela escreveu nesse sentido para sua sobrinha Fanny Knight enquanto lhe dava conselhos sobre os assuntos do coração, dizendo-lhe que seu único erro era crer que o primeiro amor é o amor verdadeiro. "Ah!, querida Fanny, Seu erro foi o erro no qual milhares de mulheres caem. Ele foi o *primeiro* Jovem que se afeiçoou por você. Esse foi o encanto, e se trata de algo poderosíssimo." Como ela diz em seguida, "não é credo meu, como você deve estar bem ciente, que tal tipo de desapontamento [amoroso] possa matar alguém".[231]

No entanto, em *Razão e sentimento*, o desapontamento amoroso quase mata alguém, de fato. Marianne Dashwood, linda, passional, crédula, tem seu coração partido da maneira mais insensível. Não há outra representação tão crua do pesar em qualquer um dos romances. Marianne quase morre como resultado. Sua autodescoberta, porém, inclui a percepção de que ela prejudicou a si mesma e a sua adorada irmã:

> Se eu tivesse morrido, teria sido por autodestruição. Não tive noção do meu perigo até que o perigo foi removido; com os sentimentos que essas reflexões me propiciaram, porém, eu me espanto com minha recuperação, e me causa espanto que o próprio ímpeto do meu desejo de viver, de ter tempo para uma reconciliação com meu Deus, com todas vocês, não tenha me matado de uma vez. Se tivesse morrido, eu a teria deixado no mais profundo tormento, você, minha enfermeira, minha amiga, minha irmã! Você, que testemunhara todo aquele egoísmo rabugento dos meus últimos dias, que conhecera todos os rumores do meu coração! Como eu teria vivido na *sua* lembrança![232]

Apesar da "fortitude digna de Elinor" de Cassandra, em se tratando de suas noções sobre o amor e a impossibilidade de desenvolver um segundo afeto, ela fica mais próxima do "sentimento" de Marianne do que da "razão" de Elinor.

As escassas evidências que podem ser obtidas em relação Cassandra Austen sugerem sua natureza profundamente romântica. Sua recusa em dar atenção a qualquer outro homem depois de Tom Fowle demonstra que ela nunca conseguiria substituí-lo. Jane Austen escreveu em *Persuasão*: "Como Anne Elliot poderia ter sido eloquente! Como eram eloquentes, ao menos, seus votos a favor de uma calorosa ligação precoce e de uma alegre confiança no futuro, contra aquela precaução por demais ansiosa que parecia insultar o empenho e suspeitar da Providência! Na juventude, obrigaram-na a seguir a prudência; ao amadurecer, aprendera o romance: a sequência natural de um começo antinatural".[233] Depois da morte de sua irmã, Cassandra escreveu ao lado desse trecho em seu próprio exemplar do romance: "Querida, querida Jane! Isso merece ser escrito em letras de ouro".[234] A julgar por isso, Cassandra, e não Jane, era a romântica.

Alguns anos após a morte de Jane, Cassandra Austen correu o risco de ser reprovada pela família apoiando uma ligação romântica entre seu sobrinho Edward Knight e a enteada de Fanny, irmã dele. Fanny Knight encontrara um excelente par em Sir Edward Knatchbull, um viúvo com seis filhos. (A residência deles em Londres era uma bela mansão em Great George Street, na qual o corpo de Lord Byron repousara na noite anterior a seu funeral, que paralisou as ruas de Londres.) Em 1826, Edward Knight, irmão de Fanny, fugiu para Gretna Green no meio da noite com a enteada dela, Mary Knatchbull. Assim, Fanny passou a ser cunhada e madrasta da mesma mulher. Edward Knight, o irmão de Jane Austen que havia sido adotado e herdara uma fortuna, fora sempre o sortudo da família. Mas agora ele estava perturbado: a fuga chocante, escreveu, lançara "todos nós em um triste estado de agitação e angústia".[235] Os Knight e os Knatchbull ficaram horrorizados com o enlace, considerando-o uma união incestuosa, mas Cassandra apoiou os jovens amantes. Ofereceu-se, bondosa, para "receber os fugitivos" em Chawton.[236]

Dificilmente poderá ser por coincidência que Jane Austen retornou a "Elinor e Marianne", a versão original de *Razão e sentimento*, logo após a perda enfrentada por Cassandra de seu único e grande amor. Seria essa versão revista, afinal publicada em 1811, ao mesmo tempo uma carta de amor de Jane para Cassandra – uma forma de partilhar a dor de seu coração partido – e uma suave reprimenda, uma maneira de sugerir que era possível encontrar o verdadeiro amor de novo, que se apaixonar é algo que pode acontecer mais de uma vez?

Anna Austen, em suas memórias, escreveu de forma comovente sobre o forte vínculo das irmãs, e esboça um retrato memorável das duas andando pelas estradas lamacentas de Steventon em *pattens* (tamancos para lama), usando gorros idênticos, "precisamente iguais em cor, formato e material", e sendo mencionadas pelo pai como "as meninas", embora fossem, de fato, mulheres.[237] Jane, com mais precisão, deu para Cassandra e para si a jocosa alcunha de "as formidáveis". Anna escreveu que "o afeto de uma pela outra era extremo; ultrapassava o amor comum das irmãs; e tinha sido assim desde a infância".[238] Mas o verdadeiro indicador da força desse apego aparece nas palavras da própria Cassandra, escritas após a morte da irmã, quando ela de fato tinha sido, para

Jane, "minha enfermeira, minha amiga, minha irmã": "*Perdi* um tesouro, tamanha irmã, tamanha amiga que nunca poderá ser superada – Ela era o sol da minha vida, o dourador de todo prazer, a suavização de toda tristeza, eu não escondia dela um único pensamento, e é como se eu tivesse perdido uma parte de mim".[239]

6

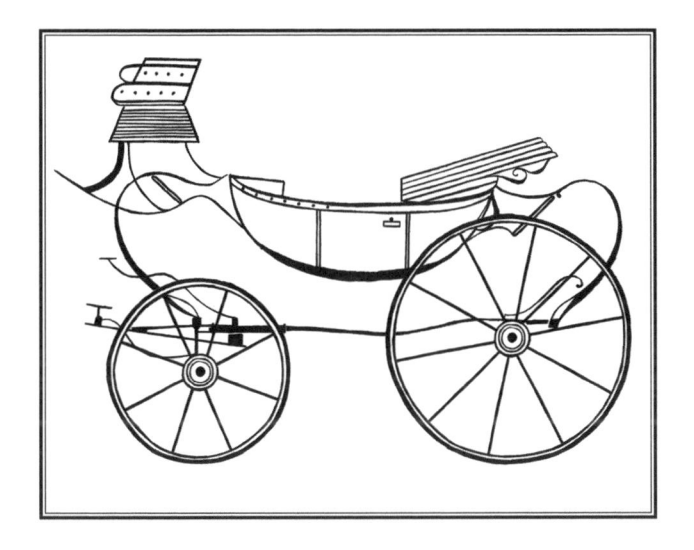

A caleche

A caleche, ilustrada aqui por um exemplar de uma série de gravuras de carruagens publicadas por Rudolph Ackermann em 1816, era um veículo sobre rodas muito sofisticado, praticamente o equivalente de um conversível moderno. Dotada de quatro rodas e rasa, seus assentos eram dispostos vis-à-vis, para que os passageiros do banco da frente encarassem os de trás. Ela tinha uma meia-capota desmontável e leve que se dobrava como um fole sobre o banco traseiro. Havia um assento elevado externo na frente, para o motorista. Toda a carruagem era suspensa sobre molas em C. Era puxada por uma parelha de cavalos de alta qualidade e usada principalmente para passeios de lazer no verão. Este modelo em particular é um "poleiro alto social", muito em voga e bastante perigoso. O pai de Maria Edgeworth falava com horror da altura irresponsável à qual os poleiros haviam subido em 1817. "As carruagens", escreveu ele, "subiram a uma elevação absurda. É um luxo perigoso que fáetons e caleches particulares sejam montados fora do pó da cidade e acima das sebes do campo".[240]

"O sr. Clifford vivia em Bath, e, nunca tendo visto Londres, partiu certa manhã de segunda-feira determinado a deleitar seus olhos com uma visão dessa grande metrópole." Assim escreve a jovem Jane Austen numa história do *Volume Primeiro* chamada "As memórias do sr. Clifford". Ela continua: "Ele viajou em seu Coche de quatro cavalos, pois era um jovem muito rico e possuía inúmeras Carruagens, das quais não recordo a metade. Só consigo lembrar que ele tinha um Coche, um Carro Leve, um Carro Aberto, um Landau, um Landau Pequeno, um Fáeton, um Cabriolé, uma Sege de um cavalo, uma Charrete italiana, um Buggy, um Cabriolé de dois cavalos e um carrinho de mão".[241] A passagem é notável não só por chegar ao clímax com um solavanco, e por ser um dos primeiros momentos em que Austen experimenta com a intervenção de uma voz autoral em primeira pessoa, mas também porque revela seu conhecimento das muitas variedades de veículos de estrada disponíveis ao fim da era georgiana.

No imaginário popular, Jane Austen passou quase a vida toda sentada em um presbitério, trabalhando em seu bordado, fofocando sobre os vizinhos e escrevendo romances limitados a "três ou quatro famílias num vilarejo rural". Mas dois de seus romances se passam predominantemente na famosa cidade de Bath, onde ela mesma viveu por vários anos. Outro é ambientado numa estância balneária recém-povoada, o tipo de lugar onde ela adorava passar as férias de verão. Ao longo do conjunto de sua ficção, há frequentes viagens a Londres – seja o sr. Clifford deleitando seus olhos na grande metrópole, Frank Churchill supostamente indo à cidade para um corte de cabelo ou Darcy visitando parentes citadinos de Elizabeth a fim de resolver o indelicado problema de Lydia. E, mesmo nos romances "rurais", há frequentes expedições por estrada a pontos turísticos próximos e distantes (Blaize Castle, Box Hill, o Derbyshire Peak District).

Não deve, portanto, constituir uma surpresa o fato de que a própria Austen fosse uma mulher muito viajada. Ao pensar sobre as forças que moldaram sua imaginação, devemos adicionar a sua família e seus livros sua experiência da estrada e de lugares diferentes. Pela altura em que chegou aos dez anos, ela já vivera em Reading, Oxford e Southampton. Quando tinha doze, visitou Sevenoaks em Kent, viajando de volta via Londres. Nos últimos anos, podemos localizá-la numa casa em Goodnestone, também em Kent, mas bem mais para o leste – na verdade, no extremo leste do sul da Inglaterra. Ela viajou ao coração da Inglaterra, até Adlestrop, em Gloucestershire, e Warwickshire, em Stoneleigh. Em 1806, cruzou o rio Trent, tradicional linha divisória entre o norte e o sul: permaneceu por mais de um mês em Staffordshire, cerca de 240 quilômetros ao norte da antiga casa de sua família. De acordo com suas sobrinhas, chegou inclusive ao litoral de Mid Wales, a quatrocentos quilômetros e um mundo de distância, tanto na paisagem como nos costumes, dos condados do sul. Ela tinha bastante familiaridade com a vida urbana, deslocando-se com desembaraço do centro naval de Portsmouth ao spa de Bath, às estâncias balneárias da região oeste e também, na definição do contemporâneo William Cobbett, à "superpovoação" da própria Londres. Com frequência, Jane ficava longe de casa por meses a fio.

Quando completou dezesseis anos, suas viagens começaram a sério. Foi então que seu irmão Edward se casou e iniciou a vida de casado em sua elegante casa de tijolos chamada Rowling, no vilarejo de Goodnestone, numa localização remota entre Canterbury e Sandwich, em Kent. Ela o visitou repetidas vezes ali, e, depois, na residência dele em Godmersham, a meio caminho entre Canterbury e Ashford. Acompanhada por um irmão, fazia em Londres sua parada de pernoite na jornada entre Hampshire e Kent, geralmente frequentando um teatro na capital. Em 1798, 1802, 1803, 1805, 1808, 1809 e 1813, Jane Austen passou longos períodos em Godmersham, bem como duas férias de verão na vizinha Rowling. Suas cartas, com frequência, dão detalhes de arranjos de viagem. Em 1813, escreve sobre viajar para Londres com suas sobrinhas em uma diligência. A viagem levou doze horas: "As três primeiras etapas por 1s-6d [...] todas as 4 dentro, o que era uma pequena multidão".[242]

Viajar era demorado, caro e desconfortável. Noventa por cento da população nunca se afastava em mais do que alguns quilômetros de sua própria comunidade. Mas Jane Austen, com sua família grande e amplamente dispersa, era uma boa e experiente viajante. A introdução do sistema de pedágio resultou em estradas muito aprimoradas. Ao contrário de sua mãe, ela não sofria com enjoos de viagem. Positivamente apreciava estar longe de casa. Não foi para o exterior porque, durante sua vida adulta toda, a Inglaterra esteve em guerra com a França, e havia severas restrições às viagens continentais. Mas participou da explosão do turismo doméstico. Como outros de sua classe, começou a tirar férias – geralmente à beira-mar, e, numa ocasião, perto das montanhas do Peak District.

Jane utilizava as carruagens de seu irmão, mas também viajava de diligência, o equivalente ao transporte público moderno. As viagens eram realizadas em "etapas" de quinze a 25 quilômetros, depois das quais os cavalos eram trocados, com a duração de cada dia de viagem sendo determinada pelas horas de luz do dia. Essa era a forma mais barata de viajar em longa distância. Diferentes taxas eram cobradas pelos assentos dentro ou fora do veículo – a expressão "drop off", cair no sono, teve outrora um significado muito literal. Na época do nascimento de Jane Austen, havia quatrocentas diligências registradas na estrada. Elas podiam transportar até dezoito passageiros numa velocidade de até treze quilômetros por hora. Também era possível viajar, dentro ou fora, numa diligência postal, na qual os malotes ficavam empilhados no teto e a bagagem era transportada em recipientes chamados *boots*. A diligência da Royal Mail, introduzida em 1784, acelerou a melhoria do sistema viário nas Ilhas Britânicas. Além de facilitar a arte epistolar, que foi tão essencial para a vida de Jane Austen e a ficção de seu tempo, era uma das formas mais rápidas de viajar.

As estalagens de estrada forneciam acomodação e refeição para os viajantes, bem como estábulos e ferrarias para os cavalos. Mas é claro que a melhor maneira de viajar, para quem tinha condições de pagar, era você ter seu próprio veículo. As pessoas mais ricas que quisessem evitar o transporte público podiam alugar sua própria carruagem de posta, um carro pequeno geralmente puxado por um ou dois cavalos. As carruagens de posta eram pequenas, leves e rápidas. Eram conduzidas por um postilhão ou *post-boy*. As carruagens alugadas costumavam ser veículos fechados de viagem que haviam sido descartados por cavalheiros – eram como uma frota de carros usados que serviam como táxis de longa distância. Podiam ser alugados a cerca de um xelim por milha.

Mulheres distintas geralmente viajavam acompanhadas na diligência. Jane Austen não era exceção, e seus planos de viagem eram quase sempre programados em função de um acompanhante masculino na figura de seu pai ou um de seus irmãos. Ela quis ir para Londres de diligência em 1796, mas seu irmão Frank não permitiu.[243] Em contrapartida, as viagens em carruagem de posta particular podiam ser realizadas com uma amiga, como sugerido numa carta hilária de Jane para Cassandra na sequência de uma visita a Martha Lloyd em Ibthorpe: "Martha prometeu voltar comigo, e nosso plano é [ter] uma bela geada negra para uma caminhada até Whitchurch, e lá nos jogarmos em uma carruagem de posta, uma em cima da outra, nossas cabeças penduradas para fora de uma porta, e nossos pés saindo pelo lado oposto".[244] Lady Catherine, em *Orgulho e preconceito*, fica horrorizada com a ideia de duas jovens "andando de posta" sozinhas.[245]

O reverendo George Austen comprou uma carruagem em 1797 e mandou pintar o brasão da família nos painéis. Mas foi forçado a deixá-la parada ou "aposentá-la" no ano seguinte, em consequência da introdução de um novo imposto.[246] As dificuldades de Jane aumentaram no retorno de suas visitas a casas como Rowling. Ela reclamou que esperar por Henry para levá-la para casa era equivalente a "esperar que uma herança caísse do céu". Sua visita, nesse caso em particular, foi prolongada: "Sinto muito por isso, mas o que posso fazer?". Suas cartas de Rowling e Londres, nesse período de sua vida, indicam sua frustração: "Meu pai vai ter a bondade de vir buscar sua Filha pródiga na Cidade, espero, a menos que ele deseje que eu percorra os Hospitais, Entre no Templo, ou fique de guarda em St. James".[247]

Em *Mansfield Park*, Fanny Price é deixada no apuro semelhante de ter de esperar em Portsmouth até ser buscada por Edmund. Não admira que Anne Elliot, em *Persuasão*, só sinta verdadeiramente sua independência quando torna-se a orgulhosa dona de seu próprio "lindo coche descapotável".[248] Um veículo próprio era o sinal de que a pessoa havia ingressado na sociedade. Em *Orgulho e preconceito*, a sra. Gardiner, tia de Elizabeth, imagina passear de carro pelo parque, em Pemberley, com a sra. Darcy: "Um fáeton baixo, com um belo parzinho de pôneis, seria perfeito."[249] Um fáeton era uma carruagem esportiva aberta, veloz, de armação baixa. Jane brincava sobre os perigos da estrada, fantasiando que poderia ser raptada como a heroína de um romance sentimental se certos amigos deixassem de recebê-la em Greenwich: "Pois se os Pearson não estivessem em casa, eu inevitavelmente cairia em Sacrifício pelas artes de certa Mulher gorda que me deixaria bêbada com Cerveja Fraca".[250]

Nos cadernos de velino, Austen adorava fazer piadas sobre acidentes de estrada. Em "Amor e amizade", suas duas heroínas inescrupulosas estão sentadas em uma estrada de pedágio quando lhes ocorre a felicidade de testemunhar o "afortunado tombamento do fáeton de um cavalheiro": "Dois Cavalheiros trajados na máxima elegância, mas ensopados em seu sangue, foi o que primeiro atingiu nossos Olhos – então nos aproximamos – eram Edward e Augustus. Sim, caríssima Marianne, eram os nossos maridos".[251] Jane não tinha como saber, quando escreveu isso, que perderia duas das pessoas mais próximas a ela em acidentes na estrada. O inacabado romance final de Austen, *Sanditon*, começa, dramaticamente, com a capotagem de uma diligência.

Havia outros perigos relacionados às viagens, e o maior entre eles era representado pelos temidos salteadores ou ladrões de estrada. Uma tia e uma prima de Jane Austen atravessaram o perigoso Bagshot Heath, conhecido como um covil de salteadores, sozinhas numa carruagem de posta. A mãe de Austen enviou um relato da "coragem" de sua brava irmã Hancock:

> Ela partiu numa Carruagem de Posta acompanhada somente por sua pequena Bessy [Eliza] [...] no meio de Bagshot

Heath, o Postilhão descobriu que ela deixara seu baú cair da Carruagem. Ela imediatamente o mandou voltar com os Cavalos para encontrá-lo, com intenção de ficar sentada na Carruagem até que ele retornasse, mas logo perdeu a paciência e começou a se sentir bem assustada, por isso iniciou sua Caminhada rumo ao Golden Farmer a cerca de três quilômetros dali, onde chegou meio morta de cansaço, acontecendo isso no meio de um dia muito quente.[252]

Em *A abadia de Northanger*, Catherine é deixada "sem fôlego e sem fala" de tanto choque ao saber que está prestes a ser expulsa da residência onde se encontra para voltar para casa de carruagem, numa viagem de onze horas, sem ser acompanhada nem mesmo por uma criada: "Uma heroína dentro de uma carruagem de posta alugada é um tremendo fracasso sentimental; grandeza e páthos de nada servem".[253] A carruagem particular do general só a transporta até Salisbury, e, a partir dali, ela enfrenta as indignidades e os perigos de uma carruagem de posta alugada: "Depois da primeira parada, porém, tivera de perguntar aos mestres de posta quais eram os nomes das localidades [...] tão grande era sua ignorância quanto ao trajeto". Em outras palavras, ela precisa assumir a responsabilidade de conseguir chegar em casa recorrendo ao transporte público, e depende totalmente dos mestres de posta para descobrir que rumo tomar a cada "etapa" da viagem para casa. Os pais de Catherine expressam indignação com sua "longa e solitária" jornada, concluindo forçosamente que "o general Tilney não demonstrara decência e tampouco sensibilidade – nem como cavalheiro, nem como pai".[254] Eles também temem que a jovem possa ter deixado alguns de seus pertences nos bagageiros da carruagem de posta.

Entre as demais ansiedades associadas aos deslocamentos em carruagem, havia uma possibilidade de palavras ou comportamento inadequados na situação incomum de homens e mulheres sendo comprimidos, bem juntos, num espaço fechado. Uma jovem, por exemplo, poderia se ver cortejada por um clérigo embriagado no caminho para casa depois de uma festa. O sr. Elton entra atrás de Emma Woodhouse numa carruagem e, para sua consternação, ela é forçada a um "tête-à-tête na estrada":

A caleche / 141

[Emma] preparou-se sem demora para falar com primorosa calma e gravidade sobre o tempo e a noite; mas mal começara, mal haviam eles passado pelo portão da entrada e alcançado a outra carruagem, quando ela viu seu assunto interrompido – sua mão capturada – sua atenção requerida e o sr. Elton fazendo efetivamente violentas manifestações de amor: aproveitando-se da preciosa oportunidade, declarando sentimentos que decerto já eram bastante conhecidos, esperando – temendo – adorando – disposto a morrer se ela o rejeitasse.

O rapto de jovens heroínas numa carruagem é um clichê que Austen explora com grande efeito aqui, já que a cena se transforma numa comédia de mal-entendidos. Emma fica horrorizada com a conduta de Elton, pois acredita, de modo equivocado, que ele está apaixonado por Harriet, ao passo que, na crença dele, Emma lhe deu encorajamento romântico:

Se não tivesse ocorrido tanta raiva, teria ocorrido um embaraço desesperado; mas as emoções diretas de ambos não abriam espaço para os pequenos zigue-zagues do constrangimento. Sem que se dessem conta de quando a carruagem entrou por Vicarage-lane ou de quando parou, de repente os dois se viram diante da porta do vicariato; e o sr. Elton saiu antes que outra sílaba fosse proferida.[255]

É tipicamente brilhante, da parte de Jane Austen, aplicar ao encontro na carruagem a palavra "zigue-zagues", tão sugestiva dos movimentos do veículo enquanto este vai sacolejando seu avanço ao longo da estrada rural.

Carruagens utilizadas para rapto e, em casos extremos, para estupro aparecem em muitos dos romances sentimentais que Austen amava, em especial nos de Richardson, autor que faz com que duas de suas heroínas sejam raptadas por coche. Há uma boa piada em *A abadia de Northanger* no sentido de que Catherine não seria vítima de um rapto cometido por Frederick Tilney: "*Ele* não pode ser o instigador dos três vilões em casacos de cocheiro pelos quais ela será forçada a entrar numa carruagem de quatro cavalos que partirá com velocidade inacreditável".[256]

Um veículo de propriedade particular, exemplo mais destacado de consumo conspícuo, muitas vezes é um indicador de status – e às vezes de caráter – nos romances. O vilão mais perverso de Jane Austen é John Willoughby. Ele conduz o equivalente da Regência a um carro esportivo, um coche de duas rodas. Era uma carruagem aberta e veloz, para duas pessoas. Henry, irmão de Jane, comprou um quando se tornou um banqueiro e começou a circular num ambiente agitado em Londres – ele levou Jane para um passeio no veículo em 1813.

Marianne Dashwood, em *Razão e sentimento*, expõe-se a bisbilhotices quando anda desacompanhada no coche esportivo de Willoughby. Cavalheiros que conduziam suas próprias carruagens costumavam ser considerados ao mesmo tempo glamorosos e perigosos. O tolo John Thorpe, em *A abadia de Northanger*, não pode exatamente almejar um coche esportivo, mas é dono de um cabriolé "bem aparelhado": "E o que me diz do meu cabriolé, srta. Morland? Um belo veículo, não? Bem aparelhado; versátil; faz menos de um mês que o comprei. [...] Aparelhamento completo de coche, veja; assento, bagageiro, porta-espada, para-lama, lanternas, frisos de prata, tudo em perfeita ordem; e uma ferragem boa como se fosse nova".[257] No mesmo romance, Henry Tilney conduz Catherine por Bath em seu coche de duas rodas, algo que ela considera uma experiência bastante erótica, em grande contraste com a sensação de estar no cabriolé do bufão Thorpe:

> Um brevíssimo exame a convenceu de que aquele coche era o mais belo veículo do mundo [...] Mas o mérito do coche não pertencia de todo aos cavalos; Henry o conduzia tão bem – tão calmamente –, sem causar qualquer perturbação, sem se pavonear para ela ou vociferar contra os animais; tão diferente do único cavalheiro-cocheiro com o qual ela tinha condições de compará-lo! [...] Ser conduzida por ele, algo próximo de ter dançado com ele, era certamente a maior felicidade do mundo.[258]

* * *

Chawton Cottage ficava bem diante da estrada propriamente dita, em frente à estalagem e perto do laguinho do vilarejo. De suas janelas, Jane Austen podia contemplar a vida humana por inteiro. Ela escreveu a seu sobrinho Edward, com sua fantástica intuição quanto à mente de uma criança: "Nós vimos um número incontável de Carruagens de posta cheias de Meninos passando por aqui ontem de manhã – cheia de futuros Heróis, Legisladores, Tolos e Vilões".[259] Todos os dias, diversas diligências passavam por Alton, nas proximidades – três subindo e três descendo a cada dia entre Londres e Southampton e Londres e Gosport. Duas eram chamadas de *Age*, duas de *Times* e duas de *Red Rover*. Havia também duas diligências noturnas, uma das quais transportava as correspondências.[260] Isso fazia de Alton uma cidade movimentada.

Austen vivia também as alegrias e agruras da experiência de viajar. Numa carta para o irmão Frank, deu detalhes de um grande êxodo em família por variados meios de transporte:

> Meu Irm[ão, Edward], Fanny, Lizzy, Marianne e eu compusemos essa divisão da Família, e lotamos a Carruagem dele, por dentro e por fora. Dois carros de posta, sob a escolta

de George, transportaram mais oito Campo afora, o carro de um cavalo levou duas pessoas, outras duas seguiram a cavalo e o restante por Diligência – e assim, de uma forma ou de outra, foram todos removidos. Isso me traz à mente o relato do Naufrágio de São Paulo, em que todos, segundo se diz, alcançam a Praia em segurança por diferentes meios.[261]

Em outra ocasião, viajou sozinha na diligência de Yalden. Era incomum que uma dama distinta saísse desacompanhada. O sr. Yalden, fixado em Alton, tocava um negócio no qual conduzia seu veículo para Londres num dia e voltava no seguinte. Parece surpreendente que Jane tenha viajado sozinha para Londres numa diligência pública, mas ela obviamente apreciou a experiência:

> Tive uma ótima viagem, não estava lotado, dois dos três passageiros apanhados em Bentley sendo Crianças, e os outros, de um tamanho razoável; e todos eles se mostraram muito quietos e educados. Chegamos tarde a Londres, por termos carregado uma grande Carga e pela mudança de veículo em Farnham, eram quase 4, acredito, quando alcançamos Sloane St; o próprio Henry estava me esperando, e, tão logo meu Baú e Cesto puderam ser desenterrados em meio a todos os outros Baús e Cestos do Mundo, rumamos para Hans Place no luxo de um amplo, agradável, fresco e sujo Carro Alugado. Havia 4 na parte da Cozinha de Yalden – e, segundo me informaram, 15 em cima, entre eles Percy Benn; topei com ele na mesma sala em Egham, mas o pobre Percy não estava em seu Ânimo habitual [...] Apanhamos certo jovem Gibson em Holybourne; e, para resumir, todo mundo ou *de fato* veio com Yalden ontem, ou então queria vir. Isso me traz à mente minha própria Diligência entre Edimburgo e Sterling.[262]

Ela faz referência, aqui, a uma cena de sua novela precoce "Amor e amizade" que se passa dentro de uma movimentada diligência pública. A heroína fica sozinha depois da morte extemporânea de seus amigos e parentes mais próximos, quando então embarca na diligência de Stirling para Edimburgo. Ela toma seu assento no escuro e é perturbada por um ronco:

> "Que vilão iletrado deve ser esse homem! (pensei comigo mesma) Que total falta de delicado refinamento deve ter ele, que pode assim chocar nossos sentidos com tão brutal barulho! Deve ser capaz, tenho certeza, de toda e qualquer ação ruim! Não há crime negro demais para tal personagem!" Assim eu raciocinava em meu íntimo, e, sem dúvida, tais eram as reflexões de meus companheiros de viagem.[263]

Para surpresa da heroína, ela se vê entre amigos e parentes tanto dentro como fora da diligência:

> Por maior que tivesse sido meu assombro, este foi aumentado ainda mais quando, olhando pela janela, contemplei o marido de Philippa, com Philippa a seu lado, nos assentos externos da diligência, e quando, olhando para trás, contemplei Philander e Gustavus no cesto. "Ah! Céus (exclamei eu), será possível que eu esteja tão inesperadamente cercada por meus parentes e conhecidos mais próximos?" Essas palavras despertaram o resto do grupo, e todos os olhares foram direcionados para o canto em que eu estava sentada. "Ah!, minha Isabel (continuei eu, jogando-me, por cima de Lady Dorothea, em seus braços), receba mais uma vez em seu colo a desafortunada Laura.[264]

O absurdo aumenta conforme Laura vai relatando sua "história" e fica sabendo, através de Augusta, que esta está fazendo uma excursão à Escócia depois de ter lido *Excursão às Terras Altas*, de Gilpin. Em vez de viajar numa carruagem de posta relativamente confortável e privativa, Augusta e seu pai pegam a diligência pública para apoiar amigos, que gastaram sua fortuna e investiram no ramo dos transportes:

> Ela me contou que, tendo um gosto considerável pelas belezas da natureza, sua curiosidade por contemplar os

deleitáveis cenários em exibição nessa parte do mundo havia sido tão estimulada por *Excursão às Terras Altas*, de Gilpin, que ela convencera seu pai a empreender uma excursão à Escócia [...]
"Foi apenas para jogar um pouquinho de dinheiro em seus bolsos (continuou Augusta) que meu pai sempre viajou em sua diligência para ver as belezas do país desde a nossa chegada à Escócia – pois certamente teria sido bem mais agradável, para nós, visitar as Terras Altas numa carruagem de posta em vez de meramente viajar de Edimburgo a Sterling e de Sterling a Edimburgo num dia qualquer em um veículo lotado e desconfortável."[265]

O livro de Gilpin citado aqui é *Observações, relativas principalmente à beleza pitoresca, feitas no ano de 1776 em diversas regiões da Grã-Bretanha, particularmente na Escócia.*

O reverendo William Gilpin, pároco de Boldre, em Hampshire, foi um autor pioneiro de relatos de viagem cujos livros incentivaram o interesse pelas belezas naturais. Foi um dos criadores do movimento "pitoresco", definindo a qualidade pitoresca, claro, como "aquele tipo de beleza que é agradável em uma imagem pictórica". Concedia que a natureza era boa em produzir texturas e cores, mas argumentava que apenas raras vezes ela era capaz de proporcionar uma composição perfeita. Algum auxílio adicional era exigido do artista, talvez na forma de uma árvore cuidadosamente inserida. Um castelo ou abadia em ruínas acrescentaria "relevância". Em um trecho muito citado, Gilpin sugeria que "um malho criteriosamente utilizado" poderia deixar mais pitoresca a empena insuficientemente ruinosa de Tintern Abbey.[266] Dramaturgos e romancistas não conseguiam resistir à tentação de satirizar Gilpin: "Simplesmente me custou cento e cinquenta libras colocar minhas ruínas em total reparo", diz um comerciante vulgar na comédia de Garrick e Colman – uma das favoritas de Austen – *O casamento clandestino*.[267]

Havia uma relação simbiótica entre a melhoria das estradas, a disponibilidade crescente de carruagens e a moda do turismo pitoresco. Jane Austen foi uma grande satirista de Gilpin, por mais que o admirasse. Em "A história da Inglaterra", ela escreveu sobre Henrique VIII: "Nada pode ser dito em sua defesa, exceto que sua abolição das casas religiosas, relegando-as às depredações ruinosas do tempo, mostrou-se de proveito infinito para a paisagem da Inglaterra em geral, o que foi provavelmente um dos principais motivos de sua ação nesse sentido": a questão era que, no entender de Gilpin, nada podia ser mais pitoresco do que uma abadia arruinada.[268] Em *Orgulho e preconceito*, Elizabeth Bennet rejeita notadamente se juntar ao sr. Darcy e às irmãs Bingley num passeio. Ela justifica sua ausência com uma observação provocadora: "Vocês três formam um grupo encantador [...] O pitoresco seria estragado pela admissão de uma quarta pessoa".[269]

Nos mais variados aspectos, então, o conhecimento e a experiência pessoal de Jane Austen no tocante a viagens lhe deram oportunidades para comentários penetrantes nos romances. "Meu querido Edmund", diz a medonha sra. Norris em *Mansfield Park*, "sair em *duas* carruagens, quando *uma* poderá nos servir, seria criar transtorno por nada; afora isso, cá entre nós, o cocheiro não gosta muito das estradas entre aqui e Sotherton: ele sempre reclama com enorme amargura das veredas estreitas arranhando sua carruagem, e você sabe que ninguém gostaria de ver o querido Sir Thomas, quando ele chegar em casa, encontrando o verniz todo riscado."[270]

Não há nada como um passeio de carruagem para atiçar o ciúme entre rivais. As irmãs Bertram brigam sobre quem irá se sentar ao lado de Henry Crawford quando – muito ostensivamente – ele assume as rédeas da caleche:

> A quarta-feira estava bonita, e logo após o desjejum a caleche chegou, o sr. Crawford conduzindo suas irmãs; e como todos estavam prontos, não restava nada para ser feito senão a sra. Grant descer e os outros ocuparem seus lugares. O grande lugar entre todos os lugares, o assento invejado, o posto de honra, encontrava-se desocupado. A quem caberia o feliz destino de merecê-lo? Enquanto ambas as senhoritas Bertram meditavam sobre a melhor forma de assegurá-lo, tentando ao máximo manter uma aparência de favorecimento

aos outros, a questão foi resolvida pela sra. Grant, que disse, enquanto descia da carruagem:
– Já que vocês são cinco, será melhor que alguém se sente com Henry, e, como você andou dizendo pouco tempo atrás que gostaria de poder conduzir, Julia, eu creio que esta vai ser uma boa oportunidade para você tomar uma lição.
Feliz Julia! Infeliz Maria! A primeira pulou na boleia da caleche no mesmo momento, a última tomou seu lugar no lado de dentro, com tristeza e mortificação, e a carruagem partiu.[271]

Uma lição de condução, uma lição na arte do flerte: são duas coisas bem parecidas. Só uma autora que amava tudo a respeito de viagens poderia ter escrito uma passagem como essa.

Mesmo durante sua doença final, Jane Austen continuou viajando. Em maio de 1816, dirigiu-se à cidade termal de Cheltenham em busca de uma cura. Por fim, empreendeu sua derradeira jornada de 25 quilômetros até Winchester para se colocar sob os cuidados de um médico altamente renomado, Giles King Lyford. James Austen emprestou sua carruagem de família para Jane e Cassandra. Elas foram acompanhadas por Henry e pelo sobrinho Edward, que seguiram a cavalo ao lado do veículo. Jane ficou aflita ao ver os homens cavalgando na chuva forte. Forma-se uma imagem pungente: a mulher doente enfrentando mais uma viagem desconfortável, por certo em meio a grandes sofrimentos e dores físicas, seus devotados parentes ficando encharcados enquanto a seguiam.

O irmão Charles, cuja própria filha de sete anos estava muito doente, não havia sido alertado quanto à gravidade da doença de Jane. Assim que foi informado, executou seus planos de viagem com rapidez: "Recebi uma carta de Henry me inteirando sobre a doença da Querida Jane tomei um lugar no postal para Winchester [...] Cheguei a Winchester às 5 da manhã encontrei minha Irmã muito mal [...] Cavalguei até Chawton com o Cavalo de Henry [...] retornei a Winchester na parte de fora da Diligência [...] Jane um pouco melhor. Vi-a duas vezes e à noite pela última vez neste mundo [...] Deixei Winchester às nove 1/2 com o carro do telégrafo".[272]

Contudo, em nosso levantamento das viagens de Jane Austen, não devemos deixá-la em sua última e triste jornada. Uma de suas cartas mais felizes descreve seu sentimento de independência e liberdade em Londres no momento em que sua carreira literária chegava ao auge. Ela se regozija com a experiência de ser conduzida desacompanhada por "aquela grande Metrópole" na caleche-landau de seu irmão, com a capota baixada: "Eu me diverti bastante em meio aos Quadros; e a Condução pelas ruas, a Carruagem estando aberta, foi muito aprazível. Gostei muitíssimo da minha elegância solitária, e eu me sentia o tempo todo a ponto de rir por estar onde estava. Não consegui senão sentir que eu tinha, naturalmente, pouco direito de estar desfilando por Londres em uma Caleche".[273]

7

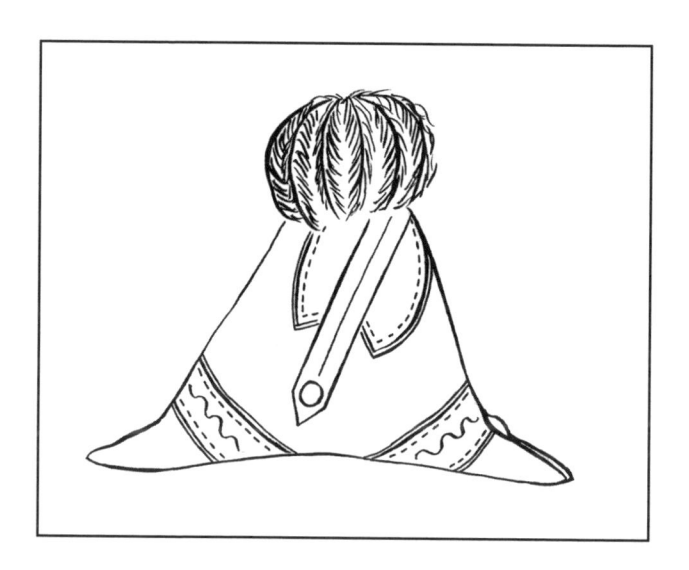

O chapéu de bico

❦

Este chapéu de bico pertenceu ao capitão John Meadows, da Oxfordshire Militia – o regimento de Henry Austen. Na década de 1790, tanto na Grã-Bretanha como na França, o chapéu bicorne de cor preta foi adotado no uniforme da classe de oficiais. As metades dianteira e traseira eram dobradas para cima e fixadas juntas. A aba da frente, mais curta, era chamada de bico – daí "chapéu de bico" –, e a aba traseira, mais longa, era conhecida como cauda. Um cocar, normalmente branco, era usado na frente.[274]

"Acredito de verdade", diz Henry Crawford em *Mansfield Park*, "que eu poderia neste momento cometer a tolice de assumir qualquer personagem jamais escrito, desde Shylock ou Ricardo III até o herói cantor de uma farsa com seu casaco escarlate e seu chapéu de bico."[275] Para o libertino fictício Henry Crawford, um casaco escarlate e um chapéu de bico compõem o figurino de um herói numa farsa. Para o Henry Austen da vida real, o irmão de quem Jane acabou se tornando mais próxima, representavam o uniforme de um soldado. Podemos facilmente imaginar Henry Austen exibindo, orgulhoso, seu chapéu de bico da Oxfordshire para suas irmãs Jane e Cassandra.

A maior parte da vida adulta de Jane Austen foi vivida no contexto da guerra. "A profissão, seja marinha ou exército, é sua própria justificativa. Tem tudo em seu favor: heroísmo, perigo, alvoroço, elegância. Soldados e marinheiros são sempre aceitáveis na sociedade. Ninguém pode se espantar que homens sejam soldados e marinheiros."[276] Assim como as carreiras de Frank e Charles foram determinantes na configuração de um pano de fundo naval para *Mansfield Park* e *Persuasão*, as associações militares de Henry também tiveram um impacto sutil na carreira literária de sua irmã.

Henry Austen não se alistou com os regulares. O exército regular costumava ser usado para o serviço nas colônias. Podemos recordar o coronel Brandon, em *Razão e sentimento*, servindo nas Índias Orientais. Henry, como muitos homens da nobreza, ingressou na milícia. Esta formava essencialmente a reserva, a Guarda da Pátria, equivalente ao moderno Exército Territorial da Grã-Bretanha ou à Guarda Nacional dos Estados Unidos. Com frequência, seus militares incorriam em má reputação por dançar e beber nas cidades nas quais ficavam aquartelados. Wickham, em *Orgulho e preconceito*, juntou-se a seu corpo de exército expressamente pela "perspectiva de constante sociedade, e boa sociedade".[277]

Jane Austen dançou com casacas vermelhas dos South Devons nos Bailes de Basingstoke. Os militares costumavam ficar alojados em cidades durante o inverno, deslocando-se para acampamentos costeiros nos meses de verão. Ela também conheceu o Surrey Regiment, do qual era membro seu fictício capitão Weston, de *Emma*. Os casacas vermelhas foram atacados por Mary Wollstonecraft em *Uma defesa dos direitos da mulher* (1792), obra na qual ela fazia um alerta quanto à perigosa atração exercida pelos militares sobre as moças: "Nada pode ser mais prejudicial à moral dos habitantes das cidades do campo do que a ocasional residência de um grupo de jovens ociosos e superficiais, cuja única ocupação é o galanteio".[278]

Por mais que fosse criticada, a milícia desempenhava um papel vital na proteção da população civil de uma invasão estrangeira. O romance miliciano de Austen, *Orgulho e preconceito*, baseou-se nas experiências de Henry Austen com a Oxfordshire Militia, como a ocasião de seu destacamento em Brighton. A irmã mais nova de Elizabeth Bennet imagina os soldados montando acampamento nessa famosa cidade litorânea:

> Na imaginação de Lydia, uma ida a Brighton representava toda a possibilidade de felicidade terrena. Ela via, com o olhar criativo da fantasia, as ruas daquele alegre balneário cobertas de oficiais. Via a si mesma como objeto da atenção de dez ou vinte deles, até então desconhecidos. Via todas as glórias do acampamento, as barracas armadas em belas e regulares fileiras, repletas de rapazes alegres, num resplandecente escarlate; e, para completar a imagem, via-se sentada numa das barracas, flertando ternamente com pelo menos seis oficiais de uma só vez.[279]

Wickham, somos informados, só precisava de "um uniforme para ser completamente encantador".[280] Ele conta a Elizabeth Bennet que "não esperava entrar para a vida militar [...] A Igreja deveria ter sido minha profissão".* Jane Austen pode ter se inspirado nas experiências de seu irmão Henry aqui, já que ele também havia tido a Igreja como destino até a eclosão da guerra, em 1793.

Henry Austen adquiriu a reputação de uma personalidade um tanto brilhante, mas instável, volátil. Suas mudanças na carreira de soldado para banqueiro e para clérigo, assim como seus diversos esquemas fracassados para ganhar dinheiro, somavam-se

---

* Os trechos citados de *Orgulho e preconceito* são transcritos, aqui, da tradução de Celina Portocarrero. Porto Alegre: L&PM, 2010. (N.T.)

na formação dessa imagem um pouco injusta de sua incapacidade. Sua sobrinha Anna Lefroy o resumiu de maneira sucinta: "Brilhante na conversa, e, como seu Pai, abençoado com um temperamento esperançoso que, adaptando-se a todas as circunstâncias, mesmo às mais adversas, parecia criar um perpétuo sol mental. A Corrida, no entanto, nem sempre é para o mais veloz [...], e, apesar de tão bem dotado por Natureza, meu tio não foi próspero na vida".[281]

A expressão "perpétuo sol mental", mesmo em circunstâncias adversas, condensa o encanto particular de Henry Austen. "Ah, esse Henry!", Jane escreveu ao tomar conhecimento de que o irmão ganhara entrada num grandioso baile social, em 1814, para comemorar a vitória sobre os franceses.[282] Há um tom jocoso, mas também exasperado, em sua exclamação. A visão da família parece ter sido a de que o divertido e brilhante Henry desperdiçara seu potencial. Além de ser alto e bonito, ele era culto e literário, como demonstram suas contribuições para o *Loiterer*. Mais tarde, com efeito, veio a ser o agente literário de Jane Austen. O irmão mais velho de Henry, James, herdou Steventon, e o irmão Edward foi adotado por uma família abastada, mas Henry precisou forjar seu próprio caminho na vida. Em 1816, escreveu ao bispo de Winchester e explicou por que havia abandonado a Igreja na juventude: "Logo após ganhar meu diploma [...], não sendo velho o suficiente para a ordenação, e as circunstâncias políticas da época, 1793, convocando todos não empregados de outra maneira a oferecer seus serviços na defesa geral do país, aceitei um Posto na Oxfordshire Militia".[283] Embora Henry não possuísse terras, sendo filho de um clérigo respeitável, foi aceito como "Cavalheiro capacitado para ser Tenente".

O jovem foi enviado primeiro a Southampton. A tarefa da Oxfordshire era escoltar mil prisioneiros de guerra franceses até a prisão de Stapleton, perto de Bristol. No fim daquele verão de 1793, os Oxfords foram designados para Brighton. Não sabemos qual é o paradeiro de Jane Austen nesse ano, e, portanto, não há como saber se ela o visitou no balneário que usou como cenário da fuga romântica de Lydia com Wickham.

Depois, em 1795, Henry foi nomeado tesoureiro regimental interino. Até quinze mil libras poderiam passar por suas mãos em um ano. A promoção de Henry era uma grande confirmação de sua competência e idoneidade. O inverno de 1794-1795 foi longo e frio. Os Oxfords estavam alojados em East Blatchingford, perto de Brighton. As condições no local eram atrozes, pois as construções estavam inacabadas e faltavam muitas necessidades, como cozinhas organizadas e instalações hospitalares. Henry solicitou e ganhou dois meses de licença para continuar seus estudos em Oxford. Durante sua ausência, ocorreu uma grave revolta entre os homens de sua milícia, gerando manchetes e causando grandes danos à reputação de seu regimento. Em tempo de guerra, um motim nas fileiras era o pior temor do governo.

As quebras de safra do ano anterior, devidas ao mau tempo e a colheitas ruins, levaram a uma escassez de alimentos e a preços elevados. Naquele ano, o primeiro-ministro William Pitt, o Jovem, chegou a fixar um imposto sobre o pó capilar, que era feito de trigo e considerado um desperdício em tempo de guerra. Estouraram diversas revoltas por falta de alimento, nas quais multidões saqueavam farinha ou pão, às vezes danificando ou destruindo moinhos ou padarias. A ansiedade quanto à revolução na França fazia com que as autoridades ficassem mais preocupadas do que de costume e dispostas a aplicar uma linha dura. Cada vez mais, magistrados convocavam a milícia – ou até mesmo o exército regular – para ajudar a restabelecer a ordem.

A situação atingiu um ponto crítico em abril de 1795. Henry recebeu uma mensagem de Oxford determinando seu retorno imediato para o regimento. Ele se declarou doente. Uma observação apareceu junto a seu nome na lista de convocação: "Austen, doente em Oxford".[284] No dia 17 de abril, uma sexta-feira, quatrocentos homens deixaram suas casernas em Blatchingford e marcharam "de forma desordenada" rumo às vizinhas Seaford e Newhaven. Toda farinha e quaisquer outros alimentos que pudessem ser encontrados eram saqueados pelos insurgentes e vendidos a preços reduzidos para os pobres. Os tumultos duraram dois dias. Cerveja era distribuída gratuitamente, e os oficiais tentaram, sem sucesso, recuperar a ordem.

Finalmente, uma bateria da Real Artilharia Montada foi formada nas colinas acima da cidade. Os soldados deram tiros para advertir os revoltosos de sua presença. Em seguida, um destacamento do Lancashire Regiment of Fencible Dragoons cavalgou até a cidade e capturou os amotinados.

As autoridades consideraram a hipótese de desmantelar o regimento, mas decidiram, afinal, desarmar os homens e dar um exemplo com os líderes da revolta. Dez mil soldados (incluindo a Real Artilharia, cinco milícias e três regimentos de defesa, assim como os 12th Light Dragoons) marcharam até Goldstone Bottom, Hove, para testemunhar as execuções – e ajudar a manter a paz, uma vez que a população de Sussex se mostrava totalmente solidária com os prisioneiros, considerando-se sua distribuição de pão para os pobres. Em 13 de junho, as punições foram efetuadas. Dos seis que seriam açoitados, dois foram perdoados, um ficou em detenção preventiva e os outros três receberam trezentas chicotadas cada um. Um homem foi deportado para a Austrália. Edward Cooke, um ex-tecelão de cobertores, e Sam Parish, de Chipping Norton, foram condenados à morte. No dia anterior à execução, Cooke escreveu para seu irmão: "Vou morrer por aquilo que o regimento fez. Não tenho medo de enfrentar a morte, pois não fiz mal a ninguém, e isso é um grande conforto para mim".[285]

Embora tivesse estado ausente quando aconteceu o motim, Henry Austen se fez presente entre os milhares de soldados que assistiam enquanto os homens eram executados por um pelotão de fuzilamento. Cooke e Parish foram obrigados, primeiro, a testemunhar as chicotadas. Em seguida, tendo sido forçados a se ajoelhar em seus próprios caixões, foram baleados por dez companheiros, escolhidos entre os outros amotinados. A plateia de soldados marchou ao redor dos corpos. O alto xerife de Sussex anotou o relato de uma testemunha ocular sobre os "pobres coitados": "Acabei de retornar do local onde dois soldados foram fuzilados nesta manhã, cerca de oito e quinze. Um deles se ajoelhou sobre um caixão e o segundo sobre outro, e ambos caíram mortos instantaneamente. Embora deixados ali, pelo receio de que pudessem restar quaisquer vestígios de vida, uma espingarda de pederneira foi deixada perto da cabeça de cada um imediatamente depois."[286]

A notícia foi amplamente divulgada, e Jane Austen decerto tomou pleno conhecimento do incidente. Assim como no caso dos motins de Mount Street, testemunhados por Eliza de Feuillide, a imprensa estabeleceu comparações com a revolução na França, como ecoado em *A abadia de Northanger*, na fala de Henry Tilney sobre as "ruas de Londres transbordando de sangue".

Naquele verão, Henry Austen já estava de volta com os Oxfords em Sheerness Camp. Eles foram submetidos a um intenso período de treinamento e formação, destinado a restabelecer a disciplina e credibilidade: "Nenhum cuidado haverá de faltar agora para restaurar a boa Ordem e Disciplina do Regimento, confiando que em pouco tempo ele irá retomar seu Caráter perdido e se recuperar da Desonra na qual, devido à recente Má Conduta, encontra-se agora merecidamente".[287]

Em Nottingham, no mesmo ano, 1795, ocorreram revoltas por pão que foram sufocadas pelos 12th Dragoons. Em *A abadia de Northanger*, o libertino Frederick Tilney é um dos mal-afamados integrantes do Prince of Wales's Regiment, os 12th Dragoons – "a esperança da nação", como Austen comenta com secura, "convocados a vir de Northampton para subjugar os insurgentes".[288] Havia, de fato, um aquartelamento de cavalaria construído em Northampton. É uma marca do realismo de Jane Austen o fato de que, escrevendo sobre a carreira militar de Frederick Tilney, ela seja extremamente específica quanto aos afastamentos regulares no exército. Frederick está de licença em março, mas este era o mês em que todas as licenças militares expiravam – portanto, numa carta datada do início de abril, Isabella escreve devidamente que Frederick "partiu para seu regimento dois dias atrás".[289]

Jane Austen escreveu sua primeira versão de *Orgulho e preconceito* ("Primeiras impressões") em 1797, bem no momento em que seu irmão estava firmemente arraigado na vida militar. Seu conhecimento detalhado do exército pode muito bem ter sido derivado das experiências dele. A presença da milícia, que aviva a paisagem rural monótona e as vidas românticas das moças, é configurada de forma brilhante. Os pormenores dos soldados dançando e flertando nos bailes, o jovem soldado que é açoitado, o travestismo travesso do casaca vermelha favorito das garotas Bennet, Denny, a transferência do acampamento para Brighton nos meses de verão: tudo isso por certo suscitou um sorriso de prazerosa familiaridade em Henry quando ele leu o livro. No final do romance, o inescrupuloso farrista Wickham planeja sair da milícia e entrar para os regulares: "Prometeram-lhe um posto no regimento do general ..., agora alojado no Norte".²⁹⁰ Comprar esse posto custava algo em torno de quinhentas libras, e a sra. Gardiner informa a Elizabeth que o sr. Darcy efetuou tal pagamento.

Henry Austen planejava sair da milícia e ingressar nos regulares. Primeiro, pretendia comprar uma Ajudância do Regimento de Oxfordshire, um cargo administrativo superior. Porém, sem o suporte financeiro necessário, passou a nutrir a esperança de entrar para os regulares. Comunicou a Jane seus planos, e ela, devidamente, informou Cassandra:

> Henry ainda está ansiando pelos Regulares, e, como sua perspectiva de adquirir a ajudância da Oxfordshire não mais existe, meteu em sua cabeça um esquema quanto à obtenção de uma tenência e ajudância no 86th, um regimento recém-formado, que, imagina ele, será enviado ao Cabo da Boa Esperança. Sinceramente, espero que ele se veja, como de costume, frustrado nesse esquema.²⁹¹

Mais uma vez, há um tom de exasperação. Esse é outro dos "esquemas" fracassados de Henry, e Jane fica sinceramente grata pela circunstância de ele não ser despachado para o calor e as doenças das colônias.

Uma das razões pelas quais ele pode ter sido atraído pelos regulares era curar um coração ferido. Henry renovara seu interesse amoroso pela prima Eliza, que rejeitara sua proposta de casamento por volta de 1795. Um ano depois, com sua costumeira capacidade de superar adversidades, ele ficou noivo de certa srta. Mary Pearson. Mas continuou visitando Eliza sempre que passava por Londres e, em outubro, o noivado com Mary já tinha sido rompido. Após algumas promoções importantes, Eliza começou a escrever cartas cheias de novidades de Henry para Phylly Walter. Tendo anteriormente julgado que James, irmão dele, poderia render um noivo melhor, sua preferência parecia estar se voltando para Henry. Seu abandono da Igreja e as potenciais promoções no

Soldado, banqueiro,
clérigo: Henry Austen

exército tiveram papel importante – afinal de contas, o primeiro casamento de Eliza revelara o quanto ela gostava de um soldado. Eliza estava encantada com suas perspectivas: "O cap. Austen acaba de passar alguns dias na Cidade; suponho que você saiba que o nosso Primo Henry é agora Capitão, Tesoureiro e Ajudante [...] Acredito que ele já tenha desistido, agora, de qualquer pensamento quanto à Igreja, e ele está certo, pois sem dúvida não é tão apto para Pároco como para Soldado".[292] O presságio de Mary Crawford com Edmund Bertram, em *Mansfield Park*, dificilmente seria uma coincidência. A bela coquete implora ao filho mais novo que troque a ordenação pelo exército: "Me vejo agora tão surpresa quanto me vi ao tomar conhecimento de que o senhor pretendia ser ordenado. O senhor realmente tem todos os predicados para merecer algo melhor. Ora essa, mude de ideia".[293]

Em 1797, Eliza e Henry haviam se aproximado mais, e ela finalmente concordou em se casar com ele. Eliza escreveu a seu

O chapéu de bico / 159

padrinho, Warren Hastings, para lhe dar a boa notícia: "A excelência de seu Coração, Temperamento e Entendimento, juntamente com seu firme apego a mim, seu Afeto por meu Garotinho [...] afinal me induziram a um assentimento que neguei por mais de dois anos".[294] A pequena fantasia de Jane no *Volume Primeiro* sobre a união de "Henry e Eliza" havia virado realidade.

Para deleite de Jane Austen, Eliza manteve seus modos coquetes. Embora ela professasse ter "abandonado o comércio" (sua expressão para o flerte), adorava as atenções masculinas e ainda gostava de chocar a pudica Phylly: "Se eu estivesse casada com meu terceiro marido em vez do meu marido, ainda estaria apaixonada por ele [...] ai de mim, ele é casado, assim como eu".[295]

Eliza acreditava firmemente que o casamento com Henry era um sucesso, porque ele se curvava diante de sua vontade férrea, "para não falar do prazer de ter tudo sempre do meu próprio jeito, pois Henry sabe muito bem que eu não estou acostumada ao controle, e que eu provavelmente me comportaria meio desajeitadamente quando controlada, e, portanto, como Homem prudente que é, ele não tem vontade nenhuma senão a minha, algo que, sem dúvida, algumas pessoas chamariam de mimo excessivo, mas sei que é a melhor maneira de me administrar".[296] Ela chamava Henry pelo nome: "Tenho aversão ao nome *Marido* e nunca faço uso dele".[297]

Henry Austen renunciou a seu posto em 1801. Era hora de passar mais tempo com sua nova esposa. Mas manteve suas fortes ligações com os militares. Menos de um mês depois de sua saída, reapareceu na lista de pagamento do Oxfordshire Regiment of the Militia, em um novo papel: "Agente: H.T. Austen e Co".[298] Junto com Henry Maunde, outro ex-oficial, ele se estabelecera como banqueiro. A primeira conta lucrativa foi o manejo da folha de pagamento do regimento. Eles também firmaram um acordo secreto com certo Charles James "para lucrar com especulação em corretagem de cargos do exército e no agenciamento de meio-soldo".[299] James ocupara capitanias em duas milícias diferentes. Estava trabalhando, naquele momento, num *Dicionário Militar*, que foi concluído no ano seguinte e avançaria por muitas edições. Foi publicado por Thomas Egerton, "Livreiro da Artilharia, Military Library, perto de Whitehall".[300]

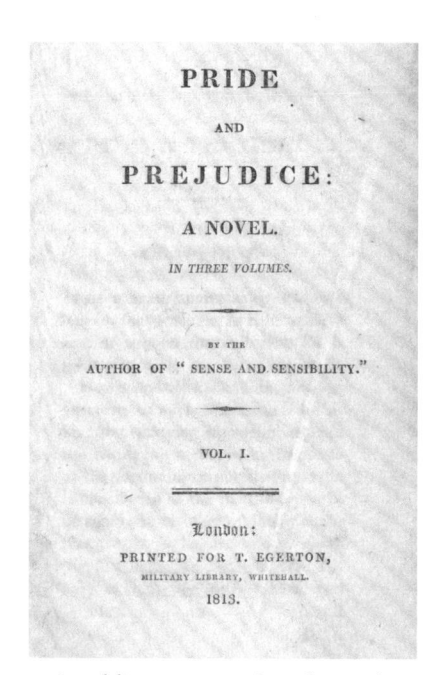

> PRIDE
> AND
> PREJUDICE:
> A NOVEL.
> IN THREE VOLUMES.
>
> BY THE
> AUTHOR OF " SENSE AND SENSIBILITY."
>
> VOL. I.
>
> London:
> PRINTED FOR T. EGERTON,
> MILITARY LIBRARY, WHITEHALL.
> 1813.

A publicação mais duradoura da
Military Library de Egerton

Esta foi a surpreendente conexão que lançou Jane Austen em livro impresso pela primeira vez. Poucos leitores modernos têm noção de que *Razão e sentimento* e seu sucessor, *Orgulho e preconceito*, duas das obras mais estimadas da ficção romântica na língua inglesa, originalmente apresentavam páginas de rosto anunciando seu editor como "T. Egerton, Military Library, Whitehall".

* * *

Henry e Eliza se mudaram para uma casa nova na elegante localidade londrina de Upper Berkeley Street. Eles investiram mais de três mil libras em "dividendos de 5%" – o equivalente a cerca de duzentas mil libras (trezentos mil dólares) em valores de hoje. Os dividendos semestrais lhes proporcionavam um rendimento estável. O negócio bancário, enquanto isso, mostrava-se especulativo em alto grau. As notas promissórias eram distribuídas à vontade, e grandes somas eram adiantadas para pessoas com históricos de crédito bastante questionáveis, incluindo seis mil libras para o notório perdulário Lord Moira. Ele nunca restituiu o empréstimo bancário. Considerando-se a volatilidade do mercado de crédito, o agenciamento da folha de pagamento do exército proporcionava uma estabilidade bastante necessária – embora isso também significasse que, quando a guerra chegasse ao fim e uma imensa parte do exército fosse dispensada ou passasse a receber meio-soldo, o manejo das remunerações despencaria. Esta seria uma das principais causas para o colapso do banco. Em março de 1816, Henry se declarou falido.

Eliza era uma pessoa extraordinária e uma boa mãe. Quando, em 1801, morreu seu filho Hastings, o último elo com Jean-François[301], ela rejeitou as banalidades de sua prima Phylly, segundo a qual aquela morte devia ter sido um "alívio desejável". "Tão medonha dissolução de um laço próximo e terno deve ser sempre um choque severo", ela retrucou.[302] Jane ficou profundamente comovida com a perda. Continuou a adorar a "prima extravagante", que agora era também sua irmã.

Ela visitava os Henry Austen em Londres, onde eles viviam "em grande estilo", com um chef francês. Como veremos, estimularam o amor de Jane pelo teatro. Após a morte de seu próprio pai, Jane fez questão de enviar um broche de luto para Eliza. Ela também mantinha uma predileção especial pela governanta de Eliza, uma emigrada francesa chamada Madame Bigeon.

Em uma ocasião memorável, quando estava a ponto de se tornar uma autora profissional, Jane se hospedou com Henry e Eliza. Em sua longa batalha para ser publicada, foram as conexões de Henry com a Military Library de Thomas Egerton que lhe proporcionaram sua grande chance. Uma ligeira pressão do banqueiro foi suficiente para convencer Egerton, mais acostumado a publicar volumes como *The Royal Military Chronicle* e o *Dicionário Militar* de James do que a se aventurar com *Razão e sentimento*.[303]

Jane estava na cidade a fim de corrigir provas para Egerton quando escreveu a Cassandra dando detalhes de uma festa fabulosa que Eliza dera para oitenta pessoas. Na preparação, Jane e Eliza haviam caminhado por Londres para comprar luminárias. Jane estava entusiasmada com o entretenimento musical: "5 profissionais, 3 deles cantores de madrigal [...] Um dos Contratados é Excelente na Harpa, da qual espero um grande prazer".[304] Em momento posterior, descreveu os arranjos de flores cortadas e a elegância dos convivas: "Eu estava completamente cercada por gente conhecida, sobretudo cavalheiros".[305]

Em outra ocasião, acompanhou a cunhada Eliza numa visita ao Comte d'Antraigues e sua esposa, uma cantora de ópera. Jane gostou deles, afora o hábito do casal de "cheirar grandes quantidades de rapé". Relatou que "o velho Monsieur Conde é um homem de belo aspecto, com muito bons modos, razoáveis o bastante para um inglês".[306] Um ano depois, o conde e sua esposa foram esfaqueados até a morte, num assassinato brutal, por um criado italiano, que em seguida cometeu suicídio. Houve rumores de que esse assassinato tivera motivação política.

Deve ter sido gratificante, para Eliza, ver sua prima inteligente publicada em livro, depois de ter feito tanto para incentivá-la na infância. Contudo, na primavera de 1812, bem quando *Razão e sentimento* recebia suas primeiras resenhas, Eliza caiu doente, provavelmente com câncer de mama. Ela enfrentou uma doença longa e dolorosa, e Jane foi convidada a vir de Hampshire para ficar com ela em seus últimos dias. Morreu em abril de 1813, dois meses após a publicação do *Orgulho e preconceito*. Jane se hospedou com Henry em setembro desse ano, dormindo na cama de Eliza.

Eliza foi uma musa para Jane Austen, e já foi sugerido muitas vezes que, além de lhe dedicar a história juvenil "Amor e amizade", Jane usou detalhes pessoais de sua prima vivaz para duas de suas personagens ficcionais: a fascinante viúva Lady Susan e a Mary Crawford de *Mansfield Park*, o romance no qual estava trabalhando no último ano da vida de Eliza. Jane Austen era especialista em criar *femmes fatales* como essas. Ambas as personagens são animadas, irreverentes, encantadoras e amorais. Elas resistem ao casamento como uma violação de sua liberdade. Como a Eliza real, a Mary fictícia toca harpa, é requintada e elegante, adora Londres, enfeita seu vocabulário com expressões em francês, é espirituosa, tem paixão pelo teatro amador e enfeitiça todos os homens que encontra pela frente. É improvável que Jane Austen pudesse ter criado uma anti-heroína tão sedutora quanto Mary Crawford sem sua prima Eliza.

E há também o desdém delas pelos clérigos. Após a morte da esposa, Henry ingressou na Igreja, algo que teria sido muitíssimo improvável enquanto Eliza estava viva. Essa terceira e última carreira começou em dezembro de 1816, quando ele se ordenou em Winchester ou Salisbury. Jane viveu o bastante para ouvi-lo pregar na igreja do vilarejo em Chawton. Sempre o considerara um orador eloquente, admirando os "magníficos sermões" mencionados por ela na carta que falava de seus romances como fragmentos de marfim. O irmão favorito de Jane – e membro da família que havia exercido a maior influência em promover suas ambições literárias – foi presença constante no decorrer dos últimos dois meses de sua doença, em 1817. Henry, Cassandra e a misteriosa governanta Madame Bigeon foram os únicos nomes mencionados no testamento de Jane Austen. Contudo, de todas as conexões surpreendentes em sua vida, poucas são maiores do que aquela que levou, por um caminho tortuoso, da colocação do chapéu de bico dos Oxfordshires na cabeça de Henry à publicação de *Orgulho e preconceito* pela Military Library de Egerton.

8

> Steventon Parsonage near Overton, Hants
>
> To be SOLD by AUCTION,
> By Mr STROUD.
>
> On the premises, on Tuesday the 5th of May, 1805, and two following days, at eleven o'clock.
>
> The neat HOUSHOLD FURNITURE, well made Chariot (with box to take off) and Harness, Volumes of Books, Stump of Hay, Fowling Pieces, three Norman Cows and Calves, one Horse, and other Effects.

Os cenários teatrais

O leilão para vender os bens do presbitério de Steventon foi realizado nas dependências, conduzido pelo sr. Stroud, de Newbury. Foram postos anúncios nos jornais locais. O ilustrado aqui é do *Reading Mercury*, o jornal lido pela família Austen. A venda foi programada para durar três dias, com início às onze horas a cada manhã, a partir de terça-feira, 5 de maio de 1801. O reverendo George Austen anunciara que ia se aposentar e que a família se mudaria para um imóvel alugado na cidade de Bath. Jane Austen, agora com 25 anos de idade, teria de dar adeus à casa da família. Afora seu período no internato e as visitas a parentes, ela vivera no presbitério de Steventon desde o dia em que nasceu.

Apesar de toda a sua monotonia prosaica, o catálogo de venda é um testamento curiosamente comovente de tudo que ela estava perdendo. A carruagem quase nova de seu pai está lá, a maior parte de sua biblioteca, todos os bens de uso doméstico e inclusive o gado de sua pequena propriedade: "O MOBILIÁRIO DOMÉSTICO em boas condições, o carro bem montado (equipado com boleia) e Arreios, 200 volumes de Livros, Feixe de Feno, Aves, três Vacas e Bezerros Norman, um Cavalo, e outros Itens". A perda dos livros representou, decerto, um golpe duro para Jane. E, entre as "camas de quatro colunas grandes e simples, com fustão, damasco de lã e outras mobílias, belas camas e roupas de cama de plumas, colchões, espelhos de tremó e toucador", por certo constavam a cama da própria Jane e o espelho em frente ao qual ela se vestia. A mesa à qual a família jantava estava incluída, o aparador de mogno e as louças Wedgwood, a mesa de carteado à qual eles jogavam. Também o pianoforte de Jane em sua "vistosa caixa (de Ganer)", suas partituras, o enorme armário de livros com seis portas da biblioteca de seu pai, e, por fim, presumivelmente provenientes do celeiro, "13 barris com armação em ferro, uma sobra de lúpulo, conjunto de cenários teatrais etc. etc.".

Um conjunto de cenários teatrais. Anos antes, o jovem James Austen escrevera um "Prólogo à Tragédia de Matilda, representada em Steventon, Hants. Declamado por Edward Austen":

> Quando Téspis definiu a arte da representação,
> Rudes eram os Atores, e o palco, um carroção;
> Nenhum cenário exibia, em tintas festivas,
> As honras ondeantes da clareira nativa.[307]

Os cenários no celeiro, adereços que hoje seriam chamados de painéis, talvez pintados "em tintas festivas", são um lembrete das encenações teatrais em família da juventude de Jane Austen. James, que haveria de assumir a paróquia e a residência paroquial, claramente deixara para trás essas infantilidades. Seus dias como gerente de palco, diretor, escritor e ator haviam terminado, agora que estava ordenado como clérigo.[308]

O "conjunto de cenários teatrais" sugere a atenção aos detalhes e a elevada ambição das representações teatrais em Steventon. O conhecimento direto da fonte que Jane Austen detinha sobre a arte do teatro amador lhe permitiu criar seu retrato vívido e convincente das representações teatrais privadas em *Mansfield Park*. O "amor pelo teatro é tão generalizado", ela escreve nesse romance.[309] Jane Austen amava Shakespeare, e falava de sua obra como algo que corre em nossas veias, "parte da constituição de um inglês", algo de que somos "íntimos por instinto".[310] Ela era uma defensora dos teatros públicos, em Londres e também nas províncias, em Bath e Southampton. Seu gosto era eclético: ela gostava de farsas, comédia musical e pantomimas, consideradas como drama "inferior", tanto quanto gostava de Shakespeare e dos principais dramaturgos cômicos contemporâneos, como George Colman e David Garrick.[311]

Desde tenra idade, Jane Austen deu mostras de sua noção daquilo que os jornais chamavam de "a Voga Teatral" – a moda das montagens teatrais privadas que obcecava a sociedade britânica refinada ao fim da era georgiana. Numa história breve datada de 1792, ela faz com que uma de suas personagens exija um teatro especialmente construído como parte de seu acordo de casamento.[312] Nesse ponto, está satirizando o nível extremo da mania, em que os membros das classes ascendentes e da aristocracia construíam suas próprias imitações em escala reduzida das casas teatrais de Londres. A mais famosa foi erigida na década de 1770 em Wargrave, Berkshire, pelo perdulário Conde de Barrymore, a um custo estimado de sessenta mil libras. Tinha assentos para setecentas pessoas.

Em *Mansfield Park*, o interesse público pelas representações teatrais privadas da aristocracia é visto com ironia: "Estar tão perto da felicidade, tão perto da fama, tão perto do longo parágrafo de louvor às montagens teatrais privadas de Ecclesford, morada do muito honorável Lord Ravenshaw, em Cornwall, o que sem dúvida teria imortalizado a equipe toda por no mínimo doze meses".[313] Jane Austen estabelece uma cuidadosa distinção entre as montagens teatrais elegantes e elitistas da aristocracia, que eram impiedosamente ridicularizadas pela imprensa, e os esforços mais modestos da pequena nobreza. Apesar do dedicado empenho de Tom Bertram para profissionalizar seu teatro, os jovens de Mansfield Park recorrem ao método de converter uma grande sala da casa da família para a produção de *Promessas de amantes*. Essa é uma das piadas internas da família de Jane Austen, pois isso foi exatamente o que os Austen fizeram quando encenaram suas primeiras peças em Steventon.

Jane Austen tinha apenas sete anos quando a primeira peça foi representada na sala de jantar do presbitério de Steventon. Tempos depois, os Austen passaram a usar o celeiro da família, motivo pelo qual, sem dúvida, os cenários teatrais ainda se encontravam ali no momento da venda, em 1801. As montagens em Steventon não eram exclusivamente um assunto de família. Os primos Cooper e certos amigos locais, os Digweed, ajudavam a compor a equipe, ao passo que os alunos de George Austen também contribuíam. Tom Fowle, que noivaria com Cassandra, tomou parte nas representações em Steventon e declamou o epílogo de *Matilda*. Ajudava o fato de George Austen sempre incentivar seus alunos na arte e na prática de uma boa leitura em voz alta.

James e Henry Austen, os meninos espertos da família, eram os líderes do bando. James, que se imaginava escritor e poeta, escrevia seus próprios prólogos e epílogos. Esses textos sobreviveram à passagem do tempo, e, por isso, conhecemos várias das peças encenadas em Steventon. Depois da tragédia de *Matilda*, a hilária comédia *Os rivais*, de Sheridan, foi representada "por algumas jovens Damas e Cavalheiros em Steventon" em julho de 1784. Pela altura em que os Austen haviam transformado o celeiro num teatro, eles estavam representando *O prodígio: uma mulher guarda um segredo*, de Susanna Centlivre, uma das melhores dramaturgas do início do século XVIII, e *As chances*, adaptada pelo grande David Garrick de uma comédia que, em última instância, remontava a John Fletcher, colaborador de Shakespeare. Phylly Walter, a prima de Jane Austen, escreveu: "O celeiro do meu tio está se ajustando bastante como um perfeito teatro, e todos os jovens irão tomar parte".[314] Eliza de Feuillide incitava seus primos. Ela também tentou persuadir a tímida Phylly a participar das montagens em Steventon: "Você sabe que há muito estamos planejando atuar neste Natal em Hampshire [...], ao constatar que havia dois papéis desocupados, imediatamente pensei em você". Disse a Phylly que ela não precisava se preocupar com figurinos: "Não se deixe perturbar quanto a seus trajes, pois creio que posso dar um jeito de garantir que o Camarim lhe forneça o que for necessário para atuar".[315] Ela soa exatamente como Mary Crawford forçando a tímida Fanny Price a participar de *Promessas de amantes*.

A sra. Austen fazia muita questão de ver os jovens participando do esquema teatral, e ficou irritada quando Phylly respondeu que relutava em "aparecer em público". Eliza escreveu para pedir a Phylly: "Trate de atuar, pois minha Tia Austen declara que 'não quer saber de quaisquer *jovens ociosos*'". Eliza estava convencida de que a intrometida tia Walter era quem impedia sua filha de se juntar às montagens: "A objeção insuperável à minha proposta se devendo a certos escrúpulos de sua Mãe quanto a você atuar – Se for esse o caso, só posso afirmar que é [uma] Pena que tão infundado preconceito possa ser acolhido por tão esclarecido [e tão] aberto espírito".[316]

As representações teatrais pareciam ser um evento natalino. Entre 1787 e 1789, a trupe de Steventon encenou uma ampla variedade de comédias: *O prodígio*, *Bon Ton*, *As Chances*, *A tragédia de Tom Thumb*, *O sultão* e *Vida de luxo no andar de baixo*. Eliza assumia os papéis femininos principais e flertava escandalosamente com seus primos, James e Henry. James, tendo voltado de suas viagens pelo exterior, escreveu um prólogo e epílogo para *O prodígio*. Eliza interpretou a vívida heroína, Donna Violante, que arrisca seu próprio casamento e sua reputação decidindo proteger sua amiga Donna Isabella de um casamento arranjado com um homem que ela despreza. A peça se engaja no debate guerra-dos-sexos que era do particular apreço de Eliza e dos Austen. Mulheres são "escravizadas" por "homens tiranos".[317] Sejam eles pais, maridos ou irmãos, os homens "usurpam autoridade e esperam de nós uma cega obediência, de modo que somos, criadas, esposas ou viúvas, pouco mais do que escravas".[318] A característica mais marcante da peça é uma atrevida proposta de casamento feita por Isabella, embora seja realizada em seu nome por Violante, sob disfarce, a um homem que ela mal conhece: uma antecipação de *Promessas de amantes*, com sua ousada proposta de uma jovem vivaz. No Ano Novo, *O prodígio* foi substituída por *As chances*, de Garrick, uma comédia picante que retratava amantes ciumentos, casamentos secretos e identidades confusas. É provável que Eliza tenha interpretado a personagem "segunda Constantia", mulher de nascimento humilde, um dos papéis favoritos da grande atriz cômica Dora Jordan. O flerte, as brincadeiras de guerra dos sexos e a intimidade entre primos serão recriados, posteriormente, nas representações teatrais de Mansfield – tudo sendo observado pela pessoa que fica de fora, um tanto invejosa: Fanny Price.

Sabemos, pelos cadernos de velino, que a jovem Jane estava escrevendo pecinhas curtas – que podem muito bem ter sido encenadas como complemento depois das peças principais. O papel do herói diminuto Tom Thumb, na farsa exorbitante de Fielding, era interpretado frequentemente por uma criança, cuja voz estridente intensificava a incongruência cômica do herói valoroso – e é tentador pensar que ela ou o pequeno Charles assumissem o papel.

O íntimo conhecimento dramático de Jane Austen é evidenciado por seu hábito de repetir frases-chave de peças de teatro, muitas vezes das peças consideradas para apresentação em Steventon. Vinte anos depois de *Qual é o homem?*, popular obra de Hannah Cowley, ter sido considerada e depois rejeitada para encenação, Jane ainda citava um de seus bordões, "diga a ele o que quiser". Ela também adorava citar outra comédia exitosa de Cowley, *O estratagema da beldade*: "O sr. Doricourt viajou; ele sabe o que é bom".[319]

As apresentações teatrais em Steventon ocorreram entre 1782 e 1790, coincidindo com o período no qual as obras literárias juvenis de Jane Austen foram escritas. Por vezes, dá-se como certo que ela teria se voltado contra o teatro amador conforme foi ficando mais velha. Mas não é o caso. Já bem passada dos trinta anos, ela "pegou a personagem da sra. Candour, em *A escola do escândalo*, de Sheridan". E "assumiu o papel com grande animação".[320] Essa foi a lembrança de Sir William Heathcote, de Hursley Park, Hampshire, depois de ter sido convidado para uma festa de Reis. A sra. Candour é uma fofoqueira espirituosa que se professa incapaz de falar mal de qualquer amigo, e então sai espalhando bisbilhotices com o maior prazer. Essa festa foi realizada ou em Manydown, casa dos Bigg-Wither, amigos dos Austen, ou na mansão de Chawton.

Havia uma íntima relação entre o romance cômico e o teatro cômico. Henry, em sua notícia biográfica, mencionou os "dons da musa cômica" de sua irmã. Jane pertencia a uma época na qual ler romances e peças em voz alta era parte essencial do entretenimento e da recreação social. Uma de suas sobrinhas se lembrava da tia lendo um trecho cômico de *Evelina*, de Fanny Burney, e disse que "era quase como estar em uma peça". Os Edward Austen realizavam uma celebração anual no auge do período natalino, com bailes de máscaras, trajes extravagantes e montagens teatrais privadas. Em contraste com seu irmão James, que vendeu os cenários teatrais e abandonou seu amor pelo teatro, Edward e sua grande família adoravam atuar. Sua filha mais velha, Fanny, registrou uma festa de Reis em 1806 naquele que era, então, o lar da família em Godmersham, Kent. Houve um baile de máscaras no qual Fanny e seu irmão Edward eram os pastores rei e rainha, sua mãe, uma saboiana, a srta. Sharp, uma bruxa, Henry Austen, um judeu, e outro tio se travestira como uma judia. Havia papéis para todas as crianças, exceto a bebê Louisa. O pequeno Charles era um cupido, com um "pequeno par de asas e um arco e flecha". Eles desfilaram até a biblioteca, que estava iluminada com "um trono e um bosque de Laranjeiras".[321]

Jane Austen havia comparecido a uma festa no verão anterior, quando os familiares se fantasiaram e atuaram. Fanny registrou em seu diário uma brincadeira de aprendizagem na qual suas tias, a avó e a preceptora, Anne Sharp, se fantasiaram e atuaram:

> Quarta-feira 26 de junho Tivemos um feriado inteiro. Tias e Vovó brincaram na escola conosco. Tia C foi a sra. Teachum a preceptora, Tia Jane, a srta. Popham a professora, Tia Harriet, Sally a Criada, a srta. Sharpe, Mestre de Dança, Boticário e Sargento, Vovó, Betty Jones a mulher da torta, e Mamãe, a mulher do banho. Elas se vestiram a Caráter e tivemos um dia muitíssimo encantador – Depois da sobremesa, representamos uma peça chamada *Virtude Recompensada*.[322]

Anne Sharp, a verdadeira governanta de Fanny Knight, assumia os papéis travestidos com evidente gosto. Foi por essa época que ela conheceu e estabeleceu uma estreita amizade com Jane Austen, que sem dúvida apreciava interpretar o papel de professora. Naquele verão em Godmersham, Jane Austen também participou de apresentações de *A criança mimada* e *Inocência recompensada*. *A criança mimada*, de Bickerstaff, era uma grande favorita nos palcos de Londres, popularizada por Dora Jordan, que interpretava o papel travestido da criança, Little Pickle.

Durante essa visita a Kent, Jane Austen estava lendo o sisudo *Inquirição quanto aos deveres do sexo feminino*, de Thomas Gisborne. Gisborne era um amigo próximo e vizinho em Staffordshire do primo evangélico de Jane, Edward Cooper. Ela deve ter achado divertido, sem dúvida, encontrar a afirmação de Gisborne de que a encenação teatral era prejudicial para o sexo feminino, por incentivar a vaidade e destruir o acanhamento, "pela familiaridade desenfreada com pessoas do outro sexo que resulta, inevitavelmente, da união com eles no drama".[323] O autor recomendava particularmente que as crianças não fossem autorizadas a atuar em peças. Jane havia tomado a resolução de não ler Gisborne, mas se declarou para

O saguão do Theatre Royal, Drury Lane
(onde, em *Razão e sentimento*, Sir John Middleton
conta a Willoughby que Marianne está morrendo)

Cassandra, com certa frieza, talvez com ironia, "satisfeita com o livro".[324] Mas não compartilhava suas opiniões quanto aos perigos da encenação teatral. Pode muito bem ter sido nessa época que ela ajudou Anna Austen no projeto de escrever uma peça burlesca em cinco atos, *Sir Charles Grandison, ou O homem feliz*. Por mais que amasse o romance de Richardson sobre um homem virtuoso, Jane não conseguiu resistir ao desafio de abreviar seus sete longos volumes numa peça curtíssima e parodiar seu sentimentalismo e sua moralidade.

Jane Austen frequentava o teatro profissional com a mesma avidez com que participava de montagens amadoras. Amava, acima de tudo, levar seus sobrinhos e sobrinhas para ver um espetáculo. A primeira referência documentada remanescente de uma ida de Jane ao teatro a mostra visitando o teatro de Astley, em Lambeth, em agosto de 1796: "Estamos indo ao Astley's hoje à noite, o que me deixa contente".[325] O Astley's era um dos chamados "teatros ilegítimos" de Londres – não detinha uma patente real para representar drama sério, privilégio exclusivo dos teatros Royal em Drury Lane e Covent Garden, junto com o Haymarket na breve temporada de verão. O Astley's, por conseguinte, oferecia uma ampla variedade de entretenimento, passando por pantomimas, acrobacias, luta de espadas e musicais. Jane Austen não tinha nenhum esnobismo no tocante a esse tipo de teatro popular.

É revelador que ela tenha escolhido o Astley's como cenário para um importante ponto de virada em *Emma*. É lá que Harriet Smith encontra Robert Martin por acaso e os dois reavivam seu relacionamento. O Astley's era conhecido por seu público socialmente diversificado: os refinados John Knightley o frequentavam com seus filhos ao lado do agricultor Robert Martin. Era um lugar amigável e despretensioso. Precisamente por causa de sua condição inferior, de teatro ilegítimo, era um espaço no qual um pequeno proprietário rural e uma moça sem categoria (portadora da "mácula da ilegitimidade", como nos recorda o mesmo capítulo) podem se misturar à vontade com a pequena nobreza. A ambientação da cena é o recurso de Austen para ridicularizar o esnobismo de sua heroína em relação ao bondoso Robert Martin.

Em seus diários, Fanny Knight reclama por considerar o Drury Lane imenso demais e afirma preferir "o querido e encantador Haymarket".[326] O Haymarket, ou "Little Theatre", era o único teatro licenciado para funcionar nos meses de verão. Em *Orgulho e preconceito*, Austen dá mostras de seu escrupuloso senso de realismo quando Lydia, que está em Londres para a temporada de verão, comenta: "Para dizer a verdade, Londres estava bem desanimada, mas, de qualquer maneira, o Little Theatre estava aberto".[327] Por contraste, quando Elizabeth Bennet e a sra. Gardiner, sua tia, desenvolvem uma longa e importante conversa em Londres, o diálogo ocorre num camarote de um dos teatros patenteados, mas a narrativa não nos informa se é o Covent Garden ou o Drury Lane. Da mesma forma, Willoughby, em *Razão e sentimento*, toma conhecimento da notícia do grave colapso de Marianne Dashwood quando esbarra em John Middleton no saguão do Drury Lane. Fanny Burney encenara um vívido suicídio no Drury Lane, em *Cecilia*. Jane Austen se abstém de melodramas deste tipo, mas não deixa de usar o teatro como um lugar onde acontecem conversas importantes e encontros-chave. Em *A abadia de Northanger*, é no Theatre Royal Bath que John Thorpe informa falsamente ao general Tilney que Catherine é uma herdeira, e o mesmo local serve de fundo para uma reconciliação entre Catherine e Henry Tilney.

Em 1808, Jane Austen visitou Henry e Eliza Austen em Michael Place, número 16, no subúrbio londrino de Brompton. A famosa atriz e cantora Jane Pope morava ao lado deles, no número 17. Pope havia sido a sra. Candour original em *The School for Scandal*, o papel que Jane Austen assumiu numa produção amadora no ano seguinte. Do outro lado, em Michael Place 15, vivia Elizabeth Billington, uma célebre cantora soprano. O comediante John Liston morava longo adiante, no número 21. Jane permaneceu até julho, desfrutando da sequência de jantares festivos, idas ao teatro e concertos proporcionados por Henry e Eliza.

Henry possuía seu próprio camarote num dos teatros ilegítimos, o Pantheon, em Oxford Street.[328] O Pantheon era um belo edifício, utilizado com frequência para bailes de máscaras e concertos. A paixão de Henry pelo teatro persistiu por sua vida toda. Sempre que Jane (ou Cassandra) estivesse na cidade, ele podia ser visto providenciando assentos nos vários teatros de Londres. Não fosse a circunstância de que a maioria das cartas de Jane Austen foi destruída depois de sua morte, em 1817, poderíamos ter hoje uma noção bem mais detalhada da paixão que ela compartilhava com o irmão do qual era mais próxima. Mas há evidências suficientes, nas cartas que chegaram até nós, para sugerir que Jane estava totalmente familiarizada com os atores contemporâneos e com a variedade e o repertório dos teatros.

Em abril de 1811, durante uma permanência em Londres, hospedada de novo com Henry e Eliza – os dois haviam se mudado, agora, para Sloane Street, embora o banco de Henry ficasse em Henrietta Street –, Jane manifestou seu desejo de ver o *Rei João* de Shakespeare em Covent Garden. Ela não estava se sentindo bem, de modo que sacrificou uma ida ao Lyceum Theatre na esperança de poupar suas forças para algo especial:

> Na noite de hoje eu poderia ter estado na Peça, Henry planejara gentilmente nossa ida juntos ao Lyceum, mas estou com um resfriado que eu não gostaria de deixar pior antes de sábado [...] Nosso primeiro objetivo era Henrietta St para uma consulta com Henry, em consequência de uma mudança muito desafortunada da Peça justamente para esta noite – Hamlet em vez de Rei João – e deveremos, na segunda-feira, ir ver Macbeth, em vez disso, mas é uma decepção para nós dois.[329]

Sua preferência por *Rei João* em relação a *Hamlet* pode parecer curiosa pelos parâmetros modernos, mas pode ser explicada por uma das características intrínsecas dos teatros georgianos: a orientação das peças para o astro no papel principal. A decepção de Jane é relatada na carta seguinte para Cassandra: "Não tenho chance nenhuma de ver a sra. Siddons. Ela *de fato* atuou na segunda-feira, mas, como Henry ouvira do camaroteiro que ela provavelmente não atuaria, os lugares e todas as ideias a respeito foram abandonados. Eu teria adorado vê-la como Constança, e seria capaz, com pouco esforço, de lhe rogar pragas por me decepcionar".[330] Não era tanto *Rei João* o que ela queria ver, e sim a grande Sarah Siddons em um de seus papéis mais célebres, como a rainha Constança, o retrato por excelência de uma mãe trágica.

A frase de Austen "Eu teria adorado vê-la como Constança" sugere que ela já vira antes a atriz: talvez como Lady Macbeth, que Siddons representou diversas vezes naquela temporada de 1811. O fato de que havia visto Siddons atuando também é sugerido por um comentário que ela fez sobre suas sobrinhas Knight: "Aquela gatinha Cassy não revelou mais prazer em me ver do que suas Irmãs, mas eu não esperava muito mais – ela não brilha em matéria de sentimentos carinhosos. Ela nunca será uma srta. O'Neal – mais na linha da sra. Siddons".[331] Esse comentário também demonstra o quão plenamente inteirada ela estava quanto aos debates do mundo teatral. A srta. Eliza O'Neill era a nova sensação entre os atores londrinos, alardeada como a única atriz trágica digna de assumir o manto de Siddons num momento em que a rainha do palco se aproximava de sua aposentadoria.[332]

Havia rumores de que alguns membros da plateia desmaiavam sob o feitiço da divina Eliza, que era esbelta e linda, algo que, por aquela altura, não podia ser dito de Siddons. Jane Austen ansiava por ver a nova estrela, e, no final de 1814, seu desejo foi atendido. Acompanhada por Henry, Edward e pelas filhas deste, foi ver O'Neill na tragédia de *Isabella*. Gracejou com sua sobrinha Anna, que levara junto dois lenços de bolso. Essa era uma referência à reputação de O'Neill como atriz de extrema sensibilidade: "Não me parece que ela tenha se mostrado bem à altura da minha expectativa. Creio que desejo algo mais do que o possível. A atuação raras vezes me satisfaz. Levei dois Lenços de bolso, mas tive pouquíssimos motivos para usar qualquer um dos dois. Ela é uma criatura elegante, e abraça o sr. Younge encantadoramente".[333] A última frase sugere uma comunicação íntima entre Jane e sua sobrinha: O'Neill era conhecida entre os iniciados como uma "atriz que abraça", de modo que o comentário indica plena noção das fofocas do mundo teatral.

O sr. Young que teve o privilégio de receber os abraços da srta. O'Neill nessa ocasião era o grande rival de Edmund Kean, o astro da tragédia que estourou na cena teatral de Londres justamente naquele ano de 1814. Jane escrevera a Cassandra, com grande entusiasmo, para lhe contar que eles haviam obtido êxito em conseguir entradas para *Ricardo III*: "Prepare-se para uma Peça na primeiríssima noite, imagino que em Covent Garden, para ver Young em Ricardo".[334] A administração do Garden estava colocando Young em evidência a fim de tentar ganhar o público de volta do Drury Lane, que lotava noite após noite devido à estreia eletrizante de Kean como Shylock em *O mercador de Veneza* e sua sequência no papel do carismático vilão Ricardo. A notícia de que Kean conquistara os holofotes alcançou Jane Austen depressa, e, no início de março de 1814, enquanto se hospedava com Henry durante as negociações para a publicação de *Mansfield Park*, ela fez planos para conferir a mais recente sensação dos palcos: "Lugares estão asseguradas no Drury Lane para sábado, mas tão grande é o furor por ver Keen que só puderam ser obtidas terceira e quarta fileira. Como se trata do camarote frontal, no entanto, espero que possamos nos dar bem. Shylock – Boa peça para Fanny". Eles viram Kean devidamente no dia 5 de março, mas Jane reclamou a Cassandra que, para seu gosto, o ator aparecera muito pouco: "Ficamos bastante satisfeitos com Kean. Não posso imaginar desempenho melhor, mas o papel era pequeno demais". Em outro momento, escreveu: "Eu gostaria muitíssimo de ver Kean outra vez, e de vê-lo com Você junto; pareceu-me não haver nele defeito algum sob todos os aspectos; e, em sua cena com Tubal, houve um requinte de atuação".[335] Jane tinha padrões elevados para o que chamava de "atuação dura e verdadeira", e Kean correspondeu a suas expectativas, ao contrário de Eliza O'Neill.

Embora Jane apreciasse uma grande performance trágica, a comédia era o seu verdadeiro amor. Ela tinha preferências muito particulares. "Downton e Matthews eram os bons atores", comentou depois de ver *O hipócrita*, adaptação de Molière escrita por Isaac Bickerstaffe.[336] Charles Mathews era um gênio cômico, muito famoso por seu "entretenimento monodramático" chamado *Em casa* – vale dizer, o primeiro *one-man-show*, no qual interpretou todos os papéis (mais ou menos como Jane Austen, quando lia um de seus próprios romances em voz alta, interpretava ela mesma todos os papéis).

Cada novo ator que aparecia nos palcos de Londres era dimensionado numa análise cuidadosa. Quando Daniel Terry assumiu o papel de Lord Ogleby em *O casamento clandestino*, Jane Austen não ficou muito convencida: "O novo sr. Terry era Ld Ogelby, e Henry crê que ele pode servir; mas não houve atuação mais do que moderada".[337] Surpreendentemente, ela se sentiu mais arrebatada pelo personagem de Don Juan numa versão de pantomima baseada em *O libertino*, de Thomas Shadwell: "Devo dizer que jamais vi alguém no palco que tenha sido um Personagem mais interessante do aquela combinação de Crueldade e Luxúria".[338] Aqui temos outro vislumbre incomum de Jane Austen no equivalente a um teatro "off-Broadway", saboreando a representação da Crueldade e da Luxúria.

Ela teve a sorte de ver a soberba atriz cômica Dora Jordan, estrela de Covent Garden e amante do duque de Clarence, interpretando a personagem de Nell em *The Devil to Pay**, um de seus papéis mais famosos. Nell é a tímida esposa de um sapateiro que se transforma, magicamente, numa senhora aristocrática que se revela uma esposa melhor para seu marido, Sir John, e uma patroa mais bondosa com seus empregados do que a irascível Lady Loverule. Por causa de seu sucesso nesse papel, Dora ficou conhecida como "Nell de Clarence". Jane experimentou "alta diversão" – forte elogio para uma mulher com seus padrões. Em 1801, ela se compadeceu de sua irmã quando Cassandra foi obrigada a abandonar uma viagem ao Covent Garden para ver a célebre atriz cômica: "Você fala com resignação tão nobre da sra. Jordan e da Opera House que seria um insulto supor necessidade de consolação".[339]

Suas avaliações sobre os atores eram sempre penetrantes, em observações aguçadas: "Os papéis eram mal distribuídos, e a Peça, pesada", afirmou sobre uma produção de *O mercador de Veneza*; Catherine Stephens era "uma pessoa aprazível", mas não tinha "habilidade alguma como atriz"; uma comédia estrelada por "Mathews, Liston e Emery" proporcionava, "claro, alguma diversão". Elizabeth Edwin, estrela de Drury Lane e atriz principal das montagens teatrais privadas do conde de Barrymore em Wargrave, mereceu seu frio desdém: "A sra. Edwin era a Heroína – e seu desempenho é bem o que costumava ser".[340]

---

* Algo como "*O pão que o diabo amassou*". (N.T.)

Provavelmente, seu ator favorito entre todos era Robert Elliston, estrela do Theatre Royal Bath. Ele era conhecido como "o ator quinzenal", pois era emprestado para os teatros de Londres, nos quais atuava uma vez a cada quinze dias. Apesar de ofertas lucrativas de Covent Garden e Drury Lane, recusava-se a sair de Bath por causa do negócio de sua esposa. Ela administrava sua própria academia de dança e postura na cidade, e ele não queria deixá-la. Por fim, em 1804, acabou sendo fisgado de vez por Londres, ao passo que Elizabeth, sua esposa, permaneceu em Bath. Em 1807, Jane Austen compartilhou com Cassandra uma fofoca de Bath recolhida de sua tia Leigh-Perrot: "'Elliston, ela nos conta, acaba de herdar uma fortuna considerável por ocasião da morte de um Tio. Eu diria não ser o suficiente para tirá-lo dos Palcos; ela deveria largar seu negócio e ir viver com ele em Londres".[341] O comentário demonstra sua lealdade a Elliston, tanto na vida profissional como na vida privada. Ela claramente desaprovava a controversa decisão de Elizabeth de continuar sua própria carreira sem o marido. Elliston interpretou o papel de Frederick em *Promessas de amantes* diversas vezes durante seu mandato no Theatre Royal Bath enquanto Jane Austen residiu na cidade.[342]

Austen teve a sorte de morar em Bath no período em que o Theatre Royal encontrava-se no "auge de sua glória".[343] O aparecimento das estrelas de Londres, combinado ao fascínio de Elliston, assegurou sua reputação como um teatro da mais alta categoria. Elliston era incomum na circunstância de ser intérprete de papéis ao mesmo tempo cômicos e trágicos. Jane Austen acompanhava sua carreira e o viu no palco em Londres, mas queixou-se de um declínio em seu padrão de atuação depois de sua mudança para a "grande Metrópole". Ela o viu atuar num "espetáculo melodramático" oriental chamado *Ilusão; ou os transes de Nourjahad*, mas ficou decepcionada com seu velho favorito: "Elliston era Nourjahad, mas é um tipo solene de papel, nem um pouco afeito a seus poderes. Não havia nele nada do *melhor Elliston*. Eu poderia nem tê-lo reconhecido, não fosse sua voz".[344] Ela claramente o preferia na comédia, uma opinião partilhada pela maioria dos críticos. Jane Austen pode ou não ter tomado conhecimento de que Elliston, por aquela altura, era um bêbado contumaz e um viciado em jogos de azar (Kean seguiria o mesmo caminho da ruína), mas seus comentários sobre a transformada aparência física do ator sugerem o triste declínio.

Jane Austen adorava em especial as peças nas quais os papéis sociais eram invertidos. *The Devil to Pay*, por exemplo, exemplifica a obsessão do teatro cômico pela mobilidade social e sua interferência interminável no status e nas boas maneiras. *Ela se curva para conquistar*, de Goldsmith, foi provavelmente a melhor comédia de sua época sobre divisão de classes e estratificação social: os georgianos se deliciavam com comédias que representassem cenas nas quais uma pessoa atravessava a fronteira da vida "inferior" para a "superior" ou vice-versa.

Jane Austen sabia captar com precisão as discrepâncias entre status e boas maneiras dentro da estrutura social rigorosamente circunscrita do seu mundo. Esse entendimento era profundamente moldado e esclarecido por seu interesse pelo drama. Seus confrontos dramáticos, como aquele entre Elizabeth Bennet e Lady Catherine de Bourgh, poderiam ter saído direto de comédias como *The Devil to Pay*. Lady Catherine é uma Lady Loverule. As cenas de batalha dos sexos entre Elizabeth e Darcy, com sua forte carga, fazem lembrar uma tradição cômica que remonta, passando por Congreve e pelos dramaturgos da Restauração, às provocações entre Beatriz e Benedicto em *Muito barulho por nada*, como perceberam alguns dos primeiros críticos de Jane Austen. A soberba arte do diálogo dramático de Austen, em *Orgulho e preconceito*, deve muito tanto à influência da comédia contemporânea quanto à da comédia de Shakespeare: essa é uma das razões pelas quais o romance se adaptou tão bem ao palco e à tela.

* * *

De modo espantoso, por muitos anos os críticos e leitores de Jane Austen acreditaram que ela desaprovava o teatro e o drama. A razão para isso era que tomavam a desconfiança de Fanny Price em relação às montagens teatrais privadas como um sentimento da própria autora. Nada poderia estar mais distante da verdade. A debacle das montagens privadas em *Mansfield Park* é apresentada num entrelaçamento brilhante de peça e romance, no qual os personagens fictícios revelam seus anseios e desejos sexuais secretos através da atuação.

O episódio teatral tem alta carga erótica. A personagem que observa tudo voyeuristicamente e orienta nossa reação é Fanny Price. Ela percebe que os jovens estão usando a encenação para mergulhar em "intimidades perigosas". A trama de *Promessas de amantes* corre paralela à trama principal do romance: o amor proibido entre um clérigo maçante, mas respeitável, e uma linda coquete (Edmund interpreta o clérigo Anhalt, e Mary Crawford, a coquete Amelia). Outra linha do enredo envolve uma mulher decaída (Agatha, interpretada por Maria Bertram) e um soldado perigosamente atraente (Frederick, interpretado, claro, por Henry Crawford). Como sua contraparte do palco, Maria acaba se tornando um pária social por conduta sexual inadequada.

Como Fanny sabe muito bem, os ensaios da peça dão aos amantes a liberdade de expressar seus sentimentos verdadeiros.

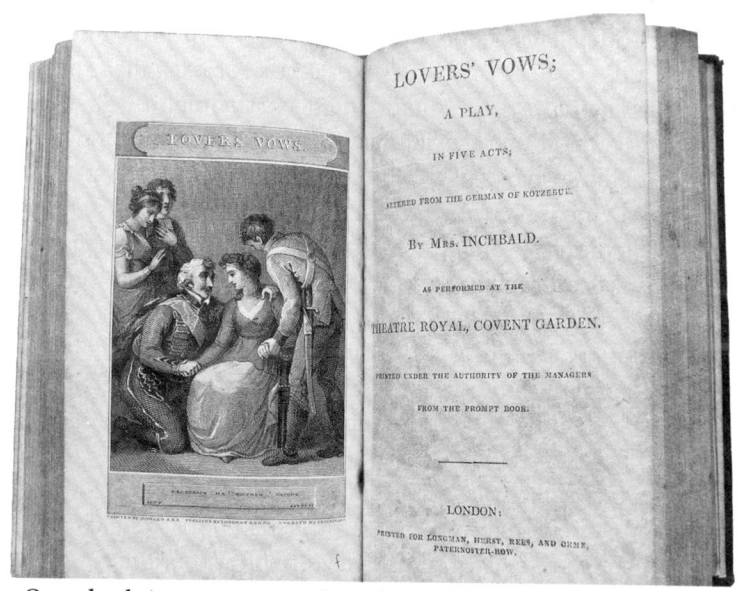

Quando abriram seus exemplares de *Promessas de amantes*, os jovens de *Mansfield Park* decerto constataram, de imediato, a perspectiva de encenar momentos de alta carga sentimental (com contatos corporais)

Os cenários teatrais / 181

As cenas com Maria Bertram e Henry Crawford permitem, e até exigem, na verdade, o flerte e o contato físico. As direções de cena revelam a extensão do contato físico entre o jovem e a mulher: "*Levantando-se e abraçando-o, inclina sua cabeça contra o peito dele, ele a abraça, Agatha o aperta contra o peito, Frederick pega sua mão e a coloca junto do coração*".[345] Fanny, claro, está observando a ação de perto, e até Mary Crawford graceja: "Esses dois ensaiadores incansáveis, Agatha e Frederick, por certo serão excelentes em seus papéis, pois ficam se abraçando sem parar. Se *eles* não forem perfeitos, eu ficarei surpresa."[346] A conduta deles, pelos padrões georgianos, já seria picante o suficiente na ausência de companhias femininas, mas a circunstância de que Maria Bertram é noiva (de um tolo rico que ela despreza) faz com que seu comportamento seja particularmente desagradável. O sr. Rushworth fica magoado e enciumado com o flerte da sua prometida. Os amantes dos romances de Jane Austen estabelecem contato físico muito raramente e por isso, quando o fazem, esse contato tem sempre uma forte carga sexual. Quando Julia faz seu anúncio melodramático de que a peça precisa ser interrompida o quanto antes porque seu pai retornou, só ela percebe que Henry retém a mão de Maria ao longo da crise.

Não é apenas a carga erótica do contato físico que ressoa, mas também as falas atrevidas pronunciadas pelos atores. Mary Crawford, a mais sexy das *femmes fatales* de Jane Austen, pergunta descaradamente: "Para qual cavalheiro entre vocês eu terei o prazer de dar o meu amor?". Edmund é incapaz de resistir ao impulso de assumir seu papel como amante dela. "Ninguém, a não ser uma mulher, pode ensinar a ciência de si mesma" é uma das falas de Amelia/Mary proferidas ao desconcertado clérigo Edmund/Anhalt. O pobre Edmund, perturbado, totalmente sem chão em face da sexualidade avassaladora de Mary, fica dividido, segundo lemos, "entre o seu papel teatral e o seu papel real".[347]

A memória mais estimada que Mary tem de Edmund envolve pensar nele numa posição de submissão sexual a uma mulher vivaz e sexualmente confiante:

"A cena que estávamos ensaiando era tão notável! O tema era muito... muito... como posso dizer? Ele precisava descrever e recomendar o matrimônio para mim. Quase consigo vê-lo agora, tentando ser tão recatado e sereno como Anhalt deve ser [...] Se eu tivesse o poder de trazer de volta uma semana qualquer da minha existência, seria justamente essa semana, essa semana de atuação. [...] Nunca experimentei uma felicidade tão magnífica em nenhuma outra semana. O espírito inflexível dele, dobrando-se daquele modo! Ah! Foi tão doce que não há como expressar."[348]

Ao passo que os romances góticos da época são repletos de heroínas "recatadas", intimidadas em submissão, sob o olhar ou sob a mão forte de vilões que lembram o estuprador Lovelace, de Richardson, aqui é a mulher que sente a "felicidade magnífica" de dobrar o "espírito inflexível" de um homem perante sua vontade.

Para os Crawford, a conquista sexual é a força motivadora em um relacionamento romântico. Num momento posterior, Henry decide, com desprendimento insensível, "fazer um buraco no coração da srta. Price", simplesmente porque pode fazê-lo, ou pensa que pode. Quando, para sua surpresa, a srta. Price o rejeita e ele reage se apaixonando por ela, Mary roga a Fanny que desfrute da conquista que ela obteve de um homem desejado por tantas mulheres: "a glória de abater alguém que foi caçado por tantas".[349]

Henry é encarado pelos outros como um ator talentoso, com "mais confiança do que Edmund, mais juízo do que Tom, mais talento e gosto do que o sr. Yates".[350] Seu estilo de atuação é "natural", em contraste com o do amigo fanático por teatro de Tom Bertram, o "declamador" melodramático sr. Yates. São o sr. Yates e Tom Bertram, o herdeiro de Mansfield Park, os responsáveis por trazer aos jovens as montagens teatrais. Como acontecia com as montagens da vida real em Steventon, tudo é realizado com o maior profissionalismo, apesar das alegações de Tom de que tudo de que precisam é "uma cortina verde e um pouquinho de carpintaria". Haverá um camarim, figurinos e maquiagem. Um caro pintor de cenários é contratado para vir de Londres. Um sistema de iluminação é providenciado. Tom distribui convites a "todas as famílias que lhe cruzassem o caminho".[351] Sua própria preferência na escolha de uma peça é *O herdeiro legítimo*, de George Colman, que lhe teria dado a oportunidade de renegar seu verdadeiro papel como herdeiro de um grande patrimônio e assumir, em vez disso, o papel de um irlandês cômico.

Tom é um dos personagens mais intrigantes do mundo ficcional de Austen: adora teatro e fantasias, é muito chegado ao dândi Yates, não entende direito as mulheres e as práticas sociais do cortejo, e não se casa, com o resultado, podemos supor, de que um futuro filho de Edmund e Fanny poderá muito bem herdar Mansfield. Jane Austen tinha pleno conhecimento de diversos escândalos homossexuais de alta repercussão, inclusive um caso envolvendo o escritor William Beckford, de quem ela parece ter sido parente distante. A associação entre o teatro e a homossexualidade tinha uma história muito longa. Se existe um personagem homossexual nos romances de Austen, sem dúvida é Tom Bertram.

Com o comportamento de Tom, a impertinência do sr. Yates, o jogo amoroso ilícito de Maria e Henry e o desmantelamento geral da residência – sobretudo no gabinete de Sir Thomas –, não é de surpreender que o chefe da casa exploda de raiva em seu retorno a Mansfield Park. Assim como os cenários teatrais da família Austen foram descartados no leilão de Steventon, as representações teatrais de Mansfield são suspensas, todos os exemplares de *Promessas de amantes* são queimados e "o pintor de cenários partira, tendo estragado apenas o piso de um aposento, arruinado todas as esponjas do cocheiro e deixado cinco dos criados subalternos ociosos e insatisfeitos".[352]

9

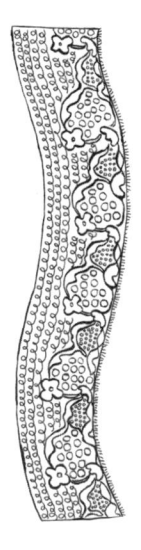

O cartão de renda

Cedo em uma manhã de setembro de 1813, durante uma estadia com seu irmão Henry em Londres, a "Metrópole da Inglaterra", Jane Austen comprou certa "renda trançada ótima". A renda, decerto, era mantida pelo vendedor num cartão. O comprimento requerido era desenrolado e cortado. A renda de bilro produzida domesticamente, oriunda em geral das Midlands inglesas, usava padrões copiados da renda de Malines trabalhada em malha de rede simples ou a partir da forte renda valenciana, que consistia em quatro fios entrançados com oito fios nas cruzes, como ilustrado no cartão mostrado aqui, que conserva a etiqueta de seu fabricante do século XIX.[353]

Há certos personagens, nos romances de Jane Austen, que vivem para fazer compras. Kitty e Lydia, as irmãs Bennet mais jovens em *Orgulho e preconceito*, são "tentadas três ou quatro vezes por semana" a tomar o rumo da cidade próxima de Meryton "a fim de visitar a tia e uma chapelaria que ficava bem no caminho".[354] Para Isabella Thorpe, em *A abadia de Northanger*, as lojas figuram entre as principais delícias de Bath: "Ouça, você não pode imaginar, acabei de ver um chapéu fabuloso na janela de uma loja em Milsom Street, bem parecido com o seu, mas as fitas não eram verdes, tinham cor de coquelicot; fiquei tão cobiçosa por ele!".[355] Sua nova melhor amiga, Catherine Morland, sempre ingênua, contrai o vírus das compras: "Mais para o fim da manhã, contudo, Catherine, tendo ocasião de sair em busca de uma indispensável jarda de fita que precisava ser comprada com a maior urgência, caminhou até a cidade".[356]

Os homens, com mais frequência os de caráter duvidoso, também podem ser viciados em compras: o primeiro vislumbre que temos de Robert Ferrars, em *Razão e sentimento*, é o de um homem causando uma longa espera na Gray's, uma loja real de Londres, em "discussão e análise por um quarto de hora sobre cada caixa de palitos de dente disponível na loja".[357] A preocupação excessiva com bens de consumo é mau sinal, como fica claro no maravilhoso parágrafo final de *Emma*:

> O casamento foi muito semelhante a outros casamentos nos quais os envolvidos não têm gosto por refinamentos ou ostentações; e a sra. Elton, pelos pormenores informados por seu marido, considerou tudo extremamente ordinário e muito inferior à cerimônia dela. "Bem pouco cetim branco, bem poucos véus de renda; um negócio dos mais lamentáveis! Selina ficaria de olhos arregalados quando soubesse." A despeito dessas deficiências, porém, os desejos, as esperanças, a confiança e as predições do pequeno bando de verdadeiros amigos que testemunhou a cerimônia foram plenamente correspondidos pela perfeita felicidade da união.[358]

(É sensacional que o sr. Elton de fato consiga casar Emma no final das contas, embora não no sentido desejado por ele, e fica salientado que a sra. Elton precisa contar com ele para um relatório quanto ao estilo da festa – ela não está entre o "pequeno bando de verdadeiros amigos" que se faz presente.)

Não obstante a clara implicação, aqui, de que "refinamentos e ostentações" não são o caminho para a felicidade, a própria Jane Austen gostava muito de fazer compras. Suas melhores oportunidades ocorriam quando ela se hospedava com Henry em Londres. No dia de setembro de 1813 em que comprou aquela "renda trançada ótima", ela foi à Wilding and Kent, uma movimentada loja de tecidos em New Bond Street, antes do desjejum, de modo a evitar as filas e ganhar "atenção imediata". A renda custou três xelins e quatro pence, uma soma nada insignificante, equivalente a cerca de dez libras ou quinze dólares em valores atuais. Jane retornou à residência de Henry em Henrietta Street para recuperar as forças, e eles mal haviam acabado de comer quando a carruagem se apresentou à porta. De onze até as três e quinze, junto com Edward, suas filhas e a sobrinha Fanny, os compradores "pegaram pesado". Eles percorreram a Newton's em Leicester Square (linho irlandês para Fanny), a Remmington's (meias de seda por doze xelins e algodão a quatro e três pence, "grandes pechinchas"), a Crook and Besford's para um lenço de seda branco a preço salgado (seis xelins – ela gostaria de ter se lembrado de comprar um mais barato no passeio pré-desjejum), Wedgwood's para um serviço de mesa ("acredito que o padrão é um pequeno Losango em púrpura, entre Linhas de estreito Dourado") e a loja de música Birchall's. Conseguiram até mesmo encaixar uma consulta odontológica para as crianças – a parte dolorosa do dia.[359]

Não havia outro lugar no planeta que pudesse superar Londres com suas lojas. Robert Southey, nomeado poeta laureado daquele ano (Walter Scott recusara o posto), escreveu sobre "a opulência e o esplendor das lojas: armarinhos, papelarias, confeitarias, docerias, gravadores de sinetes, prateiros, livreiros, vendedores de gravuras, negociantes de meias, fruteiras, vendedores de porcelana – uma colada na outra, sem intervalo, uma loja para cada casa, rua após rua, e milha após milha".[360] No interior dos estabelecimentos, os mostradores eram a inveja do mundo. Antes da guerra, uma visitante do continente, Sophie von la Roche, havia notado a superioridade da arte dos lojistas ingleses em relação aos franceses:

> Cada artigo se faz mais atraente ao olhar do que em Paris ou em qualquer outra cidade [...] Notamos, em especial, um artifício astucioso para exibir os materiais femininos. Sejam sedas, chitas ou musselinas, pendem em dobras por trás das belas janelas altas, de modo que o efeito deste ou daquele material, como se mostraria nas dobras ordinárias de um traje de mulher, pode ser estudado. Entre as musselinas, todas as cores estão em exibição, e assim a pessoa pode julgar que aparência o vestido teria na companhia de seus semelhantes.[361]

"Cuidado, minha Laura", uma jovem é advertida em "Amor e amizade", "cuidado com as insípidas vaidades e ociosas dissipações da Metrópole da Inglaterra; cuidado com os luxos sem sentido de Bath e com o fedorento peixe de Southampton".[362] Jane Austen não era um simples bicho do mato: ela passou grande parte de sua vida na cidade. Cinco anos de sua vida foram passados em Bath, e ela visitava Londres com frequência, sobretudo nos anos em que se tornou autora publicada.

A estância real de Bath só perdia para Londres em seu potencial comercial. Em *A abadia de Northanger*, primeiro romance de fôlego de Austen, a viagem de um vilarejo rural rumo à agitação de Bath é o rito de passagem da heroína para o mundo. O romance parece ter sido iniciado logo após a primeira visita registrada de Jane à cidade, em 1797. Em novembro desse ano, o *Bath Chronicle*, que era meticuloso em registrar as idas e vindas da pequena nobreza, observou a chegada de "Sra. e 2 Srtas. Asten".[363] A chegada de Jane, assim, foi anunciada por um erro de ortografia. Jane, Cassandra e sua mãe se hospedaram com tio e tia maternos, os Leigh-Perrot, no endereço elegante de Paragon Buildings.

A sra. Austen, como acontecia com frequência, não andava se sentindo bem, de modo que por certo ficou contente com a

Tia Leigh-Perrot

oportunidade de "usar as águas". O sr. Leigh-Perrot era o irmão rico que vivia numa mansão grandiosa chamada Scarlets, mas que vinha a Bath com regularidade, também a fim de usar as águas – no caso dele, para aliviar sua gota. O casal não tinha filhos, e fez de James Austen seu herdeiro. Jane não gostava da tia, que tinha uma reputação de ser autoritária, crítica e mesquinha, mas parece ter nutrido carinho pelo tio, que a presenteava com livros de sua própria biblioteca.

Elas permaneceram até pouco antes do Natal, dando a Jane tempo de sobra para conhecer a cidade e conceber seu primeiro romance "de Bath". Ela retornou em maio de 1799, dessa vez acompanhando seu irmão Edward. Sofrendo de "moléstia nervosa" e gota, ele estava seguindo uma orientação médica de experimentar as águas. Edward e sua esposa Elizabeth apanharam Jane em Steventon e fizeram a viagem para Bath, parando no caminho em Devizes, onde jantaram aspargos, lagosta e cheesecake.

Seu alojamento ficava no elegante número 13 de Queen Square. A senhoria, "uma mulher gorda de luto", mostrou-lhes os aposentos, "dois quartos de tamanho muito aprazível, com colchas sujas e tudo confortável", enquanto um gatinho preto corria pelas escadas. Eles chegaram sob chuva torrencial, de modo que não conseguiam visualizar as calçadas devido ao mar de guarda-chuvas. Mas Jane estava bastante animada, avistando da carruagem um amigo, o dr. Hall, "em luto tão absolutamente profundo que sua mãe devia estar morta, ou então sua esposa, ou então ele mesmo".[364]

Segundo parecia, Jane planejava trabalhar em outro romance durante essa visita. A julgar por um comentário jocoso que fez para Cassandra, ela levara o manuscrito de "Primeiras impressões" consigo. Pretextou que o motivo para tê-lo levado junto foi o de que, caso ficasse para trás, em Steventon, ele teria sido roubado por sua amiga Martha Lloyd: "Eu não deixaria Martha ler Primeiras Impressões de novo em hipótese alguma, e fico muito contente por não tê-lo deixado com você. Ela é muito ardilosa, mas consigo desvendar seus desígnios; ela pretende publicá-lo de Memória, e mais uma leitura cuidadosa por certo lhe permitiria fazê-lo".[365] A ideia de que Jane Austen não queria que sua família e amigos tomassem conhecimento de sua iniciativa como autora de romances é desmentida, aqui, pela informação de que ela compartilhara o projeto do livro que acabou se transformando em *Orgulho e preconceito* não apenas com Cassandra, mas também com Martha.

Mas é provável que ela também ainda estivesse pensando e planejando o romance de Bath, concebido sob o título original "Susan" e depois definido como *A abadia de Northanger*. A riqueza e os contatos de Edward lhe davam acesso a reuniões sociais, compras, danças, jardins recreativos e visitas a teatros, e tudo isso seria transformado em ficção. Bath parece tê-la energizado: "Não sei qual é o problema comigo hoje, mas não consigo escrever em quietude; fico sempre vagando para longe com alguma exclamação ou outra".[366]

Edward, em contraste, estava desalentado, deprimido e cansado. Jane esperava que sair para comprar chá, café, açúcar e queijo pudesse animá-lo. Ele planejava recorrer à água, experimentar banhos e, depois, até mesmo experimentar a "eletricidade". Bath ganhara fama pelo frisson da novíssima eletroanalgesia desde que o dr. James Graham, célebre sexólogo, começou a oferecer tratamentos elétricos para uma gama variada de condições, dos populares distúrbios nervosos à infertilidade, das febres ao reumatismo e à gota.

Graham iniciara sua carreira em Bath. Sua oferta de "Eflúvios, Vapores e Aplicações etéreas, magnéticas ou elétricas" atraía pacientes-celebridades. Entre os primeiros constava a formidável historiadora e literata Catherine Macaulay, que ficou tão estimulada pelo sistema de Graham que se casou com seu irmão de 21 anos, sequer a metade da idade dela. Isso impulsionou o dr. Graham à fama nacional. Ele se mudou para Londres e, em dependências de primeira linha em Pall Mall, montou seu leito eletromagnético-musical "Grand State Celestial Bed", uma forma exótica de tratamento de infertilidade. A Celestial Bed tinha uma armação interna inclinante que, supostamente, colocava casais na melhor posição para engravidar. Os movimentos acionavam uma música de tubos de órgão que sopravam "sons celestiais", cuja intensidade aumentava conforme o ardor dos ocupantes da cama. Fragrâncias estimulantes eram liberadas no "templo de Hímen", o dossel que cercava a cama elétrica. Um par de pombas vivas esvoaçava acima. Embora o dr. Graham tenha morrido em 1794, o tratamento elétrico continuou popular em cidades balneárias como Bath e Bristol.

Jane tinha dúvidas quanto à eficácia da eletricidade para os nervos calejados de Edward, mas certa terapia de compras parecia melhorar seu ânimo. Ele comprou uma bela parelha de cavalos pretos de tração por sessenta guinéus. Jane se sentia claramente deleitada por estar em Bath, com suas lojas e oportunidades culturais. Bath era a rainha das estâncias hidrominerais. O *Novo guia de Bath* de Christopher Anstey, publicado nesse mesmo ano de 1799, enaltecia suas virtudes e fixava as regras para a convivência social educada:

> Pela manhã, o rendez-vous se dá no Salão da Fonte; desse período até o meio-dia, indica-se caminhar pelos Passeios Públicos, ou pelas diferentes áreas da cidade, visitando as lojas etc; daí para o Salão da Fonte novamente e, após novo giro, para o jantar; e do jantar para o Teatro (que é célebre por uma excelente trupe de comediantes) ou para os Salões, onde a dança, ou a mesa de jogo, conclui a noite.[367]

A família tirou proveito dos divertimentos em oferta. No teatro, desfrutaram de uma apresentação da comédia *O aniversário*, de August von Kotzebue, autor do original alemão de *Promessas de amantes*. E apreciaram sobretudo Sydney Gardens, tido como o melhor jardim recreativo fora de Londres.

Repleto de plantas exóticas e árvores cingidas por lâmpadas multicolores, Sydney Gardens ostentava cascatas espetaculares, caminhos de cascalho bem nivelados para passear e apreciar a vista, um pavilhão de pedra com assentos para fazer lanches e contemplar a orquestra bem iluminada abaixo, e havia até balanços para as damas. Para os enamorados, havia abrigos reservados ou grutas. Notoriamente, uma das grutas mais privadas servira como local de cortejo para o dramaturgo Richard Sheridan e Elizabeth Linley, cantora e atriz de rara beleza (os dois fugiram para a França, abaixo da idade para o casamento legal, quando ela tinha dezessete anos e ele sequer havia chegado aos 21). Havia também um charmoso labirinto, com oitocentos metros de extensão, que a pessoa poderia levar até seis horas para percorrer, a um custo individual extra de três pence. Em noites de gala, no verão, havia espetaculares fogos de artifício, iluminações e apresentações de transparências.

"Apareceu uma lista muito longa de Chegadas aqui, no Jornal de ontem, de modo que não precisamos temer, de imediato, a Solidão absoluta", Jane Austen relatou certo dia em maio de 1799, "e há um desjejum público em Sydney Gardens todas as manhãs, de modo que não ficaremos totalmente esfomeados". Ela informou a Cassandra, em seguida, seus planos de comparecer a uma noite de gala: "Haverá uma grande festa de gala na noite de terça-feira em Sydney Gardens – um Concerto, com Iluminações e fogos de artifício".[368] Jane ficou desapontada quando choveu, mas eles voltaram para outra noite de gala duas semanas depois: "Não fomos antes das nove, e então chegamos bem a tempo para os Fogos de artifício, que foram realmente lindos, superando minha expectativa; as iluminações também eram muito bonitas".[369]

Sair para fazer compras era magnífico ("a pessoa pode mal tirar o pé de casa e obter algo em cinco minutos"), e Jane tinha encomendas dos familiares e amigos de Hampshire: meias para sua sobrinha Anna, sapatos para Martha Lloyd, tecido para Cassandra.

Ela contou às garotas que, no estilo do momento em matéria de chapéus, "as flores são muito usadas, e a Fruta é ainda mais a Moda [...] Não consigo deixar de pensar que é mais natural ter flores crescendo na cabeça do que frutas. O que você pensa sobre o assunto?".[370] Cassandra pediu um raminho de flores, e Mary, um véu de musselina preta. Jane percorreu lojas em busca de uma renda para orlar um novo manto que mandara fazer, e desenhou seu delicado padrão na carta que mandou para casa: "Estou muito contente por Você ter gostado da minha Renda, e Você também está e Martha também está. E estamos todas contentes juntas".[371] A renda logo assumiria um aspecto menos feliz para a família Austen.

*　*　*

Jane Austen não era a típica mocinha propensa a histerias ou desmaios. Nos cadernos de velino, ela satiriza heroínas tontas que "desmaiam alternadamente no sofá". No entanto, de acordo com a tradição familiar, afundou em grande aflição – chegando ao ponto de desmaiar – quando, no início de dezembro de 1800, retornou de uma estadia com sua amiga Martha Lloyd para ouvir, da boca

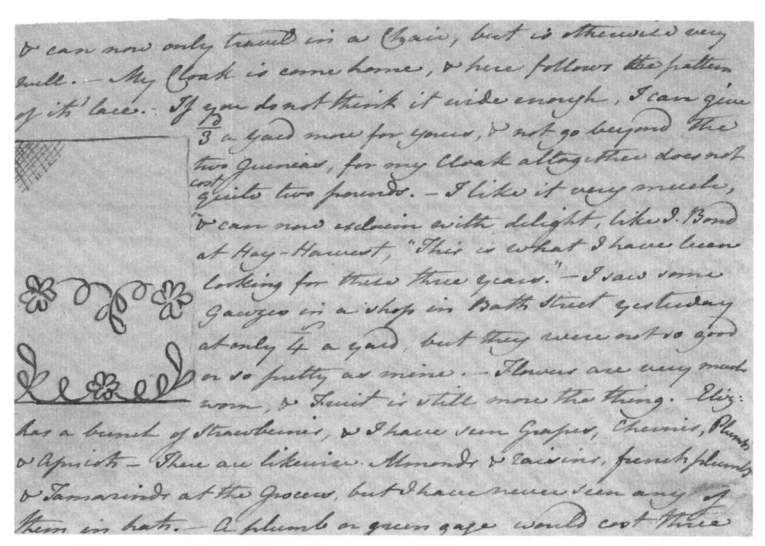

"Segue aqui o padrão de sua renda": carta para Cassandra, na caligrafia de Jane, Bath, 1799

de sua mãe, que a família tomara uma decisão em sua ausência: os Austen trocariam Steventon por Bath. De acordo com a lenda familiar, Jane Austen foi saudada pelo anúncio chocante de sua mãe: "Bem, meninas, está tudo resolvido, nós decidimos deixar Steventon em tal semana e ir para Bath".[372]

Anna Lefroy pensava que a mudança ocorrera por causa da saúde da sra. Austen. O irmão Frank acreditava que seu pai "se sentia incapacitado demais, por idade e crescentes enfermidades, para desempenhar suas funções paroquiais de forma satisfatória para si".[373] Ele faria setenta anos na primavera, e as crianças estavam todas crescidas. Era hora de entregar o presbitério para James. E Bath poderia proporcionar melhores perspectivas de casamento para as duas filhas solteiras, cuja idade avançava. O vigésimo quinto aniversário de Jane chegou duas semanas depois do anúncio indesejado.

Contudo, considerando-se que ela tão claramente apreciara suas visitas a Bath, por que motivo ficara tão atônita com a notícia de que a família iria se transferir para lá? Em parte era um choque, claro, a ideia de abandonar a casa na qual ela se criara. Mas havia algo mais: Bath tinha sido cenário de um grande escândalo envolvendo a própria tia que a hospedara em Paragon Buildings, um escândalo cujo ponto crítico se dera num processo judicial noticiado nacionalmente em março de 1800.

Apenas dois meses depois de Jane Austen ter voltado para casa na sequência da visita feliz a Bath com o irmão Edward, sua tia Leigh-Perrot foi detida e presa por furtar uma loja. Alegou-se que ela roubara um caro cartão de renda branca de uma loja de artigos femininos em Bath Street, localizada perto da esquina depois de Westgate Buildings. A majestosa e abastada sra. Leigh-Perrot foi enviada à cadeia de Ilchester, colocada em detenção preventiva no aguardo do inquérito judicial de Taunton.

Quando a notícia chegou à família Austen em Steventon, a sra. Austen propôs, de imediato, enviar suas filhas para lhe fazer companhia. É extraordinário pensar em Jane e Cassandra Austen se dirigindo voluntariamente a uma prisão. Mas a sra. Leigh--Perrot não quis nem saber de permitir que "essas Elegantes Jovens mulheres viessem a ficar [...] Encarceradas em uma Prisão".[374]

Seu marido, apesar da saúde precária, insistiu em acompanhá-la. Graças a sua riqueza, eles foram capazes de obter acomodação na casa do próprio carcereiro, e, portanto, as condições não foram tão ruins como poderiam ter sido – embora os dois devam ter se sentido a uma distância longínqua da elegância e dos aposentos espaçosos de Scarlets.

Não é de surpreender a inexistência de qualquer menção ao escândalo no livro vitoriano de memórias que a família produziu sobre Jane Austen, e nenhuma de suas cartas desse período sobreviveu. Mas o julgamento foi publicado num panfleto, e as cartas da sra. Leigh-Perrot para um primo fornecem um relato dos horrores que ela enfrentou.[375] Os Scadding, o carcereiro e sua esposa, tinham cinco filhos pequenos e barulhentos, e sua casa era suja e apertada. O sr. Leigh-Perrot, para quem "a limpeza foi sempre seu maior deleite", era forçado a suportar um recinto cheio de sujeira e fumaça de chaminé, e torradas gordurosas deitadas em seus joelhos pelas crianças, que não usavam pratos e derramavam a cerveja do pai em cima dele. O método de lavar louça da sra. Scadding era lamber as cebolas fritas de sua faca antes de utilizá-la. Os detalhes dos aposentos e crianças sujos são semelhantes às cenas de Portsmouth em *Mansfield Park*. A sra. Leigh-Perrot relatou que sua pior desgraça era ver o marido suportando "Vulgaridade, Sujeira, Barulho da Manhã à Noite". Os Leigh-Perrot conviveram com isso de agosto até março do ano seguinte.

À luz das evidências, parece provável que ela fosse culpada. A sra. Leigh-Perrot tinha ido às compras em busca de um cartão de renda para orlar um novo manto, dirigindo-se a um armarinho chamado Smith's, em Bath Street. Ela comprou um cartão de renda preta e saiu da loja para encontrar seu marido. O casal passou caminhando pela loja, algum tempo mais tarde, e foi detido por uma lojista, que acusou a sra. Leigh-Perrot de roubar um cartão de renda de fio branco, no valor de vinte xelins (uma libra – o equivalente hoje a cerca de cem libras ou 150 dólares). A sra. Leigh-Perrot abriu seu embrulho; o cartão de renda branca foi recuperado e levado de volta para a loja. O casal não pensou mais no assunto até que, dias depois, ela foi presa por apropriação indébita.

O cartão de renda / 195

A questão em jogo era o custo da renda. Por valer vinte xelins, o furto era um delito grave, punível com morte por enforcamento ou, pelo menos, deportação. Devido ao destaque da sra. Leigh-Perrot na comunidade local, o segundo destino era mais provável, e, assim, o devotado Leigh-Perrot começou a colocar seus negócios em dia para que pudesse acompanhar a esposa rumo à Austrália se o pior viesse a acontecer. Havia fofocas de que ele era dominado pela mulher, e suas cartas a ela, de fato, sugerem uma personalidade bastante submissa.

Conforme o julgamento se aproximava, a família se uniu em apoio à sra. Leigh-Perrot. James Austen quebrara uma perna num acidente a cavalo, e, por isso, foi incapaz de correr ao seu encontro, mas a sra. Austen, mais uma vez, propôs enviar Cassandra e Jane. A sra. Leigh-Perrot, outra vez, recusou a oferta: "Tampouco eu poderia aceitar a Oferta de minhas Sobrinhas – ter duas Jovens Criaturas submetidas a olhares em um Tribunal público seria de cortar o coração".[376]

Seus defensores estavam convencidos de que ela tinha sido encurralada por chantagistas inescrupulosos, mas havia muitos outros convencidos de sua culpa. De modo incriminador, seu próprio advogado, Joseph Jekyll, acreditava que ela era culpada. Richard Austen-Leigh escreveu em privado: "Jekyll considerava a sra. L.P. uma cleptomaníaca, e que ela de fato roubou o material, provavelmente de forma intencional". Anos depois, outra história circulou: a sra. Leigh-Perrot teria sido apanhada roubando plantas de uma loja de jardinagem.

A plausibilidade de sua culpa é sublinhada pelo fato de que seus quatro advogados de defesa não apresentaram acusação de chantagem contra a lojista, que consultara imediatamente os magistrados locais. Em vez disso, argumentaram que o vendedor havia colocado a renda branca no pacote por engano. E é de se perguntar por que razão o sr. Leigh-Perrot fez planos para a deportação, se acreditava na inocência da esposa.

Seu próprio advogado a chamou de "surripiadora", alguém capaz de roubar e que de fato roubava objetos pequenos. A cleptomania foi definida pela primeira vez, no século XVIII, como uma condição psicológica envolvendo "ânsias recorrentes, fortes e repentinas de roubar itens dos quais a pessoa não precisa e que podem ter pouco valor, ou que a pessoa pode ter recursos para comprar".[377] As pessoas afetadas pela cleptomania são, invariavelmente, mulheres que, como diz hoje a psicologia moderna, vivenciam tensão antes do furto e, em seguida, um alívio da tensão após o ato. É de se perguntar se a sra. Norris estava se mostrando apenas gananciosa ou exibindo sintomas do impulso doentio quando, após a debacle de *Promessas de amantes*, ela "maquinou para tirar da vista dele [Sir Thomas] um artigo que o teria incomodado. A cortina – cuja confecção ela presidira com tamanho talento e tamanho sucesso – foi despachada consigo para seu chalé, onde, por obra do acaso, ela enfrentava uma particular carência de baeta verde".[378]

Depois de um dia inteiro de audiência no inquérito de Taunton, em março de 1800, a sra. Leigh-Perrot foi – contrariando bastante o saldo das evidências – absolvida por unanimidade pelo júri. O casal retornou para Bath e para uma calorosa recepção de todos os seus amigos. Contudo, a lama deixa marcas, e, como figura proeminente na cidade, a sra. Leigh-Perrot passou a ser ridicularizada com frequência. Pouco depois da absolvição, ela recebeu uma carta anônima sugerindo que uma gravura tinha sido encontrada e seria publicada: era a caricatura de um papagaio* segurando um cartão de renda em seu bico. Além disso, o panfleto de dois xelins que contava a história do julgamento em todos os seus cruentos detalhes se fez prontamente disponível em todas as boas livrarias, com o editor proclamando que "a curiosidade geral que vem sendo gerada" pelos "diversos e contraditórios relatos nas impressões públicas" fazia o empreendimento valer a pena.

O julgamento havia custado, supostamente, duas mil libras ao sr. Leigh-Perrot, dinheiro que James Austen (herdeiro dos Leigh-Perrot) pode muito bem ter considerado como mal-empregado. Não obstante, as relações familiares permaneceram boas. O escândalo não foi suficiente para fazer com que os Austen pensassem duas vezes quanto à mudança para Bath, mesmo que tenha tido algum peso na reação da filha perante a partida impulsiva. A própria Jane escreveu sobre o deleite de sua tia Leigh-Perrot

---
* "Parrot", trocadilho com o nome Leigh-Perrot. (N.T.)

A cena do crime (Bath Street) e o relato do caso

THE
TRIAL
OF
JANE LEIGH PERROT,
WIFE OF
JAMES LEIGH PERROT, Esq;

CHARGED WITH

STEALING a CARD of LACE,
IN THE SHOP OF
ELIZABETH GREGORY,
HABERDASHER and MILLINER, at BATH,

BEFORE

Sir SOULDEN LAWRENCE, Knight,
ONE OF THE JUSTICES OF HIS MAJESTY'S COURT OF
KING'S BENCH.

AT TAUNTON ASSIZES,

On Saturday the 29th Day of March, 1800.

TAKEN IN COURT BY
JOHN PINCHARD, Attorney,
Of TAUNTON.

TAUNTON:
Printed by and for THOMAS NORRIS, White-lion-court;
And Sold by CARPENTER and Co. 14, Old Bond-street; E. NEWBERY,
St. Paul's Churchyard; HURST and Co. Paternoster-Row, London;
MEYLER, Bath; SHEPPARD, Bristol; COLLINS, Salisbury;
NORRIS, and POOLE, Taunton; and all other Bookfellers.

com a notícia da chegada iminente: "Ela vê com o maior prazer o nosso estabelecimento em Bath".[379]

Apesar da "grande aflição" que Jane sentiu ao ser arrancada da casa paterna em Steventon sem consulta prévia de qualquer espécie, as cartas sugerem que seu humor logo mudou. Há um senso de entusiasmo com a perspectiva da vida na cidade: "Fico mais e mais reconciliada com a ideia de nossa retirada", escreveu para Cassandra. "Já vivemos por tempo suficiente nesta Vizinhança, os Bailes de Basingstoke encontram-se certamente em declínio, há algo de interessante no alvoroço de ir embora, e a perspectiva de passar futuros verões junto ao Mar ou em Gales é absolutamente deliciosa. Por algum tempo, agora, contaremos com várias das vantagens que muitas vezes invejei nas esposas de Marinheiros ou Soldados."[380]

A família discutiu diversas localizações com toda a empolgação de quem vai comprar uma casa na cidade pela primeira vez: a sra. Austen gostava da ideia de Queen Square, mas seu marido preferia Laura Place, e Jane achava que seria divertido morar perto de Sydney Gardens, de modo que "poderíamos passear no Labirinto todos os dias".[381] Outro assunto a resolver era a questão da criadagem. Jane brincou que "Planejamos ter uma Cozinheira estável, e uma jovem Doméstica tonta, com um sereno Homem de meia-idade que deverá responder pelo duplo cargo de Marido da primeira e namorado da segunda. Nenhuma Criança, claro, será permitida de ambos os lados".[382]

Mas também havia questões a resolver em Steventon, não menos importante, entre elas, o leilão do mobiliário. Numa carta escrita no dia da mudança, Jane menciona a perda de seu pianoforte e de sua própria biblioteca – um detalhe lamentável, levando em conta o quanto seus livros e sua música significavam para ela. Jane não fez qualquer tentativa de disfarçar seu desgosto em relação ao irmão James e sua esposa, que, segundo suspeitava, haviam incentivado o plano de aposentadoria em sua ausência e se oferecido para comprar vários dos bens móveis da residência paroquial a um preço muito abaixo do que ela considerava justo: "O Mundo todo está numa conspiração para enriquecer uma parte da nossa família em detrimento da outra".[383]

Jane Austen e sua mãe deixaram Steventon para passar alguns dias procurando uma casa antes da chegada de Cassandra e do pai. As casas que elas viram primeiro eram úmidas e inadequadas, mas a família firmou, afinal, uma locação de três anos e três meses em Sydney Place, número 4, de frente para Sydney Gardens, onde Jane manifestara sua preferência por morar. Os planos para os anos seguintes previam invernos em Bath e verões à beira-mar.

Foi um período feliz para os pais de Jane Austen. Anna Austen, filha de James com sua primeira esposa, recordava com vividez a aposentadoria satisfeita em Bath e como eles "pareciam desfrutar do contentamento de sua vida na Cidade, e sobretudo, talvez, o resto a que seus anos avançados lhes davam direito [...] Sempre me pareceu que esse foi o breve Feriado de sua vida conjugal".[384]

Existem apenas cinco cartas remanescentes dos cinco anos que Jane Austen viveu em Bath. Essa circunstância ocasionou muitos mal-entendidos e especulações. Alguns biógrafos sugeriram que esse período foi um tempo estagnado para sua escrita. Um relato bastante lido sugere que ela ficou "incapacitada como escritora", mergulhando em silêncio, se não em depressão.[385] Mas Jane tinha consigo sua escrivaninha portátil, e nada iria impedi-la de escrever. Ela começou um novo romance, *Os Watson*, e finalizou e vendeu seu primeiro romance de Bath, "Susan". Com efeito, a publicação do livro foi anunciada como prevista para a primavera de 1803. Ela deve ter acreditado que estava prestes a se transformar no que desejava ser – uma autora. Com ela, em Bath, estavam os manuscritos de não menos do que três romances concluídos, "Elinor e Marianne" (provavelmente reescrito como *Razão e sentimento* por essa altura), "Primeiras impressões" e *Lady Susan*, todos, sem dúvida, passando por frequentes alterações, ponderações e discussões.[386]

Muitas das leituras de Jane Austen no século XX se fixaram na suposição de sua inamovível ligação à vida no vilarejo e profunda desconfiança quanto aos prazeres urbanos – entre eles, o teatro em primeiro lugar. Mas ela mesma parodiou esse grande clichê quando escreveu de Londres: "Aqui estou eu, mais uma vez, neste Cenário de Dissipação e vício, e já começo a sentir minha Moral corrompida".[387] Temos todas as razões para crer que Jane gostava da vida urbana. Em *A abadia de Northanger*, Catherine Morland declara seu entusiasmo sobre Bath, observando que "há muito mais monotonia na vida no campo do que na vida em Bath. No campo, cada dia é exatamente igual aos outros".[388] Era justamente desse tipo de tédio que Jane Austen estava disposta a escapar.

Ela não demorou a explorar as bibliotecas de circulação. Havia mais de dez dessas bibliotecas em Bath ao final do século XVIII. No ano em que Jane se mudou, o *Bath Journal* anunciou a abertura de uma nova biblioteca pública. Seu propósito era beneficiar tanto moradores como visitantes, com uma coleção de livros normalmente incomum nas bibliotecas de circulação: livros de referência, periódicos estrangeiros, história, matemática, tabelas astronômicas e assim por diante. Também em 1801, houve notícia de um novo café que servia desjejuns, jantares e ceias no mesmo sistema de Londres.

De todos os espaços de lazer desenvolvidos em Bath nesse período, os dois mais populares eram os bailes públicos e os passeios. Os atos de caminhar e dançar podem ser considerados como uma forma de exercício, mas, mais importante, esses passatempos favoreciam a socialização e a exposição pessoal. Jane Austen adorava ambas as atividades. Nas poucas cartas de Bath ainda existentes, ela lista os longos passeios que fez, um deles com duração de duas horas – uma excursão a Beacon Hill e, através dos campos, a Charlcombe. Ela também gostava de passear pelo Royal Crescent, e de caminhar por Crescent Fields e Lansdown Hill. As caminhadas a Weston, Lyncombe e Widcombe eram outros passatempos favoritos. As praças e os cruzamentos eram, na verdade, como salões ao ar livre nos quais as pessoas passeavam, flertavam e fofocavam.

Em Bath, os bailes eram divididos em bailes regulares e aqueles associados a ocasiões especiais – por exemplo, o evento do aniversário da rainha. Os Salões Baixos, de acordo com o *Novo guia de Bath* de Anstey, dispunham de um fabuloso salão de baile, 27 metros de comprimento e onze metros de largura, com teto em estuque e belas vistas do rio, do vale e das colinas adjacentes. Pinturas adornavam as paredes – mais proeminente entre elas, um retrato de Beau Nash –, e os recintos eram elegantemente decorados com candelabros e girândolas. Havia dois salões de chá, um aposento dedicado aos jogos de xadrez e gamão e uma sala de carteado com dezoito metros de comprimento. Os bailes, de acordo com o *Guia*,

> Começam às seis horas e terminam às onze [...] Por volta das nove horas, os cavalheiros regalam suas parceiras com chá, e, passado isso, os convivas prosseguem suas diversões até que chega o momento do encerramento do baile. Então o Mestre de Cerimônias, adentrando o salão de baile, ordena que a música cesse, e, com as damas logo após descansando até se sentirem refrescadas, seus parceiros concluem as cerimônias da noite levando-as até os carros leves nos quais serão transportadas para seus respectivos alojamentos.[389]

É num baile dos Salões Baixos que Henry Tilney é apresentado a Catherine Morland: enquanto "regala sua parceira com chá", ele a acusa, rindo, de manter um diário no qual teme aparecer em má figura. "Posso sugerir", ele pergunta, "o que a senhorita deveria dizer?" [...] "Dancei com um jovem muito agradável, apresentado pelo sr. King; conversamos durante longo tempo, parece ter uma inteligência extraordinária."[390] O sr. King foi o mestre de cerimônias da vida real para os Salões Baixos de 1785 até 1805, quando virou mestre de cerimônias para os Salões Altos – outro exemplo de Austen tornando seus romances realistas através da introdução de detalhes da realidade.

O salão de baile também era usado durante o dia como passeio, pois suas janelas ofereciam vistas amplas do Avon. Era costume da moda que as pessoas convidassem umas às outras para um desjejum nos Salões Baixos depois de tomar seus banhos no início da manhã ou o primeiro copo de água mineral.

Os Novos Salões de Dança, abertos em setembro de 1771, ficavam localizados no canto leste do Circus. Foram construídos mediante subscrição, sob a direção de John Wood. O salão de baile tinha 32 metros de comprimento e treze metros de largura, era decorado com retratos de Gainsborough e ostentava cinco espetaculares candelabros em seu teto ornamentado com painéis. Na extremidade do salão havia espelhos com molduras douradas.

No caminho para a sala de concerto ou de chá, a pessoa atravessava o salão octogonal, que, com a elegância de seu friso e o teto abobadado, abria-se para o salão de baile, a sala de chá e a sala de carteado. A arquitetura em plano aberto era deliberada: os recintos foram construídos de uma forma mais ou menos circular para incentivar o livre fluxo dos convivas. É no salão octogonal que Catherine Morland e Isabella Thorpe marcam um encontro com seus irmãos, e esse salão também é o ambiente para a cena do romance de Bath bem posterior, *Persuasão*, entre Anne Elliot e o capitão Wentworth, quando Anne se permite a esperança de que ele ainda a ame.

As festas de Bath eram organizadas com base em subscrição. Os bailes e concertos eram realizados pelo menos duas vezes por semana. De acordo com o *Novo Guia de Bath*, havia dois bailes a rigor todas as semanas, nos Novos Salões na segunda-feira e, na sexta-feira, nos Salões Baixos. E havia dois bailes de fantasia a cada semana, nos Salões Baixos na terça-feira e nos Novos Salões na quinta-feira, com subscrição de meio guinéu. Concertos eram realizados às quartas-feiras. O baile a rigor de segunda-feira era dedicado apenas a quadrilhas, e, nos bailes de fantasia das terças e quintas, dois cotilhões eram dançados, um antes e outro depois do chá. O baile de fantasia não era um baile de vestidos extravagantes ou de máscaras, mas uma ocasião em que as regras rigorosas quanto aos trajes de noite eram relaxadas. As damas usavam saias mais curtas para o cotilhão, com os vestidos longos erguidos longe do chão, como em *A abadia de Northanger*, quando Isabella e Catherine prendem as caudas uma da outra para a dança.

Assim como nas danças de duas vezes por semana e nos concertos de meio de semana nas quartas-feiras, o teatro oferecia apresentações às terças, quintas e sábados. Em *A abadia de Northanger*, a regulada uniformidade do circuito social the Bath é parodiada em um diálogo entre Catherine e Henry nos Salões Baixos:

– Nunca esteve aqui antes, senhorita?
– Nunca, senhor.
– Não diga! Já honrou os Salões Altos com sua presença?

– Sim, estive lá na última segunda-feira.
– Já foi ao teatro?
– Sim, senhor, assisti à peça na terça-feira.
– Ao concerto?
– Sim, senhor, na quarta-feira.
– E Bath agrada-lhe de modo geral?
– Sim, me agrada muito.
– Agora vou dar um sorriso artificial, como convém, e então poderemos ser racionais novamente.[391]

Quando chegou a Bath, em maio de 1801, Jane Austen compareceu ao penúltimo baile da temporada. Ficou surpresa por ver os Salões de Dança muito tranquilos, com meros quatro casais dançando antes do chá:

> Vesti-me tão bem quanto pude, e todo o meu requinte foi bastante admirado em casa. Pelas nove horas, meu Tio, minha Tia e eu adentramos os salões e unimos a srta. Winstone a nós. Antes do chá, estava um negócio aborrecido; porém, o antes do chá não durou muito tempo, pois havia somente uma dança, dançada por quatro pares. Pense em quatro pares, rodeados por cerca de cem pessoas, dançando nos Salões Altos em Bath! Depois do chá, nós nos *animamos*; o dispersar de reuniões privadas enviou mais algumas vintenas ao Baile, e, embora em quantidade desumana e chocantemente escassa para o lugar, havia gente o bastante, suponho, para render cinco ou seis belíssimos bailes de Basingstoke.[392]

Mesmo assim, ela gostou de ficar observando uma prima distante, a notória Mary-Cassandra Twiselton: "Tenho o orgulho de dizer que fiquei de olho bem atento em uma adúltera"; ela não estava "tão bonita como esperado", mostrando-se, na verdade, ligeiramente careca e altamente coberta de ruge.[393] Mary-Cassandra se divorciara havia pouco de seu marido, sempre um acontecimento de alta repercussão na época, pois envolvia uma ação legal na Câmara dos Lordes. Uma doméstica havia testemunhado que

Mary-Cassandra se gabara da destreza sexual de seu amante em comparação com a de seu marido.

Os primos de Jane Austen pela família Twiselton tinham, sem dúvida, um histórico conturbado: o irmão mais velho de Mary-Cassandra empreendera uma fuga romântica para a Escócia depois de se envolver num relacionamento inadequado durante certa montagem teatral amadora. O casamento foi um desastre, e ele acabou se divorciando da esposa e virando clérigo. Austen mencionou esse primo em uma carta de 1813.

Austen continuou seu relato sobre o primeiro baile depois de sua chegada a Bath com uma descrição entusiasmada de seu próprio vestido branco novo. Jane parecia preferir grupos maiores: "Eu detesto grupos pequenos – eles nos forçam a um empenho constante".[394] Catherine Morland revela uma inclinação menos favorável aos grandes agrupamentos. Quando comparece a sua primeira reunião social, ela fica chocada ao ver o sr. Allen partindo rumo à sala de jogos, deixando que as damas se virassem sozinhas na tarefa de abrir caminho pela multidão de jovens cavalheiros junto à porta. Tão abarrotado estava o salão que ela só consegue vislumbrar as plumas altas das damas.

O primeiro romance de Bath escrito por Austen retrata uma cidade de diversões, sociabilidade e prazer, embora possa se mostrar, claro, dolorosa e humilhante quando os códigos sociais são mal interpretados. As inocentes infrações do decoro cometidas por Catherine de fato lhe causam desassossego, como acontece com noivados desfeitos e a ausência de um parceiro de dança num baile. Como a adolescente que é, Catherine oscila entre a extrema felicidade e o desespero; num determinado momento, sua "sua alma dançou em seu íntimo, dançou como a charrete que a levou para casa"; no momento seguinte, ela experimenta a "notícia mortificante" de que os Tilney a visitaram apenas para descobrir que ela saíra de carro com John Thorpe.[395] Naquela noite, ela chora até pegar no sono. A irônica narração em terceira pessoa de Austen mantém o necessário distanciamento em relação à heroína, mas nunca é insensível quanto à relevância de questões aparentemente triviais como os sentimentos de uma mocinha. Ela é muito mais severa no tocante a personagens que, em sua expressão, contam mentiras para exagerar sua importância, ou manipulam os outros em benefício próprio, sem levar nada em conta exceto sua própria gratificação. A entrada de Catherine na sociedade é um crescimento de aprendizado, tanto quanto foi para sua predecessora literária, a Evelina de Fanny Burney.

Jane Austen tinha plena noção da reputação de Bath como mercado casamenteiro. Em *Emma*, a sra. Elton diz para Emma: "E quanto às recomendações do lugar à senhorita, creio que não preciso ter o trabalho de me demorar nelas. As vantagens de Bath para os jovens são mais do que bem conhecidas".[396] Em *A abadia de Northanger*, a cidade termal faz jus a sua reputação como local destinado à busca do contato social e sexual. Isabella fisga Frederick Tilney manipulando-o contra o irmão de Catherine. A afeição de Henry Tilney por Catherine "originou-se de nada mais que um sentimento de gratidão, ou, em outras palavras, a convicção de que Catherine gostava dele fora o único motivo que o fizera considerá-la seriamente". Para Catherine, Bath é uma cidade do prazer, na qual encontra um marido no primeiro homem com quem dança: "Aqui há uma variedade de divertimentos, uma variedade de coisas para ver e fazer o dia inteiro, e lá não há nada que se assemelhe [...] Realmente acredito que falarei sobre Bath o tempo todo [...] gosto *tanto* daqui! [...] Ah! Como é possível que alguém se canse de Bath?".[397]

Se "Susan", tal como era então, tivesse sido publicado em 1803, as primeiras palavras da Jane Austen publicada[398] a teriam estabelecido, desde o início, como alguém diferente das mulheres romancistas medianas cujas tramas românticas sentimentais e cujas melodramáticas histórias góticas enchiam as estantes das bibliotecas de circulação: "Ninguém que tivesse conhecido no passado a menina Susan Morland poderia ter presumido que ela nasceu para ser uma heroína". Susan seria renomeada Catherine, depois, por causa da publicação, em 1809, de um romance de outra dama anônima sob o título *Susan*. Ela é uma criança sem graça, e "seu corpo era franzino e esquisito, a pele era de um aspecto pálido e doentio, e ela tinha cabelos negros e lisos e feições um tanto rudes".[399] Mas essas características ordinárias são justamente o ponto crucial. Jane Austen faz com que seus leitores fiquem interessados por uma menina que não é digna de nota e que vai crescendo ao longo do romance.

Catherine aprende o quanto é loucura esperar na "vida real" os mesmos acontecimentos dos romances. Sua imaginação a leva a pensar que o general Tilney assassinou sua esposa, e ela é repreendida pelo herói numa passagem muito marcante: "Considere a natureza tenebrosa das suspeitas que lhe passaram pela cabeça. Quais eram as suas premissas? Lembre-se do país e do século em que vivemos. Lembre-se de que somos ingleses, de que somos cristãos. Consulte o seu próprio discernimento, sua própria noção das probabilidades, sua própria observação do que se passa em volta".[400]

Mas Catherine está certa, e Henry está errado. A desconfiança nutrida por Catherine em relação ao general se justifica quando ele a expulsa de casa, forçando-a a enfrentar aquela longa viagem de 110 quilômetros, sozinha, em carruagem de posta. O romance de Austen revela uma duplicidade paradoxal e estimada pela autora: a heroína leitora de romances, ao contrário do que seria esperado, de fato extrai dos livros um aprendizado sobre a vida: "Catherine, de todo modo, ouviu o suficiente para sentir que, suspeitando de que o general Tilney ou assassinara ou aprisionara sua esposa, mal pecara contra o seu caráter ou magnificara sua crueldade".[401]

Em última análise, Jane Austen tinha sentimentos contraditórios a respeito de Bath – como quase todos nós temos a respeito das cidades nas quais moramos. Mas Bath lhe inspirou dois romances notáveis. Jane tirou proveito de tudo que aquele ambiente vibrante podia oferecer, e seria ali que, segundo pensava, ela veria seu primeiro livro em edição impressa. Mas também seria o lugar onde sofreria sua maior perda.

10

> The Form of an Entry of a Marriage.
> *[manuscript annotations]* Jane Austen
> A.B. of *[...]* and C.D of *[...]*
> were married in this Church by { Banns / Licenſe* } this
> Day of   in the Year One Thouſand Seven
> Hundred and   by me
>   J.J. Rector ⎫
>   Vicar   ⎬
>   Curate ⎭ *[...]*
> This Marriage was ſolemnized between us A.B.C.B. late C.D
> in the Preſence of E.F.G.H. *[...]*

Os proclamas de casamento

St. Nichola's, em Steventon, a igreja do século XIII frequentada por Jane até a família partir para Bath, permaneceu quase inalterada desde a época em que a família Austen percorria seu caminho a pé ao longo de Church Walk. A trilha subia a colina íngreme atrás do presbitério. Era ladeada por sebes, abrigando prímulas na primavera e anêmonas em maio e junho. A igreja ficava destacada, ladeada por sicômoros. Um teixo vetusto se debruçava por sobre o canto noroeste. A principal alteração na cinzenta e modesta igreja construída em pedra, entre a época de Austen e a nossa, foi o acréscimo de uma agulha de torre em meados do século XIX.

Na igreja, existem hoje placas comemorativas para James Austen, o irmão mais velho de Jane que assumiu a paróquia do pai, para suas duas esposas e para alguns de seus parentes. Seus túmulos encontram-se no adro da igreja. A memória da própria Austen é comemorada na parede norte da nave, com uma placa de bronze assinalando simplesmente suas datas e o fato de que ela frequentava a igreja. Há também a reprodução de uma das suas orações na parede. Muitos dos túmulos e monumentos têm conexões com a família Austen, como os de seus amigos íntimos da família Digweed, que viviam na mansão senhorial de Steventon.

Certo dia, ao fim do século XVIII, a jovem Jane Austen percorreu seu caminho até St. Nichola's para investigar o registro paroquial que seu pai presidia. No começo do volume, que datava de 1755 e não foi completado até 1812, havia inscrições de amostra para mostrar aos clérigos como preencher registros de casamento. Jane Austen, cujo nome aparece nos registos de nascimento para dezembro de 1775, preencheu um dos formulários. Já uma escritora de ficção em certa medida, ela decidiu se casar – diversas vezes. Pegou uma pena e rabiscou nomes para o anúncio dos proclamas, a inscrição do matrimônio em si e das testemunhas:

> Os Proclamas do Casamento entre *Henry Frederic Howard Fitzwilliam* de Londres e *Jane Austen* de Steventon.
> A Inscrição de um Registro de Casamento. *Edmund Arthur William Mortimer* de Liverpool e *Jane Austen* de Steventon.
> O Casamento foi testemunhado entre nós. *Jack Smith, Jane Smith*, antes *Austen*, na presença de *Jack Smith, Jane Smith.*[402]

A desfiguração brincalhona cometida por Jane Austen no registro paroquial de seu pai sugere seu relacionamento tranquilo com ele. A última inscrição é particularmente divertida, já que o casal, Jack Smith e Jane Smith (nascida Jane Austen), é testemunha de suas próprias núpcias. Só podemos imaginar o quão diferente teria sido a história da ficção inglesa se a fantasia fugaz da jovem Jane Austen sobre amor e casamento tivesse sido realizada.

Uma das certezas de um casamento teria sido a separação de sua estimada irmã. Jane não era considerada tão bonita como Cassandra, mas não lhe faltavam pretendentes. Ao que parece, ela não levava muito a sério a ideia de se casar, mas, quando Cassandra ficou noiva de Tom Fowle, Jane deve ter sentido certa hesitação ao pensar em ser deixada sozinha com seus pais. Gostava deles, mas adorava Cassandra. A perspectiva de viver sem a irmã era amedrontadora. Assim, talvez não seja coincidência que o mais ativo período de flertes na vida de Jane tenha ocorrido nos anos em que Cassandra esteve noiva e à espera do casamento. O comentário frequentemente citado da autora e vizinha Mary Mitford de que Jane era "a mais bonitinha, mais tolinha e mais afetada borboleta caça-maridos" diz respeito a esse momento delicado em sua vida, quando ela se viu forçada a confrontar seu próprio futuro.[403]

No Natal de 1795, Jane começou seus próprios namoricos, principalmente com um irlandês louro e bonito chamado Tom Lefroy. Suas cartas revelam que "outros Admiradores", como um abastado sr. Heartley, também demonstravam interesse. E havia outro ex-aluno de Steventon, John Warren: as pessoas achavam que ele estava apaixonado por Jane, embora ela se recusasse a acreditar nisso. John Lyford, filho de um cirurgião e parteiro do local, tentou dançar com Jane, mas ela deu um jeito de escapar: "Fui forçada a lutar bravamente". Charles Powlett, que, segundo a sra. Lefroy, tinha mãos deformadas, tentou beijá-la em um baile. Mais tarde, tornou-se capelão do príncipe regente. Houve o mais sedutor Edward Taylor, um ano mais novo do que Jane e descrito por ela como dono de "belos olhos escuros".[404]

Seu breve flerte com Tom Lefroy foi bem documentado e, equivocadamente, apresentado como o grande amor de sua vida, interrompido com crueldade pelas maquinações da sra. Lefroy, mentora de Jane e tia de Tom. O relato de Jane sobre o caso está registrado em suas cartas a Cassandra, que se encontrava hospedada com seus futuros sogros em Berkshire. A ausência da irmã realçava o fato de que ela estava em busca de um pretendente no mercado.

O tom de Jane é de um descaso premeditado, escrevendo para falar a sua irmã sobre sua conduta "libertina" naquele preciso momento. Ela havia comparecido ao baile de Manydown, realizado por seus amigos da família Biggs. Refere-se ao fato de que Cassandra lhe enviara uma "carta de reprimenda" sobre seu comportamento, mas expressa sua indiferença de maneira jocosa e provocativa: "Quase receio lhe contar como meu amigo irlandês e eu nos comportamos. Imagine consigo mesma tudo de mais libertino e chocante em matéria de dançar e ficar sentados juntos".[405]

Jane trata, no entanto, de tranquilizar a irmã quanto ao fato de não haver nada de sério no romance: Tom Lefroy estava prestes a sair em viagem. Ela gostava das atenções do rapaz – em suas próprias palavras, ele era "cavalheiresco, bem-apessoado, agradável" –, e se sentia lisonjeada por constatar que Tom ficava importunado com sua queda por ela: "Riem dele em Ashe, por minha causa, com tamanha intensidade que ele fica envergonhado de vir a Steventon e dias atrás, quando visitamos a sra. Lefroy, fugiu correndo".[406] Um homem que fugia correndo quando Jane se aproximava, é de se suspeitar, nunca lhe serviria.

Num momento posterior, ela brincou: "Tenho até mesmo a expectativa de receber uma proposta do meu amigo no decorrer da noite. Vou rejeitá-lo, no entanto, a menos que ele prometa me dar seu Casaco branco".[407] O casaco branco era uma piada literária, uma referência ao herói malandro de Fielding, Tom Jones, que usava, notoriamente, um fraque branco. Parece evidente que esse Tom da vida real estava tão interessado por Jane quanto o admirado Tom Jones nutria interesse pela adorável Sophia Western no romance de Fielding. Jane gostava dele o bastante, isso era claro. Os dois discutiam romances, dançavam e flertavam. Um amigo dela chamado John Warren, também um dos meninos de Steventon, desenhou um retrato de Tom Lefroy para dar a ela. Jane se apaixonou um pouco. Mas ela vivia um momento oportuno para se apaixonar.

Num período posterior de sua vida, Tom Lefroy, que se tornou chefe de Justiça da Irlanda, admitiu que realmente se apaixonara pela romancista Jane Austen, embora o caso não tivesse passado de uma "paixão de menino".[408] Segundo a tradição familiar, a sra. Lefroy ficou furiosa com ele por seduzir Jane e proibiu a presença do jovem em seu presbitério. Assim, a sra. Lefroy passou a ser vista como o obstáculo que separou os jovens enamorados, um protótipo para a Lady Russell de *Persuasão*, cuja interferência provoca tamanho sofrimento. Na verdade, a sra. Lefroy agiu de maneira digna. Ela sentia que Tom agira mal com sua protegida, pois Jane poderia ter se apaixonado pelo rapaz e ter ficado de coração partido quando ele foi embora.

Tom não dispunha de condições financeiras para propor casamento; como uma das sobrinhas Austen afirmou depois com firmeza, "não houve compromisso *nenhum*".[409] Havia regras muito estritas, embora frequentemente tácitas, em relação ao cortejo no século XVIII. Homens que, sem a menor intenção de seguir adiante, flertassem deliberadamente com moças desprovidas de dote, como Jane Austen, podiam cair em desgraça com grande rapidez. Os romances de Austen abordam de forma consistente as complexas regras da conduta de cortejo. Em *Orgulho e preconceito*, Jane Bennet se convence de que interpretou mal os sinais em relação ao sr. Bingley: "Com muita frequência somos enganadas apenas por nossa própria vaidade. As mulheres idealizam a admiração mais do que deveriam". Mas Lizzy retruca: "E os homens cuidam bem para que assim seja".[410]

Mas o que Jane realmente pensa? Ela contou a Cassandra: "Pretendo me prender ao sr. Tom Lefroy, por quem eu não daria um tostão furado". Em outro momento, brincou: "Afinal chegou o Dia em que flertarei pela última vez com Tom Lefroy, e, quando você receber esta, tudo estará terminado – minhas lágrimas jorram, enquanto escrevo, diante da ideia melancólica".[411] Parece claro, com esse comentário, que seus sentimentos eram ambivalentes, que a queda do rapaz por ela era mais forte do que seus sentimentos por ele e que ela nunca o levou totalmente a sério, mas se sentia lisonjeada por despertar aquele interesse. O casal mal teve tempo de se conhecer. O jorro de lágrimas sobre o qual ela escreve, mal interpretado por alguns biógrafos como sinal de um coração partido da parte de Jane, é, na realidade, pouco mais do que a autora dos cadernos de velino projetando-se no papel da heroína de um romance sentimental.

No entanto, ela gostava de Tom, e, três anos mais tarde, ansiava por receber notícias dele: "Meu orgulho excessivo me impedia de fazer quaisquer perguntas; porém, quando meu pai perguntou depois onde ele se encontrava, eu soube que ele voltara para Londres a caminho da Irlanda, onde foi admitido como Advogado e pretende exercer a profissão".[412] Mais uma vez, George Austen vem à tona como pai sensível e atencioso, fazendo a pergunta que, como sabia, sua filha queria ver respondida, mas era orgulhosa demais para fazer. Talvez o fato de que Tom vivia na Irlanda pudesse ser suficiente para suavizar o golpe em seu orgulho. Partir para Shropshire era uma coisa; partir para a Irlanda era outra, bem diferente. Suas sobrinhas Knight, Louisa e Cassandra, teriam como destino ser forçadas a trocar o amado Kent pela Irlanda quando se casassem. Felizmente, Jane foi poupada de tal separação.

Ela provavelmente deduziu que, quando Cassandra estivesse casada, sua própria vez de se casar não demoraria. Mas a morte de Tom Fowle mudou tudo: pôs fim não só aos planos matrimoniais de Cassy, mas também aos de Jane Austen. Nos anos vindouros, Jane iria encontrar diversos homens que chegaram perto de propor ou de fato propuseram casamento. E ela se esquivou de todos. Há fortes evidências de uma ligação afetiva entre Jane e Edward Brook Bridges, irmão da Elizabeth que se casou com Edward Austen. Ela provavelmente o conheceu em 1794, quando visitou East Kent pela primeira vez como hóspede de seu irmão Edward. Dois anos depois, abriu um baile com Brook, e ele lhe devotou grande atenção, chamando-a, zombeteiro, de "a outra srta. Austen".[413] Sempre que os dois se encontravam, Edward a selecionava como fonte exclusiva de atenção: "É impossível fazer justiça à hospitalidade de suas atenções para comigo", Jane contou para Cassy, "ele fez questão de solicitar queijo torrado para a ceia inteiramente por minha conta".[414] Ao que parece, ele pediu Jane em casamento algum tempo depois de ser ordenado sacerdote anglicano, mas foi rejeitado. A proposta deve ter ocorrido antes de 1808, já que Jane se referiu a seus "modos inalterados" na presença dela quando o encontrou em junho daquele ano.[415] Ela fez uma referência mais explícita a essa proposta em outubro de 1808, quando escreveu para Cassandra o seguinte: "Eu queria que você pudesse ser capaz de aceitar o convite de Lady Bridges, embora *eu* não tenha podido aceitar o de seu filho Edward".[416]

Um ano depois, ao receber a notícia de seu noivado com outra pessoa, mostrou-se surpresa, mas lhe desejou tudo de bom: "Sua novidade sobre Edw. Bridges foi uma novidade *e tanto* [...] Desejo--lhe felicidade do fundo do meu coração, e espero que sua escolha possa se revelar à altura de suas próprias expectativas, e, além destas, das de sua família".[417] O casamento de Edward foi infeliz, e Jane não aprovou sua escolha para esposa: "Ela é uma pobre Querida – o tipo de mulher que me transmite a ideia da determinação de jamais estar bem – e que gosta de seus espasmos e nervosismos e da importância que eles lhe dão acima de qualquer outra coisa".[418] Em outro momento, comentou sobre Edward: "Pobre Coitado! Ele é bem o Refugo da Família no tocante à Sorte".[419]

Jane mantinha um interesse, claramente, pelas esposas de seus ex-admiradores. Após encontrar a esposa de Charles Powlett, que tentara beijá-la num baile em 1796, descreveu-a como sendo "tudo aquilo que o Vizinho poderia desejar nela, boba e rabugenta, bem como extravagante".[420]

Um romance pouco conhecido, se acreditarmos em Leigh--Perrot, tia de Jane Austen, existiu entre Jane e Harry Digweed. Os Digweed eram uma família muito próxima, e Steventon Manor, onde viviam, era contígua aos limites do presbitério de Steventon. Jane se referia a ele como "meu querido Harry". A sra. Leigh-Perrot afirmou que uma das razões da mudança da família para Bath foi separar "Jane e um Digweed".[421] Outro de seus supostos admiradores foi Charles Fowle, irmão do noivo de Cassandra. Quando Jane constatou que não tinha condições de pagar as meias que queria, Charles insistiu em comprá-las para ela, uma incumbência bastante íntima. É mais provável que Charles tenha sido uma figura fraterna, outro dos irmãos substitutos que haviam se alojado no presbitério, mas, se ele foi ou não um de seus pretendentes, o caso demonstra como ela era capaz de inspirar afeto nos homens ao seu redor.

Outro romance malogrado foi arquitetado pela sra. Lefroy em 1797. Talvez aflita por sua participação na derrocada de Tom Lefroy, ela se lançou com fervor à função de casamenteira. Encontrou para Jane um homem que ela claramente julgava mais adequado do que seu sobrinho e chamou ao presbitério de Ashe um jovem com boas perspectivas, membro de uma faculdade de Cambridge, o reverendo Samuel Blackall. A sra. Lefroy conversara bastante com ele a respeito de sua amiga Jane, mas Jane se mostrou surpresa por saber que Blackall estava disposto a se apaixonar "nada sabendo de mim". Depois de ter conhecido Jane, ele disse à sra. Lefroy que estava interessado nela enquanto esposa adequada, mas precisava esperar alguns anos até chegar a uma posição financeiramente estável. Jane escreveu a Cassandra para compartilhar a situação estranha e seus sentimentos em relação a ele. Relatou que a sra. Lefroy lhe mostrara uma carta, enviada por Blackall, em que este escrevera: "Fico muito triste por saber da enfermidade da sra. Austen. Seria uma particular satisfação ter a oportunidade de aprimorar minha familiaridade com a família – na esperança de criar para mim um interesse mais aproximado. De momento, porém, não posso me entregar a qualquer expectativa nesse sentido".[422]

Lendo nas entrelinhas, Jane pode ter suspeitado que Blackall estivesse tentando apaziguar a sra. Lefroy, que forçara o enlace. É evidente que Blackall havia escrito antes à sra. Lefroy para expressar sua admiração por Jane, mas agora ele estava, talvez, recuando. Ela tratou de contar a Cassandra:

> Isso é racional o bastante; há menos amor e mais sensatez no caso do que apareceu por vezes antes, e estou mais do que satisfeita. Tudo vai avançar extremamente bem, e entrar em declínio de uma forma muito razoável [...] nossa indiferença em breve será mútua, a menos que o afeto dele, que parecia brotar de nada da minha parte a princípio, seja mais beneficiado quando ele nunca me vê.[423]

O tom nesta carta sugere que Austen estava irritada com o comportamento de sua adorada sra. Lefroy, reclamando que ela "não comentou nada quanto à carta, tampouco realmente disse qualquer coisa sobre ele com relação a mim. Talvez ela pense que já disse demais". Jane Austen não era uma mulher a quem alguém poderia forçar um casamento.

Não obstante, Jane se manteve interessada por Blackall, e, quando ele por fim se casou, mencionou o fato a seu irmão Francis, que estava claramente a par da situação: "Eu me pergunto se você viu, por acaso, o casamento do sr. Blackall nos jornais em janeiro passado. *Nós* vimos". Escreveu em seguida: "Ele era o retrato da Perfeição, uma Perfeição barulhenta em seu caso, da qual vou sempre me lembrar com carinho". Carinho, isto é, não arrependimento: afinal de contas, como ela disse em outra carta, "imagens da perfeição, como você sabe, me deixam enojada e perversa".[424] Ela também manifestou – como era seu costume com ex-pretendentes – uma vontade de saber mais sobre a esposa dele, cujo pai era proprietário de uma plantação em Antígua: "Eu gostaria muitíssimo de saber que tipo de mulher ela é [...] Seria do meu agrado que a srta. Lewis pudesse ser de uma tendência silenciosa e um tanto ignorante, mas naturalmente inteligente e desejosa de aprender; com apreço por tortas frias de vitela, chá verde na parte da tarde e uma persiana verde à noite".[425]

Segundo a tradição da família, um "romance à beira-mar" foi o mais importante da vida romântica de Jane Austen. Aconteceu quando ela estava morando em Bath, com a família tendo escapado da cidade no verão. Os diversos relatos sobre o romance são crivados de discrepâncias e inconsistências. Alguns deles confundem o homem com Samuel Blackall. O melhor relato é de Caroline, sobrinha de Jane, que informa que a família estava passando férias em Devonshire quando Jane Austen conheceu um jovem encantador e se apaixonou por ele: "Nunca ouvi Tia Cass. falar de qualquer outra pessoa com tamanha admiração – ela não tinha nenhuma dúvida de que um apego mútuo estava em andamento entre ele e sua irmã. Os dois se separaram – mas ele deixou claro que iria procurá-los novamente – e pouco tempo depois ele morreu!".[426] A prima Eliza escreveu, em 1801, que os Austen haviam acabado de tirar férias em Devonshire, então é provável que tenha sido nessa visita.

Uma versão da história diz que o misterioso cavalheiro era "um jovem clérigo em visita ao irmão, que era um dos médicos da cidade". Ele e Jane supostamente se apaixonaram, e, quando os Austen deixaram o balneário, provavelmente Sidmouth, "ele pediu permissão para se juntar a eles de novo mais adiante, na excursão, e a permissão foi concedida". Por esse relato, a família estaria incentivando um potencial enlace. Contudo, em vez de sua chegada, como esperado, eles receberam uma carta anunciando sua morte. Na versão mais confiável, a escala de tempo não é tão comprimida: o cavalheiro misterioso pergunta onde a família irá passar as férias ano seguinte, talvez dando a entender que fará questão de ir até lá pessoalmente, mas eles tomam conhecimento de sua morte pouco depois. Todos os relatos condizem em defini-lo como alguém especial. Muito tempo depois da morte de Jane, Cassandra contava sobre ele, para membros da família, que seu "charme em pessoa, mente e modos" o fizera "digno de possuir e passível de conquistar o amor da irmã dela".[427]

Apenas um ano após o suposto romance à beira-mar, Jane Austen chegou mais perto de se casar do que jamais chegaria.

Harris Bigg-Wither
(Seu pai, Lovelace Bigg, acrescentou o
"Wither" ao herdar patrimônio em 1789)

Aceitou a proposta de um amigo da família somente para rescindir sua aceitação na manhã seguinte. Seria um casal muitíssimo improvável, e o caso mostra Jane Austen parecendo se comportar de uma maneira muitíssimo atípica. Seria seu temperamento, afinal de contas, mais hipersensível e frágil do que deduziríamos da voz fria e irônica dos romances e das cartas?

A história é contada no registro da família pelo ponto de vista de Mary Austen, a esposa de James. Ela registrou as datas em seu diário e então repassou a história, em anos posteriores, para sua filha Caroline. Jane e Cassandra estavam hospedadas com James e Mary no velho presbitério da família em Steventon ao final do ano de 1802. Aproveitaram a oportunidade para visitar todos os antigos amigos, incluindo Alethea e Catherine Bigg em Manydown Park, o adorável solar onde Jane outrora dançara e flertara com Tom Lefroy. A propriedade, distando apenas três quilômetros de Steventon, estendia-se por mil e quinhentos acres e tinha uma ala remontando à era Tudor, embora o interior estivesse magnificamente modernizado, com uma escadaria elegante conduzindo a uma espetacular sala de visitas no primeiro andar.

Cassandra e Jane pretendiam permanecer em Manydown por três semanas, mas, passada somente uma semana, Mary Austen se surpreendeu ao ver a chegada da carruagem dos Bigg, contendo as quatro jovens damas num estado de aflição. Elas se despediram no vestíbulo com lágrimas e palavras afetuosas. Sem dar qualquer explicação para Mary, Jane e Cassandra solicitaram que James as levasse de volta para Bath o quanto antes. Mary tentou dissuadi-las, pretextando os deveres paroquiais do marido no fim de semana, mas Jane não se deixou deter por nada, insistindo na remoção imediata.

Com o passar do tempo, Mary e James acabaram ganhando uma explicação. Foram informados de que Harris, irmão de Catherine e Alethea, pedira Jane em casamento e ela o aceitara. Entretanto, na manhã seguinte ela já mudara de ideia, retirando seu consentimento. De acordo com Caroline, que discutira o episódio com a mãe, Harris era "muito sem graça em sua pessoa – esquisito e até mesmo grosseiro nos modos". No entanto, a julgar pelo esboço de um retrato que foi preservado, seu aspecto não era tão pouco apresentável assim. Ele era alto, recém-egresso de Worcester College, Oxford, e seis anos mais jovem do que Jane, que estava a poucas semanas de completar vigésimo sétimo aniversário, uma idade na qual as perspectivas de qualquer casamento decente começariam a diminuir muito depressa. Harris tinha de fato um problema de fala, mas era gentil, sensato e respeitável. E, claro, haveria de herdar uma fortuna considerável. Seu irmão mais velho morrera na adolescência, de modo que ele se alçou a herdeiro de Manydown. Como Caroline informou, "inúmeras o teriam aceitado *sem* amor".[428]

Por que motivo Jane o aceitou inicialmente? Uma explicação é a de que vivia um momento vulnerável, infeliz por estar morando em Bath, ansiando por um retorno à localidade de sua infância e, possivelmente, recuperando-se da notícia da morte do namorado litorâneo. A aparente evidência de uma carta perdida sugere que ela mesma descreveu sua decisão como "um acesso momentâneo de autoengano".[429] Caroline acreditava que a reação inicial de sua tia se baseara nas vantagens da união e em sua longa amizade com a família, mas que, refletindo durante a noite, ela chegara à conclusão de que o casamento acabaria se revelando infeliz: "A residência e a fortuna que certamente seriam *dele* não poderiam alterar o *homem*". Na interpretação dos acontecimentos por parte de Caroline, foram as "vantagens mundanas" que tiveram um apelo momentâneo: "Minhas Tias possuíam fortunas muito pequenas, e, por ocasião da morte de seu Pai, elas e a mãe ficariam, estavam cientes disso, em péssima situação – creio que a maioria das mulheres, em tal circunstância, teria aceitado o sr. W. na confiança de que o amor viria depois do casamento".[430]

Mas Jane Austen não pertencia à "maioria das mulheres jovens". Ela simplesmente não estava apaixonada por Harris e – seja como conselheira sentimental, seja como romancista – nunca se mostrou propensa a aconselhar matrimônio por ganho financeiro sem amor, quaisquer que fossem as tentações de segurança e status. Aconselhando sua sobrinha Fanny sobre casamento, recomendou que "qualquer coisa é preferível ou mais suportável do que você se casar sem Afeto", e que "nada pode ser comparado com a desgraça de você estar comprometida *sem* Amor".[431]

Só podemos supor que, durante a longa noite na qual mudou de ideia, Jane seguiu seu próprio conselho. Ela sabia que não estava apaixonada por aquele homem, em quem sempre havia pensado como o irmão pequeno de suas amigas. Ele não era muito inteligente: não conseguira completar seus estudos na Worcester College. E tinha problemas de saúde – alguns anos antes, Austen escrevera de passagem: "Harris ainda parece estar numa situação precária, em função de seu corpo debilitado; outro dia sua mão sangrou um pouco de novo, e o dr. Littlehales esteve com ele recentemente".[432] Um ano antes disso, Jane relatou que ele havia sido acometido em Winchester, certa manhã, por "um retorno de sua antiga moléstia alarmante"; ele se recuperou depressa do "ataque", mas "em tal desordem seu perigo, suponho, deve sempre ser grande".[433] Tudo isso lembra, de modo alarmante, as convulsões do pobre George Austen. A perspectiva de um casamento carente de conversas empolgantes e que poderia decair ao mero amparo a um inválido não era, pensando bem, tão convidativa assim no fim das contas. Tendo concordado de maneira impulsiva, Jane Austen teve a coragem de descer, na manhã seguinte, e apresentar um educado cancelamento de sua aceitação.

Para Bigg-Wither, a consequência foi mais alguma dose de humilhação do que um coração partido. Ele tinha apenas 21 anos, e menos de dois anos depois já estaria devidamente casado. Encontrou uma jovem próspera da Ilha de Wight, com quem teve dez filhos antes de morrer, de apoplexia, pouco após os cinquenta anos de idade.

Sua decisão de rejeitar Harris perturbou a cunhada Mary com grande intensidade, que o julgava um bom par para Jane. O detalhe revelador na história não é o sofrimento de Harris, mas o das duas duplas de irmãs chorando no vestíbulo. Jane e Cassandra eram profundamente afeiçoadas às irmãs Bigg, e ela deve ter sentido que as desapontara. Só podemos imaginar as cenas de júbilo quando Jane aceitou a proposta, naquela noite de 2 de dezembro, apenas para ter de encarar Harris, Catherine e Alethea pela manhã com sua retratação. Para crédito de cada um e de todos, as famílias continuaram amigas.

Outros pretendentes interessados viriam a ser tratados como pouco mais que uma piada. Houve o sr. Papillon, reitor da

Chawton ("Eu *vou* casar com o sr. Papillon, qualquer que seja sua relutância ou a minha própria"), William Seymour, um advogado amigo de Henry que (no estilo do sr. Elton) "quase" a pediu em casamento num longo trajeto de carruagem, e o bibliotecário do príncipe regente, Stanier Clarke, que ficou caído por ela. Quando esteve em Stoneleigh, em 1806, Jane foi muito admirada por um membro do Parlamento oriundo de Wigan, um parente distante da família Leigh, mas ela lhe deu pouco encorajamento. Como escreveu uma moderna blogueira *janeite*, "será que não acaba nunca a lista de homens que se derreteram por Jane Austen"?[434]

Há algo de admirável em sua decisão de rejeitar Harris Bigg-Wither. Se sua sobrinha tinha razão ao afirmar que ela fora tentada pela riqueza de Harris antes de cair em si, é fácil entender por que, na condição de mulher desprovida de dote, ela teve seu momento de loucura. Em *Orgulho e preconceito*, Jane nos convida a considerar a ética de alguém se casar com um homem repulsivo em troca de segurança. Charlotte Lucas, nada bonita, mas esperta, casa-se com o sr. Collins, um dos personagens mais sexualmente repelentes de Jane Austen, por motivos sociais e econômicos. Charlotte enxerga o casamento como um emprego: "Sem esperar muito dos homens ou do matrimônio, o casamento sempre fora seu objetivo; era a única solução para moças bem-educadas de pouca fortuna e, embora incerta garantia de felicidade, era o mais atraente arrimo contra a necessidade".[435]

Embora Charlotte seja retratada de maneira simpática – o casamento é um contrato, e cada lado sabe o que está ganhando com a transação –, Lizzy Bennet, em última instância, rejeita a motivação mercenária de Charlotte no ato de se casar com um homem que ela não ama e não pode amar. Mary Wollstonecraft, numa definição célebre, descreveu o casamento "por sustento" como algo equivalente a uma "prostituição legal".[436] O subtexto da rejeição por parte de Lizzy da proposta do sr. Collins é sua antipatia sexual em relação a ele. Talvez sua criadora também sentisse repulsa pela ideia de manter relações sexuais com o apatetado, esquisito e gaguejante Harris.

Isso nos leva ao sexo e ao parto. Ninguém sabe o que passou pela cabeça de Jane Austen na longa noite em que ela pensou sobre o que iria significar a realidade do casamento com Harris e, em seguida, mudou de ideia, mas ela deve ter pesado todos os custos, e ir para a cama com ele decerto foi um desses custos.

Jane Austen certamente não era puritana quanto ao sexo. O sexo ilícito, seja em adultério ou o sexo antes do casamento, é explorado em diversos dos romances. A pobre Eliza Williams, em *Razão e sentimento*, é seduzida e abandonada, grávida, pelo canalha Willoughby: fica claro que ele chega perto de prejudicar Marianne do mesmo modo. Maria Bertram corneia seu marido com o libertino Henry Crawford. Sir Edward Denham, em *Sanditon*, planeja estuprar Clara Brereton à maneira do Lovelace de Richardson.

Mas ela não apenas nos apresenta mulheres como vítimas de homens predadores. Jane Austen também escreveu sobre o prazer sexual da mulher. Na personagem de Lydia Bennet, ela nos apresenta uma adolescente lasciva que desfruta de sexo antes do casamento com Wickham revelando pouquíssima preocupação com as consequências. Os dois moram juntos em Londres. Quando Lizzy diz para Darcy que Lydia está "perdida para sempre", está deixando claro que Wickham nunca irá se casar com ela: "Ela não tem dinheiro, nem parentes, nada que possa tentá-lo [...]".[437] A "infâmia" de Lydia (uma palavra forte para Jane Austen) é enfatizada, assim como a "violação grande demais de decência, honra e interesse" por parte de Wickham. A longa discussão entre Elizabeth e a sra. Gardiner sobre a transgressão sexual de Lydia é notavelmente aberta: "Mas você imagina que Lydia esteja tão perdida de amor a ponto de consentir em viver com ele em outros termos que não o casamento?", a sra. Gardiner pergunta. Elizabeth, tendo plena noção da "impulsividade animal" de sua irmã, sabe que ela é muito capaz de viver em pecado com o companheiro. Ela não foi seduzida ou forçada por Wickham. Mergulha em seu relacionamento de olhos bem abertos. A própria Lydia é indiferente a sua desgraça: "Não queria ouvir falar em deixar Wickham. Tinha certeza de que se casariam algum dia e não importava muito quando".[438]

Em *Mansfield Park*, o adultério de Maria Bertram com Henry Crawford é prenunciado numa cena, em Sotherton, na qual ela deixa para trás seu noivo, o sr. Rushworth, para transpor um portão de ferro, acompanhada por Henry Crawford, e avançar pelo arvoredo fechado mais além. Fanny Price exorta sua prima a considerar seus atos: "Vai se machucar, srta. Bertram [...] com toda certeza vai se machucar com aquelas pontas de ferro; vai rasgar o seu vestido; vai correr o perigo de escorregar para dentro do valado".[439]

A imagem do vestido rasgado como símbolo de desonra sexual também é usado em *Orgulho e preconceito*. Lydia envia uma solicitação a sua criada para que ela conserte "um rasgão em meu velho vestido de musselina".[440] Não precisamos ser freudianos para reconhecer uma imagem chocante de sua transgressão sexual. O "rasgão" de Lydia não pode ser consertado, exceto por um casamento forçado, que é exatamente o que acontece, embora ninguém se deixe enganar pelo "negócio remendado".[441] Jane Austen permite a Lydia ser livre de arrependimento ou vergonha. Na verdade, o archote moral brilha sobre o detestável sr. Collins quando ele manda o sr. Bennet "arrancar sua indigna filha de seu coração para sempre e deixá-la colher os frutos de seu próprio crime hediondo".[442] Lydia tem a sorte de não merecer o mesmo destino de Eliza Williams em *Razão e sentimento*, o de ser abandonada por Willoughby quando engravida dele.

O sexo conduz à gravidez, que muitas vezes conduzia, na Inglaterra georgiana, à morte. Jane Austen parece ter desenvolvido uma fobia de parto, algo que não surpreende, considerando-se a quantidade de mulheres conhecidas por ela que morreram dando à luz, incluindo duas cunhadas. Em suas cartas, há muitos vislumbres de seus medos e ansiedades em torno do que ela chamava de "o negócio da maternidade". Na mesma carta em que escreveu sobre seus pretendentes Tom Lefroy e Samuel Blackall, seus pensamentos se voltaram para sua cunhada Mary Austen, que estava na expectativa de dar à luz em breve: ela ficaria "contente por se livrar de seu bebê, do qual está vivamente cansada". Jane observou que "a sra. Coulthard e Anne, moradora recente de Manydown, estão ambas mortas, e ambas morreram de parto. Nós não regalamos Mary com essa notícia". Ela acrescentou em tom seco, mas revelador: "Mary não administra seus problemas de modo a me inspirar qualquer vontade de desfrutar do repouso de parto".[443]

Uma sobrinha recordou que Jane Austen era grata por ter sido poupada do calvário do parto e, com frequência, expressava seu alívio nas cartas. Uma das grandes amigas que fez em Londres foi Frances Tilson, esposa de um dos colegas de Henry Austen no ramo bancário: "pobre Mulher! Como pode estar honestamente reproduzindo de novo?".[444] Frances Tilson estava prestes a dar à luz seu oitavo filho – ela acabou tendo onze. Mais uma vez, quando soube da notícia de que sua sobrinha Anna estava grávida pela terceira vez, Jane ficou consternada: "Pobre Criatura, ela estará esgotada antes de chegar aos trinta. Lamento muito por ela".[445] A outra conhecida, que parecia estar permanentemente cansada e grávida, aconselhou "o simples regime dos quartos separados". Outra amiga, a sra. Benn, "ganhou seu 13º": "Já estou bastante cansada de tantas crianças".[446]

Jane advertiu Fanny Knight quanto aos perigos de um casamento precoce, pensando no exemplo de Anna e não querendo que Fanny se debilitasse ao ter filhos jovem demais. Uma carta de tia para sobrinha contendo aconselhamentos contra um progresso precipitado do amor ao matrimônio é formulada com sabedoria:

> Não tenha pressa; mantenha-se confiante, o Homem certo vai chegar afinal; você encontrará, no decorrer dos próximos dois ou três anos, alguém de modo geral mais irrepreensível do que qualquer outro que você já conheceu até hoje, que vai amá-la tão ardorosamente quanto *Ele* [John Plumptre, por quem Fanny estava apaixonada] jamais a amou, e que vai fisgá-la tão completamente que você sentirá que nunca amou de verdade antes. E então, por não começar tão cedo na vida o negócio da Maternidade, você será jovem em Constituição, espírito, vulto e semblante, ao passo que a sra. Wm. Hammond está envelhecendo devido a confinamentos e amamentações.[447]

Poucos dos pretendentes de Jane Austen haviam lhe deixado uma impressão duradoura. Como ela mesma observou, seus padrões eram elevados. É gratificante termos, em suas próprias palavras, uma descrição do marido ideal: "Talvez *existam* tais seres no Mundo, um em Mil [...] nos quais Graça e Espírito se unem ao Valor, nos quais as Boas Maneiras ficam à altura do Coração e do Entendimento". Mas Jane era realista o bastante para saber que "tal pessoa pode não aparecer em nosso caminho".[448]

Os detalhes do romance à beira-mar, revelados vários anos depois de sua morte, dizem-nos muito mais a respeito de Cassandra do que dizem a respeito de Jane. A história veio à luz, em primeiro lugar, apenas porque Cassandra ficou impressionada com outro jovem (certo sr. Henry Eldridge, do corpo de engenharia) que lhe trouxe à mente o enamorado litorâneo de Jane: um homem bonito e inteligente que morreu jovem. Era Cassandra projetando sua própria tragédia na vida da irmã. Talvez aquilo que, bem no fundo, ela estivesse realmente recordando fosse sua própria história de amar e perder Tom Fowle e sua própria natureza romântica, sua crença no "único grande amor" insubstituível. Para as sobrinhas que haviam conhecido Jane Austen na intimidade, o romance à beira-mar não deixou legado duradouro: ela "nunca *teve* qualquer afeiçoamento que nublasse sua felicidade por muito tempo. *Isso* não tinha ido longe o suficiente para deixar algum vestígio de tristeza".[449]

Há quem se pergunte, por vezes, como foi que Jane Austen pôde escrever de maneira tão convincente sobre o amor se ela nunca se casou ou teve para si uma grande paixão. Somos afortunados em ter uma carta para sua sobrinha, Fanny Knight, na qual ela dá, a pedido, conselhos sobre o que Fanny Burney outrora chamara de "os minúsculos e complexos meandros do coração humano".[450] O texto proporciona um vislumbre excepcional de seu próprio ponto de vista em tais questões: "Li sua carta até o fim na mesma noite em que a recebi, isolando-me. Tendo começado, eu não suportaria parar. Fiquei cheia de curiosidade e preocupação", ela começa. Jane considera o dilema de Fanny como algo do máximo interesse: "Eu mesma me sinto impaciente, de fato, por escrever algo sobre um assunto tão absolutamente interessante, embora não tenha nenhuma esperança de escrever qualquer coisa propositada [...] Eu poderia lamentar numa frase e rir na seguinte".

Em seguida, virando conselheira sentimental, diz para Fanny que, em sua crença pessoal, ninguém morre de frustração amorosa. Essa é a sabedoria pé-no-chão da Rosalinda de Shakespeare em

Como gostais ("os homens morrem de tempos em tempos, mas não por amor"), em oposição à fantasia romântica do romance sensível (o suicídio do jovem Werther de Goethe pela perda de sua amada Carlota). "Sabedoria é melhor do que Espirituosidade", Austen escreve. Ela transmite a Fanny sua visão das coisas: "Pelo tempo que passamos juntas em Londres, pareceu-me que você estava, de fato, muitíssimo apaixonada. Mas você certamente não está nem um pouco – não há como esconder. Que criaturas estranhas somos nós! É como se o fato de você estar assegurada dele [...] a tivesse deixado indiferente".

Mas seu conselho é firme: "E agora, minha querida Fanny, tendo escrito tanto por um dos lados da questão, vou fazer uma volta e lhe suplicar que não se comprometa mais a fundo, e sequer pense em aceitá-lo a menos que realmente goste dele. Qualquer coisa é preferível ou mais suportável do que você se casar sem Afeto; e se as deficiências dele em Modos etc. etc. forem mais marcantes do que suas boas qualidades, se você continuar a pensar nelas com insistência, desista dele o quanto antes". Mas Jane Austen não consegue reprimir sua espirituosidade, nem mesmo pelo bem de toda essa sabedoria. Ela se trai com um comentário revelador, extirpado da primeira edição das cartas. Fanny havia confidenciado à tia o detalhe um tanto chocante de que se esgueirara para dar uma espiada no quarto de seu pretendente: "Sua tentativa de excitar seus próprios sentimentos com uma visita ao quarto dele me divertiu imensamente. O pano de barbear sujo foi um primor! Uma circunstância dessas merece registro impresso. Bom demais para ser perdido".[451]

Um pano de barbear sujo no dormitório privativo de um homem: mais uma vez, é um objeto, uma coisa pequena, que nos conduz ao âmago da visão de mundo de Jane Austen. Neste caso, a coisa que corporifica o casamento é mundana e um tanto desagradável.

Uma de suas últimas cartas escritas para Fanny Knight é uma resposta a mais um dilema amoroso. Uma carta datada de poucos meses antes de sua morte revela seu deleite com a sobrinha, mas também há uma tristeza por saber que aquela voz adorável será suprimida pela condição do matrimônio:

Você é inimitável, irresistível. Você é a delícia da minha Vida. Que Cartas, que Cartas divertidas, essas que você mandou nos últimos tempos! Que descrição do seu coraçãozinho maluco! Uma demonstração tão adorável daquilo que faz a Imaginação. Você vale o seu peso em Ouro, ou até mesmo na nova Cunhagem de Prata. Não há como lhe expressar o que senti lendo sua história de si mesma – o quanto fiquei cheia de Pena e Preocupação e Admiração e Riso. Você é o Modelo de tudo que é Tolo e Sensato, lugar-comum e excêntrico, Triste e Animado, Provocador e Interessante. Quem será capaz de acompanhar as flutuações da sua Fantasia, os Caprichos do seu Gosto, as Contradições dos seus Sentimentos? Você é tão esquisita – e o tempo todo tão perfeitamente natural, tão peculiar na sua pessoa e, ao mesmo tempo, tão parecida com todas as outras pessoas! Para mim é muito, muito gratificante conhecê-la com tamanha intimidade. Dificilmente você terá noção de como é um prazer, para mim, ganhar retratos tão bem-acabados do seu Coração. Ah! A perda será imensa quando você estiver casada. Você é agradável demais em sua condição de solteira, agradável demais enquanto Sobrinha.[452]

A ideia de ver Fanny casada era quase mais do que ela conseguia suportar: "Eu hei de detestar você quando suas deliciosas brincadeiras mentais estiverem todas acomodadas em afeições conjugais e maternais". Jane verdadeiramente acreditava que o casamento podia sufocar a voz feminina. Esse era o destino ao qual ela não iria se submeter em sua própria vida. As deliciosas brincadeiras de sua própria mente nunca se acomodariam em afeições conjugais e maternais.

Jane Austen escreve com brilhantismo sobre o cortejo e o amor, mas sempre de um modo impregnado por uma saudável dose de realismo. Seus romances não são histórias nas quais a heroína se apaixona à primeira vista por um belo estranho que se transforma no marido ideal. O belo estranho – Willoughby, Wickham, Henry Crawford, Frank Churchill – acaba por ser uma aposta desastrosa. Na maioria das vezes, o amor verdadeiro é uma figura fraterna, como

Edmund Bertram, George Knightley ou Edward Ferrars. Quando Fanny Price se casa com o primo com o qual foi criada e que sempre a tratou como irmãzinha, há um sopro de incesto irmão-irmã, um tema que é surpreendentemente comum na literatura da época.[453] O mais próximo que Austen chega do clichê romântico do desconhecido romântico é o relacionamento entre Elizabeth e Darcy e, mesmo assim, eles começam não gostando um do outro. O amor, com frequência, vem devagar, de modo surpreendente.

Em seus romances, Austen se abstém, com audácia, de relatar os discursos grandiosos dos enamorados "românticos". Pela altura em que o herói e a heroína são unidos afinal, ela deixa muito para a imaginação do leitor. O sr. Knightley afirma resolutamente: "Não consigo fazer discursos [...] Se o meu amor por você fosse menor, eu poderia ser capaz de falar mais a respeito". As emoções internalizadas de Emma são exprimidas magnificamente, mas não são proferidas: "O que disse ela? Justamente o que deveria dizer, é claro. Uma dama sempre diz o que deve".[454] O amor de Edmund Bertram por Fanny leva tempo: "Eu só imploro a todos uma única coisa: acreditem que precisamente no momento no qual seria perfeitamente natural que assim fosse, e nem mesmo uma semana antes, Edmund parou de se preocupar com a srta. Crawford e tornou-se tão ansioso por se casar com Fanny quanto a própria Fanny poderia desejar".[455]

O mais próximo que ela chega de representar a paixão extrema é na declaração emotiva do capitão Wentworth a Anne Elliot: "Meu coração está dilacerado. Estou em estado de semiagonia, semiesperança. Não me diga que cheguei tarde demais, que sentimentos tão preciosos se foram para sempre. Ofereço-me uma vez mais com um coração ainda mais seu do que quando quase o partiu, há oito anos e meio".[456] No primeiro esboço do romance, sua declaração de amor é formulada de modo bem mais brando (meramente "Anne, minha querida Anne!"), e o grosso da cena é apresentado em discurso relatado. O não dito é mais importante do que o dito: Wentworth brinca, desajeitado, com o encosto de uma cadeira no decorrer de "um Diálogo silencioso, mas muito poderoso".[457] Jane Austen revisaria seu capítulo final em momento posterior, de modo a deixar o discurso mais apaixonado – mas ele se dá através de uma carta. Há sempre uma sensação de estarmos a um grau de separação, de distanciamento autoral. É a distância que confere a intensidade.

"Não tenho dúvida de que Tia Jane foi amada por vários no decurso de sua vida e foi, de sua parte, muito capaz de amar", escreveu a sobrinha Caroline. "Tia Jane nunca *teve* qualquer afeiçoamento que nublasse sua felicidade por muito tempo", escreveu o sobrinho James Edward. A voz dos romances, porém, talvez seja mais confiável do que as palavras das memórias de família: "É sempre incompreensível para um homem que uma mulher jamais chegue a recusar uma proposta de casamento", afirma Emma Woodhouse. "Um homem sempre imagina que uma mulher vai estar à disposição para qualquer um que peça sua mão."[458] Para a própria Jane Austen, era perfeitamente compreensível rejeitar Harris Bigg-Wither. Ela não estava à disposição para qualquer um que pedisse sua mão.

Jane não queria que sua própria voz fosse sufocada pelo casamento. Ela ficou, creio eu, feliz por permanecer solteira: além do episódio Bigg-Wither, o mais próximo que jamais chegou do casamento foi em sua ficcionalização no registro paroquial do pai. Talvez ela preferisse, de fato, a denominação que o pai lhe deu num dos cadernos de velino: "Srta. Jane Austen, Solteirona".[459] Visto que Cassandra tinha tomado a decisão de continuar sendo uma solteirona, Jane percebeu que não precisava ser separada da irmã que adorava. As duas poderiam ficar juntas para sempre.

Quanto a filhos, seus livros eram a única prole que ela desejava. Catherine Hubback, uma sobrinha, escreveu: "Ela sempre disse que seus livros eram seus filhos, proporcionando-lhe suficiente interesse para sua felicidade; e algumas de suas cartas, desdenhando com triunfo das mulheres casadas em seu círculo de conhecidos, e regozijando-se com sua própria vida livre de preocupações, eram muitíssimo divertidas".[460] As palavras "regozijando-se com sua própria vida livre de preocupações" são muito reveladoras. Austen simplesmente não sentia inveja das mulheres conhecidas que se casavam e eram esgotadas por marido e filhos. Ela deu à luz seus romances. Estes eram seu "filho de peito" ou "meu próprio filho querido". "Minha querida Anna", ela escreveu em 1816, após o nascimento da filha de sua sobrinha, "assim como desejo muito ver a *sua* Jemima, tenho certeza de que você vai gostar de ver a *minha* Emma."[461]

11

A miniatura em marfim

Em 29 de maio de 1780, o talentoso pintor de sociedade Richard Crosse registrou meticulosamente, em seu livro de contabilidade, que havia "recebido da sra. Lefroy oito libras e oito xelins por sua miniatura em marfim".[462] É um pequeno fragmento, tendo duas polegadas de altura, de marfim trabalhado com pincel fino em aquarela. Mostra uma mulher das mais elegantes, o cabelo empoado e amarrado. Há inteligência em seus olhos e amabilidade em seu meio-sorriso.

O retrato em miniatura era um gênero muito particular, altamente popular no tempo de Jane Austen: quase sempre elaborado a partir de modelos vivos, com a intenção de criar uma representação tão precisa quanto possível do indivíduo. Em geral, as peças eram executadas como recordações, destinadas a manter a imagem de uma pessoa amada na memória durante sua ausência. O retrato era dado a um amigo íntimo ou namorado ou membro da família – talvez enviado para um irmão marinheiro distante. O equivalente moderno seria a fotografia colocada em cima da lareira. E, de fato, foi com o advento da fotografia, em meados da era vitoriana, que o gênero entrou em declínio.

Quando uma pessoa morria, sua miniatura podia ser transformada em joia de luto, como é o caso aqui, com a data da morte da sra. Lefroy gravada na minúscula moldura dourada.

Anne Lefroy, às vezes conhecida, por causa de sua sofisticação, como Madame Lefroy (embora Jane sempre se referisse a ela como sra. Lefroy), foi uma das vizinhas mais íntimas dos Austen. O reverendo George Lefroy e sua esposa se mudaram para o presbitério de Ashe, a uma pequena distância de Steventon, em 1783. Eles expandiram os horizontes culturais da área. George Lefroy transformou a medíocre casa paroquial numa residência adequada para um cavalheiro georgiano e fez dela um lugar onde podia recepcionar convidados. Seus pais haviam vivido no exterior, e a casa era decorada com adoráveis artefatos da Itália. Ele foi descrito como "um homem excelente, de modos corteses, que conhecia o mundo e circulava por ele".[463] Sua esposa era uma grande beldade e uma mulher culta, com "um requintado gosto pela poesia". Supostamente, ela "quase conseguia recitar os principais poetas ingleses de cor, em especial Milton, Pope, Collins, Gray e as passagens poéticas de Shakespeare".[464] Os Lefroy tinham uma carruagem, que Anne costumava emprestar para famílias desprovidas de uma, como os Austen.

O autor e genealogista Egerton Brydges, irmão de Anne, tinha profundo apego por ela, descrevendo-a como "uma das mulheres mais amáveis e eloquentes que jamais conheci. Era uma grande leitora, e seu raciocínio era veloz como um relâmpago".[465] Atribuía seu próprio amor pela poesia à influência da irmã. Ela escrevia e foi, com efeito, uma poeta publicada. Três de seus poemas apareceram em *O registro e repositório poético de poesia fugaz*, e uma coletânea maior foi publicada postumamente.[466] Era também uma talentosa pintora amadora, sobretudo de flores e insetos. Era "apreciadora da sociedade e a vida de cada grupo social no qual entrava". No todo, Anne era "universalmente amada e admirada".[467]

Os Lefroy adoravam teatro e tinham um vasto círculo de amigos, que eram apresentados aos Austen. A sra. Lefroy não era, no entanto, uma atriz amadora. Era grande amiga da duquesa de Bolton, mas se recusou a tomar parte em sua produção amadora de *Jane Shore* em Hackwood Park, apenas quinze quilômetros distante de Ashe. Declinou em verso: "Posso eu, uma esposa, uma mãe, subir ao Tablado, / Queimar com fogo falso e arder com Furor imitado?".[468]

Firme em sua fé cristã, Anne Lefroy dedicava-se a seus trabalhos de caridade e abriu uma escola para as crianças pobres dos arredores na qual as ensinava a ler. De modo notável, também vacinava pessoalmente os moradores da paróquia do marido contra a varíola. Escreveu para seu filho contando-lhe todos os detalhes sobre sua admiração pelo trabalho do dr. Edward Jenner com a vacina da varíola bovina, e lhe contou que havia inoculado "acima de 800 pobres com as minhas próprias mãos".[469] Jovem mãe morando em Basingstoke, ela sofrera um grave surto de varíola, que a afetou profundamente e gerou seu interesse por Edward Jenner e suas inoculações. De seus sete filhos, três morreram, dois deles na infância, durante a vida de Jane Austen. Era famosa por dirigir uma carroça de burro pela vizinhança, como Jane faria mais tarde. Muitas de suas visitas aos pobres eram feitas desse modo.

Alguém que a conhecia dos primeiros tempos de seu casamento escreveu que George e Anne eram "muito agradáveis": "Anne era uma das criaturas mais felizes que jamais vi. Ria quase o tempo todo, mas isso não parecia um arremedo de júbilo, e sim uma alegria genuína".[470] O mesmo poderia ter sido dito de Jane Austen. Nascida em 1749, a sra. Lefroy era vários anos mais velha do que Jane, mas elas estabeleceram uma amizade íntima e amorosa desde o momento em que os Lefroy convidaram a brilhante mocinha Austen para brincar com sua filha. Anne foi, em muitos sentidos, uma figura materna mais compatível para Jane do que a mãe um tanto menos talentosa e certamente menos atraente que fora a sra.

Austen (que perdeu seus dentes numa idade precoce, parecendo, por isso, mais velha do que era). As aspirações literárias de Jane eram incentivadas, e ela ganhava rédea solta na biblioteca do presbitério de Ashe. A sra. Lefroy influenciou o gosto e os julgamentos de Austen, assim como moldou a inclinação de seu próprio irmão pela poesia.[471]

Há poucas referências diretas à sra. Lefroy nas cartas sobreviventes de Jane Austen, das quais a grande maioria é para Cassandra, que não era tão próxima dela e pode até ter sentido ciúmes da amizade estreita entre sua irmã mais nova e aquela mulher mais velha. As referências existentes incluem informações banais como o fato de que a sra. Lefroy admirou o novo gorro de veludo de Jane num baile. No entanto, seu envolvimento nos romances abortados com o sobrinho Tom Lefroy e o reverendo Samuel Blackall indicam sua centralidade no começo da vida de Austen.

Mesmo depois de ter se mudado de Steventon, Jane continuou a visitar sua mentora na casa paroquial em Ashe. Em setembro de 1801, a sra. Lefroy contou a seu filho que Jane e a irmã haviam passado o dia com ela no presbitério, acrescentando, com certa melancolia: "Elas pretendem voltar para Bath, e depois disso, suponho, vai demorar muito até que visitem Steventon de novo".[472] Elas se reencontraram em 1803, numa visita mais longa, durante a qual a sra. Lefroy descreveu uma imagem encantadora de Jane e Cassandra ajudando-a em sua escola: "Estou escrevendo agora cercada por minha escola e com as [senhoritas Austen] na sala".[473] Esse pode ter sido o último período feliz que passaram juntas.

A sra. Lefroy continuara sua vida de obras caridosas. Durante o rigoroso inverno de fevereiro de 1800, montou uma pequena fábrica de palha para dar às mulheres e crianças do distrito uma chance de ganhar um pouco de dinheiro. Havia demanda de palha para a fabricação de chapéus. Além de praticar atos de caridade como esse, ela instava que seus filhos abrissem os olhos para o mundo em geral. Um deles, Christopher Edward Lefroy, veio a se tornar um poeta e autor de contos ambientados em terras estrangeiras. Ele acabou supervisionando a eliminação do tráfico de escravos no Suriname.

A sra. Lefroy se preocupava muitíssimo com uma invasão francesa. Contou a seu filho como James Austen estava ajudando a formar um corpo de voluntários no verão de 1803. Fantasiou defender seu país com as próprias mãos: "Em caso de efetiva invasão [...] creio que eu poderia lidar com Cartuchos, se é que não poderia disparar eu mesma um mosquete, em tal ocasião".[474] Pode-se ver por que motivo ela era uma mulher reverenciada por Jane Austen.

Num dia de inverno em 1804, Anne Lefroy saiu a cavalo, com um criado, para fazer algumas compras. Encontrando James Austen no vilarejo, comentou sobre a estupidez e a preguiça do cavalo. O animal disparou no caminho de casa, e o criado dos Lefroy não conseguiu alcançá-lo. Na tentativa de desmontar, Anne caiu e bateu a cabeça na estrada. Ela morreu doze horas depois. Tinha apenas 55 anos. Foi num 16 de dezembro, vigésimo nono aniversário de Jane Austen. A perda de Anne Lefroy foi profundamente lamentada na vizinhança e por todos que a conheciam. De acordo com um obituário da *Gentleman's Magazine*: "Seria quase impossível encontrar um indivíduo, em situação privada, cuja morte fosse sentida de modo mais generalizado e profundo [...] No intelecto, no coração, no temperamento, nas boas maneiras, nos estritos e elevados princípios, na conduta pura e imaculada, ela não deixou ninguém que a secundasse".[475]

Um poema de Jane Austen revela a profundidade de sua devoção. Anne é descrita, aqui, como "a melhor das mulheres":

> Mulher angelical! De louvá-la não sou capaz,
> De com palavras honrar tua mente, teu gênio, teus talentos,
> Teu sólido valor, tua graça vivaz,
> Tu, da raça humana amiga e ornamento.[476]

Essa é a linguagem poética ortodoxa da época, mas não é menos sincera por isso. Há uma clara impressão do bom senso da sra. Lefroy, de sua criatividade, sua doçura nos modos e equilíbrio no temperamento, sua beleza e seu espírito cristão, de sua "graça na língua", significando que ela "jamais aplicava mal" a linguagem – um elogio e tanto da jovem escritora.

A miniatura em marfim / 235

Ela nunca superou o choque do falecimento repentino de Anne. Cada aniversário lhe trazia dor, porque era uma lembrança do dia em que perdera a sua "Amada Amiga":

Retorna o dia, o dia de meu nascimento;
Em minha mente, que misto de emoções!
Amada Amiga; quatro anos se foram no vento
Desde que, para sempre, foste arrancada de nossas visões.[477]

Há algo de especialmente tocante no reconhecimento, por parte de Jane Austen, de que foi o interesse da sra. Lefroy por ela em sua mocidade que deu início ao amor que sentiam uma pela outra: "Seus favores parciais desde meus tenros anos / Consumam tudo". Ela perdera uma amiga que era quase uma segunda mãe, uma mentora que nutrira tanto seu talento quanto seu caráter em seus anos de formação.

Um segundo golpe, ainda pior, abateu-se poucas semanas depois. A sra. Austen sempre havia sido quem tinha uma saúde debilitada, mas, então, o reverendo George Austen começou a sofrer de uma moléstia febril persistente. Ele caiu doente certa manhã de sábado no início de 1805. Pareceu ficar um pouco melhor à noite, e, no dia seguinte, levantou-se e caminhou pela casa.

Mas a "febre" piorou no final do dia, e ele morreu na manhã seguinte. Jane cortou uma mecha de cabelo de seu amado pai e a guardou num envoltório de papel. A perda foi especialmente dolorosa por vir tão depressa depois do acidente fatal da sra. Lefroy. Esse foi o período mais negro da vida de Jane Austen.

O enterro foi realizado em St. Swithin's, a igreja paroquial da Bath refinada, no sábado seguinte. George Austen foi sepultado na cripta, e uma simples lápide de pedra foi esculpida para seu túmulo: "Sob esta pedra repousam os restos do Rev. GEORGE AUSTEN, Reitor de Steventon e Deane, em Hampshire, que partiu desta vida no dia 21 de janeiro de 1805, aos 73 anos". James e Henry estavam presentes, mas os irmãos navais não tiveram condições de vir (as viúvas e filhas não costumavam comparecer a enterros).

Jane Austen escreveu a seu irmão Frank no dia da morte de seu pai, confortando-se com o pensamento de que não havia sido uma doença prolongada, e de que "seu valor e constante preparação para outro Mundo" deviam ter assegurado sua salvação.[478] Ele cumprira seu dever, como dizia a lápide de pedra, enquanto pároco; agora, seria recompensado no céu. Sua filha escreveu de novo no dia seguinte: "Nós perdemos um Pai Excelente [...] Vê-lo definhando por longo tempo, lutando por Horas, teria sido terrível! E, graças a Deus!, todos nós fomos poupados disso. Exceto pela confusão e inquietude da Febre Alta, ele não sofreu". "A sua ternura como Pai", ela acrescentou, "quem poderá fazer justiça?"[479] Uma semana depois, enviou a Frank alguns pequenos objetos de recordação: uma bússola e relógio de sol em miniatura numa caixa preta de chagrém, junto com uma tesoura.

* * *

A fé religiosa da própria Jane Austen a amparou durante esse período tenebroso, como fez ao longo de sua vida toda. As palavras seguintes não têm a voz com a qual ficamos familiarizados nos romances, mas foram escritas na caligrafia de Jane Austen: "Ensina-nos a entender a pecaminosidade de nossos próprios corações, e traz ao nosso conhecimento cada defeito de temperamento e mau hábito ao qual cedemos para o desconforto de nossos semelhantes e perigo de nossa própria alma". E, outra vez:

> De todo coração oramos pela segurança de todos os que viajam por Terra ou por Mar, pelo conforto e proteção do Órfão e da Viúva, e que tua piedade possa ser concedida a todos os Cativos e Prisioneiros. Acima de todas as outras bênçãos, Ó!, Deus, por nós mesmos e por nossos semelhantes, suplicamos a Ti que aceleres nossa noção de tua Misericórdia na redenção do Mundo, do Valor da Santa Religião na qual fomos criados, de modo que não deitemos fora, por nossa própria negligência, a salvação que tu nos deste, e tampouco sejamos Cristãos apenas no nome.

Cassandra Austen, por ocasião de sua morte, em 1845, deixou à sobrinha Cassandra Esten ("Cassie") Austen, filha mais velha de seu irmão Charles, duas folhas de papel contendo as

O amado pai de Jane Austen

orações das quais são tiradas as citações acima.[480] A inscrição "Orações Compostas por minha sempre querida Irmã Jane" aparece na parte externa das folhas dobradas.

Essas orações foram escritas, provavelmente, com o propósito da devoção em família. Parece plausível que a família Austen observasse orações noturnas em casa. Uma carta escrita para Cassandra em 1808, numa noite de domingo, refere-se a devoções noturnas (que deviam incluir orações): "À noite, tivemos os Salmos e as Lições, e um sermão em casa".[481] Em *Mansfield Park*, Fanny Price diz a respeito de orações matinais e noturnas em Sotherton: "Uma família inteira se reunindo regularmente para o propósito da oração é algo ótimo".[482]

Jane Austen era uma cristã devota. Suas cartas remanescentes mal tocam no assunto de sua fé justamente por se tratar de algo pessoal demais, que não devia ser mencionado de modo superficial ou frívolo. Para Cassandra, ela não precisava escrever sobre a fé que as duas compartilhavam. Entre as poucas outras cartas para outros que chegaram até nós, várias, em especial aquelas escritas após uma morte, e sobretudo as duas para Frank na sequência imediata do falecimento do pai, são testemunho de sua fé profunda e sincera.

Sua fé também se destaca em sua admiração por uma pintura que ela viu quando esteve em Londres em 1814, corrigindo provas e trocando de editor. Jane visitou uma exposição de arte em Pall Mall e ficou especialmente impressionada com a imensa tela *Cristo rejeitado*, de Benjamin West, como relatou a Martha Lloyd:

> Eu vi a famosa Pintura de West, e a prefiro a qualquer coisa do tipo que jamais vi antes. Não sei se é considerada superior a sua "Cura no Templo", mas *a mim* me gratificou muito mais, e, na verdade, é a primeira representação do nosso Salvador que já me contentou em absoluto. "Sua Rejeição pelos Anciãos" é o tema. Quero que Você e Cassandra a vejam.[483]

Suas palavras "nosso Salvador" são particularmente notáveis.

Com sua formação esclarecida e seu conhecimento da natureza humana, ela nunca se deixou chocar pelo adultério, mas, quando leu no jornal local que uma vizinha casada, a sra. Powlett, havia empreendido uma fuga romântica, ficou muito entristecida e surpresa – não pelo adultério, mas mais porque, no domingo anterior, a sra. Powlett havia "esperado pelo Sacramento" (permanecido na igreja, após a prece matutina, a fim de receber a Sagrada Comunhão) ao lado de Jane e Cassandra.[484]

Henry Austen descreveu sua irmã como "totalmente religiosa e devota; temerosa de cometer ofensa a Deus, e incapaz de ofender qualquer criatura semelhante". Devemos lembrar que, pela altura em que escreveu isso, ele era um clérigo com tendências evangélicas, e muito entusiasmado. Os comentários das cartas de Jane Austen certamente poderiam sugerir que ela era bem capaz de ofender pessoas. Henry estava certo ao enfatizar sua fé profunda e sincera, mas era de extrema importância, para ela, que isso permanecesse privado e sagrado, não devendo ser discutido abertamente.

Henry atestou que suas opiniões "condiziam estritamente com as de nossa Igreja Oficial".[485] Com isso, estava se referindo à igreja anglicana conservadora. Jane foi filha de um pároco formal e conservador numa época marcada por grande dose de frouxidão na Igreja. Muitos clérigos eram pluralistas, ou seja, mantinham diversos benefícios eclesiásticos ao mesmo tempo – seu pai era pároco de Steventon e Deane ao mesmo tempo. Na infância, Jane deu mostras de uma predileção deliberadamente provocativa, embora brincalhona, pelo catolicismo romano. Escrevendo sobre o rei James I, escreveu: "Como eu mesma sinto inclinação pela religião católica romana, é com infinito pesar que me vejo obrigada a culpar o Comportamento de qualquer Membro dela [...]; neste reinado, os Católicos romanos da Inglaterra não se comportaram como cavalheiros em relação aos protestantes".[486] Mas, claro, a verdadeira lealdade que ela está demonstrando aqui não é com a Igreja de Roma, mas com a linhagem dos Stuart.

Durante a vida de Jane Austen, o movimento evangélico floresceu, arrebatando em seu rastro uma parcela da própria família da autora, para sua grande consternação. Os evangélicos não tinham tempo para rituais e davam ênfase ao indivíduo, o pecador, que se arrepende, é salvo e "convertido" pelo Espírito Santo. A autoridade bíblica era primordial, bem como a necessidade de partilhar ativamente o Evangelho e expressar a fé. Eles viam o Espírito Santo como algo pairando acima da "razão", depreciando os teólogos "deístas" do século XVIII, descendentes intelectuais de John Locke, pela "moda de introduzir uma exibição pomposa de *raciocínio* na religião".[487] Em sua condição de mulher dotada de uma fé muito pessoal e reservada, Jane Austen considerava o fervor dos evangélicos repugnante. Era o arrogante "entusiasmo" que ela considerava especialmente indecoroso.

Seu próprio primo Edward Cooper, por quem havia nutrido afeição no passado, tornou-se um evangélico fervoroso. "Não gostamos muito dos novos Sermões do sr. Cooper", ela escreveu no final da vida, "eles estão mais cheios de Regeneração e Conversão do que nunca – com o acréscimo de seu ardor pela causa da Sociedade Bíblica".[488] (A Sociedade Bíblica Britânica e Estrangeira, fundada em 1804 pelos evangélicos, distribuía exemplares gratuitos da Bíblia para os pobres e os pagãos.) Jane Austen estivera lendo o último livro do primo Cooper, *Dois sermões pregados nas igrejas antiga e nova em Wolverhampton, preparatórios para o estabelecimento de uma instituição bíblica*, publicado em 1816. O "ardor" a que ela se refere é evidente do início ao fim: "Tenha em mente que não é suficiente viver sob a luz, você também precisa caminhar na luz. Não é suficiente que a luz esteja ao seu *redor*, ela também precisa estar *em* você".[489]

Ela também conhecia o trabalho mais popular de Cooper, seu *Sermões* de 1809, que ganhou várias edições. Aqui ele escreve sobre o pecador, a promessa do Evangelho, o Espírito Santo e a necessidade da Conversão. Jane fez questão de pedir a opinião de Cassandra quanto a essa declamação monotonamente escrita, acrescentando que o filho de Edward também se tornara um "pomposo escritor de sermões".[490] Ela não conseguia suportar o ardor de Cooper, sua pompa, sua falta de humor e sua crença infantil de que alguns eram salvos e outros não. Depois da morte da cunhada Elizabeth Knight, Jane torceu para que Edward não enviasse uma de suas cartas de "conforto cruel" (isto é, um sermão sobre o mundo como um vale de lágrimas e sobre os deleites da vida após a morte).[491]

Um grupo particularmente influente de evangélicos, baseado no sul de Londres, era conhecido como "seita de Clapham" ou "os santos". Eram comprometidos com a reforma social e o Evangelho na mesma medida, e incluíam figuras como o ativista antiescravidão William Wilberforce, o teólogo e pregador Thomas Gisborne e a professora, filantropa e romancista best-seller Hannah More. Todos eles eram amigos do primo evangélico de Jane Austen, Edward Cooper. Ela estava decidida a não gostar deles. Quando Cassandra recomendou, em 1809, o "romance de sermão" *Coelebs em busca de uma esposa*, de More, ela transmitiu seus sentimentos com bastante clareza: "Você não despertou minha curiosidade por Caleb de modo algum; minha aversão pelo livro era antes afetada, mas agora é real; não gosto dos evangélicos. Claro, ficarei encantada quando vier a lê-lo, como as outras pessoas, mas, até que o faça, não gostarei dele".[492] Ela se recusava a chamar o romance por seu ridículo nome *Coelebs* – Cassandra julgou que Jane tivesse se

A miniatura em marfim / 241

referido a ele como "Caleb" porque lera mal sua caligrafia, mas Jane retrucou que "Caleb" "soava de modo mais honesto e despretensioso", ao passo que *Coelebs* era "pedantismo e afetação".[493]

Mesmo assim, ao aconselhar sua sobrinha Fanny nos assuntos do cortejo, em 1814 – Fanny estava preocupada com a possibilidade de que seu pretendente fosse atraído para os princípios evangélicos –, ela saltou em defesa deles: "Não estou de maneira alguma convencida de que não deveríamos ser todos evangélicos, e estou ao menos persuadida de que aqueles que o são por Razão e Sentimento devem ser mais felizes e mais seguros".

Mas esse comentário deve ser encarado no contexto. Provém da carta extraordinariamente bela e complexa com conselhos de cortejo, discutida anteriormente, na qual Austen começa tentando mostrar a Fanny que ela não pode estar apaixonada pelo homem em questão, mas, em seguida, quanto mais escreve, tão mais calorosos seus sentimentos se revelam em relação a ele. É uma carta que, como uma grande obra de arte, considera não apenas "um lado da questão", mas ambos; uma carta que revela a flexibilidade de pensamento e a franqueza de opinião de Austen – "Fico me sentindo diferente a cada momento, e não serei capaz de sugerir uma única coisa que possa auxiliar sua Mente. Eu poderia lamentar numa frase e rir na seguinte, mas, em matéria de Opinião ou Conselho, tenho certeza, nenhum irá [ser] extraído desta Carta que seja digno de guardar".[494] Este é um lembrete magnífico de que deveríamos hesitar bastante antes de "extrair" "Opinião ou Conselho" de Jane Austen – sobre a fé evangélica ou qualquer outra coisa – partindo de seus romances e cartas. Era precisamente pela imposição de "Opinião ou Conselho" no leitor que ela não gostava do didatismo de escritores como More e Gisborne (ela pode ter amolecido em seu preconceito contra Gisborne porque, ao lê-lo, descobriu que ele era ligeiramente menos rígido e opinativo do que havia imaginado que seria julgando por seus títulos e reputação). Para Jane Austen, não era tarefa dos escritores dizer às pessoas o que fazer. Era sua tarefa acompanhar o processo infinitamente fascinante de como os seres humanos se veem "sentindo-se diferentes a cada momento".

O que ela também está dizendo para Fanny é que não devemos generalizar sobre classes de pessoas. Nem todos os evangélicos são iguais. Se alguém chega a uma posição evangélica partindo ao mesmo tempo de "Razão e Sentimento" (ao mesmo tempo bom senso e sensibilidade), tudo muito bem. Especialmente bem, ela sem dúvida pensava, se essa fé levasse a boas ações entre os pobres e apoio à abolição do tráfico de escravos. A resposta de Fanny à carta de sua tia se perdeu, mas ela obviamente a levou a sério, porque Austen escreveu de volta para dizer: "Não consigo supor que possamos diferir em nossas ideias a respeito da Religião Cristã. Você fez uma excelente descrição dela. Nós apenas atribuímos um significado diferente à Palavra *Evangélico*."[495]

Se Austen era uma cristã tão devota, como foi que isso se refletiu em seus romances? Num dos primeiros relatos prolongados sobre sua carreira literária, Richard Whately, depois arcebispo de Dublin, escrevendo no *Quarterly Review* em 1821, percebeu que,

Fanny Knight, a quem Austen escreveu sobre suas "ideias a respeito da Religião Cristã"

A miniatura em marfim / 243

mesmo sendo uma escritora cristã, ela não era, como suas contemporâneas Maria Edgeworth e Hannah More, moralmente didática. Ela não escrevia "sermões dramáticos" que se passavam por romances. Seu objetivo principal era o de agradar, de modo que ela não permitia a intromissão de sua moralidade ou religião:

> A srta. Austin tem o mérito (em nosso julgamento, muitíssimo essencial) de ser, evidentemente, uma escritora cristã: mérito que é muito reforçado, tanto no âmbito do bom gosto como no da utilidade prática, pelo fato de sua religião não ser de modo algum intrusiva [...] O assunto é mais aludido, e ademais incidentalmente, do que estudadamente apresentado e referido com demora. As lições de moral [...] brotam incidentalmente das circunstâncias da história; não são forçadas sobre o leitor.[496]

A análise de Whately teria, sem dúvida, agradado Jane Austen. Ela abominava o didatismo moral. Sua aversão por Hannah More, cujos livros, na verdade, eram sermões dramatizados, era evidente. Sua piada sobre como introduzir um ou dois dos sermões de seu irmão Henry num romance, discutida em um capítulo anterior, demonstra que ela não queria ser uma romancista do tipo pregadora de sermões. Jane era uma anglicana quintessencial: espiritualmente sincera, mas retraída, com uma religião tranquila e caracterizada, na boa expressão de Whately, pela "utilidade prática". E é a utilidade prática do cristianismo aquilo que a interessa nos romances.

Importante ressaltar, nenhum dos clérigos de seus romances revela qualquer afinidade com o movimento evangélico. Em seu romance inacabado *Os Watson*, o sr. Howard é louvado por proferir seu sermão "sem qualquer careta ou violência Teatral". Ele prega "com grande decência, e de uma maneira muito impressionante [...] muito mais bem calculado para inspirar Devoção".[497] O discurso comedido e fundamentado é o que ela aprova – não o fogo e enxofre dos evangélicos histriônicos. Se *Os Watson* tivesse sido concluído, esse digno clérigo teria se casado com a heroína.

Mas seus clérigos ficcionais não são, de modo algum, modelos de virtude. Henry Tilney é um retrato encantador de um jovem clérigo que ainda ama prazeres seculares como a dança, a leitura de romances e as visitas ao teatro – todos eles constituindo atividades para as quais "os santos" torciam o nariz. Austen observara clérigos em número suficiente, durante sua vida, para saber que muitos deles estavam longe de ser santos. O dr. Grant, em *Mansfield Park*, é um glutão, e o sr. Collins, em *Orgulho e preconceito*, um bajulador. O sr. Elton, em *Emma*, é detestável. Nas "Opiniões sobre Emma" que recolheu da família e de amigos, Jane anotou as opiniões de certa sra. Wroughton: "Considerou errado por parte da Autora, em tempos como estes, criar tais clérigos como o sr. Collins e o sr. Elton".[498]

Seu conhecimento do clero era preciso. Seu pai era um clérigo, e dois de seus irmãos se tornaram clérigos. Os heróis de *Razão e sentimento*, *A abadia de Northanger* e *Mansfield Park*, Edward Ferrars, Henry Tilney e Edmund Bertram, são clérigos. Quando nos diz que Edward Ferrars chegou à idade de 24 anos, Jane pressupõe em leitores a noção de que isso é altamente significativo. Sob a Lei de Ordenação do Clero de 1804, um homem precisava ter 24 anos antes de poder ser ordenado para o sacerdócio anglicano ou deter um benefício eclesiástico na Igreja da Inglaterra. Agora que já tem 24, Edward é capaz de assumir a incumbência de Delaford. É um aspecto pequeno, mas importante.

Um dos escritores de sermões que Jane admirava era o bispo Thomas Sherlock: "Gosto muito dos sermões de Sherlock, prefiro-os a quase qualquer outro".[499] Passando de Cooper para Sherlock, sentimos um alívio ao ler sua prosa calma, equilibrada, classicamente anglicana. Numa passagem característica, ele refletiu sobre o versículo 12 do Salmo 19: "Quem pode compreender seus próprios erros? Purifica-me dos defeitos ocultos". Sherlock explica que os defeitos mais mortais são os secretos, que resultam da autoignorância, do hábito ou simplesmente do fracasso em refletir sobre as consequências para os outros de nossas próprias ações. Essas eram, em grande medida, as preocupações de Austen em seus romances.

Um dos livros pertencentes a Jane Austen era *Um guia para o altar: demonstrando a natureza e a necessidade de uma preparação sacramental para nosso digno recebimento da sagrada comunhão, ao qual são acrescentadas preces e meditações* (1793). Sua sobrinha-neta Florence Austen afirmou que "esse livro de devoções [foi] sempre usado por Jane Austen".[500] O livro está inscrito com a assinatura de Jane e a data de 1794.[501] Pode ter sido presenteado a ela no momento da sua própria confirmação. De um devoto comungante era esperado, com o fim de que ficasse preparado para o santíssimo sacramento, que adotasse seis características, o *autoexame* sendo a primeira delas: "devemos vasculhar nossos corações e examinar nossas consciências". Esse parece ser um sentimento próximo ao coração da própria Jane Austen.

Várias de suas heroínas enfrentam uma jornada de autodescoberta. Elizabeth Bennet é forçada a admitir: "Alimentei [...] o fascínio e a ignorância e abandonei a razão [...] Até este momento, eu não me conhecia".[502] Emma Woodhouse passa por um momento semelhante de revelação íntima. No entanto, Marianne Dashwood, uma das heroínas mais interessantes de Austen, é a única exibida nas garras de uma paixão erótica devoradora, forçada a admitir seus pecados perante um ser superior: "Eu me espanto com minha recuperação, e me causa espanto que o próprio ímpeto do meu desejo de viver, de ter tempo para uma reconciliação com meu Deus, com todas vocês, não tenha me matado de uma vez [...] Sempre que olhava o passado, eu via um dever negligenciado, ou alguma fraqueza tolerada".[503]

A heroína mais devota de Austen é Fanny Price, descrita por Henry Crawford como moça de "bons princípios e era religiosa". Fanny apela às demandas da consciência: "Todos temos em nós mesmos um conselheiro melhor, se apenas o quisermos ouvir, do que qualquer outra pessoa poderá ser". Sua pureza de mente proporciona um forte contraste com a de Mary Crawford: "Não deixara de exibir uma mente desencaminhada e confusa, e sem qualquer suspeita de tal condição; escura, mas imaginando-se clara".[504] Os personagens moralmente aberrantes de *Mansfield Park* têm uma visão distintamente biliosa em relação à religião estabelecida: Maria Bertram expressa sua aprovação quanto ao fato de Sotherton Court estar situado bem longe da igreja, e Mary Crawford expressa sua concordância quanto ao fechamento da capela da família ali: "Cada geração tem as suas melhorias".[505]

Fanny Price, junto com Marianne Dashwood e Anne Elliot, tem um profundo amor pela natureza: "Isto é harmonia! [...] Isto é repouso! [...] Quando eu observo a paisagem numa noite como esta, sinto como se não pudesse haver maldade ou tristeza no mundo; e certamente haveria menos de ambas se a sublimidade da Natureza fosse mais levada em consideração, e se as pessoas fossem mais transportadas para fora de si mesmas na contemplação de um cenário assim".[506] Um dos segmentos mais fortes na tapeçaria do anglicanismo do século XVIII era o deísmo ou "religião natural", a crença de que a harmonia do universo dava testemunho de um Criador. Em 1802, William Paley, em *Teologia natural ou evidências da existência e dos atributos da divindade coletadas nas aparências da natureza*, usou a analogia do relógio e do relojoeiro para provar a existência de Deus. A linha de raciocínio de Fanny, da "sublimidade da Natureza" aos preceitos religiosos e morais, vem do interior dessa tradição.[507]

Mansfield Park é o romance mais moral e religioso de Austen. Seu primo clerical George Cooke, admirado por ela como um "impressionante pregador de fervorosos e estimulantes sermões", considerou-o "o mais sensato Romance que ele jamais lera", e ficou particularmente deleitado com "a Maneira como o Clero é tratado".[508] Os Cooke aprovaram, sem dúvida, o personagem de Edmund Bertram, para quem o sacerdócio não é simplesmente uma carreira, mas uma vocação religiosa. "A senhorita pensa que a igreja em si não é escolhida nunca, então?", ele pergunta para Mary Crawford. Ela retruca: "*Nunca* é uma palavra muito negra. Mas sim, no *nunca* da conversação, que quer dizer *bem poucas vezes*, eu penso isso mesmo". Para ela, a ordenação pelo amor à religião, sem um benefício eclesiástico, é "loucura, de fato, absoluta loucura".[509]

Quando Mary Crawford lhe diz que um "clérigo não é nada", Edmund responde: "Não posso classificar como 'nada' uma situação que se responsabiliza por tudo que é da mais primordial importância na humanidade, considerados os aspectos individuais e coletivos, temporais e eternos, que tem a guarda da religião e da moral, e por consequência dos costumes que delas resultam por influência. Ninguém aqui poderá dizer que o *ofício* é 'nada'".[510] E, quando ele se desembaraça de Mary por fim, ela dispara um lesivo tiro de despedida, acusando-o de tendências evangélicas: "Nesse ritmo, muito em breve o senhor irá reformar todas as criaturas em Mansfield e Thornton Lacey; e quando eu ouvir falar sobre o senhor da próxima vez, poderá ser na condição de um célebre pregador em alguma grande sociedade de metodistas, ou como um missionário em terras estrangeiras".[511]

Afirma-se, às vezes, que Jane Austen descreveu *Mansfield Park* como sendo um livro *sobre* "Ordenação"; essa visão se baseia na leitura equivocada de uma de suas cartas, mas não há dúvida de que a vocação de Edmund está no centro do romance. Em janeiro de 1813, ela escreveu uma carta encantadora para Cassandra, descrevendo a chegada da primeira edição de *Orgulho e preconceito* e falando de seu amor pela personagem de Elizabeth Bennet. Conta como fizera cortes na extensão do segundo volume para afiar a narrativa: "Podei e talhei com tamanho êxito, entretanto, que deve ter ficado um tanto menor, imagino, do que R. e S. no todo". Então ela diz: "Agora vou tentar escrever sobre outra coisa; será uma completa mudança de assunto". Em outras palavras, a *carta* vai mudar de assunto agora. Então escreve: "Ordenação. Fico contente por saber que suas indagações terminaram tão bem". Ou seja, ela pediu previamente a Cassandra, que estava hospedada com James, o clérigo da família, para confirmar certos detalhes técnicos sobre o processo da ordenação. A piada, portanto, é que não se trata de uma "completa mudança do assunto": ela está passando das revisões finais de seus romances anteriores à pesquisa preliminar para o seguinte. Sempre escritora, Jane ainda está falando sobre o processo da escrita. Preocupada como sempre com seu realismo, ela quer acertar todos os detalhes no que diz respeito à ordenação de Edmund. Também quer acertar sua topografia, e por isso pede a Cassandra "se você poderia descobrir se Northamptonshire é um condado com fileiras de cerca viva". Em suma, então, a "Ordenação" não é o "assunto" de *Mansfield Park*, mas desempenha um papel crucial – criado com precisão – dentro do romance.[512]

No final do romance, Sir Thomas joga a culpa da "conduta imprópria" de suas filhas numa falta de "princípios", mas também no fato de terem respeitado a religião apenas da boca para fora: "Elas tinham sido instruídas teoricamente em sua religião, mas nunca lhes fora exigido colocar em prática diária tais teorias".[513] É uma lição que Sir Thomas também precisou aprender. O que importava, para Austen, era o modo como a religião moldava a "prática diária" de viver uma vida boa.

Jane Austen deu rédea solta para sua sincera fé religiosa em *Mansfield Park*, mas, assim como leitores mais modernos ficaram intrigados com a seriedade de Fanny Price e a moralidade do romance, alguns de seus familiares e amigos ficaram desconfortáveis com sua voz mais séria. Jane copiou as opiniões deles, ansiosa por saber o que verdadeiramente achavam de seus romances: uma opinião era de "Edmund contestado como frio e formal", enquanto outra pessoa "não conseguiu suportar Fanny". "De seu bom senso e Tendência moral não pode haver dúvida alguma", disse uma terceira, "mas, como você me rogou para ser perfeitamente honesta, devo confessar que prefiro O e P".[514]

A maioria de seus amigos íntimos compartilhava dessa crença de que *Orgulho e preconceito* era imensamente superior. A branda e tímida Fanny Price não é nenhuma Lizzy Bennet, mas surpreende a todos no romance com sua força tranquila. Fanny se recusa a ser intimidada por Sir Thomas a se casar com um homem que não ama, e só ela enxerga a corrupção moral que se esconde por trás do charme dos Crawford. Edmund, ela percebe,

> "age como cego, e nada vai abrir seus olhos; nada poderá fazê-lo, depois de ter tido verdades diante dele por tanto tempo em vão. Edmund vai se casar com ela, e terá uma vida miserável. Deus queira que a influência dela não o faça deixar de ser respeitável!" Ela repassou os olhos pela carta. "Tão afeiçoada por mim!" É tudo um absurdo. A srta. Crawford não ama ninguém senão ela mesma e seu irmão. "Suas amigas a levando por maus caminhos ao longo de anos!" É quase mais provável que *ela* tenha levado suas amigas por maus caminhos. Elas todas, talvez, se corromperam umas às outras."[515]

"Deus queira": Austen só usa a palavra "Deus" como exclamação nos mais graves momentos. Marianne, em sua condição

A miniatura em marfim / 249

mais vulnerável, demonstra seu desespero quando é friamente "cortada" por Willoughby: "Meu Deus! Willoughby, qual é o significado disso?". Darcy é compelido a exclamar, ao ver a aflição de Elizabeth diante da fuga romântica de Lydia: "Meu Deus! Qual é o problema?". Depois da queda de Louisa no Cobb, o capitão Wentworth exclama na mais amarga agonia: "Ah, Deus! Seu pai e sua mãe".[516] As palavras ardentes de Fanny, nesse momento-chave, são praticamente o mais perto que Austen jamais chega de falar, ao modo de um sermão, sobre alguém ser "levado por maus caminhos".

Jane acreditava fervorosamente, no entanto, na importância da fortitude e do "empenho", uma palavra repetida por ela com frequência em momentos estressantes. Em *Persuasão*, o sofrimento excessivo do capitão Benwick em função de sua noiva é apresentado como autoindulgente, e Anne o exorta a se consolar com obras de prosa e memórias de personagens da vida real que sofreram "provações religiosas".[517] A longa doença da própria Austen, em 1816 e 1817, forçou-a a grande resistência e esforço espiritual pessoal. Ela teve tempo para pensar, refletir e se preparar para a morte.

O fato de que sabia estar morrendo é sugerido por um relato deixado por Caroline Austen. Ela recordou que Jane e Cassandra fizeram uma viagem infrutífera até Cheltenham para encontrar uma cura. A viagem de volta para Chawton tomou um desvio até Kintbury para visitar os Fowle: "Mary Jane Fowle me contou, depois, que Tia Jane passou pelos lugares antigos e evocou memórias antigas associadas a eles, de uma maneira muito particular – olhava para eles, minha prima pensou, como se não tivesse esperança de voltar a vê-los".[518]

Em sua doença terminal, Jane Austen falou à amiga Anne Sharp sobre sua gratidão a Deus por ter a família ao redor: "Tenho tantos alívios e confortos pelos quais devo bendizer o Todo-Poderoso! [...] se eu viver até virar uma Mulher idosa, provavelmente acabarei desejando que eu tivesse morrido agora, abençoada na ternura de tal Família, e antes de ter sobrevivido a eles ou seu afeto".[519] Em sua notícia biográfica, Henry relatou como, no leito de morte, ela tomou o sacramento enquanto ainda estava mentalmente consciente. E Cassandra descreveu os últimos momentos de sua amada irmã numa carta detalhada para Fanny Knight:

> Ela sentiu estar morrendo cerca de meia hora antes de ficar tranquila e aparentemente inconsciente. Durante essa meia hora se deu sua luta, pobre Alma! Ela disse que não podia nos contar o que sofria, embora se queixasse de pouca dor permanente. Quando lhe perguntei se desejava alguma coisa, sua resposta foi de que nada desejava senão a morte, e algumas de suas palavras foram "Deus me dê paciência, Ore por mim, ah, Ore por mim".[520]

Ela morreu na casa alugada para a qual havia se mudado em College Street, Winchester, durante a madrugada de uma noite quente de verão, uma sexta-feira, 18 de julho de 1817.

Na semana seguinte, foi sepultada na Catedral de Winchester. A lápide sobre seu túmulo narra que ela enfrentou sua doença com "a paciência e as esperanças de uma cristã". Louva sua "caridade, devoção, fé e pureza", "a benevolência de seu coração, a doçura de seu temperamento, os dotes extraordinários de sua mente". A última frase é um reconhecimento tácito de sua grandeza como romancista (visto que os romances haviam sido publicados anonimamente, teria sido inadequado dizer mais do que isso sobre eles). Mas a ênfase principal está em suas virtudes cristãs. Foi como deveria ter sido, porque, por maiores que fossem sua espirituosidade e sua irreverência, Jane Austen era devota e profundamente cristã, como mulher e como escritora.

Muito apropriadamente, sua obra literária final foi um poema, escrito dois dias antes de sua morte, no dia festivo de São Swithin, o santo em cuja igreja, em Bath, repousavam os ossos de seu amado pai. As corridas de Winchester foram realizadas naquele dia. Segundo a tradição, se chovesse no dia de São Swithin, choveria por mais quarenta dias. Jane Austen, em seu leito de enferma, acordou no dia de São Swithin, 15 de julho de 1817, com "chuva forte de manhã"[521] e escreveu o poema, adotando, brincalhona, a voz do santo:

A miniatura em marfim / 251

Essas corridas, folias, dissolutos afazeres
Com que vocês aviltam a Planície adjacente,
Que prossigam – vocês verão praga em seus prazeres;
Façam como quiserem, vou derramar minha torrente.[522]

Falar sobre o tempo era mais inglês do que qualquer outra coisa poderia ser – com a possível exceção de a pessoa ser uma anglicana fiel, mas num meio-termo, sem ostentação.

12

A filha de Mansfield

A pintura a óleo de tamanho grande, atribuída a Zoffany, decorava uma parede em Kenwood House, a residência em Hampstead de Lord Mansfield. Representa duas jovens belíssimas. A loura em primeiro plano está sentada, trajando um vestido rosa de seda e rendas. Ela tem flores no cabelo e um duplo colar de pérolas ao redor do pescoço, e segura um livro. Está esticando seu braço na direção da jovem atrás dela, tomando-lhe a mão e puxando-a para o quadro. Quase não precisa fazê-lo, pois o olhar é atraído irresistivelmente para essa outra garota, dotada de maçãs do rosto salientes e um sorriso enigmático. Ela repousa um dedo indicador zombeteiro na bochecha e encara o artista com confiança.

Ela veste um suntuoso cetim branco e usa um colar de grandes pérolas no pescoço, brincos pingentes de diamante e um turbante cravejado de joias com uma pluma empoleirada garbosamente na parte de trás. Carrega uma braçada de frutas e usa um requintado xale azul e dourado que flutua na brisa enquanto ela caminha. Está em movimento, repleto de vitalidade e energia, ao passo que a jovem de rosa se mantém sentada.

As moças são Lady Elizabeth Murray e Dido Belle. São as filhas adotivas de Lord Mansfield na sacada que dava para os jardins de Kenwood House, com um panorama espetacular da Catedral de São Paulo na distância. Kenwood House havia sido remodelada por Robert Adam na década de 1760, e, mais para o fim do século, seus jardins foram projetados com um lago e áreas de parque por Humphry Repton.

As garotas são primas. Lady Elizabeth Murray perdeu sua mãe na infância e foi levada para viver com seu tio e tia, os Mansfield, desprovidos de filhos, que fizeram dela sua herdeira. Dido Belle era a filha ilegítima do capitão John Lindsay, sobrinho de Mansfield, com uma mulher negra escravizada chamada Maria Belle. As jovens eram companheiras em nível de igualdade, como confirma o retrato. Mansfield adorava Dido. Ela foi descrita por visitantes como integrante muito amada da família, embora o legalista americano chamado Thomas Hutchinson, que estava vivendo em Londres, tenha se manifestado com mordacidade a respeito de sua posição valorizada na família. Ele a chamou de "atrevida" e ficou chocado com seu status na família:

> Uma negra veio após o jantar e se sentou com as damas, e após o café caminhou com os convivas pelos jardins, uma das jovens damas enlaçando seu braço. Lord M [...] a chama de Dido, que, suponho, é seu único nome. Ele sabe que já foi censurado por demonstrar carinho por ela – não ouso dizer criminoso [isto é, sexual].[523]

Jane Austen pode muito bem ter visitado Kenwood House para ver os retratos e os jardins. Membros distintos do público eram conduzidos em passeios pela propriedade com frequência, nas ocasiões em que o proprietário estava ausente, como ocorria em várias mansões (incluindo a Pemberley imaginária de *Orgulho e preconceito*). Em seu diário, Fanny Burney registrou uma visita a Kenwood em junho de 1792. Não importando se Jane Austen viu ou não essa pintura extraordinária, o fato é que ela tinha ligação com uma das mulheres do retrato: Lady Elizabeth Murray era amiga e vizinha de seu irmão abastado Edward.

Lady Elizabeth veio a se casar com George Finch-Hatton, de Eastwell Park, perto de Godmersham. Numa visita a Edward em 1805, Jane foi jantar em Eastwell Park e ficou sentada ao lado do sr. Finch-Hatton. Sentiu-se muito desapontada com a mulher que tinha sido criada com Dido: "Constatei que Ly Elizabeth: para uma mulher de sua idade e situação, tem espantosamente pouco a dizer por si mesma". Ficou igualmente pouco impressionada com sua filha, a srta. Hatton, mas gostou de seus meninos pequenos: "George é um bom menino, e bem-comportado, mas Daniel sobretudo me encantou; o bom humor de seu semblante é um tanto sedutor".[524] Jane encontrou os Finch-Hatton em diversas ocasiões, quando hospedada em Godmersham, mas sempre achava Elizabeth quieta e sem graça. Mesmo assim, ter conhecido e estabelecido relações amigáveis com a herdeira e filha adotiva de Lord Mansfield foi de grande interesse para Jane Austen, já que Mansfield era um dos heróis da época.

Dido era a mulher mestiça mais célebre da Inglaterra. Quando Lord Mansfield morreu, em 1793, ele lhe deixou um legado e uma anuidade, também confirmando oficialmente sua liberdade. Ela se casou com um inglês no final daquele ano e teve três filhos. Eles moraram em Hanover Square até sua morte, em 1804. Os Austen tinham muitos conhecidos entre as famílias das plantações, de modo que Jane pode ter tido contato direto com outras garotas mestiças, mas Dido é aquela cuja vida ela certamente conhecia. Em seu romance inacabado final, *Sanditon*, há uma herdeira "meio mulata" chamada srta. Lambe. Mocinha rica de dezessete anos e saúde delicada, ela foi trazida das Índias Ocidentais à Inglaterra para concluir a sua educação. "Friorenta e mole" sob o clima inglês, ela "tinha uma criada pessoal, devia sempre ganhar o melhor quarto nos alojamentos e era sempre de primeira importância em todos os planos da sra. G."[525] – bem como, poderíamos dizer, Dido sempre foi de primeira importância em todos os planos do Lord M. da vida real.

Para Jane Austen e seus contemporâneos, o nome Mansfield era sinônimo da grande questão dos direitos civis da época: a campanha contra a escravidão. O primeiro passo no caminho rumo à abolição do comércio de escravos foi dado em 1772, quando Mansfield, Lord Chefe de Justiça, proferiu uma decisão monumental no caso James Somersett. Somersett, um africano escravizado que tinha sido levado à Inglaterra por seu proprietário americano, fugiu, tendo sofrido espancamentos brutais. Ele foi capturado e preparado para ser enviado à Jamaica, para ser vendido como trabalhador da plantação. Contudo, após a intervenção de três pessoas que afirmaram ter sido seus padrinhos quando ele foi batizado cristão na Inglaterra, Somersett foi trazido perante Mansfield sob a Lei de Habeas Corpus. Solicitado a decidir se o aprisionamento de Somersett era legal, Lord Mansfield ouviu ambos os lados da discussão e, em seguida, reservou seu julgamento por cinco semanas. Acabou por decretar que enviar Somersett forçosamente ao estrangeiro porque "ele se ausentou de seu serviço ou por qualquer outra causa" era ilegal: "Nenhuma autoridade pode ser encontrada nesse sentido nas leis deste país, e, portanto, [...] James Somersett deve ser libertado". No âmago de seu julgamento, havia um princípio geral: "O estado da escravidão é de tal natureza que é incapaz de ser agora introduzido pelos Tribunais de Justiça mediante mero raciocínio ou inferências a partir de quaisquer princípios, naturais ou políticos".[526]

O caso foi amplamente divulgado, e a interpretação geral indicava que todas as pessoas escravizadas na Inglaterra deveriam ser "libertadas". Embora o próprio Mansfield tenha recuado dessa conclusão, seu julgamento proporcionou grande impulso para os abolicionistas. A frase usada no julgamento, "que a Inglaterra tem um ar puro demais para ser respirado por um escravo", tornou-se um lema da campanha, ecoado por William Cowper na famosa sequência abolicionista de *A tarefa*, poema favorito de Jane Austen:

Prefiro antes ser eu o escravo
E usar as algemas do que prendê-las nele.
Não temos escravos em casa – então por que lá fora?
E eles mesmos, uma vez embarcados por sobre a onda
Que nos separa, ficam emancipados e soltos.
Escravos não podem respirar na Inglaterra; se seus pulmões
Recebem nosso ar, no mesmo instante se libertam,
Eles tocam nosso chão e seus grilhões caem.[527]

Mansfield ficaria associado por um longo tempo à ideia da liberdade para os escravos, não só por causa do caso Somersett, mas também como resultado do infame caso *Zong*, de 1781. O *Zong* era um navio negreiro de Liverpool do qual cerca de 150 homens, mulheres e crianças doentes foram jogados ao mar e afogados para que os proprietários pudessem requerer uma indenização por "carga" perdida. O tribunal decidiu pelos proprietários, mas, num recurso perante a Corte do rei, Mansfield determinou que humanos não podiam ser segurados. Ele solicitou um novo julgamento. Também determinou que não poderia haver compensação para os proprietários. Nesse ponto, eles abandonaram o caso (embora nem eles nem o capitão do navio jamais tenham sido levados a julgamento por assassinato). Mais uma vez, essa foi uma decisão de Mansfield que deu grande ímpeto à causa abolicionista.

Uma jovem é levada para uma grande mansão no campo a fim de ser criada com parentes abastados. Assim como a história da adoção de Edward Austen pelos Knight deve ter estado no fundo dos pensamentos de Jane Austen enquanto ela se preparava para enviar um terceiro romance a Egerton, do mesmo modo a famosa história de Dido Belle é uma sombra bruxuleante no fundo da história de Fanny Price. É difícil acreditar que tenha sido por coincidência que o romance de Austen mais ligado à escravatura recebeu o título *Mansfield Park*.

Mansfield Park, grande mansão de campo inglesa, foi vista por críticos, muitas vezes, como um símbolo da própria Inglaterra. Os intrusos, criadores do caos, são desconhecidos de Londres, Mary e Henry Crawford, que ameaçam os costumes e os valores do campo. Eles transformam a casa num teatro e corrompem seus

George Cruikshank, caricatura de "Aspirante William B. na Vigília Média" (com escravo fugido à solta)

habitantes. Mas essa é uma interpretação enganosa, que só funciona numa visão simplista da política supostamente reacionária e conservadora de Jane Austen. Os Crawford são apenas os agentes da mudança: a verdadeira corrupção repousa na porta dos falhos guardiões da casa, Sir Thomas e Lady Bertram e sra. Norris. Além disso, Mansfield Park não é uma casa inglesa antiga, impregnada da paternalista pequena nobreza da Inglaterra, como são Pemberley, em *Orgulho e preconceito*, e Kellynch Hall, em *Persuasão*. É uma construção nova, erigida sobre os frutos do comércio de escravos.

A sombra da história de *Mansfield Park* é a escravidão, à qual os Austen se opunham com ferocidade, apesar do benefício da própria família com plantações. Após uma campanha que durou mais de vinte anos, o tráfico de escravos – ou seja, o transporte de escravos em navios britânicos – foi abolido em 1807, embora tenha continuado a prosperar ilicitamente. A emancipação dos escravos dentro do império não aconteceu antes de 1833. As opiniões sobre o comércio de escravos, na época de Jane Austen, faziam parte de conversação diária, como Austen sugere em *Emma*, em que o assunto é tratado de forma brutalmente casual pela detestável sra. Elton: "Ah, minha querida, carne humana! Você me deixa um tanto chocada; se você está se referindo a uma experiência no tráfico de escravos, eu lhe garanto que o sr. Suckling foi sempre um grande amigo da abolição".[528] A expressão "um grande amigo" é reveladora por seu caráter defensivo: Maple Grove, a espalhafatosa residência do sr. Suckling perto do porto escravista de Bristol, sem dúvida teria sido outra casa contaminada pelo comércio de carne humana.[529]

Ambos os irmãos navais de Jane Austen estavam envolvidos na intercepção de navios negreiros. Frank era sem dúvida pró-abolição: "A escravidão, por mais que possa ser modificada, ainda é escravidão, e é muito lamentável que qualquer vestígio dela tenha sua existência constatada em países dependentes da Inglaterra ou colonizados por seus súditos".[530] Era tarefa da Marinha Real impor a abolição, embora só fosse permitido aos capitães que agissem contra embarcações de propriedade britânica com escravos efetivamente a bordo. Mas isso não os impedia de perseguir navios navegando sob outras bandeiras: "Caçamos um navio que provou ser um português destinado a Rio Janeiro", Frank anotou certa vez em seu diário. "Ele tinha a bordo 714 escravos de ambos os sexos e todas as idades."[531]

Três dos escritores favoritos de Jane Austen eram ferrenhamente antiescravidão: William Cowper, o dr. Johnson e Thomas Clarkson. Deste último, a *História da ascensão, progresso e efetivação da abolição do tráfico de escravos africanos* (1808) foi a bíblia do movimento antiescravidão. Sobre a escrita de outro polemista, Charles Pasley, autor de *Um ensaio sobre a política militar e as instituições do Império Britânico*, Austen observou: "Estou tão apaixonada pelo autor como jamais estive por Clarkson".[532] A *História da abolição* é um relato brilhantemente escrito, veloz e carregado de emoção sobre a própria conversão do autor à causa abolicionista. É fácil perceber por que Jane Austen se apaixonou por Thomas Clarkson.

O interesse de Clarkson foi deflagrado em Cambridge, quando ele escreveu e ganhou um prêmio por um ensaio sobre a escravidão. Depois de ler o ensaio em voz alta em sua faculdade, retornou a Londres decidido a abandonar sua vocação como clérigo e dedicar sua vida à causa: "Sentei-me desconsolado sobre a relva à beira da estrada e segurei meu cavalo. Aqui, veio-me à mente o pensamento de que, se o conteúdo do ensaio fosse verdade, era hora de alguma pessoa encaminhar o fim dessas calamidades".[533] Clarkson arrecadou dinheiro para financiar seu anseio por escrever sua história e foi a Liverpool e Bristol para entrevistar e reunir informações tanto de traficantes de escravos quanto de escravos libertos. Ele não poupou detalhes em sua descrição das condições a bordo dos navios e das atrocidades cometidas, incluindo o notório caso *Zong*. Deu discursos nos quais usava recursos visuais com grande efeito, como grilhões e ferros, incluindo o horrendo *speculum oris*: os escravos a bordo do navio se recusavam a comer com tamanha frequência que foi inventado um dispositivo para escancarar suas mandíbulas, de modo que os marinheiros pudessem alimentá-los à força.

Também reuniu uma coleção de bens africanos de impressionante beleza e acabamento artesanal: figuras esculpidas, diferentes tipos de madeira, itens feitos de marfim, couro, ouro e algodão, espadas e adagas confeccionadas com ferro, quatro diferentes tipos de pimenta, até mesmo uma pasta de clareamento dental. Seu objetivo era ressaltar que o comércio devia ser de bens, não de pessoas. Para auxiliar sua causa, foram fabricadas caixas de rapé com o emblema de um escravo liberto, e damas passaram a usar broches, de forma que "a moda, limitada geralmente a coisas sem valor, foi vista, para variar, no honroso ofício de promover a causa da justiça, da humanidade e da liberdade".[534]

Clarkson citou Cowper como amigo da causa, publicando seu "O lamento do negro" na *História* e exclamando como sua popularidade se espalhou pela Inglaterra e o tornou uma canção popular na sala de visitas de todo indivíduo bem pensante. E, claro, deu grande destaque ao famoso julgamento de Mansfield no caso Somersett.

A fonte da paixão de Clarkson pela causa da abolição era seu profundo cristianismo. Ele também argumentava que o tráfico de escravos era altamente destrutivo e perigoso para a Marinha Real – em tempos de guerra, não deveria haver distração na defesa do reino. O cristianismo e a marinha: essas coisas também eram muitíssimo preciosas para o coração de Jane Austen.

Austen tinha íntima ligação com o comércio de escravos e proprietários de plantações. Em sua própria família, havia os primos Hampson e Walter no lado materno e os Leigh-Perrot no materno (além de ser cleptomaníaca, a sra. Leigh-Perrot era herdeira de uma propriedade em Barbados). E havia mais: a primeira esposa de seu irmão James era filha do governador de Granada.

Sua conexão mais aproximada com uma família das plantações existia através de sua família paterna. O pai de Jane tinha um meio-irmão por parte de sua mãe Rebecca Hampson, que havia sido casada, anteriormente, com certo William Walter. Após a morte deste último, ela se casou com William Austen (avô de Jane); este herdou um enteado, William Hampson Walter, que se tornou íntimo de seus meios-irmãos (George, Philadelphia e Leonora Austen). Como era comum naquela época de mortes prematuras, a família extensa resultante do segundo casamento se deu muito bem no convívio próximo. William Hampson Walter viveu em relativo conforto e teve uma grande família com seis filhos.

A família de Hampson tinha uma plantação na Jamaica, e dois dos filhos de William foram enviados para lá. Foi a irmã Philadelphia Walter (cujo nome homenageava sua tia) que preservou as cartas de Eliza de Feuillide, propiciadoras, como vimos, de uma grande fonte de informações sobre os Austen. Essa foi a moça que se recusou a participar das representações teatrais de Steventon, para grande desgosto da sra. Austen. Numa de suas poucas cartas remanescentes, a sra. Austen escreveu a Phila Walter, que ela considerava como sua "terceira sobrinha", reclamando que "você poderia muito bem ter estado na Jamaica cuidando da Casa de seu Irmão, levando em conta o quanto nós vemos você ou provavelmente a veremos".[535]

Em 1773, a sra. Austen escreveu a Susannah Walter para dizer que lamentava ter tomado conhecimento sobre o acidente de Sir George Hampson, e que esperava que ele ainda fosse capaz de levar o filho de Susannah, George, de volta para a Jamaica consigo na primavera seguinte. Sir George, o sexto baronete de Taplow, era sobrinho de Rebecca Hampson. Ele se casou com Mary Pinnock, da Jamaica, e foi sucedido por seu filho, Sir Thomas Hampson. Em outras palavras, Jane Austen tinha um primo em terceiro grau que se chamava Sir Thomas e que possuía uma plantação na Jamaica.

Outra conexão intrigante existia com a família Nibbs, muito próxima dos Austen. James Nibbs frequentou aulas de George Austen em Oxford e despachou seu filho, George, afilhado de George Austen, para ser educado em Steventon. James possuía uma plantação em Antígua. Em 1760, George Austen foi designado curador da propriedade antiguana de Nibbs, chamada plantação de Haddon ou de Week, contendo 294 acres com escravos e gado. George Austen foi uma das partes no acordo de casamento de James Nibbs com sua prima Barbara. Isso significa que, se Nibbs tivesse morrido cedo, George Austen teria sido responsável pela plantação e por seus escravos. George Nibbs se transformou num garoto incontrolável e problemático, e seu pai acabou o levando a Antígua para separá-lo de companhias indesejáveis, uma linha de enredo usada por Austen em *Mansfield Park*, quando Sir Thomas afasta seu filho Tom de amizades prejudiciais.

Em 1801, Jane Austen, ao falar sobre sua mudança de casa para Bath, menciona um retrato do sr. Nibbs pendurado numa parede de Steventon. É bem possível que George Nibbs tivesse um mapa de Antígua em Steventon. Tais mapas informavam os nomes dos donos das plantações. Pode não ser uma coincidência o fato de que muitos dos nomes dos personagens de Austen – incluindo Willoughby, Wickham, Lucas e Williams – sejam idênticos aos de proprietários de plantações nas Índias Ocidentais.[536]

Outra conexão Steventon/Antígua se dava por intermédio dos inquilinos de Ashe Park, que chegaram à área em 1771. A sra. Austen deu calorosas boas-vindas a esses "dois cavalheiros solteiros muito jovens".[537] Eles eram William e James Holder, que haviam feito sua fortuna nas Índias Ocidentais. James Holder costumava repassar seu jornal aos vizinhos em Steventon.

E outra conexão de Hampshire era William Beckford. Seu pai, o conselheiro Beckford, foi o dono de plantações mais rico – ele possuía mais de vinte mil acres – das Índias Ocidentais. Era conhecido como o "rei sem coroa da Jamaica". Seu filho William herdou, com apenas dez anos, uma fortuna de um milhão de libras em dinheiro (150 milhões de libras ou 225 milhões de dólares em valores atuais), juntamente com propriedades e plantações valendo milhões mais. Ele era um romancista gótico, autor de relatos de viagem, colecionador de arte, construtor da extraordinária Fonthill Abbey e notório bissexual. A chocante fuga romântica de sua filha foi mencionada por Jane Austen, que a chamou de "nossa prima Margaret" e notou que ela tinha sido deserdada pelo pai.

Havia outras ligações com o Caribe. O irmão mais novo de Jane, Charles, "nosso próprio irmãozinho particular", casou-se nas Bermudas com Fanny Palmer, filha mais nova do procurador-geral anterior da ilha. Quando a esposa morreu, ele se casou com sua irmã mais velha, Harriet. "Não chamamos as Bermudas ou as Bahamas, sabe, de Índias Ocidentais", diz a sra. Croft em *Persuasão*, revelando casualmente o conhecimento íntimo de Austen quanto à distinção entre as várias ilhas caribenhas.[538]

Levando em conta todas essas associações, não é de admirar que os romances de Jane Austen revelem seu interesse pelas plantações e pelo tráfico de escravos nos anos posteriores à Lei de 1807. Em *Emma*, fica claro que Augusta Hawkins (mais tarde sra. Elton) é filha de um comerciante de escravos de Bristol. Bristol só perdia para Liverpool como porto negreiro, e lidava principalmente com mercadorias produzidas por escravos, como açúcar. Jane Austen faz uma insinuação clara sobre o negócio do pai da sra. Elton: "A srta. Hawkins era a mais nova das duas filhas de um... mercador, é claro, como ele precisava ser chamado... de Bristol".[539] Os sinais de hesitação indicam que "mercador" é um eufemismo para "comerciante de escravos". Além disso, o nome Hawkins tinha uma ressonância óbvia, uma vez que o navegador elisabetano John Hawkins era o pai do tráfico de escravos inglês.

É em *Mansfield Park*, no entanto, que Jane Austen mostra seu apoio à abolição dos escravos e sua desaprovação quanto aos proprietários de plantações. O pano de fundo para o enredo do romance é Antígua, com os problemas que Sir Thomas está tendo com seus "lucros diminutos". Por que suas terras estão em apuros? O principal cultivo de Antígua era o açúcar, cuja produção envolvia mão de obra intensiva, dependente de ampla força escrava. A Guerra da Independência Americana perturbou em grande medida o comércio do açúcar, tanto que, nas primeiras três décadas do século XIX, as exportações de açúcar caíram em um terço.[540] Além do mais, Antígua, como uma das mais antigas colônias, estava sofrendo pelo esgotamento do solo, bem como pela concorrência de outras ilhas açucareiras.[541] Havia também distúrbios periódicos entre os escravos.

Ficamos sabendo, depressa, que grande parte da renda de Sir Thomas encontra-se "abalada", problema exacerbado pelo hábito da jogatina por parte de Tom. Os problemas financeiros custaram a Edmund um valioso benefício eclesiástico. Nas primeiras páginas, tomamos conhecimento da "propriedade nas Índias Ocidentais" de Sir Thomas pelo desejo desesperado da sra. Price de que seu filho William possa ser útil a Sir Thomas. Assim como aconteceu com George e William Hampson, primos de Jane Austen, era prática comum que jovens parentes empobrecidos fossem enviados para auxiliar na administração de plantações. Embora William Price se torne aspirante, a exemplo dos garotos Austen, levanta-se a possibilidade, aqui, de uma narrativa alternativa, na qual ele tivesse enviado constantes cartas das Índias Ocidentais para Fanny.

No parágrafo inicial de *Mansfield Park*, somos também apresentados ao sr. e à sra. Norris. A sra. Norris é, na obra de Jane Austen, o retrato mais implacável da mesquinharia e do poder corrupto. Fanny, inicialmente tímida e fraca, é um alvo fácil para seus instintos de intimidação, e sua desumanidade nos provoca um estremecimento de repugnância. Tratando a garota como uma escrava, essa adulta desagradável transforma o início da vida de Fanny num suplício. Mas é o poder da sra. Norris no lar dos Bertram que causa o dano real. É uma das supremas ironias do romance que Sir Thomas parta rumo a Antígua, com o propósito de resolver os problemas em sua plantação, apenas para que sua casa na Inglaterra seja lançada no caos e na subversão em sua ausência. Durante essa ausência, com Lady Bertram entorpecida em seu sofá como uma chinesa viciada em ópio, a casa fica sob a perigosa guarda da sra. Norris. Sir Thomas acaba por constatar o erro de sua conduta. Como o Próspero de Shakespeare, ele reconhece que a sra. Norris é seu Caliban, um monstro que ele criou: "Sua opinião sobre ela decaíra de maneira progressiva desde o dia do seu retorno de Antígua [...] Ele a sentira como um mal que se fazia presente a toda hora, tanto pior porque parecia não existir qualquer chance de uma cessação, exceto com o fim da vida; a sra. Norris parecia ser uma parte dele mesmo, algo que teria de ser suportado para sempre".[542]

Se o nome de Mansfield era sinônimo da causa da abolição, então o de Norris era seu oposto. Qualquer leitor familiarizado com a *História da abolição* de Clarkson teria em mente o infame Robert Norris. Ele era um comerciante de escravos da África Ocidental que se transformou em "mercador", uma figura-chave no relato de Clarkson. Quando Clarkson foi a Liverpool em sua primeira viagem de pesquisa, Norris se mostrou encantador e prestativo, alegando deplorar o tráfico de escravos e abominar a crueldade com que suas vítimas eram tratadas. Mas Norris era um hipócrita. Ele forneceu a Clarkson um testemunho valioso, prometeu servir à causa da abolição e em seguida o traiu.

Por ocasião de um inquérito parlamentar, em vez de depor em apoio aos abolicionistas, ele discursou contra eles, propondo descaradamente que o comércio de escravos tinha efeitos positivos na África, pois os pobres eram tratados de forma mais humana como escravos no exterior do que eram em sua bárbara terra natal. "Houve um grande acréscimo de felicidade na África desde a introdução do Comércio", Norris insistiu. Na opinião de Clarkson, o testemunho de Norris prejudicou em grande medida o caso dos abolicionistas. Clarkson exerceu sua vingança sobre Norris quando, tempos depois, os dois se encontraram frente a frente na câmara e Norris foi desacreditado por sua duplicidade: Norris pareceu sentir de um modo nada comum sua própria degradação; "pois em nenhum momento, depois, ergueu a cabeça, ou olhou para os abolicionistas no rosto, ou agiu com energia na condição de representante, como em ocasiões anteriores".[543] Nunca saberemos como a sempre consciente Jane Austen raciocinava em sua escolha de nomes, mas não pode haver muita dúvida de que a vil Norris se alojou em sua mente quando ela leu Clarkson, emergindo como um nome perfeito para a vilã de *Mansfield Park*.

Para deixar clara a ligação entre a mansão e os ganhos desonestos de Sir Thomas em Antígua, Fanny descreve os jardins de

Mansfield Park como "plantações" – um lembrete nada sutil sobre de onde vinha o dinheiro para casa e jardins. E só Fanny é corajosa o bastante para questionar o intimidador Sir Thomas quanto ao tráfico de escravos:

> – Por acaso você não me ouviu perguntar a ele sobre o tráfico de escravos na noite passada?
> – Eu ouvi... e fiquei com esperança de que a pergunta fosse seguida por outras. Teria sido um grande prazer, para o seu tio, ser interrogado mais a fundo.
> – E eu ansiava por fazê-lo... mas havia um silêncio mortal na sala![544]

Fanny Price – uma leitora, uma pensadora, uma observadora atenta do mundo – não é nenhuma covarde ou fracote. Ela enfrenta os poderosos e faz à Inglaterra a pergunta que não ousou dizer seu nome em outros momentos do romance: "Não temos escravos em casa – então por que lá fora?". Ela, e não a adúltera Maria ou a volúvel Julia Bertram, é a verdadeira filha de Mansfield.

13

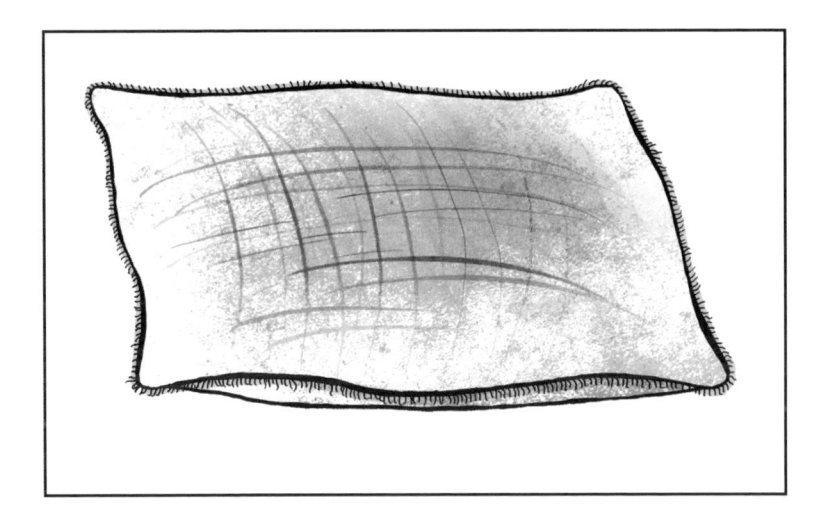

As almofadas de veludo carmesim

~~~

Jane Austen visitou muitas casas refinadas. E a herança de grandes mansões está no cerne de seus romances. Mas apenas as famílias mais grandiosas podiam ostentar uma capela particular. De todas as casas visitadas por Austen, só uma dispunha dessa característica. Na capela de Stoneleigh Abbey, em Warwickshire, ainda é possível ver, hoje, uma fileira de "almofadas de veludo carmesim por sobre a borda da galeria da família". A frase é de *Mansfield Park*, em que elas são observadas – juntamente com uma profusão de mogno – por Fanny Price na ocasião de seu primeiro ingresso na capela particular de Sotherton Court.⁵⁴⁵ O pequeno detalhe das almofadas transmite seu desapontamento com o fato de o recinto já não lembrar uma igreja propriamente dita. Foi uma observação tirada da experiência da própria autora. Em Stoneleigh, como tantas outras vezes, o olhar aguçado de Jane Austen absorveu minúcias aparentemente inconsequentes e fez delas um uso inesperado. Mas o que é que ela estava fazendo ali, em Warwickshire?

Após a morte do reverendo George Austen, em janeiro de 1805, sua viúva e suas filhas permaneceram na cidade até o verão, quando se hospedaram com Edward Knight em Godmersham, em Kent. Lá, Jane pode ser vislumbrada frequentando bailes ocasionais em Canterbury ou jogando peteca com William, seu pequeno sobrinho. Ela e Cassandra se revezavam visitando a outra mansão, Goodnestone. Em setembro, mantiveram o hábito de fazer uma viagem de fim de verão e outono para o litoral, mas, dessa vez, foram para Hastings e Worthing, em vez de Dorset ou Devon. Permaneceram no revigorante ar marinho de Worthing pelo menos até o final de novembro. Não se sabe onde Jane Austen passou seu primeiro Natal sem o pai. Em janeiro de 1806, elas estavam em Steventon, onde havia tantas memórias. As moças ficaram por um tempo com os Bigg-Wither em Manydown – encarando um futuro incerto, Jane deve ter se questionado sobre sua decisão de rejeitar Harris quatro anos antes.

A sra. Austen retornou a Bath, mas uma redução de despesas era necessária. Elas tinham desistido das instalações espaçosas em que haviam se alojado quando George Austen estava vivo. Ela encontrou acomodações temporárias em Trim Street, endereço no qual Cassandra e Jane foram ao seu encontro em março. Dentro de algumas semanas, porém, alguém se ofereceu para alugar a casa toda, e as Austen só conseguiam pagar por uma parte dela, de modo que logo estariam desabrigadas. A melhor esperança era Frank, que haveria de se casar no verão e lhes ofereceu, generosamente, a oportunidade de morarem com ele e sua nova esposa, Mary, em Southampton. Enquanto Frank ficou afastado para o casamento e a lua de mel, elas levaram uma vida itinerante – primeiro em Clifton, nos arredores de Bristol, depois no presbitério de Adlestrop, em Gloucestershire, lar do reverendo Thomas Leigh, primo da sra. Austen. Elas decerto não deixaram de perceber que, desde sua última visita, os Leigh haviam aprimorado bastante a propriedade (o sobrinho de Thomas, James Henry Leigh, morava no casarão). O celebrado paisagista Humphry Repton tinha sido contratado, a cinco guinéus por dia, para cercar o gramado aberto, prover de plantas os chalés, deslocar a entrada do presbitério, abrir a parte de trás da casa, desviar um córrego através do jardim e criar uma vista panorâmica para o lago, visível a partir tanto do presbitério como do casarão.[546] Tudo isso forneceu a Jane Austen uma matéria-prima para sua boa utilização nas melhorias do sr. Rushworth em Sotherton, em *Mansfield Park*.

Elas deixaram Adlestrop no dia 5 agosto, em companhia de Thomas Leigh e seu advogado, Joseph Hill. O destino era Stoneleigh. A missão era reivindicar o direito a uma propriedade muito maior. Em 2 de julho de 1806, o mesmo dia em que, com aquilo que Jane recordou como "sentimentos alegres de fuga", as mulheres Austen saíram da cidade de Bath, a ilustre srta. Mary Leigh, soberana de Stoneleigh Abbey, havia morrido. Ela era excêntrica, minúscula e desprovida de um herdeiro óbvio. Thomas Leigh calculou que o prêmio poderia muito bem caber a ele.

Em 1786, o último Lord Leigh de Stoneleigh morrera solteiro. Edward Leigh, quinto barão Leigh, era, como a mãe de Jane Austen, um descendente de Sir Thomas Leigh, Lord Mayor elisabetano de Londres. Edward era um jovem astuto e um erudito de Oriel College, Oxford, ávido colecionador de arte, mobiliário, equipamentos científicos, instrumentos musicais e livros. Ele realizou melhorias substanciais em Stoneleigh e, antes de se fixar ao matrimônio, planejou embarcar num giro pela Europa em 1767. Até então, parecia perfeitamente normal e são, mas os pagamentos efetuados em 1767 a um eminente médico especializado em doença mental, John Munro, que atuava no Bedlam Hospital, e a Francis Willis, que mais tarde tratou o rei, sugeriam que ele passava pelos primeiros estágios de uma grave doença mental.[547] Em 1774, foi declarado insano. Uma oração escrita por sua irmã fala de "imaginações aterradoras" e danos voluntários.

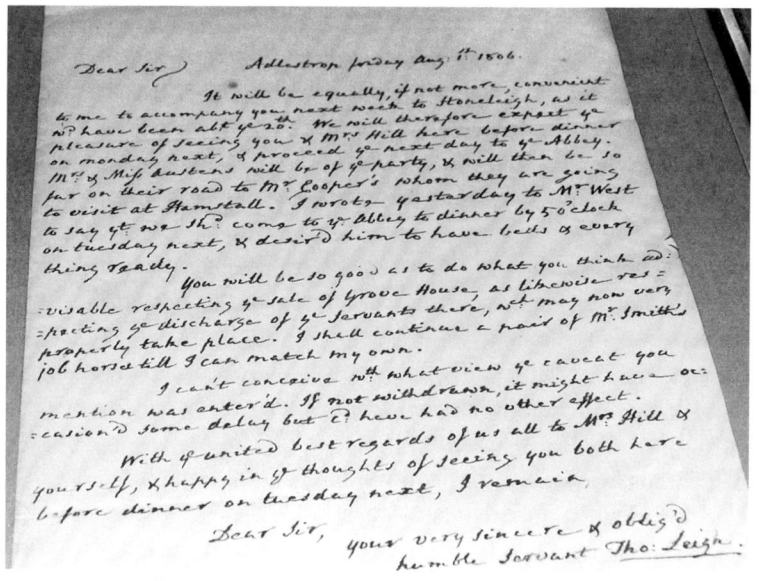

"Sra. e srtas. Austen farão parte do grupo":
carta de Thomas Leigh a Joseph Hill

Ele deixou seu patrimônio à irmã Mary, de quem era extremamente próximo. Ela também foi descrita como "meio louca". Depois, sua senhoria especificava, Stoneleigh deveria passar "para o primeiro e mais próximo de minha parentela, pertencente ao sexo masculino e tendo meu nome e sangue que esteja vivendo no momento da determinação das diversas propriedades".[548] Portanto, um herdeiro precisava ser procurado entre os vários ramos dos Leigh. O reverendo Thomas Leigh e seu sobrinho Henry James estavam bem enquadrados. O advogado de Thomas Leigh o aconselhou a tomar posse imediata – daí a viagem apressada com as mulheres Austen. Mas havia também a possibilidade de que ele pudesse renunciar a sua reivindicação ao espólio em troca de uma substancial compensação com anuidade. Nesse caso, havia uma possibilidade de que Leigh-Perrot, irmão da sra. Austen, acabasse herdando a propriedade. Isso era do interesse da família Austen, porque o filho James era herdeiro de Leigh-Perrot. Talvez chegasse o dia em que ele pudesse herdar Stoneleigh e encontrar acomodações para elas numa das muitas alas.

Stoneleigh Abbey tem o aspecto, como se poderia imaginar, da Pemberley ficcional. Num primeiro olhar sobre seu exterior palaciano, ela poderia ser confundida com Chatsworth.[549] Às vezes se diz que Pemberley foi baseada em Chatsworth, por estar localizada em Derbyshire. Austen *pode* ter visto Chatsworth quando viajou ao norte para visitar Edward Cooper, mas Stoneleigh é um modelo mais provável: foi a maior casa em que ela se hospedou.

Situada em meio a 690 acres de parque com vista para o rio Avon, no interior profundo de Warwickshire, a abadia foi fundada em 1154, quando Henrique II concedeu terras a uma pequena comunidade de monges cistercienses. Após a dissolução dos monastérios, a abadia passou para as mãos de Thomas Leigh. Esse foi o lugar onde, como a família da sra. Austen nunca deixava de recordar, Sir Thomas Leigh, neto do segundo Thomas, recebeu Carlos I quando os portões de Coventry ficaram fechados para ele. Como recompensa, Carlos deu a Leigh um baronato. Por quatrocentos anos, então, Stoneleigh Abbey havia sido a residência rural dos parentes elevados de Jane Austen, os Leigh. Edward Leigh, o terceiro Lord Leigh, construiu a imponente fachada barroca, a Ala Oeste. A seção oeste, em pedra de cantaria, tem quinze intercolúnios de comprimento, com três andares e meio de altura.

As almofadas de veludo carmesim / 271

O grupo chegou em 5 de agosto e permaneceu por nove dias. Joseph Hill, o advogado que viajou com eles, era agente e executor testamentário de Mary Leigh, bem como amigo e advogado do reverendo Thomas. Era o homem certo para ter em companhia naquele momento. Era também um grande amigo do poeta favorito de Jane Austen, William Cowper. Hill foi nomeado Secretário de Lunáticos em 1778, uma boa preparação para prestar cuidados à louca Mary. Durante a maior parte de sua vida, Cowper, que sofria de uma depressão beirando a loucura, foi financeiramente dependente de Hill. Em sua homenagem, Cowper escreveu uma "Epístola a Joseph Hill", que foi publicada, juntamente com o poema *A tarefa*, tão amado por Jane Austen, descrevendo-o como "homem honesto, empertigado até o último botão, / Por fora tecido fino, por dentro bom coração".[550] Joseph, claramente sensível à doença mental, cuidou dos Leigh, tanto de Edward como de Mary. Era um homem notável, e nos seria precioso qualquer fragmento das conversas que teve à mesa com Jane Austen em Stoneleigh. Ela pode ter ouvido histórias dos últimos dias do pobre Cowper, que morrera em 1800, em meio a uma depressão profunda.

A sra. Austen escreveu de imediato para Mary Lloyd, fazendo-lhe uma vívida descrição da casa e dos jardins. Ela capta a sua vastidão – 45 janelas na fachada principal, 26 quartos apenas na parte nova, e jardins amplos, ideais para caminhadas:

> E aqui todos nós nos encontramos na terça-feira [...] Comendo Peixe, carne de caça e toda sorte de coisas boas, em hora tardia, numa Sala espaçosa e Nobre, decorada nas paredes com Retratos de família – tudo é muito Grandioso e muito refinado e muito Espaçoso – A Casa é maior do que eu poderia ter imaginado – *agora* conseguimos nos orientar por ela.

Ela esperava considerar "tudo em relação ao lugar ótimo e assim por diante", mas não antecipara que pudesse ser "tão lindo" ao modo moderno – havia imaginado "longas Alamedas, escuros viveiros de gralhas e teixos sombrios". Mas não havia "nada dessas coisas melancólicas". Em vez disso, constatou que "o Avon corre perto da casa por entre Prados Verdes delimitados por Bosques enormes e belos, cheios de Passeios deliciosos".[551] Ela continuou com uma descrição do interior:

> Vou agora lhe dar uma ideia de como é por dentro esta vasta casa, referindo primeiro que há 45 janelas na frente (que é bem reta, com um Telhado plano), 15 em fileira – você sobe um considerável lance de escadas (algumas das áreas de serviço ficam sob a casa) até um amplo Saguão, à direita o salão de jantar, no interior deste a sala de Desjejum, onde geralmente ficamos sentadas, e por boa razão, é o único aposento (exceto a Capela) que dá vista para o Rio – à esquerda do Saguão encontra-se a melhor sala de visitas, no interior desta uma menor, estes aposentos são um tanto lúgubres, lambris marrons e mobília em carmesim escuro, de modo que nunca os usamos exceto ao atravessá-los até a velha Galeria de quadros; Atrás da Sala de visitas menor fica o Quarto de dormir cerimonial com uma Cama alta de veludo carmesim escuro, um aposento *alarmante*, perfeito para uma Heroína, a velha Galeria se abre para ele – atrás do Saguão e do Salão uma passagem que percorre por inteiro a casa contendo 3 escadarias e dois Salões de fundos – há 26 Quartos de Dormir na parte nova da casa, e inúmeros (alguns excelentes) na Velha. Há também outra galeria, ornamentada com modernas gravuras em papel couro, e uma espaçosa sala de bilhar. Cada canto da casa e das áreas de serviço é mantido tão limpo que, se você cortasse o dedo, creio que não encontraria uma teia de aranha para cobri-lo. Eu não precisava ter escrito esta longa carta, pois tenho um pressentimento de que, se estas boas pessoas viverem até o ano que vem, você verá tudo com seus próprios olhos.[552]

A sra. Austen tinha claramente uma imaginação algo gótica, com sua expectativa de teixos sombrios e sua imagem daquele "apartamento *alarmante*, perfeito para uma Heroína".

Entra-se na abadia pelo vestíbulo ou saguão, um recinto espetacular decorado com estuque rococó representando o mito de Hércules. Os aposentos à esquerda do vestíbulo, considerados pela sra. Austen escuros e lúgubres, são virados para o norte, o que os deixava gelados. As mulheres preferiam os aposentos à direita, repletos de luz e calor.

    A própria sra. Austen era uma excelente dona de casa, e inspecionava a horta, plena de frutas maduras sob o sol de verão, com o máximo prazer:

> Não deixo de passar algum tempo todos os dias na Horta, onde a quantidade de frutas pequenas ultrapassa qualquer coisa que você possa calcular [...] Os tanques fornecem excelente peixe o Parque excelente Caça; há também abundância de Pombos, Coelhos e toda sorte de Aves Domésticas, uma encantadora Leiteria onde são feitos derivados de Manteiga Queijo Warwickshire e Creme idem. Um criado é chamado de Padeiro, ele não faz nada senão Fermentar e Assar. A quantidade de Barricas na Adega de Cerveja Forte não cabe na imaginação.

    Depois da prece matinal na capela da família, eles haviam tomado um desjejum com "Chocolate, Café e chá, Bolo de Frutas, Bolo de Libra, Rolinhos Quentes, Rolinhos Frios, pão com manteiga e *torrada pura* para mim".

    Apesar de sua preferência por "torrada pura", a sra. Austen adorava tudo a respeito de comida, assim como Elizabeth Twiselton, a viúva dotada Lady Saye and Sele, conhecida por seu epicurismo. Ela se encontrava igualmente em Stoneleigh, pois sua filha Julia era casada com James Henry Leigh de Adlestrop, outro forte pretendente à propriedade. Eles também haviam viajado a toda rumo à mansão. O marido de Lady Saye and Sele cortara a garganta com sua própria navalha, em 1788, antes de se trespassar com sua espada. Ela contou a Jane e Cassandra histórias de como, após o suicídio do marido, comeu apenas frango cozido por duas semanas e nunca mais o comera desde então: "A pobre Lady Saye and Sele", escreveu a mãe de Jane, "com toda certeza é um tanto atormentadora, embora por vezes divertida, e provoca em Jane inúmeras boas risadas".[553] Em ocasião posterior, a dama divertiu-as perguntando, com grave seriedade, "se o macarrão era feito com Parmesão". Houve um silêncio mortal até que o criado respondeu "Sim, minha senhora".

De acordo com a sobrinha Caroline, Jane Austen obteve uma conquista em Stoneleigh na pessoa de um visitante chamado Robert Holt-Leigh, membro do Parlamento, de Wigan. A sra. Austen afirmou que se tratava de "um homem solteiro, pelo lado errado dos quarenta; conversador e bem-educado, e dono de uma grande propriedade".[554] Jane não deixou relato pessoal sobre a visita (não existem cartas remanescentes do ano de 1806 como um todo), de modo que não temos como saber se o pequeno grupo discutiu o romance sentimental da prima Cassandra Hawke ou o suspense gótico da prima Cassandra Cooke, mas muitos detalhes de Stoneleigh Abbey foram parar nos romances de Austen. É possível que a ideia de uma casa neoclássica recém-modernizada e conservando seu gótico nome de abadia tenha lhe dado algumas ideias para *A abadia de Northanger* – não fazemos a menor ideia de qual era o nome ou o caráter da mansão na primeira versão desse romance, que, por aquela altura, Austen já tinha enviado a um editor. O que é bem mais certo é que a geografia e os detalhes arquitetônicos de Stoneleigh Abbey apresentam forte semelhança com a descrição de Sotherton Court em *Mansfield Park*.

Em Sotherton Court, as aberturas da fachada oeste "davam vista através de um gramado para o início da alameda", exatamente como acontecia em Stoneleigh. Ambas as casas possuem um bosque, um córrego e um "arvoredo fechado". A abadia fica localizada longe o bastante da igreja para que moradores e visitantes não sejam perturbados pelo som dos sinos tocando, assim como a vila de Stoneleigh situa-se a certa distância da mansão. Ela tem um excesso espalhafatoso de janelas – "mais", como define Henry Crawford, "do que se poderia supor serem de alguma utilidade além de contribuir para o imposto de janelas".[555] Sob a orientação da sra. Rushworth, o grupo é conduzido num giro por Sotherton Court, cujos aposentos são descritos como "todos majestosos, e muitos deles enormes, e amplamente decorados ao gosto de cinquenta anos antes, com assoalho brilhante, sólido mogno, rico damasco, mármore, douração e entalhadura"[556] – tudo lembrando

Stoneleigh. Retratos de família cobrem as paredes, incluindo uma mulher chamada Elizabeth Wentworth, cuja história romântica espelha a de Anne Elliot em *Persuasão*.[557]

Acima de tudo, Jane Austen usa os detalhes de Stoneleigh Chapel para enriquecer a importante cena de *Mansfield Park* na qual Mary Crawford descobre que Edmund será ordenado clérigo. A sra. Rushworth leva seus convidados à capela familiar de Sotherton pela entrada dos criados, por baixo da galeria familiar suspensa decorada com as "almofadas de veludo carmesim" que espiam por sobre a borda. A capela de Sotherton é um "aposento espaçoso e oblongo [...] nada de medonho aqui, nada melancólico, nada grandioso [...] nenhuma abóbada, nenhuma inscrição, nenhum estandarte".[558] Edmund Bertram assinala que os antepassados da família não estão enterrados ali, mas encontram-se numa igreja local, assim como os antepassados dos Leigh estavam enterrados na igreja local. Todos esses detalhes são tirados da visita a Stoneleigh.

E também temos, claro, Pemberley:

> Tratava-se de uma grande e bela construção em pedra, destacando-se num outeiro e tendo ao fundo as encostas de altas colinas arborizadas; e, à sua frente, um arroio não muito caudaloso se avolumava, sem com isso ganhar qualquer aparência artificial. Suas margens não eram regulares nem falsamente enfeitadas. Elizabeth estava maravilhada. Nunca vira um lugar em que a natureza fosse mais generosa, ou onde a beleza natural tivesse sido tão pouco alterada por alguma ideia inconveniente.[559]

A Pemberley do sr. Darcy e a Donwell Abbey – nome significativo – do sr. Knightley em *Emma* parecem estar integradas organicamente à paisagem rural circundante. Transmitem a impressão de que evoluíram de modo natural e gradual, como se não tivessem sido planejadas para exibir o gosto de uma pessoa em particular. Donwell possui "amplos jardins descendo até distantes campinas banhadas por um córrego do qual a abadia, com todo o antigo descaso em relação à perspectiva, mal tinha uma visão – e sua abundância de árvores em fileiras e alamedas que nem a moda e tampouco a extravagância haviam extirpado".[560]

Ao que parece, o reverendo Thomas Leigh fez a coisa certa ao forçar sua reivindicação com as mulheres Austen a seu lado. Ele se tornou arrendatário vitalício. Mudou-se para Stoneleigh e, assim como em Adlestrop, mas numa escala muito maior, Humphry Repton foi contratado para realizar melhorias. Para ajudar os clientes a visualizar seus projetos, Repton produzia "Livros Vermelhos" (assim chamados por causa da encadernação) nos quais propunha uma visão idealizada, com um texto explicativo e aquarelas para mostrar os panoramas de "antes" e "depois". O Livro Vermelho de Stoneleigh Abbey é um de seus melhores e maiores, embora nem todas as melhorias sugeridas por ele tenham sido implementadas. Mesmo assim, ele de fato alargou o rio Avon na frente da casa para formar um lago. Foi construída uma pitoresca ponte de pedra, baseada em um projeto de Inigo Jones, e uma inspirativa piscina refletora foi criada para espelhar, em sua quietude, a fachada sul. Repton considerava a propriedade como uma de suas comissões mais importantes. É tentador pensar que seu trabalho foi discutido pela família durante a visita a Stoneleigh, uma vez que ele é recomendado como o homem certo para

Humphry Repton (com guarda-chuva) supervisiona pessoalmente o alargamento do Avon como uma de suas "melhorias" em Stoneleigh

empreender as melhorias de Sotherton em *Mansfield Park*: "Eu haveria de dever a maior das gratidões a qualquer sr. Repton que assumisse tudo, e que me desse tanta beleza quanto pudesse pelo meu dinheiro".[561]

O reverendo Thomas morreu solteiro em 1813, altura em que seu sobrinho James Henry Leigh assumiu o arrendamento vitalício. Ele e sua esposa Julia (Twiselton), uma mulher bela e vigorosa, realizaram outras melhorias no paisagismo e supervisionaram uma extensa redecoração de interiores. Chandos, filho do casal, foi o herdeiro seguinte. Ele acabaria sendo titulado barão Leigh por segunda criação. No momento da visita de Jane Austen a Stoneleigh, era estudante subordinado a Lord Byron em Harrow.

Quanto ao sr. Leigh-Perrot, tio de Jane Austen, ele renunciou a sua reivindicação em prol de um grande montante fixo e uma anuidade. Jane Austen talvez alimentasse a esperança de que ele poderia ter pressionado mais. Jane não parece ter sido grande fã de James Henry Leigh. Referiu-se ao reverendo Thomas Leigh, por ocasião de sua morte, em 1813, como "o respeitável, digno, astuto, agradável sr. Tho. Leigh [que] morreu possuidor de uma das mais belas Propriedades na Inglaterra e de mais imprestáveis sobrinhos e sobrinhas do que qualquer outro Homem privado dos Reinos unidos". No fôlego seguinte, ela se volta para sua tia, a sra. Leigh-Perrot: "Há outra mulher sofredora a ser lastimada no momento. A pobre sra. L.P. – que agora seria Soberana de Stoneleigh, não tivesse ocorrido aquele abjeto acordo que, a bem da verdade, nunca se permitiu que lhes fosse de muito proveito. Será uma dura provação".[562] Por um breve instante, ela deve ter acalentado a fantasia de ver seu irmão James, herdeiro dos Leigh-Perrot, transformado no futuro proprietário de Stoneleigh.

Seus parentes mais abastados, os Leigh-Perrot e os Knight, não tinham filhos e tampouco, portanto, herdeiros para suas elegantes propriedades. Em *Razão e sentimento*, *Orgulho e preconceito*, *Emma* e *Persuasão*, a ausência de um herdeiro do sexo masculino é uma linha de enredo importante. As irmãs Dashwood são forçadas a sair de Norland Park, a sra. Bennet lamenta o fideicomisso que a deixará (junto com suas filhas) sem teto. Anne e

Elizabeth Elliot são exiladas de Kellynch e forçadas a buscar alojamentos em Bath.

Além disso, Austen retorna repetidas vezes ao tema de custodiantes irresponsáveis. Embora nenhum deles seja louco, como seu parente Edward Leigh, vários deles (o general Tilney, Sir Thomas Bertram, Sir Walter Elliot) são proprietários incompetentes ou pouco comprometidos. Com frequência, a digna governanta é retratada sob uma luz mais favorável do que os proprietários. Assim, em Sotherton, a viúva soberana "fizera grandes esforços para decorar tudo que a governanta lhe pudesse ensinar, e agora estava quase tão bem qualificada para mostrar a casa".[563] Elizabeth Bennet começa a alterar sua opinião sobre o sr. Darcy quando a governanta dele o elogia como patrão digno, que cuida de sua propriedade, seus trabalhadores e sua família: "'Ele é o melhor dos senhores de terras e o melhor dos patrões', disse ela, 'que já existiram; não como os jovens rebeldes de hoje, que só pensam em si mesmos. Não há um só de seus colonos ou criados que não se refira a ele em bons termos'". Para Elizabeth, isso é um elogio do mais alto grau: "Os louvores a ele feitos pela sra. Reynolds nada tinham de triviais. Que elogio é mais valioso do que o elogio de um criado inteligente?".[564] A visita a Stoneleigh, onde havia mais criados do que qualquer outra casa na qual ela jamais se hospedara, concentrou os pensamentos de Austen em diversas questões relacionadas à importância da boa administração de uma grande propriedade.

Charlotte Brontë, em carta a G.H. Lewes, chama as casas de Jane Austen, numa definição célebre, de "elegantes, mas confinadas", descrevendo a residência rural de seus romances como "daguerreótipo preciso de um rosto banal; um jardim cuidadosamente cercado, muito bem cultivado, com bordaduras delineadas e flores delicadas, mas sem qualquer vislumbre de uma fisionomia vívida e brilhante, nenhum campo aberto, nada de ar fresco, nenhum morro azul, nenhum arroio bonito. Muito dificilmente eu gostaria de viver com suas damas e cavalheiros".[565] Essa descrição redutora e essencialmente injusta manipula uma divisão tanto de norte/sul como de classe: o campo de Austen é "delineado" e "bem cultivado", ao passo que o campo de Brontë é "campo aberto", com seu "ar fresco" e seus "arroios bonitos". Mas Brontë percebeu, pelo menos, que a residência rural, nos romances de Austen, era um personagem tão importante quanto Wuthering Heights, Thornfield Hall e Thrushcross Grange nos dela e de sua irmã. Jane Austen foi, de fato, uma das primeiras romancistas a enfatizar a importância simbólica do lar ancestral inglês. Northanger Abbey, Norland Park, Pemberley Court, Combe Magna, Rosings Park, Sotherton Court, Donwell Abbey, Mansfield Park, Kellynch Hall: a questão de quem vai herdá-las, e de quem não pode herdá-las, está no centro dos romances. Como visitante, Jane Austen conheceu bem diversas residências rurais inglesas, como Godmersham, Rowlings, Goodnestone, Hurstbourne Park, Kempshott Park, The Vyne, Laverstock House, Scarlets e Chawton House. Mas a maior de todas era Stoneleigh, e sua visita à mansão, no verão de 1806, foi o momento em que ela se viu mais vividamente forçada a confrontar seu próprio status. Conforme os Leigh se jogavam sobre Stoneleigh, vindos do norte e do sul, competindo pela herança, Jane observava tudo com certa dose de desapego. Ela era uma forasteira.

No início de setembro, o advogado Hill resolveu os pequenos pormenores do testamento de Mary Leigh. Tudo que Jane Austen recebeu de Stoneleigh foi um "Único e Brilhante Anel de Centro".[566]

14

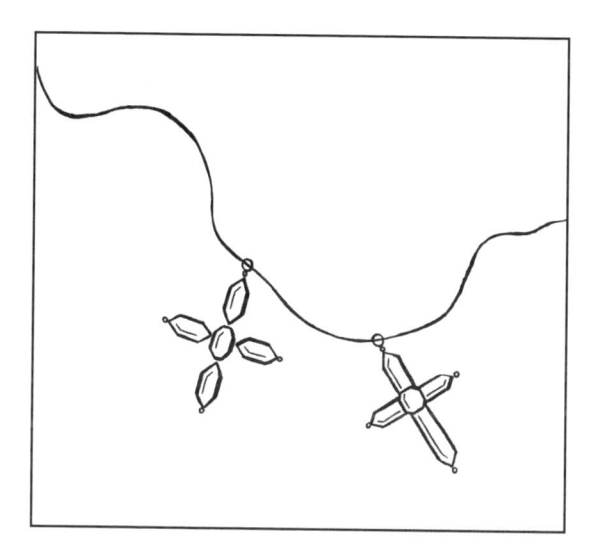

As cruzes de topázio

Em maio de 1801, bem no momento em que os Austen estavam se estabelecendo em Bath, aconteceu a captura arrojada de um corsário francês, *Le Scipio*, pela fragata britânica *Endymion*, nas águas turbulentas do Mediterrâneo devastado pela guerra. O navio francês era de fabricação recente, e muito veloz. Seguiu-se uma "árdua perseguição", como relatou o capitão do *Endymion*, Sir Thomas Williams. Um oficial subalterno, apesar de uma tempestade feroz, saiu de sua própria embarcação num bote com apenas quatro homens. Ele embarcou no *Scipio* e o deteve até a chegada de reforços no dia seguinte. Tratava-se do segundo-tenente Charles

Austen, e seu ato distinto e corajoso lhe rendeu uma parcela do prêmio em dinheiro concedido pela captura do corsário.

O capitão Tom Williams era ao mesmo tempo amigo e benfeitor de Charles. Era também um parente por casamento, pois tinha se casado com Jane Cooper, prima de Charles, em 1792. Tom e Jane haviam se casado no lar dos Austen, em Steventon, depois de um cortejo relâmpago, e o casamento foi extremamente feliz até o acidente na estrada que matou Jane em 1798. Charles Austen e Tom Williams ficaram ainda mais próximos. Tom deve ter ficado encantado com a conduta valente de seu primo. Charles recebeu trinta libras do prêmio em dinheiro, e esperava ganhar mais dez. Em sua satisfação pela boa sorte, adquiriu duas correntes de ouro e belíssimas cruzes ambarinas, feitas de topázio. Eram para suas irmãs, Cassandra e Jane. As cruzes não são idênticas: uma tem o formato tradicional de crucifixo, e a outra, a simetria de um sautor. Não sabemos qual ficou com Cassandra e qual ficou com Jane.

Jane ficou encantada com o presente e escreveu para Cassandra falando de seu júbilo e orgulho, mas com a ironia característica: "De que adianta ganhar prêmios se ele esbanja o produto em presentes para suas Irmãs. Ele andou comprando correntes de Ouro e Cruzes de Topázio para nós; precisa ser repreendido para valer [...] Vou escrever de novo por este correio para agradecer e censurá-lo. Ficaremos insuportavelmente bem".[567]

Cassandra e Jane guardaram as cruzes como bens preciosos, e elas podem ser vistas, hoje, em Chawton Cottage. O topázio era o furor do momento, mas o fato de Charles ter escolhido cruzes em vez de pingentes é significativo, aludindo à profunda fé cristã de suas irmãs, além de marcar o deleite das duas em relação à moda. Jane retribuiu o gesto usando as cruzes como um presente enviado por outro irmão marinheiro, o fictício William Price de *Mansfield Park*.

> [O] "como ela devia estar vestida" era um ponto de dolorosa solicitude; e o ornamento quase solitário em sua posse, uma linda cruz ambarina que William lhe trouxera da Sicília, representava o maior sofrimento de todos, pois ela não tinha nada exceto um pouco de fita para prendê-la; além do mais, embora ela já tivesse usado a cruz dessa maneira uma vez,

seria isso tolerável numa ocasião como aquela, em meio a todos os ricos ornamentos com os quais, ela supunha, todas as outras jovens damas iriam aparecer? Por outro lado, não usá-lo!? William quisera lhe comprar uma corrente de ouro também, mas a compra revelara estar acima de seus meios, e, portanto, não usar a cruz poderia ser mortificante para ele.[568]

Os irmãos marinheiros de Jane Austen foram uma influência importante em sua obra. Em *Mansfield Park* e *Persuasão*, ela presta homenagem a Frank e Charles Austen. Enquanto escrevia *Mansfield Park*, ela pediu permissão a Frank para incluir o nome do navio dele, o *Elephant*.[569] O jargão naval do tenente Price capta perfeitamente a voz de "Jack Tar"*, o apelido carinhoso dado aos marinheiros:

> Você já soube da notícia? O Thrush saiu do porto nesta manhã. Uma saída brusca, essa é a palavra! Por Deus, você chegou bem a tempo [...] Eu passei no Turner's para ver o seu material; está tudo encaminhado. Não me admiraria se vocês tivessem suas ordens de partir amanhã... mas vocês não podem zarpar com esse vento, se vocês forem navegar na direção oeste [...] com o Elephant. Por Deus, bem que vocês poderiam. Mas o velho Scholey estava me dizendo pouco tempo atrás que, até onde ele sabia, vocês seriam enviados primeiro pelo Texel. Bem, bem, estamos prontos, aconteça o que acontecer.[570]

O aspirante William Price não deve pouco a Charles Austen, "nosso próprio irmãozinho particular". Charles era um marinheiro bravo e destemido, que ansiava por ações efetivas e promoção (e prêmios em dinheiro, é claro). Na ausência de uma namorada para quem comprar presentes, Charles (como William) fazia compras para suas irmãs. Charles Austen, como William Price, adorava dançar. Seu relatório de marinha para 1793-4 registrou: "Dança muito bem".[571] O salão de baile era o melhor lugar para estar em período de licença, sobretudo um salão de baile com presença de

---
* "Jack Piche". (N.T.)

moças bonitas. Jane recordou como, durante uma licença, Charles "dançou a Noite toda, e hoje não está mais cansado do que um cavalheiro deveria estar".[572]

Num momento posterior da guerra, Charles ficou "encarregado da regulação de todos os homens recrutados pela marinha no rio Tâmisa e nos portos orientais, como também da função de tripular os navios de guerra equipados no Tâmisa e no Medway".[573] Recebeu, em seguida, o comando de uma fragata de 32 canhões chamada *Phoenix* e, no breve período de renovadas hostilidades, em 1815, após Napoleão empreender sua fuga de Elba, realizou um trabalho valioso exterminando os resquícios da frota francesa no Mediterrâneo. Acabou ascendendo ao posto de contra-almirante e comandou a expedição britânica durante a Segunda Guerra Anglo-Birmanesa. Morreu de cólera a bordo do navio no rio Irrawaddy, na Birmânia, em 7 de outubro de 1852, aos 73 anos de idade – em grande contraste com seu irmão Edward, o cavalheiro adotado, que morreu algumas semanas mais tarde enquanto dormia, aos 85 anos, no casarão de Godmersham.

Jane Austen também usou detalhes de seu outro irmão naval, Frank, para enriquecer a história pregressa de William Price. Francis, apelidado de Fly, foi descrito por sua irmã como "sem medo de perigo", dotado de "ardor, ou melhor, espírito insolente", um menino de "palavras picantes e modos fogosos".[574] Ele era de pequena estatura, mas tinha grande energia. Como seu irmão Charles, foi matriculado na Royal Naval Academy em Portsmouth.

Dois dias antes do Natal, em 1789, aos quinze anos de idade, Frank zarpou para as Índias Orientais a bordo do *Perseverance*. A viagem levou sete meses, e os homens foram flagelados pelo escorbuto. Havia tantos ratos a bordo do navio irmão, o *Crown*, que os marinheiros apanhavam-nos com anzóis de pesca, trespassavam-nos com garfos e os comiam. Frank se ausentou por quatro anos e voltou para casa, em Steventon, em novembro de 1793, convocado pelos lordes do almirantado para assumir deveres de guerra. Jane Austen, consequentemente, não viu o irmão mais próximo a ela em idade desde seu décimo quarto aniversário até poucas semanas antes do décimo oitavo. Sobreviveu ao tempo uma carta de aconselhamento para Frank de seu pai, comovente e belamente

Os irmãos navais: o capitão Charles Austen em 1809 (à esquerda) e o capitão Francis Austen em 1806 (à direita, com a sua condecoração como Companheiro da Ordem de Bath, agraciada em 1814, pintada em data posterior)

escrita, uma carta que ele guardou como tesouro por toda a sua longa vida. Não temos nenhuma maneira de saber quais eram os sentimentos de Jane, uma vez que sua primeira carta remanescente data de 1796, mas podemos aferi-los pelos sentimentos de Fanny Price, em *Mansfield Park*, quando William Price retorna das Índias Ocidentais após uma ausência de cinco anos. A irmã espera, impaciente, pela chegada do momento: "Vigiando a entrada, o saguão, as escadas, aguardando pelo primeiro som da carruagem que haveria de lhe trazer um irmão".[575]

William Price deixa a família fascinada com suas histórias da vida naval: "Jovem como era, William já tinha visto um bocado. Ele havia estado no Mediterrâneo; nas Índias Ocidentais; no Mediterrâneo novamente [...] e, no decorrer de sete anos, conhecera todas as variações de perigo que o mar e a guerra, juntos, seriam capazes de oferecer". Os detalhes de mar e guerra – "tais horrores" – colocam em ação até mesmo a letárgica Lady Bertram: "Minha nossa! Como é desagradável! É um espanto, para mim, que alguém chegue a querer sair para o mar".[576]

As cruzes de topázio / 285

Para o libertino Henry Crawford, rico e ocioso, as histórias de William "causavam uma sensação diferente. Ele ansiava ter saído ao mar, e ter visto e feito e sofrido as mesmas coisas". Seu "coração se aquecera, sua fantasia se afogueara, e ele sentiu o maior dos respeitos por um rapaz que, antes dos seus vinte anos de idade, havia passado por tamanhas dificuldades físicas e demonstrado tamanhas provas de firmeza mental". É William quem inspira em Henry um ataque de consciência e autoconhecimento: "A glória do heroísmo, da utilidade, do esforço, da perseverança, fazia com que seus próprios hábitos de indulgência egoísta parecessem, em contraste, vergonhosos. E Henry Crawford desejava que pudesse ter sido um William Price, assumindo uma posição distinta e abrindo seu caminho rumo à fortuna e à consequência com tanto autorrespeito e feliz ardor, ao invés disso que ele era!".[577]

A única reclamação de William é que, em sua condição de humilde aspirante, as mocinhas não lhe dirigem um segundo olhar: "As garotas em Portsmouth torcem o nariz para qualquer um que não tenha uma comissão. Um sujeito pode querer ser tudo, menos um aspirante".[578] Charles e Frank Austen podem muito bem ter sofrido as mesmas afrontas românticas, embora não fosse demorar muito para que Frank obtivesse o posto de tenente. Ele tinha apenas dezoito anos.

Em alguns casos, a promoção precoce gerava descontentamento entre as tripulações, sobretudo quando jovens oficiais com excesso de entusiasmo infligiam punições a seus inferiores. Diários de bordo de seus navios revelam a severidade das punições. Quarenta e nove chibatadas eram aplicadas por roubo, e cem por insolência perante um oficial superior. Um aspirante foi punido sendo despido de seu uniforme e tendo sua cabeça raspada diante da tripulação toda. A sra. Lefroy ficou constrangida quando um rapaz chamado Bob Simmons, que ela fizera ingressar na marinha através de Charles Austen e Tom Williams, acabou revelando ser um ladrão. O garoto foi punido com o mais severo açoitamento que o capitão Williams já tinha infligido a um homem sob seu comando. Ao que parece, ela se correspondia com Charles Austen, pois mais tarde contou a seu filho que, segundo Charles lhe informara, o príncipe Augusto havia testemunhado as chibatadas. Em outra ocasião, ela recordou que Charles pediu licença de seu navio a fim de comparecer, como testemunha de caráter, ao julgamento em Winchester de certo tenente Lutwich, acusado de assassinato em consequência de golpear um marinheiro com a cana de leme do bote, fraturando seu crânio.[579]

Havia também outras transgressões. Onde quer que homens convivam em ambientes fechados por longos períodos (prisão, navio e colégio interno), o comportamento homossexual consensual e não consensual irá ocorrer. A sodomia naval era um crime punido com enforcamento. O artigo 28 do Estatuto de Guerra da Marinha Real (1757) expunha os fatos com clareza: "Se qualquer indivíduo na frota vier a cometer o antinatural e detestável pecado da relação anal e sodomia com homem ou animal, será punido com morte por sentença da corte marcial". É difícil avaliar, claro, o número de incidências na Marinha Real durante as guerras napoleônicas. Alguns oficiais faziam vista grossa, outros puniam homens pelo delito menos grave de "impureza". Mas alguns eram realmente submetidos a corte marcial e enforcados. O capitão George Moore, irmão de Sir John Moore, que era conhecido da família Austen[580], manteve um diário no qual escreveu sobre ter de açoitar um homem "que agira de forma vergonhosa para o caráter de um inglês".[581] Os oficiais não ficavam isentos. O capitão Henry Allen, do *Rattler*, foi executado por sodomia em 1797. Talvez o caso mais notório a ter chegado à imprensa foi o do tenente William Berry, enforcado em 1807 por sodomizar um jovem rapaz. Berry, a imprensa noticiou, era um belo jovem tenente com 22 anos e mais de um metro e oitenta de altura (isso numa época em que as alturas médias ficavam bem abaixo do que são agora). Seu caso com Thomas Gibbs, um jovem marujo, foi denunciado pelo testemunho ocular de uma mocinha chamada Elizabeth Bowden, que havia espiado pelo buraco da fechadura. Aparentemente, ela permanecera a bordo por oito meses, disfarçada como garoto. Berry, que estava prestes a se casar, agiu com grande honra e dignidade nos dias que antecederam sua morte. Aceitou sua punição e suportou uma morte horrenda por enforcamento, pois a corda escorregou pelo queixo, e a conclusão do serviço exigiu que o pesassem para baixo. Ele demorou mais de quinze minutos para morrer.

Em 1798, tripulantes do navio de Frank, o *London*, foram açoitados por "insolência, motim e um crime antinatural de sodomia": a sentença foi registrada no diário de bordo.[582] Considerando-se esse contexto, é perfeitamente plausível que Jane Austen revele sua noção do assunto quando permite que seu anti-heroína, Mary Crawford, cometa seu trocadilho mais chocante:

> – A srta. Price tem um irmão no mar – afirmou Edmund – cuja excelência como correspondente a faz pensar que a senhorita está sendo demasiado severa conosco.
> – No mar, é mesmo? A serviço do rei, é claro?

Fanny teria preferido que Edmund tivesse contado a história, mas seu "determinado silêncio" a obriga a relatar a situação de seu irmão: "Sua voz se animou ao falar da profissão de William, e dos portos estrangeiros pelos quais ele já passara; mas ela não pôde mencionar o número de anos desse afastamento do irmão sem lágrimas nos olhos". A srta. Crawford lhe deseja, cortês, uma promoção precoce:

> – A senhorita sabe alguma coisa sobre o capitão do meu primo? – perguntou Edmund. – O capitão Marshall? A senhorita tem uma grande quantidade de conhecidos na marinha, eu presumo.
> – Entre almirantes, uma quantidade grande o bastante; porém... – (com um ar de magnificência) – nós conhecemos muito poucos entre as classes inferiores. Capitães de guerra podem ser uma espécie muito boa de homens, mas eles não pertencem ao *nosso* meio. Sobre vários almirantes eu poderia lhe dizer muita coisa: sobre eles e suas bandeiras, e sobre a gradação de seus pagamentos, e sobre suas desavenças e seus ciúmes. Todavia, de um modo geral, posso lhe garantir que eles são todos menosprezados, e todos muito maltratados. Certamente, a minha moradia na casa do meu tio me fez ter relações com um círculo de almirantes. Quanto a homens de *última classe**, porém, não posso dizer que eu

---

* No original, "*Rears* and *Vices*", referindo-se, por um lado, a contra-almirantes e vice-almirantes; por outro, a "traseiros" e "vícios". (N.T.)

não vi alguns. Só não vá imaginar que eu esteja fazendo um trocadilho, eu suplico.
Edmund ficou sério de novo, e apenas retrucou:
– É uma profissão nobre.[583]

O choque de Edmund e sua defesa quanto à nobreza da profissão mostram que ele está profundamente ofendido. O fato de Mary destacar de forma explícita seu rude trocadilho faz parecer que ela está se referindo a vícios sexuais envolvendo traseiros. Mas o "não posso dizer que eu não vi alguns" é interessante. O cinismo de Mary ganha contexto – o que, exatamente, ela viu enquanto morava com o almirante Crawford? O que foi que a deixou tão aborrecida em relação à marinha? Sabemos que o almirante Crawford abrigou uma amante sob seu próprio teto, mas Mary insinua ter "visto" evidências de um comportamento sexual particularmente chocante. Vale lembrar que, em *Mansfield Park*, a fustigação é relacionada diretamente ao comportamento sexual impróprio quando tenente Price, saído da marinha, sugere fazer Maria Bertram "sentir a ponta do chicote" por seu adultério.

Frank, o mais devoto dos irmãos, era conhecido pela falta de senso de humor. Ele era um marinheiro ponderoso, sempre sério. Na família Austen, suas cartas eram famosas pela extensão e pelos detalhes mundanos. Uma anedota familiar evocava perfeitamente sua personalidade. Um colega naval foi nadar nos trópicos. Frank comentou com calma e devagar: "Sr. Pakenham, está correndo perigo de encontrar um tubarão – um tubarão da espécie azul". O capitão achou que era uma piada, mas ouviu de Frank: "Não sou dado a piadas. Se o senhor não retornar de imediato, dentro em breve o tubarão o comerá".[584] Jane, que vivia para fazer piadas, continuou a provocá-lo em suas próprias cartas: "Espero que você continue lindo e escove o seu cabelo, mas sem arrancá-lo por inteiro".[585] Considerando-se sua falta de humor, é extraordinário que – como apontei em meu prólogo – ele pareça ter se lembrado da piada dos "*Rears and Vices*" quase quarenta anos depois de sua irmã tê-la escrito.

Frank teve um distinto histórico de guerra. Entre seus diversos triunfos estava a captura do brigue francês *La Ligurienne* ao largo da costa do Mediterrâneo, perto de Marselha, em março de

As cruzes de topázio / 289

O *Peterel* (sob o capitão Francis Austen) ataca *La Ligurienne*

1800. Frank relatou o muito satisfatório desfecho: "*Peterel*: Morto, nenhum; feridos, nenhum. *La Ligurienne*: Mortos, o capitão e um marinheiro; feridos, um gardemarin e um marinheiro".[586]

Frank deixou de participar da Batalha de Trafalgar, em 1805, por um triz. Ele foi despachado a Gibraltar por Lord Nelson, em busca de suprimentos, e perdeu a grande vitória. Esse capricho do destino lhe causou grave angústia mental. Entretanto, em 1806, esteve presente na Batalha de São Domingo. Jane reconheceu essa vitória em *Persuasão* com o capitão Wentworth "promovido a comandante devido à ação nos arredores de São Domingo".[587]

Quando as mulheres Austen – Jane, Cassandra e sua mãe, o "querido trio", como o irmão Henry as chamava – passavam por tempos difíceis, ficavam dependentes da ajuda financeira dos irmãos. Frank ofereceu duas vezes a quantia necessária de dinheiro, pedindo que o valor total fosse mantido em segredo. Então inventou um plano para que elas morassem com sua futura esposa Mary Gibson em Southampton. Jane também queria que Martha Lloyd – em relação a quem ela tivera, certa vez, a esperança de que se casasse com Frank – fizesse parte do novo arranjo familiar: "Com Martha [...] quem será tão feliz quanto nós?".[588]

Embora ela veraneasse em Godmersham, Southampton foi o lar principal de Jane Austen por dois anos, de março de 1807 até o verão de 1809. Essa grande cidade, outro balneário popular, com um salão de baile para danças, um teatro, bibliotecas de circulação e um passeio arborizado junto à praia, guardava numerosas associações. Era o lugar onde, ainda menina, ela contraíra tifo e quase morrera; depois, retornara em 1793 para ajudar uma prima com o nascimento de um novo bebê. Southampton foi escolhida como cidade adequada devido à proximidade com Portsmouth, o que era necessário para Frank.

A residência alugada em Southampton era uma "espaçosa e antiquada casa" em um canto de Castle Square. Tocava as antigas muralhas da cidade e, de acordo com Jane, continha o melhor jardim da cidade. Tão importante quanto isso, oferecia amplas vistas panorâmicas sobre Southampton Water. A Ilha de Wight podia ser avistada na distância. Viver em tal proximidade com o mar deve ter sido uma bênção após o confinamento de Bath, a cidade que elas haviam deixado para trás "com sentimentos alegres de fuga".[589] Jane às vezes se queixava do "clima de Castle Square", pois ventava bastante, mas elas gostaram de morar ali.

Os Austen fizeram excursões em família, de balsa, pelo rio Itchen. Visitaram pontos turísticos navais e as ruínas góticas de Netley Abbey. Jane continuou fazendo suas longas caminhadas enquanto esteve em Southampton, vagueando pela adorável paisagem rural no entorno da cidade, junto a Southampton Water e ao longo das margens dos rios Itchen e Test. Um fragmento remanescente de um diário de bolso pertencente a ela durante esse período registra despesas, incluindo "festas aquáticas e peças", a um custo de 17 xelins e 9 pence, e o aluguel de um piano, que custou 2 libras, 13 xelins e 6 pence.

Mary Gibson, agora esposa de Frank, encontrava-se nos primeiros estágios da gravidez e sofria com fortes enjoos matinais. Jane estava vivendo pela primeira vez em tamanha proximidade com uma mulher grávida, e a vigiou bem. Frank ficou ausente na ocasião do nascimento, que foi doloroso e longo, e houve certos receios iniciais quanto à mãe, que estava "mal, do modo mais alarmante".[590] Ela se recuperou, no entanto, e deu a seu bebê o nome de Mary-Jane. A fobia de Jane em relação ao parto não foi beneficiada pelo aflitivo confinamento de Mary.

Os assuntos navais ocupavam muito seus pensamentos, naturalmente. Ela estava morando com seu irmão num lugar que fervilhava de atividades em tempo de guerra e entrou em contato estreito com os amigos marinheiros de Frank. Não há como saber se Jane leu os relatos da imprensa sobre a corte marcial do tenente William Berry, mas ela tomou conhecimento, sem dúvida, de outra corte marcial naval naquele mesmo ano de 1807, a de Home Popham. Em protesto contra o que considerou ser uma flagrante injustiça, ela disparou um conciso poema satírico "Sobre a sentença de Sir Home Popham". Popham foi acusado de ter retirado tropas e realizado uma expedição militar sem autorização do almirantado. É um poema extraordinário, uma sátira sobre um acontecimento público, mas revelando uma profundidade de raiva e "despeito" que sugere seu ardente interesse pela condução da guerra:

> De um Ministério raivoso, vil, repugnante,
> Vemos a vítima, garboso comandante.
> Por presteza, vigor, sucesso ele espera,
> Condenado a receber reprimenda severa!
> Para seus inimigos, desejo igual fatalidade:
> Que sofram também, agora ou na posteridade,
> A injustiça que outorgam. Mas vão é meu despeito,
> Jamais sofre *assim* quem não faz nada direito.[591]

Jane Austen ficava de olho bem atento às notícias dos jornais a respeito da campanha contra Napoleão na Península Ibérica. Em 10 de janeiro de 1809, escreveu para Cassandra: "O St Albans talvez possa partir em breve para ajudar a trazer para casa o que eventualmente restar, por esta altura, de nosso pobre exército, cujo estado parece pavorosamente crítico".[592] Ela estava se referindo à notória Batalha de Corunha.

O exército britânico tinha sido enviado à Espanha sob o comando do general Sir John Moore para auxiliar os habitantes locais a expulsar os franceses. Os britânicos foram forçados a recuar pelas montanhas do norte espanhol nas profundezas do inverno. A marcha forçada devastou a saúde e o moral dos soldados, resultando na degeneração do exército em uma turba. Moore afinal alcançou Corunha. Seus comandados esperavam encontrar uma frota para evacuá-los, mas descobriram que os navios de transporte solicitados não haviam chegado. O *St. Albans* mencionado por Jane foi um dos navios enviados para evacuar os feridos. As perdas britânicas foram terríveis, e Sir John Moore foi ferido mortalmente. Jane se manteve atualizada com os últimos despachos e, ao ficar sabendo da morte do general, escreveu: "Notícia penosa da Espanha. Foi bom que o dr. Moore [um amigo da família] tenha sido poupado do conhecimento da morte de tal Filho".[593]

Na Grã-Bretanha, muito se falou sobre um mau gerenciamento da campanha por parte de Moore. O *Times* se referiu a ela como um desastre vergonhoso. A dignidade de Moore na morte foi louvada pela maioria, mas não por Jane Austen. Suas últimas palavras foram, supostamente, "Espero que o povo da Inglaterra fique satisfeito! Espero que meu país me faça justiça!". Austen o reprovou pela inexistência de qualquer alusão a Deus e à vida após a morte: "Eu gostaria que Sir John tivesse unido algo do Cristão com o Herói em sua morte", ela comentou. Então acrescentou: "Graças aos céus! Não tivemos ninguém com quem nos preocupar particularmente entre as Tropas".[594] Com irmãos na marinha e Henry na milícia, Jane tinha boas razões para ser grata ao fato de que ninguém próximo a ela tivesse sido envolvido. Frank Austen ficou encarregado do desembarque das tropas de Moore em Spithead e deve ter visto muitos dos feridos em primeira mão.

* * *

No início do volume final de *Mansfield Park*, William, irmão de Fanny Price, é promovido ao posto de tenente. Ele visita sua irmã no casarão, mas não tem permissão para mostrar seu novo uniforme para Fanny ali, porque "o cruel costume proibia a exibição da vestimenta exceto em serviço". Assim, o uniforme permanece em Portsmouth, e Edmund, preocupado, conjectura que, antes que Fanny tivesse qualquer chance de vê-lo, "o frescor do uniforme e o frescor dos sentimentos de quem o trajava já estariam de todo gastos". Em seguida, porém, seu pai, Sir Thomas, fala-lhe de "um esquema que colocava sob outra luz a probabilidade de que Fanny visse o segundo-tenente do *H.M.S. Thrush* em toda a sua glória": ela mesma irá para Portsmouth.[595]

"Sr. B. promovido a tenente e trajando pela primeira vez seu uniforme", de George Cruikshank

Mas Sir Thomas também tem um propósito mais nebuloso. Fanny contrariou seu desejo de que se casasse com o imoral Henry Crawford, então é enviada para "casa", a Portsmouth, como um "experimento", um "projeto medicinal" tendo em vista seu discernimento. A esperança de "uma pequena abstinência das elegâncias e luxos de Mansfield Park fixaria sua mente num estado mais sóbrio". "A casa de seu pai iria, com toda probabilidade, ensinar-lhe o valor de uma boa renda."[596]

Portsmouth ganha vida como um porto movimentado e atarefado. Fanny e William chegam e são conduzidos através da espetacular ponte levadiça com fosso. Aparecem a High Street, com suas boas lojas, as belas muralhas, as vistas marítimas de Spithead e da Ilha de Wight, o Crown Inn, onde Henry Crawford se hospeda, Garrison Chapel, onde a família Price vai rezar num domingo. No famoso Portsmouth Dockyard, que se assemelhava a uma cidade pequena, com abrigos, escritórios, armazéns e celeiros empregando mais de dois mil homens, Fanny e Henry se sentam sobre "alguma tábua no pátio" e conversam. Vagueiam a bordo de uma corveta parada. Há uma passagem notavelmente evocativa descrevendo a paisagem marinha de Portsmouth:

> O dia estava excepcionalmente adorável. O calendário indicava março; o clima brando, porém, com seu vento fresco e suave, com seu sol brilhante, encoberto às vezes por um minuto, era característico de abril; e tudo parecia tão bonito sob a influência de um céu como aquele, os efeitos das sombras perseguindo-se umas às outras nos navios em Spithead e na ilha mais além, com os incontáveis matizes do mar agora alto, dançando em seu júbilo e arremetendo contra as muralhas com som tão precioso.[597]

Contudo, tendo adentrado a casa da família Price, ganhamos um quadro muito diferente. Jane Austen vagueia por um território até então inexplorado em seu retrato dos Price, uma família de classe média baixa, e esse retrato, de sua primeira família naval, não é de todo lisonjeiro.

Como se vê através dos olhos de Fanny Price, que fora criada no luxo de Mansfield Park, a minúscula casa geminada é apertada e suja. As paredes têm marcas de óleo capilar gorduroso, há "pratos meio limpos e talheres meio sujos", partículas de poeira circulam no clarão da luz do sol, a porcelana exibe "estrias irregulares de pano esfregado", "o leite uma mistura de partículas de pó flutuando numa fina membrana azul".[598]

O pai de Fanny, o tenente Price, "inválido para o serviço ativo", é apresentado como pouco mais do que um rufião: "Ele só lia o jornal e a lista naval; ele só falava do estaleiro, do porto, de Spithead e Motherbank; ele praguejava e ele bebia, ele era sujo e bruto". Sua casa, onde ele bebe grogue com seus amigos marinheiros e faz de sua filha objeto de "gracejos grosseiros", sintetiza a vida do marujo vulgar: "Era a moradia do barulho, da desordem e da indecência".[599] A mãe de Fanny é uma mulher desleixada que não consegue controlar seus vários filhos e sua inútil empregada doméstica. Excetuando-se a representação do aspirante William Price, que é retratado com grande charme, a marinha em *Mansfield Park* tem bem pouco para recomendá-la.

Curiosamente, os irmãos marinheiros de Jane Austen não mencionaram as cenas de Portsmouth em suas reações a *Mansfield Park*, ao contrário de James e Edward, que as destacaram para elogio especial. Jane escreveu que o almirante Foote (um amigo íntimo de Frank) se mostrou "surpreso por eu ter o poder de criar tão bem as cenas de Portsmouth"[600], mas ficamos nos perguntando se seus irmãos marinheiros sentiram-se ofendidos com sua representação da marinha. Seu retrato das famílias navais em *Persuasão* foi elaborado com um olhar mais amável e respeitoso, talvez como forma de reparação.

O capitão Harville, vivendo em seus aposentos alugados em Lyme Regis, é o soberano de um lar minúsculo e apertado, mas aconchegante, arrumado e limpo. Ali, Harville e sua esposa tiraram o melhor das "deficiências da mobília alugada". Ele barricou as portas e janelas contra as tempestades de inverno, e seus tesouros das Índias Ocidentais mobiliaram a sala. Ao contrário de Fanny Price, que compara a casa do pai de maneira desfavorável com Mansfield Park, Anne não tem esse ponto de vista: "Quanto mais interessantes eram para ela a casa e a amizade dos Harville e do capitão Benwick do que a casa paterna".[601]

Quando retorna para Kellynch Hall, Anne percebe que o almirante e a sra. Croft são inquilinos dignos em comparação com seu pai: "não poderia senão em sã consciência pensar que haviam saído os que não mereciam ficar e que Kellynch Hall passara para mãos melhores do que as de seus proprietários".[602] Eles respeitaram o espírito do lugar, e a única alteração substancial que fizeram foi a remoção dos diversos e vaidosos espelhos de Sir Walter. Ela sabe que os "estranhos" que abriram seu próprio caminho com trabalho árduo e coragem são bem mais dignos de Kellynch do que sua própria "família antiga". Anne se regozija com isso: fica feliz pelo "mundo de madeira" no qual entra quem se torna uma esposa naval e por escapar de Sir Walter e sua obsessão com o *baronetage*.

Em *Mansfield Park*, as crianças Bertram, bem criadas, mas egoístas, saem-se muito pior do que as crianças Price, que suportaram a sordidez e as emanações alcoólicas da casinha da Portsmouth:

Na utilidade *dela* [de Susan Price], na excelência de Fanny, na contínua boa conduta e crescente fama de William, e no geral bom procedimento e sucesso dos outros membros da família, todos contribuindo com o avanço dos outros, e dando crédito ao favorecimento e auxílio dele, Sir Thomas viu repetidos – e para sempre repetidos – motivos de regozijo no que fizera por todos eles, e razões para reconhecer as vantagens de uma prematura vida de dificuldades e disciplina, de uma consciência de se ter nascido para lutar e resistir.[603]

Jane Austen admirava as disciplinas da marinha por causa de seu efeito estimulante na formação do caráter.

Apesar de todos os seus méritos, William Price não é o herói de *Mansfield Park*. No retrato do capitão Wentworth, porém, vemos o herói mais merecedor da obra de Jane Austen, vencedor na vida por esforço próprio. Ele é, de fato, seu único herói verdadeiramente romântico. Ascendeu na sociedade não por meio de herança, mas através de trabalho árduo, coragem e iniciativa. Se Sir Walter representa o "dinheiro velho" e a pequena nobreza decadente, Wentworth é a personificação do novo, da confiança e do profissionalismo:

> O capitão Wentworth não possuía fortuna. Tivera sorte na profissão, mas, ao gastar com facilidade o que entrara com facilidade, nada aplicara. Tinha, entretanto, certeza de que logo enriqueceria; cheio de vida e vigor, sabia que logo teria um navio e logo estaria numa posição que o levaria a tudo o que desejava. Sempre tivera sorte, sabia que continuaria a ter.[604]

Se você tivesse uma patente de oficial e a dose certa de sorte, havia dinheiro para ganhar em alto-mar, tanto no Ocidente quanto no Oriente.

Há um momento em *Mansfield Park* no qual Edmund Bertram afirma que sua prima Fanny "irá fazer uma viagem rumo à China". "Como vai Lord Macartney?", ele pergunta.[605] Fanny está obviamente lendo um "grande livro" recém-publicado, a obra em dois volumes de John Barrow, *Um relato da vida pública e uma seleção dos escritos inéditos do conde de Macartney* (1807), que incluía o texto do *Diário da embaixada da China* de Lord Macartney. Aquele era um momento-chave na história das relações comerciais com a China. Mais especificamente, foi o período em que o ópio estava sendo enviado às toneladas de Bengala para a China.

No início da primavera de 1809, o capitão Frank Austen deu adeus a sua esposa, sua mãe e suas irmãs. Ele zarpou com o *St Albans*. Seu destino era a China, dando suporte a um comboio de East Indiamen. Foi parar no rio das Pérolas, envolvido em um encontro muito traiçoeiro numa área pirata chamada Ladrones. Tendo firmado um acordo satisfatório com as autoridades mandarins locais, negociou seu caminho de volta através dos mares da China para Madras. Por volta de julho, já estava em seu caminho para casa, mandando presentes chineses para seu irmão Charles, despachados a bordo do navio. Navegou o *St Albans* com segurança de volta para Londres, onde sua carga foi descarregada: 93 baús de tesouro "contendo, ao que se diz, 470 mil Dólares ou Lingote a esse montante" (o dólar era a moeda adotada pelos comerciantes nas Índias Orientais Holandesas). Por seus esforços, Frank Austen foi recompensado com mais de quinhentas libras pela escolta do comboio, e, em pagamento pelo transporte de mercadorias, recebeu uma oferta de pouco mais de mil libras – soma que ele negociou até chegar a 1,5 mil libras, reivindicando um percentual sobre o valor do tesouro.[606] O equivalente moderno para seus ganhos totais pela viagem seria de cerca de 130 mil libras ou duzentos mil dólares. Não pode haver grande dúvida de que se tratava de dinheiro do ópio.

Não há referência explícita ao ópio em *Persuasão*, mas o capitão Wentworth, a exemplo dos irmãos marinheiros de Jane Austen, concilia com êxito o dever – a "importância nacional" da marinha em tempo de guerra, como diz a última frase do romance – e o sucesso material. Frank Austen serviu mais tarde na Estação da América do Norte e Índias Ocidentais em 1844, e foi promovido a almirante da esquadra vermelha em 1855. Morreu em sua bela casa, Portsdown Lodge, acima de sua amada Portsmouth, dez anos depois. Sua irmã teria desejado prosperidade e longevidade análogas a seu fictício e muitíssimo merecedor casal naval, Frederick e Anne Wentworth.

15

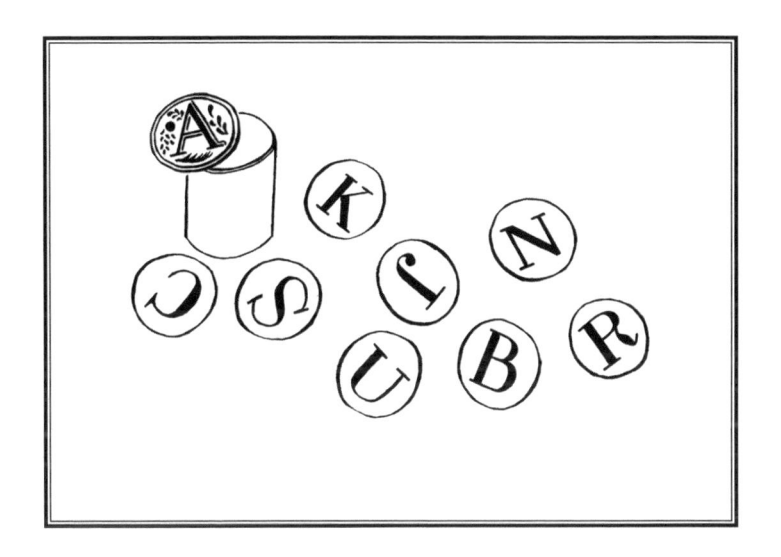

A caixa de letras

❧

– Srta. Woodhouse – disse Frank Churchill, depois de examinar, atrás dele, uma mesa que podia ser alcançada de sua cadeira –, os seus sobrinhos levaram embora seus alfabetos, suas caixas de letras? A caixa costumava ficar aqui. Onde ela está? Esta é uma noite de aparência mais ou menos enfadonha, que deveria ser tratada mais como inverno do que como verão. Nós tivemos um grande divertimento com aquelas letras certa manhã. Eu quero intrigar a senhorita mais uma vez.

Emma, vol. 3, cap. 5

É um brinquedo educativo, mas também um jogo popular entre os adultos, para passar o tempo num mundo sem televisão e computadores. Podem jogar pessoas em qualquer quantidade. As fichas de osso ou marfim, pintadas à mão, são marcadas com letras maiúsculas de um lado e minúsculas no verso. O objetivo é misturar as letras e formar com elas tantas palavras quanto possível, ou enquanto for possível formar uma palavra. Era uma versão simples do jogo de tabuleiro Palavras Cruzadas. Às vezes, os quadrados ou círculos de marfim eram adquiridos em branco e o comprador desenhava letras nelas, como Emma Woodhouse faz com linda e elegante caligrafia. Igualmente bem, as caixas de letras podiam ser usadas para ensinar uma criança a soletrar e ampliar seu vocabulário.[607]

> Frank Churchill colocou uma palavra diante da srta. Fairfax. Ela passou um ligeiro olhar pela mesa e se lançou à tarefa. [...] A palavra foi descoberta e, com um débil sorriso, empurrada para longe. [...] A palavra era *confusão**; enquanto Harriet a proclamava, exultante, um rubor nas faces de Jane conferiu ao termo um significado que de outro modo não seria ostensivo. [...] Aquelas letras não eram senão um veículo para o galanteio e o truque. Era uma brincadeira de criança, escolhida para ocultar um jogo mais profundo por parte de Frank Churchill.[608]

Os adultos nessa cena estão jogando com brinquedos de crianças, algo que desvenda um jogo psicológico adulto e profundamente desagradável. A maioria deles, em particular Frank Churchill, está se comportando como criança. O mesmo poderia ser dito do comportamento de Emma na cena em Box Hill, quando ela insulta a srta. Bates. *Emma* é o romance mais interessado em jogos, especialmente jogos mentais e manipulação.

A visão de Jane Austen sobre como os seres humanos se comportam em sociedade é construída com disfarce e interpretação de papéis, equívocos e mistério. Ela foi uma das primeiras

---

* No original, *blunder*. (N.T.)

autoras a usar jogos – enigmas, charadas, jogos de cartas – para revelar uma conduta social (muitas vezes) duvidosa. Em *Mansfield Park*, ela usa o jogo de azar especulação, um de seus favoritos, numa cena importante envolvendo os personagens principais. A cena é carregada de simbolismo. O objetivo é ter na manga o trunfo mais alto quando todas as cartas em jogo foram reveladas. Cartas podem ser compradas e vendidas com outras cartas. O jogo, claro, é disputado em mais de um nível. Jane Austen jogou especulação com seu sobrinho George e fingiu ficar zangada quando seus sobrinhos demonstraram preferência por outro jogo de cartas, *bragg*: "Isso me mortifica profundamente, porque a especulação estava sob meu patrocínio".[609]

Em *Emma*, Jane Austen explora plenamente a importância do silêncio, da linguagem clara e da comunicação não verbal, em contraposição a ambiguidades verbais, equívocos, mal-entendidos cômicos, enigmas e jogos de palavras. Enigmas e trocadilhos são usados com grande efeito para explorar os mal-entendidos cômicos entre Emma e o sr. Elton (o enigma dele sobre "woodhouse" é displicentemente mal interpretado por Emma), mas, com a chegada de Frank Churchill, somos apresentados a um jogador magistral.

Desde o início, os irmãos Knightley são associados a uma falta de galantaria e ao gosto pela clareza de linguagem, que Austen descreveu como "os legítimos modos ingleses", ao passo que a galantaria e o charme de Frank são manifestados por seu gosto e domínio na arte do jogo de palavras. Ele desenvolve um jogo duplo de flerte com Emma e a mulher com quem está secretamente comprometido, Jane Fairfax. Faz amor com Jane, mas usa Emma como cortina de fumaça.

Na memorável cena da palavra "confusão", Frank usa o jogo do alfabeto para se comunicar com Jane e enganar Emma. Ele está, claro, pedindo desculpas por sua confusão em divulgar uma fofoca sobre a carruagem do sr. Perry, o que revela ao leitor atento que ele está se comunicando em segredo com Jane. O sr. Knightley, que é um observador atento das pessoas, percebe que Frank está jogando com Jane. Emma fica alheia àquilo que está de fato em andamento. Pior ainda, Frank usa o jogo de palavras para provocar Jane e agradar Emma, colocando a palavra DIXON perto de Jane.

A palavra final, à qual nós, como leitores, não temos acesso, mas que Jane Austen revelou posteriormente a seus sobrinhos e sobrinhas, é PERDÃO.

Emma também é uma jogadora boa e astuta, mais nos moldes de Mary Crawford do que de Fanny Price. Mas sua destreza verbal e sua espirituosidade são reveladas como insensíveis e vazias quando ela zomba da srta. Bates em Box Hill. Depois de todos os jogos cansativos e acrobacias verbais aos quais se entregou à vontade, Emma joga gamão a noite toda com o pai para se acalmar da grande aflição depois do incidente, "abrindo mão das mais doces horas entre as 24 para o conforto do pai".[610]

O sr. Knightley, inglês reservado e sincero, abomina subterfúgios e jogos, dizendo a Emma, no final do romance: "Mistério... Sutileza... como desvirtuam o entendimento! Minha Emma, por acaso tudo isso não serve para provar mais e mais a beleza verdadeira e sincera em todos os nossos procedimentos um com o outro?".[611] É um sentimento nobre, mas ironicamente minado pelo "rubor de sensibilidade por conta de Harriet" da parte de Emma – pois ela está sonegando a plena verdade quanto ao amor de Harriet por ele. Jane Austen nos adverte em *Emma*: "Raras, bem raras vezes a verdade completa faz parte de qualquer revelação humana; raras vezes pode ocorrer que alguma coisa não seja um pouco disfarçada, ou um pouco equivocada".[612] Ficamos imaginando se Emma jamais irá revelar totalmente a verdade para seu futuro marido. O reconhecimento da incompletude da revelação humana toca o âmago da visão criativa de Jane Austen.

Jane Austen e sua família adoravam charadas, quebra-cabeças, adivinhações e enigmas. Sobrinhos e sobrinhas deixaram relatos de todos os jogos com os quais se divertiram na companhia da amada tia. Havia jogos físicos, como peteca e bilboquê, e outros que exigiam mais habilidade mental, como *spillkins* (pega-varetas), que Austen considerava "uma parte muito valiosa do nosso mobiliário Doméstico".[613] Ela adorava jogar carta com crianças: *cribbage*, lu, comércio, cassino, especulação, *bragg* e noves. Como já vimos, ela também gostava de brincar usando fantasias e de representações teatrais privadas.

Sem filhos, ela levava a sério seus deveres como tia e madrinha. Austen parece ter sido convidada para ser madrinha da filha de Anne "Nanny" Littleworth, Eliza-Jane, em 1789, quando tinha apenas treze anos. Anne era casada com John Littleworth, que era cocheiro de James Austen. Jane também foi testemunha do casamento do irmão de John e claramente adorava a família extensa da mulher que cuidara das crianças Austen na infância. Mais tarde, Jane veio a se tornar madrinha da filha de sua prima Elizabeth, Elizabeth-Matilda Butler Harrison, e de sua sobrinha Louisa. Após sua morte, suas correntes de ouro foram legadas às afilhadas. Pertencente a uma família grande e amorosa, estava acostumada a ter crianças ao redor. Dos irmãos Austen, apenas Henry e o deficiente George não tiveram filhos. James teve três filhos, Edward, onze, Frank, onze, e Charles teve oito.

As cartas de Austen revelam seu grande amor pela companhia das crianças.[614] Em 1805, Jane jogou peteca com William Knight e relatou que, com a prática, os dois mantiveram a peteca no ar seis vezes. Ela era boa com crianças com as quais não tinha parentesco. Há um vislumbre, nas cartas, de seu jogo de *cribbage* com o pequeno Daniel Finch-Hatton, filho da filha adotiva de Lord Mansfield. Outra criança pequena, filha de um dos amigos navais de seu irmão, caiu de amores por ela e se sentou a seu lado enquanto ela escrevia suas cartas diárias:

> Agora ela está tagarelando ao meu lado e examinando os Tesouros da gaveta de minha escrivaninha – muito feliz, acredito – nem um pouco tímida, claro [...] Onde foi parar toda a Timidez do Mundo? [...] ela é uma menina simpática, natural, de coração aberto, afetuosa, com toda a pronta civilidade que se vê nas melhores Crianças dos dias atuais? – tão diferente de qualquer coisa que eu mesma fui na idade dela que me vejo com frequência em puro espanto e vergonha.[615]

Sem ter filhos próprios para criar, esperava-se dela que desse auxílio prático e apoio emocional a suas parentes. Famílias mistas, com meios-irmãos, não eram nada incomuns em função das elevadas taxas de mortalidade materna. Tias, avós ou irmãs precisavam estar disponíveis para socorrer crianças órfãs de mãe. Quando Anna Austen perdeu a mãe ainda muito pequena, ficou chamando por sua "mamãe" num choro constante, e foi enviada a Steventon para ser cuidada por Jane e Cassandra.

Jane conhecia e compreendia as crianças sem ser nem um pouco sentimental em relação a elas. Quando Elizabeth Knight morreu de parto, deixando para trás onze filhos enlutados, Jane mandou chamar os dois meninos mais velhos para que ficassem com ela em sua casa em Southampton. Ela distraiu os meninos com jogos e passeios de dia inteiro, levando-os para ver um verdadeiro navio de guerra e remar no Itchen. Eles se divertiram com "varetas, barcos de papel, enigmas, adivinhações e cartas, assistindo ao fluxo e refluxo do rio".[616]

O que fazia dela uma pessoa muito especial era sua capacidade de ingressar no mundo das crianças. Jane observava suas peculiaridades e as compreendia. Mostrou-se atenciosa em relação às "erupções" de acne de uma sobrinha, à destreza de um sobrinho em pular ("espero que ele continue a me manter infor-

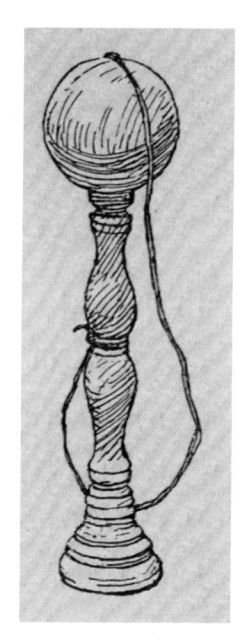

Desenho do bilboquê de Jane Austen feito por Ellen Hill, no livro *Jane Austen: seus lares e seus amigos* (1902), de sua irmã, Constance Hill

mada de seus aprimoramentos na arte")[617] e à engenhosidade de outro em fazer caretas e jogar o leque da tia no rio. Divertiu-se com o interesse da sobrinha Cassy pelo romance da prima Anna, bem mais velha, com Benjamin Lefroy: "Ela fez mil perguntas, com seu jeito costumeiro – O que ele disse para você? E o que você disse para ele?".[618]

Tudo isso reverbera no conhecimento do comportamento infantil demonstrado por ela em *Emma*, quando as crianças querem que lhes conte todos os pormenores do incidente com os ciganos: "Henry e John continuavam pedindo todos os dias a história de Harriet e os ciganos, e continuavam corrigindo-a com tenacidade caso ela divergisse da narrativa original no mais mínimo detalhe".[619]

* * *

A vida itinerante de Austen chegou ao fim em 1809. Edward, seu irmão abastado, era dono agora da "Grande Mansão" em Chawton. Ele a alugou, mas providenciou para que a mãe e as irmãs ocupassem uma casa em sua propriedade, situada no cruzamento das duas estradas que atravessavam o vilarejo, com a porta da frente se abrindo direto para a estrada, embora houvesse um cercamento estreito para proteger a casa "do possível choque de algum veículo desgovernado".[620] Havia dois aposentos chamados de sala de jantar e de visitas, ambos projetados originalmente com vista da estrada. A grande janela da sala de visitas foi bloqueada por uma estante de livros quando as mulheres Austen tomaram posse, e outra foi aberta ao lado, proporcionando uma visão do gramado e das árvores. A propriedade tinha um jardim de tamanho razoável, com um caminho de cascalho, grama longa para cortar, um pomar, uma horta e muitas construções externas nas quais as crianças adoravam brincar. A família extensa, incluindo crianças, muitas vezes aparecia para visitas – havia quartos em número suficiente, embora alguns fossem bem pequenos. Outro prazer para sobrinhos e sobrinhas era a emoção do tráfego estrondoso bem diante da porta: "A diligência diária de Collyer, com seis cavalos, era uma visão espetacular! E era uma delícia tremenda, para uma criança, sentir a terrível quietude da noite ser tão frequentemente interrompida pelo barulho das carruagens passando, que parecia, por vezes, sacudir até mesmo a cama".[621]

A casa em Chawton deu a Jane Austen um lar seguro pela primeira vez desde sua partida de Steventon, oito anos antes. Uma robusta estante de livros, uma visão verdejante ao lado, o som da estrada para lembrá-la da vida e da cidade, sua querida irmã a seu lado, espaço para sobrinhos e sobrinhas em visita. Esse foi o ambiente estável que lhe permitiu revisar *Orgulho e preconceito* para publicação e então escrever *Mansfield Park*, *Emma*, *Persuasão* e o início de *Sanditon*. Chawton permaneceu sendo a casa de Jane Austen – embora fosse um lar do qual partisse com frequência para viagens a Londres – por oito anos, até que ela foi removida para Winchester nos últimos meses de sua vida.

Uma das melhores descrições de Jane Austen foi feita por alguém que a conheceu bem em seus anos de Chawton, Charlotte Maria Middleton. Ela se hospedou em Chawton Manor quando menina, e se lembrava de Austen como dona de um "aguçado senso de humor" que "vertia bem ao Estilo do Sr. Bennett": "Ela era uma pessoa muitíssimo amável e divertida com *Crianças*, mas um pouco rígida e fria com estranhos [...] minha memória de Jane é dela participando de todos os Jogos das Crianças e de gostar dela extremamente. Pediam-nos com frequência que fôssemos conhecer seus pequenos sobrinhos e sobrinhas".[622]

Ela gostava da honestidade direta e da franqueza das crianças; divertia-se com seus usos atrapalhados de palavras e da forma como criavam uma linguagem particular. Numa carta, escreveu: "Lembranças amorosas da Nunna Hat para George. Um montão de gente queria invadir lá, inclusive eu". George Knight era uma criança especialmente doce, para quem Jane escreveu com carinho: "Eu fico lisonjeada sabendo que *itty Dordy* não vai me esquecer por pelo menos uma semana. Beije-o para mim". "Itty Dordy" (Little Georgy*) era como ele pronunciava seu próprio nome. Esse foi o mesmo garoto que, já colegial crescido, veio ao encontro de Jane Austen para ser consolado depois da morte de sua mãe, e que ela descreve fazendo e nomeando barquinhos de papel

---

* "Pequeno Georgy". (N.T.)

enquanto o irmão mais velho está mergulhado em um romance, "retorcendo-se todo em uma de nossas grandes cadeiras".[623] Essa frase descreve com perfeição os movimentos do irrequieto adolescente enlutado, e o traz à vida.

Para sua sobrinha Caroline, Jane escreveu: "Imagine só, o seu Arganaz perdido sendo trazido de volta para você!". Para a pequena Cassy Esten, escrevia cartas com palavras de trás para frente: "Ahnim adireuq Yssac, ue ehl ojesed um zilef ona ovon". Incentivava os jogos das crianças, dava conselhos sobre romances e contava boas piadas: "Mande minhas lembranças para Cassy – espero que ela tenha se sentido confortável na minha cama ontem à noite e não a tenha enchido de pulgas".[624]

Ela se recusava a tratar as crianças com superioridade. Quando ficavam mais velhas, escrevia-lhes cartas sensatas que as tratavam como gente adulta. "Sempre defendi a importância das Tias", escreveu para sua sobrinha Fanny. Para a Caroline de dez anos, escreveu: "Agora que se tornou uma Tia, você é uma pessoa de certa importância".[625] Quando julgava ter ido longe demais em suas críticas a sobrinhos e sobrinhas, Jane Austen era rápida em fazer reparações: "Como escrevi sobre meus sobrinhos com um pouco de amargura em minha última carta, considero que me compete particularmente lhes fazer justiça agora". Como afirmou em outra carta, "Depois de ter elogiado ou culpado demais alguém, a pessoa em geral se dá conta de algo exatamente contrário pouco tempo depois".[626]

Em 1983, um trecho de uma carta de Jane Austen foi descoberto numa biblioteca nos Estados Unidos e publicado pela primeira vez. A carta foi escrita para sua sobrinha Jane-Anna (conhecida como Anna), que era muito próxima da tia, tendo perdido sua própria mãe aos dois anos de idade. Ela também enfrentava o conflito de ser meia-irmã de dois irmãos mais novos. Jane Austen lhe diz: "Desde o começo, ter *nascido* mais velha é uma coisa ótima. Desejo-lhe perseverança e sucesso do fundo do meu coração".[627] No verso da carta, escreve sobre outra criança, o pequeno Charles Lefroy: "Nós o consideramos um menino excelente, mas terrivelmente carente de Disciplina. Espero que ele receba uma ou outra pancada sadia sempre que necessário".[628] O fragmento é um instantâneo revelador da autora e de sua atitude em relação à geração mais jovem. A voz é surpreendentemente moderna e arejada, confortando num momento, provocando no outro. Não é a voz de uma solteirona ranzinza, amargurada por sua própria ausência de filhos, que é a imagem deturpada por vezes atribuída a Jane Austen.

Ela não idealizava as crianças, e esperava bom comportamento e boas maneiras da parte dos pequenos. Tampouco gostava de ser tratada por seus irmãos como uma babá não remunerada. Nutria grande compaixão pela condição sofrida das preceptoras e fez amizade com a de Fanny Knight, Anne Sharp. Anne era, de acordo com Fanny, "de boa índole" e "bonita".[629] Era bem-educada e devotada às crianças Knight, muito embora sua saúde precária tenha exigido que deixasse Godmersham depois de apenas dois anos. Jane Austen a considerava como amiga íntima; ela costumava visitar Chawton e as duas trocavam correspondência com regularidade. Ela pedia a opinião de Anne sobre seus romances: "Ah! Ganhei mais dessas tão doces lisonjas da srta. Sharp", contou a Cassandra depois da publicação de *Orgulho e preconceito*, que era o favorito de Anne. "Ela é um amiga excelente e bondosa." Quando perguntou sua opinião sobre *Mansfield Park*, Jane implorou à amiga que fosse "absolutamente sincera".[630]

Jane se preocupava com sua amiga e acalentava fantasias de que um dos empregadores iria se apaixonar por ela: "Quero tanto que ele se case com ela! [...] Ah! Sir W[illia]m – Sir Wm – como vou amá-lo se o senhor amar a srta. Sharp", escreveu em 1814.[631] Seu romance seguinte, *Emma*, entrega-se a essa fantasia quando a srta. Taylor, preceptora de Emma, casa-se com o viúvo sr. Weston.

Após a morte de Jane, Cassandra enviou a Anne uma mecha de seu cabelo e um estilete de seu conjunto de costura. Em 2008, foi descoberto um exemplar de cortesia de *Emma* dedicado a "Anne Sharp" pela "Autora" (o exemplar foi levado a leilão na casa Bonhams). Austen teve direito a somente doze exemplares de cortesia, e esse foi o único presenteado a uma amiga pessoal. Anne, mais tarde, fundou uma escola para meninas em Liverpool.[632]

Quando outra preceptora chegou para tomar conta da grande prole sem mãe que eram as crianças Knight, Jane demonstrou sua empatia: "Por essa altura, suponho, ela já está pegando no pesado, educando com afinco – pobre criatura! Tenho pena dela, embora *sejam* sobrinhas minhas".[633] A própria Jane desempenhava funções de babá com frequência. Cuidou das duas filhas pequenas de Charles por um mês. Escreveu a Frank lhe dizendo que ficava "bastante triste" por vê-las partindo. Sentiu-se contente ao constatar que o período de afastamento dos pais amorosos havia melhorado as duas: "Harriet na saúde – Cassy nas boas maneiras"; sobre a última, acrescentou: "Será realmente uma criança muito satisfatória, bastando que eles se esforcem um pouco".[634] A falta de firmeza nos pais não era motivo de admiração.

Charles adorava seus filhos, e esse aspecto de seu caráter é transferido, em *Persuasão*, ao capitão Harville, que fala de forma comovente sobre como se sente ao deixar as crianças para trás e depois reencontrá-las:

> – Ah! – exclamou o capitão Harville, num tom de intensa emoção. – Se eu ao menos pudesse fazê-la compreender o que sofre um homem quando lança um último olhar a sua mulher e filhos, e observa o navio no qual os embarcou, até perdê-lo de vista, e então dá meia-volta e diz: "Só Deus sabe se nos reencontraremos!". E então, se eu pudesse transmitir-lhe o brilho de sua alma quando ele os reencontra; quando, ao voltar, talvez depois de um ano de ausência e obrigado a ir para outro porto, ele calcula quando será possível levá-los para lá, pretendendo iludir-se e dizendo: "Não poderão chegar até tal dia", mas todo o tempo esperando vê-los doze horas mais cedo e vendo-os afinal chegar, como se o céu lhes tivesse dado asas, muitas horas antes! Se eu pudesse lhe explicar tudo isso, e tudo o que um homem precisa suportar e fazer, e se orgulha de fazer, pelo bem desses tesouros de sua existência! Estou falando, bem sabe, apenas dos homens que têm coração! – apertando o dele mesmo com emoção.[635]

Embora Austen seja indulgente, nessa passagem, com o forte sentimento paterno de seu personagem, ela em geral aprovava famílias nas quais o amor da mãe era racional e justo: "O carinho de Harriot por ela [filha pequena] parece ser justamente o que é amável e natural, e não tolo".[636]

Jane Austen fazia tanta questão de não idealizar as crianças em seus romances como fazia na vida real. Em *Razão e sentimento*, ela esvazia uma das convenções sentimentais: a idealização da inocência infantil. Apresenta as crianças como realmente são, recusando-se a venerá-las como espíritos livres rousseaunianos. As irmãs Steele sabem que o caminho para cair nas graças de Lady Middleton é cortejar seus filhos detestáveis e muito mimados. Quando aparecem em Barton Park pela primeira vez, as Steele chegam com uma carruagem cheia de brinquedos e cedem a todos os caprichos de Anna Maria: "'Tenho certa ideia', disse Lucy, 'de que vocês consideram que os pequenos Middleton são um pouco mimados demais [...] adoro ver crianças cheias de vida e de animação, não consigo suportá-las quando elas são mansas e quietas'". Com fria ironia, Elinor retruca com a confissão de "que, enquanto fico em Barton Park, jamais penso em crianças mansas e quietas com qualquer aversão".[637]

Austen era da opinião de que as mães extremosas podiam ser uma influência nociva. Anne Elliot, em *Persuasão*, é respeitada e amada por suas sobrinhas, embora elas claramente não respeitem sua própria mãe. A sra. Weston, em *Emma*, é descrita como "fazendo as vezes de mãe, mas sem o afeto de mãe para cegá-la". Uma criança também pode ser o joguete de uma mãe, como em *Razão e sentimento*: "A sra. Palmer tinha seu filho, e a sra. Jennings, seu trabalho de tapeçaria".[638]

O amor pelas crianças é muitas vezes, nos romances, um guia para o caráter. O sr. Knightley perdoa a transgressão de Emma contra o sr. Martin quando a vê segurando a sobrinha bebê em seus braços: "Embora tivesse começado com olhares severos e perguntas sucintas, o sr. Knightley logo foi levado a falar de todos eles com seu jeito habitual, e a tirar a criança dos braços dela com a maior sem-cerimônia da perfeita amicidade". Então ele diz: "Se você fosse tão guiada pela natureza na sua estimativa de homens e mulheres, e tão pouco dominada pelo poder da imaginação e do capricho no tratamento que lhes dispensa, quanto você é no que diz respeito a estas crianças, nós poderíamos pensar de modo semelhante sempre".⁶³⁹ Por outro lado, Edmund Bertram afirma sobre a sra. Norris, com letal eufemismo: "Ela nunca soube ser agradável com crianças" – uma gelada condenação de seu caráter.⁶⁴⁰

Nos romances, vários momentos de intensidade emocional são mediados pela presença testemunhal de crianças pequenas. Em *Emma*, quando a aflição emocional do sr. Knightley o oprime em Brunswick Square, um dos filhos de seu irmão observa que "o tio parece sempre cansado agora".⁶⁴¹

Duas cenas especialmente memoráveis são centradas em crianças pequenas. Poucos poderão esquecer o impacto emocional do momento no qual, em *Persuasão*, o capitão Wentworth, em silêncio, retira o menininho incômodo das costas de Anne. Numa cena de excruciante embaraço cômico e alta emoção, ele entra em Uppercross Cottage para encontrar não as esperadas senhoritas Musgrove, mas Anne, sozinha exceto pelo pequeno Charles Musgrove, que descansa em um sofá e se recupera de uma clavícula quebrada. Anne não pode sair da sala porque o menino necessita de sua ajuda, e ela se ajoelha para lhe prestar cuidados. Wentworth fica constrangido e calado até recompor seus pensamentos e perguntar friamente pela saúde do menino. O desconforto profundo é agravado com a entrada de Charles Hayter, descontente por ver Wentworth. Ele pega seu jornal em silêncio. A porta se abre de novo e entra um menino corpulento de dois anos de idade:

> Nada havendo para comer, ele só poderia conseguir algo para brincar. E, como a tia não o deixava perturbar o irmão doente, começou a se agarrar a ela de tal modo que, ajoelhada e ocupada como estava com Charles, Anne não conseguia se livrar dele. Ela falou com ele, ordenou, pediu e insistiu em vão. Por uma vez, conseguiu afastá-lo, mas o menino se divertiu ainda mais voltando a subir em suas costas.
> – Walter – ela disse –, desça daí agora mesmo. Você está impertinente demais. Estou muito zangada com você.
> [...]
> No instante seguinte, porém, ela se sentiu sendo libertada; alguém o tirava de cima dela, embora ele se tivesse curvado

tanto sobre sua cabeça que suas mãozinhas fortes foram afastadas de seu pescoço e ele foi resolutamente levantado, antes que ela soubesse ter sido o capitão Wentworth quem o fizera.[642]

A emoção entre os ex-amantes é representada magnificamente. Anne é incapaz de expressar seus agradecimentos, mas seus "sentimentos desordenados" internos são captados pelo inovador artifício de Austen do discurso indireto livre (a narrativa em terceira pessoa que é escrita como que de dentro da mente de um personagem): "A gentileza dele ao se adiantar para ajudá-la, o modo como o fez, o silêncio em que tudo se passou, os pequenos detalhes das circunstâncias, somados à convicção, logo nela incutida pelo barulho proposital feito por ele com a criança, de que ele pretendia evitar ouvir seu agradecimento [...] produziram tal confusão de múltiplas e dolorosas angústias que ela não teve como se recobrar".[643]

Para o leitor, claro, outras coisas estão em jogo: a inveja mal dissimulada que Charles Hayter sente de Wentworth, a emoção intensa mas silenciosa de Anne, a formalidade gélida de Wentworth em relação a Anne enquanto ele esconde sua dor e raiva sobre o passado. O ponto é que Wentworth não percebe que ainda ama Anne: ele tenta puni-la com sua indiferença e frieza, mas é traído por seus atos.[644] A culpa e a tristeza de Anne são sugeridas em sua cabeça curvada e na postura ajoelhada, e o "orgulho irritado" de Wentworth, na recusa dos agradecimentos dela. Esses detalhes, e as "mãozinhas fortes" da criança, determinadas a não se soltarem, tudo demonstra uma grande delicadeza de toque nessa cena poderosamente criada e excepcionalmente terna.

Talvez a criança retratada de maneira mais vívida nos romances de Jane Austen seja o encantador e fiel à vida Charles Blake do fragmento *Os Watson*. O menino de dez anos de idade é retratado com grande minúcia em um baile no qual está esperando para dançar as duas primeiras danças com a srta. Osborne: "Ah, sim, ficamos comprometidos nesta semana [...] e vamos dançar todos os pares". Mas a srta. Osborne rompe despreocupadamente seu compromisso com Charles, e a humilhação da criança é representada com intensidade:

Ele era a imagem da decepção, com bochechas rubras, lábios trêmulos e olhar caído no chão. A mãe, sufocando sua própria mortificação, tentou abrandar a dele com a perspectiva da segunda promessa da srta. Osborne; contudo, embora ele arranjasse forças para proferir, com bravura pueril, "Ah, eu não me importo!", era muito evidente, pela incessante agitação de suas feições, que ele se importava mais do que nunca.[645]

Assim como acontece com a cena de *Persuasão*, a ação da criança é um momento decisivo do romance. O menino está tentando não chorar. Uma criança tentando não chorar é sempre mais comovente do que uma criança que está chorando. A heroína Emma Watson vem em seu socorro, ação que lhe atrai as atenções da família abastada que até ali a ignorava:

Emma não pensou ou refletiu; ela sentiu e agiu.
– Ficarei muito feliz em dançar com o senhor, caso queira – disse ela, estendendo a mão com um bom humor nem um pouco afetado.
O menino recuperou num instante todo o seu deleite inicial – olhou jubiloso para sua mãe e, dando um passo à frente com um honesto e simples "Obrigado, minha senhora", mostrou-se imediatamente pronto para atender sua nova conhecida.[646]

Charles convida Emma para uma visita a Osborne Castle: "Há uma monstruosa e curiosa raposa empalhada lá, e um texugo... qualquer um pensaria que eles estão vivos. Seria uma pena se você não os visse".[647] Esse é um exemplo maravilhoso do modo como as crianças acreditam que suas próprias paixões devem ser do interesse de qualquer adulto bem pensante.

Jane Austen acerta em cheio quanto às crianças porque as crianças em sua vida e na vida dos romances são retratos realistas, agradáveis e desagradáveis. Elas podem ser fedelhas como Anna Maria Middleton, em *Razão e sentimento* (certamente a melhor representação de uma criança mimada e desprezível em todos os romances), ou tão adoráveis quanto Charles Blake ou Henry e John Knightley, que se sentam para contar os pingos de chuva até que, pela quantidade excessiva, não conseguem mais fazê-lo. Esse detalhe gracioso se baseia numa observação da vida real. Após a morte da mãe no parto, Lizzy e Marianne Knight foram enviadas para um colégio interno em Essex. A viagem foi empreendida em tempo chuvoso, e Jane lhes aconselhou que se divertissem "assistindo aos pingos de chuva descendo pelas janelas".[648]

Ela sabia perfeitamente bem que, como acontece com os adultos, algumas crianças são boas, e outras não. Era o caso das meninas de Anna Lefroy: "Jemima tem um Temperamento péssimo, muito irritável (sua Mãe afirma isso) – e Julia, um muito doce, sempre satisfeita e feliz".[649] Jane Austen viveu na época de Rousseau e Wordsworth, quando os escritores estavam fascinados pelas crianças como nunca antes. Ela não era nada romântica – *A abadia de Northanger*, *Razão e sentimento* e *Sanditon* lançam todos um olhar irônico sobre os excessos do sentimento romântico –, mas compartilhava com os românticos uma crença de que a criança interior nunca nos deixa. Quando já estava mal com a doença lenta e dolorosa da qual nunca se recuperou, Jane escreveu: "Diga [a William] que com frequência jogo *Noves* e penso nele".[650] No leito de morte, jogou cartas e escreveu versos cômicos.

16

O laptop

É uma caixa de madeira que pode ser colocada sobre uma mesa. Ou no colo de um escritor. Pode ser usada como um atril. Abre-se para revelar uma superfície de escrita inclinada, revestida de couro, e um espaço para guardar tinteiro e utensílios de escrita. Há uma gaveta comprida para papel. É surpreendentemente pequena, mais ou menos do tamanho de uma máquina de escrever portátil. Pequena, leve e facilmente transportável, pode ser levada para qualquer lugar. Tem chave e fechadura, de modo que seu conteúdo é privado, quase como um diário. A exemplo de qualquer dispositivo portátil, pode ser facilmente extraviada, ou até mesmo roubada.

Esta específica caixa de escrita ou "rampa" foi comprada na Ring Brothers, um empório comercial em Basingstoke. O reverendo George Austen registrou a compra em sua caderneta de bolso: "Uma Escrivaninha Pequena de mogno com 1 Gaveta Comprida e Suporte para Tinteiro de Vidro Completa. 12 x[elins]. 5 de dezembro, 1794".[651] Considerando-se a data, é provável que tenha sido pensada como presente para o décimo nono aniversário de sua filha Jane.

Os descendentes do irmão mais velho de Jane Austen, James, a família Austen-Leigh, ficaram em posse dessa caixa até o final do século XX. Joan Austen-Leigh a manteve protegida dentro de uma mala velha, num armário de sua casa, no Canadá. Em 1999, ela e sua filha mais velha viajaram a Londres e a doaram à Biblioteca Britânica, onde a caixa, agora, é exibida ao público em companhia de vários outros tesouros literários.[652]

Ao longo do período de vida de Jane Austen, as caixas de escrita podiam ser encontradas em expedições militares e viagens em busca de prazer ou conhecimento, bem como em bibliotecas e salas de visitas. Grande literatura foi criada nelas. Ao mesmo tempo, despachos, contratos, cartas e cartões-postais eram escritos em suas superfícies inclinadas e simples, mas práticas. A caixa de escrita permitia uma transação veloz tanto de negócios como de atividades pessoais numa época em que a comunicação foi amplamente acelerada por imensas melhorias no sistema postal. Numa época de viagens globais e império emergente, as cartas eram de tremenda importância. Páginas e mais páginas escritas na escrivaninha portátil de Jane Austen seguiram caminho até seus irmãos navais enquanto estes serviam ao país nas Índias Orientais e Ocidentais, no Mediterrâneo e ao largo da costa africana.

As caixas de escrita como a de Jane Austen eram artigos altamente desejáveis, uma espécie de equipamento de última geração num mundo onde o aprimoramento das estradas e das carruagens significava que as pessoas estavam viajando como nunca. Um estojo que contém informações preciosas e particulares, que pode ser trancado com segurança e que você pode levar consigo em suas viagens: esse é o precursor georgiano do laptop. O dispositivo chegou a ser conhecido às vezes, de fato, como "lap-desk".

Ao contrário da escrivaninha de tamanho normal ou, no nosso caso, da mesinha redonda na sala de visitas na qual geralmente imaginamos Jane Austen sentada com sua pena, esse era um bem de uso pessoal, e não doméstico. Era o lugar para você manter a sua correspondência mais íntima. Ou o manuscrito do seu último romance.

O presente de décimo nono aniversário foi altamente significativo para Jane Austen. Era um símbolo da fé que seu pai lhe depositava, e de seu encorajamento da escrita dela. Mais do que isso, na condição de jovem bastante viajada, que muitas vezes passava um bom tempo longe de casa, Jane ganhou o privilégio de continuar escrevinhando onde quer que lhe acontecesse estar.

Não demorou muito para que ela quase o perdesse. No final de outubro de 1798, Jane e seus pais haviam partido de Godmersham, onde tinham permanecido numa visita prolongada a Edward e sua família.

A carruagem de Edward os levara até Sittingbourne. De lá em diante, seguiram viagem num carro de posta. Jane gracejou que "ganhamos uma famosa parelha de cavalos que nos levaram a Rochester em uma hora e um quarto; o postilhão parecia determinado a mostrar à minha mãe que os condutores de Kent nem sempre eram tediosos".[653] O ponto de parada foi uma estalagem em Dartford, a Bull e George, onde eles ocuparam quartos para passar a noite. A mãe de Jane não era uma boa viajante, e levava consigo alguns amargos para acalmar os nervos – os amargos eram utilizados para moléstias estomacais e ajudavam com a insônia. Jane observou, sombria, que as moléstias estomacais da mãe incluíam diarreia excessiva, "o tipo particular de evacuação que, em geral, precede suas Doenças".[654] Ela e o pai, por sua vez, jantaram bife e galinha cozida, mas, para decepção dela, não havia molho de ostra.

Ela ministrou láudano para sua mãe enquanto o pai ficou sentado junto ao fogo lendo um thriller gótico chamado *O sino da meia-noite*, e escreveu para Cassandra sobre uma perda evitada por um triz: sua mesa portátil, junto com sua maleta de toucador, tinha sido acidentalmente levada para uma carruagem que estava recebendo bagagens bem quando eles chegaram. A caixa foi "despachada em direção a Gravesend, a caminho das Índias

Ocidentais".[655] Para seu grande alívio, alguém saiu atrás da carruagem, e suas caixas foram devolvidas a salvo. Jane gracejou sobre o incidente, mas ficara abalada. Na caixa estavam guardadas sete libras ("toda a minha riqueza mundana") e uma delegação para um amigo, Harry Digweed, dando-lhe permissão para abater caça nas terras de Steventon, assinada por Edward Austen. Nunca saberemos que outros itens preciosos poderiam ter sido inadvertidamente enviados para as Índias Ocidentais.

Os últimos anos da década de 1790 foram cruciais tanto para as viagens de Austen como para seus escritos. A mesinha de colo era sua companheira constante. Segundo um memorando de Cassandra, "Primeiras impressões" (a versão original perdida de *Orgulho e preconceito*) foi iniciado em outubro de 1796 e terminado em agosto de 1797. Em 1797, ela também estava transformando "Elinor e Marianne" em *Razão e sentimento*. E *A abadia de Northanger*, ou "Susan", como era então chamado, foi escrito entre 1798 e 1799.

Agora ela já tinha aprendido a escrever de improviso – e isso explica por que, tendo se estabelecido em Chawton (com relativa paz), foi capaz de escrever fluentemente, apesar dos distúrbios de familiares e visitantes. Em Godmersham, comentou que "nesta Casa há uma constante sucessão de pequenos acontecimentos, alguém está sempre indo ou vindo".[656] Esperava-se dela que participasse de expedições pelo campo, o que interferia em seu tempo dedicado à escrita.

O fato de que Jane Austen tinha muitas distrações de seu trabalho, contudo, não significa que, como às vezes se diz, ela "caiu em silêncio" ou sofreu um "período improdutivo" entre a partida para Bath, em 1801, e o estabelecimento em Chawton em 1809.[657] É certo que não foi um tempo tão fértil como os dois períodos de intensa criatividade em Steventon, nos anos 1790, e em Chawton entre 1809 e sua morte, mas dificilmente pode ter sido uma década de inatividade literária. Ela passou a primeira década do século XIX polindo, revisando e passando a limpo manuscritos para publicação. Além disso, foi uma época em que dois outros romances foram desenvolvidos, embora abortados.

No outono de 1797, o manuscrito completo de "Primeiras impressões" foi enviado para Thomas Cadell, dono daquela que era, talvez, a principal editora literária de Londres. O catálogo de Cadell incluía uma gama impressionante de títulos, da poesia de Robert Burns às *Vidas dos poetas ingleses* do dr. Johnson e ao *Declínio e queda do Império Romano* de Edward Gibbon. Mais a propósito pelo ponto de vista de Jane Austen, Thomas Cadell filho, que assumira o negócio depois da aposentadoria de seu pai em 1793, demonstrara um forte interesse por ficção. Na sequência do enorme sucesso de um rival com *Os mistérios de Udolpho* da sra. Radcliffe, ele abocanhou seu próximo título, *O italiano*. E era coeditor de *Camilla*, de Fanny Burney. Austen não poderia ter estado em melhor companhia. George Austen enviou o manuscrito em nome de sua filha. Ele foi rejeitado na volta do correio.

Jane Austen não se deixou abater. Tinha consigo a revisão de "Elinor e Marianne", e começou sua nova obra, "Susan". Era uma paródia do romance gótico, o gênero ao qual o Cadell jovem havia se dedicado. Talvez uma parte dela estivesse dando uma cutucada em Cadell: se ele estava disposto a pagar a enorme soma de oitocentas libras (75 mil libras ou mais de cem mil dólares em termos modernos) para o sucessor de *Os mistérios de Udolpho* para depois rejeitar seu próprio livro sem sequer lê-lo, ela iria mostrar a ele como era tolo o gênero gótico. Pouco mais de um ano depois, levaria "Primeiras impressões" consigo na caixa de escrita em sua primeira viagem para Bath. Presumivelmente, sua intenção era trabalhar um pouco mais no romance, na esperança de encontrar uma editora alternativa.

Em 1803, com meio caminho andado de seu período de residência em Bath, "Susan" – embelezado com muitos detalhes da vida no balneário da moda – estava pronto para publicação. O sr. Seymour, sócio de Henry Austen, vendeu o manuscrito em nome de Jane para uma editora de Londres chamada Crosby and Co., de Stationer's Court, por dez libras, com uma cláusula para publicação antecipada. Ela deve ter ficado simplesmente deleitada por ter as dez libras em sua caderneta de bolso. Pela primeira vez, ganhara algum dinheiro com sua escrita.

Crosby, que tinha uma extensa lista de romances históricos e góticos em seu catálogo, gostava de anunciar publicações vindouras em sua revista anual *Flowers of Literature*. Passado um breve espaço de tempo desde que recebeu de Seymour o manuscrito de Austen, devidamente anunciou que entre os "LIVROS NOVOS e ÚTEIS; *Publicados por B. Crosby and Co., Stationers' Court, Londres*, os seguintes estavam "*No Prelo*": "15. SUSAN; um Romance, em 2 vols. 16. DICIONÁRIO DE MULHERES CÉLEBRES. Da srta. Beetham, em um volume".[658] O dicionário de celebridades históricas do sexo feminino de Matilda Betham, uma amiga de Coleridge e Charles Lamb, foi devidamente publicado no ano seguinte, mas "Susan" não apareceu. A história contada pela família Austen era a de que, enquanto editor de "Romances Góticos", Crosby ficou receoso de ser associado a uma sátira sobre o tipo de livro que enchia seu catálogo.

O William Seymour que fez a venda para Crosby era um advogado solteiro amigo de Henry Austen. Morava em Cavendish Square. Jane Austen convivia socialmente com ele quando estava em Londres. Numa ocasião, jantaram "tête-à-tête", para grande diversão de Jane, pois Seymour parece ter tido uma queda por ela.[659] Ele chegou a visitá-la em Chawton em 1816. Mais tarde, contou a história de como passou todo um trajeto de carruagem na companhia de Jane Austen, de Londres até Chawton em carro de posta, tentando decidir se devia pedi-la em casamento ou não. Na ocasião, não o fez.

Após seu sucesso na venda de "Susan" para uma editora bem conceituada de Londres, Austen começou a trabalhar em duas outras histórias: um novo romance sobre uma família chamada Watson e uma novela epistolar sobre uma vilã carismática chamada Lady Susan.

Imagine um cenário alternativo no qual Crosby cumprisse com sua palavra e publicasse "Susan" em 1803 ou 1804. Muitos dos romances de Crosby escritos por mulheres eram publicados anonimamente, e teria sido esse o caso de "Susan". Mas a identidade das autoras era, com frequência, um segredo aberto dentro do mundo literário. O nome de Jane Austen teria começado a circular entre as pessoas que importavam. Ela teria se tornado conhecida como uma espirituosa autora de Bath, uma talentosa satirista da moda literária e da vida de balneário. Impulsionada por seu sucesso, poderia ter finalizado *Os Watson* e *Lady Susan* para, em seguida, polir "Primeiras impressões" e "Elinor e Marianne". Poderia já ter tido cinco romances publicados em 1810, em vez de nenhum antes de 1811.

Essas duas obras de transição, *Lady Susan* e *Os Watson* (ambos os títulos foram fornecidos pela família depois de sua morte), revelam muito sobre o desenvolvimento da arte de Jane Austen.

Alguns estudiosos acreditam que *Lady Susan* foi esboçado em 1794 ou 1795, após a finalização dos cadernos de velino, e depois passado a limpo em cópia revisada, com uma nova conclusão, por volta de 1805. O manuscrito sobrevivente, hoje na Pierpont Morgan Library, em Nova York, tem a marca d'água dessa data no papel. Mas não há evidência definitiva de uma data inicial: alguns estudiosos de Austen acreditam que *Lady Susan* foi um trabalho totalmente novo, pertencente aos anos depois da submissão de "Susan" para Crosby. De qualquer maneira, é curioso que, enquanto esperava pela chegada das provas de "Susan", ela tenha passado a limpo uma história sobre uma anti-heroína com o mesmo nome.

Lady Susan é o único romance epistolar substancial de Austen existente. Foi uma importante obra de transição – um sério estudo do formato "romance em cartas" que tinha sido fundado por Richardson e adotado por Burney em sua ficção de estreia, *Evelina*. Assim como acontece com *Clarissa* e *Sir Charles Grandison*, de Richardson, tem diversos missivistas, permitindo a Austen experimentar uma variedade de vozes masculinas e femininas, que vão da sagacidade cruel de Lady Susan às palavras amáveis de sua cunhada moralmente superior, a sra. Vernon. Coisa incomum para Jane Austen, ela também entra na mente de um herói inteligente e forte, Reginald de Courcy, que, contrariando seu próprio juízo e princípios, apaixona-se pela viúva sexualmente dominante.

No início da história, Reginald adverte sua irmã, a sra. Vernon, de que Lady Susan é "a coquete mais rematada da Inglaterra".[660] Mas ela não é uma mera namoradeira. É a personagem feminina mais inescrupulosa, inclusive sádica, de Jane Austen. É uma mulher de "habilidades pervertidas", quase uma versão feminina do notório Lovelace criado por Richardson em *Clarissa*. Sua reação às admoestações de Reginald contra si é fazê-lo se apaixonar por ela:

"Há um requintado prazer em subjugar um espírito insolente, em fazer com que uma pessoa predeterminada a não gostar reconheça nossa superioridade".[661] Reginald de Courcy não consegue resistir à perspectiva de desfrutar da "conversação de uma mulher com altas capacidades mentais".[662] Ele é doze anos mais novo do que ela. Ela é uma mulher mais velha, uma sedutora experiente que manipula os homens com seu carisma sexual. Em linguagem moderna, ela não é tanto uma coquete e mais uma "tigresa", uma das primeiras na literatura inglesa.

Lady Susan Vernon é encantadora, astuta, bonita, malévola, espirituosa e moralmente corrupta. É também uma péssima mãe. É completamente desprovida de sentimento maternal, e nutre um fervoroso desgosto pela filha ingênua, Frederica. Descarrega vingança sobre todos que a contrariam. "Há algo de agradável em sentimentos tão facilmente manejados", afirma sobre Reginald.[663] Não estamos longe do mundo do romance epistolar mais infame do século XVIII, *Ligações perigosas* (1782), de Choderlos de Laclos.

Lady Susan é uma personagem profundamente enraizada na vida da cidade. "Londres será sempre o mais belo campo de ação", afirma.[664] Como em Richardson e Burney, a metrópole é o centro imoral da sociedade corrupta. É somente quando Lady Susan fica enterrada viva no campo que ela comete maldades: está entediada e não consegue evitar. Ousada, inicia um caso adúltero com o marido de sua amiga, Manwaring, e continua o caso apesar de ter noivado secretamente com Reginald. Quando é apanhada em flagrante e Reginald rompe o noivado, não demonstra nenhum remorso e se casa, devidamente, com um baronete rico e maçante. Reginald é "convencido, bajulado e maquinado" a se casar com a maçante filha piedosa, Frederica. Apesar de toda a sua vilania, Lady Susan é absolutamente fascinante. Sua linguagem transmite uma energia e um charme que tornam suas cartas efervescentes de vida. Ela se recusa a se arrepender, e não é punida pela autora.

A *femme fatale* é um tipo de personagem que claramente fascinava Jane Austen. Já vimos que, após uma visita ao teatro, ela falou de Don Juan como uma "combinação fascinante de crueldade e luxúria", e há características semelhantes em Willoughby e Wickham. Lady Susan é a contraparte feminina. A única mulher a se aproximar dela na ficção publicada de Austen é a Mary Crawford de *Mansfield Park*, embora esta seja mais uma coquete do que uma sedutora desenfreada. Em cada um dos casos, o que realmente intriga Austen é o poder da linguagem. "Se sou vaidosa de alguma coisa, é da minha eloquência", escreve Lady Susan Vernon. "Estima e consideração se seguem tão certamente ao domínio da linguagem como a admiração acompanha a beleza."[665] Isso poderia muito bem nos dizer algo sobre a criadora de Lady Susan também: a razão pela qual tantos homens estimaram Jane Austen e consideraram lhe propor casamento era sua eloquência espirituosa.

Pode-se imaginar que Austen recuou da ideia de desenvolver Lady Susan em um romance de corpo inteiro e tentar publicá-lo porque o assunto era picante demais. Mas isso não a teria dissuadido necessariamente. Em 1794, a atriz que virou romancista Mary Robinson havia publicado um brilhante romance epistolar chamado *A viúva*, no qual há tanto uma viúva sem princípios do *ton* (o mundo elegante), chamada Amelia Vernon, quanto uma anti-heroína ardilosa, mas vívida e carismática, chamada Lady Seymour, que guarda forte semelhança com Lady Susan (a escolha do nome Vernon por parte de Austen talvez fosse um aceno de gratidão à sra. Robinson). Mais uma vez, o best-seller internacional de 1802 de Madame de Staël, o epistolar *Delphine*, incluíra elementos de trama estreitamente análogos: uma jovem viúva, um homem induzido ao logro de se casar com a filha quando ama na verdade a viúva, e uma mulher ardilosa (esta chamada Sophie de Vernon). Austen não teria sentido vergonha de ser contabilizada na companhia de Robinson e de Staël.

A razão mais provável para Austen ter deixado *Lady Susan* de lado foi uma insatisfação com sua forma epistolar. Embora o artifício de compor um romance em forma de cartas lhe desse a oportunidade de escrever a partir do ponto de vista de mais de meia dúzia de personagens diferentes, a estrutura não funciona muito bem, porque as vozes contrabalançadas não são suficientemente fortes. Lady Susan domina a narrativa. A forma epistolar não deu a Austen o controle autoral exigido por ela. Desse ponto em diante, ela escreveu na forma da narrativa em terceira pessoa, com a qual conseguia estar sempre no controle.

O experimento epistolar deu a Austen a chance de encontrar vozes para tipos específicos de personagem, mas alguns dos trechos mais vívidos em *Lady Susan* são aqueles nos quais passagens extensas de diálogo são transcritas nas cartas.[666] Austen estava começando a perceber que seu verdadeiro ponto forte era a voz falada no encontro social imediato, em oposição à reflexão e à retrospectiva do personagem sentado escrevendo uma carta. Suas frequentes idas ao teatro, nos anos de Bath, intensificaram seu amor pelo diálogo e pelo colóquio espirituoso. De acordo com a tradição familiar, "Elinor e Marianne" foi, originalmente, um romance epistolar. Sua reconfiguração como *Razão e sentimento* teria envolvido uma grande cirurgia, a reformulação de cartas entre irmãs afastadas para um diálogo entre irmãs que estão quase sempre juntas.

A direção que a arte de Austen estava tomando fica clara com seu outro projeto no período em que o manuscrito de "Susan" permaneceu juntando poeira no escritório de Crosby em Stationer's Court. Por mais divertido que fosse criar uma personagem com os excessos e a transgressão de Lady Susan, a ambição mais séria de Austen como romancista era explorar as vidas emocionais verdadeiras de mulheres reprimidas por circunstâncias sociais e financeiras.

O sr. Watson é um clérigo viúvo com dois filhos e quatro filhas. A filha mais nova, Emma, foi criada por uma tia rica e é, consequentemente, mais instruída e mais refinada do que suas irmãs. Contudo, quando a tia contrai um segundo e insensato casamento, Emma Watson é obrigada a voltar para a casa do pai. Como sugerido antes, esse enredo é uma reversão notável da narrativa convencional de adoção.

Morando perto dos Watson há os Osbourne, importante família nobre. Emma atrai a atenção do grosseiro Lord Osborne, ao passo que uma de suas irmãs caçadoras de marido, Mary, persegue o arrivista e arrogante Tom Musgrave, amigo de Lord Osborne. O plano previa que Emma recusasse uma proposta de casamento de Lord Osborne e acabasse por se casar com o virtuoso ex-tutor de Osborne, o sr. Howard.

O pai, o sr. Watson, está seriamente doente nos capítulos iniciais. Austen confidenciou à irmã Cassandra que a intenção era fazê-lo morrer no decorrer da obra. De acordo com a tradição familiar, Jane abandonou o romance por ocasião da morte súbita e inesperada de seu próprio pai. O enredo se tornara desconfortavelmente próximo demais de sua vida. Elizabeth Jenkins, que está entre os melhores biógrafos de Austen no século XX, escreveu sobre o "realismo doloroso" da história, sugerindo que o retrato de filhas como um fardo para a família era uma contemplação que Austen não poderia suportar a longo prazo num momento em que ela mesma era dependente de seus irmãos.[667]

No entanto, a condição sofrida das filhas solteiras (empobrecidas) foi uma trama que Jane Austen nunca abandonou. Ela explorou esse filão na maior medida possível. O romance mofando no escritório de Crosby era sobre uma garota bastante comum, de recursos limitados, que é tomada por engano como herdeira. E não foi muito tempo depois da morte de George Austen que sua filha retornou para um romance, procurando publicá-lo, que começa com a morte de um pai deixando três irmãs em circunstâncias reduzidas: *Razão e sentimento*.

Pode apenas ter ocorrido a Jane Austen a impressão de que o romance de Emma Watson não era tão bom assim. A história termina depois de cinco capítulos, sugerindo que ela simplesmente perdeu o fôlego. Jane não era sempre uma finalizadora – a velocidade do movimento na passagem de um assunto para outro em muitas das suas cartas revela que, com a rapidez de sua mente, surgia um limiar de tédio. Se uma história não estava funcionando, ela tratava de abandoná-la e partir para outra.

O aspecto interessante na descrição do enredo do romance feita por Cassandra, registrada muitos anos mais tarde, é o que ela revela sobre o método de composição de sua irmã: Jane Austen esboçou primeiro todo o enredo do romance. Ela sabia desde o princípio como cada um de seus romances iria terminar. O trabalho não estava na trama, mas na execução. Com autocrítica rigorosa, ela percebeu que a escrita não estava fluindo em *Os Watson*, e que os personagens não estavam conseguindo ganhar vida. A rotina doméstica da aristocrática família Osborne era algo além de sua experiência, e ela sabia disso. A própria Emma Watson e o personagem de um menininho chamado Charles Blake são criações excelentes, mas não há nenhum brilho na prosa. Uma ausência notável é o sofisticado artifício de Austen no qual ela parece estar tanto dentro como fora de seus personagens, com a autora, compassiva, animando seus processos de raciocínio enquanto direciona, simultaneamente, sua ironia contra eles.

Jane Austen era uma trabalhadora. Ela revisava e melhorava e afiava. Sabemos que fez alterações em anos posteriores a seus escritos juvenis, chegando pelo menos a 1809, e essas eram alterações feitas em histórias destinadas a uso privado, não a consumo público. O perfeccionismo artístico foi sua única razão para continuar a trabalhar nelas. Quanto aos romances publicados, as revisões nos três primeiros foram decerto substanciais, indo muito além das alterações em seus títulos.

Henry Austen, que conhecia seus livros melhor do que ninguém – exceto Cassandra –, comentou sobre seus métodos de composição: "Pois embora na composição ela fosse igualmente rápida e correta, mesmo assim uma invencível desconfiança de seu próprio julgamento a induzia a manter suas obras afastadas do público até que o tempo e muitas leituras atentas a tivessem convencido de que o encanto da composição recente estava dissolvido".[668] Ele está absolutamente certo em relação ao "tempo e muitas leituras atentas" que sua irmã dedicava aos esboços, mas talvez

Frank, irmão de Jane Austen, com seu laptop
aberto e pronto para uso

errado na expressão "invencível desconfiança de seu próprio julgamento": mais do que isso, ela confiava no julgamento ponderado que vinha com a reescrita. Da mesma forma como suas heroínas levam tempo para fazer a escolha certa de um marido, ela também levava tempo até aperfeiçoar as palavras certas para cada frase de cada romance.

Enquanto isso, ela ainda esperava que Crosby publicasse "Susan". Na primavera de 1809, percebeu que não existia esperança no caso. Determinada a saber de uma vez por todas se ele pretendia honrar seu contrato, escreveu para Crosby. Sua carta foi educada, mas extremamente firme. Se ele perdera o manuscrito, ela poderia enviar outro. Se ele havia decidido não publicá-lo, então ela iria encontrar outro editor. Incapaz de resistir a uma farpa de espirituosidade para encerrar, ela assinou a carta "Fico, Cavalheiro, etc. etc., MAD".* A resposta, Jane instruiu, deveria ser endereçada à sra. Ashton Dennis no correio de Southampton. MAD: Mrs. Ashton Dennis. Não Austen, mas Ashton.

Richard Crosby[669] respondeu pronta e secamente, dizendo que a firma havia adquirido o manuscrito a título definitivo, sem obrigação legal de publicá-lo e nenhuma estipulação firme quanto a datas. Se ela ou qualquer outra pessoa desejasse publicá-lo em outro lugar, a firma entraria com processo. Ela poderia, no entanto, comprá-lo de volta pela soma original de dez libras. De modo revelador, ela não comprou de volta o manuscrito. Provavelmente, não podia se permitir tal luxo naquele momento. A melhor parte dessa história triste e irritante é que Jane teria o dinheiro para comprá-lo de volta em 1816, altura na qual acrescentou sua "Advertência", que apareceu, de maneira devida, quando o romance foi publicado postumamente:

> Esta pequena obra foi concluída no ano de 1803, com a intenção de que fosse publicada imediatamente. Ela foi vendida a um livreiro, foi até mesmo anunciada, e a autora jamais pôde saber por que motivo não foi adiante o negócio. Parece extraordinário que algum livreiro considere vantajoso comprar algo que ele não considera vantajoso publicar.

---

* "LOUCA", "FURIOSA". (N.T.)

O laptop

Esse assunto, porém, não é da conta nem da autora e nem do público, exceto na ressalva de que é necessário observar os trechos da obra que se tornaram comparativamente obsoletos depois de treze anos. O público deve ter em mente que treze anos se passaram desde que ela foi concluída, muitos mais desde que foi iniciada, e que, ao longo desse período, lugares, costumes, livros e opiniões sofreram consideráveis transformações.[670]

Só então Crosby ficou sabendo que "Susan" tinha sido escrito pela autora de quatro romances, incluindo o altamente bem-sucedido *Orgulho e preconceito*.

Humilhada como deve ter se sentido, Jane tratou de procurar outra editora. Com "Susan" temporariamente na gaveta, ela retornou a dois outros manuscritos completos que havia redigido no final dos anos 1790. Depois da carta para Crosby em abril de 1809, há uma enorme lacuna em sua correspondência remanescente. Saltamos dois anos, até abril de 1811.[671] Essa lacuna de dois anos é frustrante ao extremo para um biógrafo, pois esse foi o momento em que ela encontrou seu primeiro editor. Na ausência de cartas, não fazemos ideia de como ou por que Jane se voltou para Thomas Egerton de Whitehall. Também não sabemos se ela – ou Henry Austen ou William Seymour agindo em seu nome – abordou, para ser rejeitada, outras casas mais famosas e mais literárias. A editora de Fanny Burney, Cadell and Davies, a rejeitara, e Crosby a desapontara. Por acaso ela tentou Joseph Johnson, que publicara Mary Wollstonecraft e *Belinda*, de Maria Edgeworth? Ou G.G. Robinson, que publicou Elizabeth Inchbald? Nós simplesmente não sabemos, mas a escolha da Military Library de Egerton transmite a impressão de um último recurso.

Quando ele aceitou *Razão e sentimento*, porém, Jane ficou encantada. A correspondência remanescente é retomada, depois do longo hiato de dois anos, com Jane Austen de volta a Londres, em extremo alto-astral. Ela escreveu de Sloane Street, em abril de 1811, cheia de novidades sobre "festinhas aprazíveis", visitas ao teatro, passeios por museus e exposições, e compras. "Lamento lhe contar", escreveu para Cass, "que estou ficando muito extravagante e gastando todo o meu Dinheiro; e o que é pior para você, ando gastando o seu também".[672] O alto-astral era ligado, em boa medida, ao fato de que ela estava imersa na correção de provas de *Razão e sentimento*. Seu entusiasmo é evidente:

> Não mesmo, nunca estou ocupada demais para deixar de pensar em R. & S. Não consigo esquecê-lo, não mais do que uma mãe consegue esquecer seu filho de peito. [...] Tive duas folhas para corrigir, mas a última só nos traz à primeira aparição de W. [Willoughby]. A sra. K.[night] lamenta da forma mais lisonjeira que deva esperar *até* Maio, mas mal tenho esperança de que seja lançado em Junho. Henry não o negligenciou; ele *correu* ao encontro do Impressor, e diz que vai vê-lo novamente hoje. O material não vai ficar parado durante a ausência dele, será enviado para Eliza.[673]

Qualquer escritor que teve um livro publicado irá reconhecer a forte emoção de ver as próprias palavras em provas pela primeira vez. Como que por mágica, as palavras escritas na nossa própria caligrafia – a labuta de pena e tinta no papel em branco – reaparecerem sob a forma permanente da impressão das provas de uma editora. É o momento da transição do sonho de autoria profissional à realidade.

O método de publicação, contudo, não sugere uma grande fé na autora por parte de Egerton. Ele não se ofereceu para comprar os direitos autorais, e escolheu o método que apresentava o menor risco para si. Aceitou *Razão e sentimento* num sistema de comissão. Isso significava que o risco principal cabia ao autor. Do autor era esperado que pagasse os custos iniciais de impressão (que podiam chegar a várias centenas de libras, dependendo do tamanho da tiragem) e as despesas de publicidade, que podiam ser de até cinquenta libras. O lucro sobre as vendas (se tudo corresse bem) seria dividido, então, entre a editora e o autor. Na folha de rosto de *Razão e sentimento*, lemos "IMPRESSO PARA A AUTORA". Até certo ponto, esse é o equivalente do início do século XIX da publicação por vaidade.

Sendo assim, quem forneceu o dinheiro para os custos iniciais de publicação? Quando vendeu "Susan" para Crosby, Jane

Austen recebeu dez libras pelos direitos autorais, e, se ele tivesse ido em frente, o restante dos custos teria sido responsabilidade dele. Dessa vez foi diferente. Os custos iniciais para uma tiragem de 750 exemplares devem ter girado em torno de 180 libras.[674] "Impresso para a autora" indica claramente que Egerton não bancou o dinheiro do próprio bolso. O subsídio da própria Jane Austen era escasso: enquanto seu pai viveu, ganhou vinte libras por ano para despesas pessoais. Depois da morte de George Austen, a sra. Austen teve receitas de pouco mais do que quarenta libras por trimestre com as anuidades da Old South Sea de seu marido falecido, com as quais ela precisava dar conta de todas as suas próprias despesas e daquelas de suas duas filhas solteiras.[675] Em janeiro de 1807, a sra. Austen começou o novo ano com apenas 99 libras disponíveis.[676] Havia algum apoio adicional de seus filhos, sobretudo Frank, e pequenos presentes ocasionais de dinheiro da parte de parentes mais abastados, mas 180 libras era uma quantia enorme para uma empreitada tão especulativa quanto a publicação do primeiro romance de uma dama desconhecida.

Uma possibilidade é de que o banco de Henry tenha adiantado o dinheiro, mas não há registro disso. Outra possibilidade intrigante é de que o dinheiro tenha sido bancado por um benfeitor generoso. No decorrer de seus comentários sobre a impressão e correção de provas de *Razão e sentimento*, Jane Austen escreveu: "Eu me sinto bastante gratificada pelo interesse da Sra. K. por ele; e qualquer que seja a eventualidade do caso *quanto a meu crédito com ela* [itálicos meus], sinceramente desejo que sua curiosidade pudesse ser satisfeita mais cedo do que agora é provável. Creio que ela vai gostar da minha Elinor, mas não pode se basear em qualquer outra coisa".[677]

Por que a sra. Knight, mãe adotiva do irmão Edward, estava envolvida no processo? Qual seria o "crédito" que Jane Austen menciona em relação ao agrado dela com o romance? A palavra poderia significar "boa-fé" ou "reputação", mas também poderia ter sido empregada no sentido financeiro. No passado, a sra. Knight havia dado a Jane, com regularidade, pequenas somas de dinheiro.[678] O que Austen quis dizer com "A sra. K. lamenta da forma mais lisonjeira que deva esperar *até* Maio" no trecho citado acima, a respeito da publicação de *Razão e sentimento*? Meramente que a sra. Knight ansiava pelo aparecimento do livro? Ou que ela estava esperando pela restituição de seu crédito? Será possível que ela tenha sido a patrocinadora literária de Austen num âmbito maior do que até hoje foi deduzido, que ela estava determinada a ajudar a fazer com que Jane se tornasse uma autora publicada?

Catherine Knight morreu em outubro de 1812. Jane Austen não é mencionada em seu testamento: talvez julgasse que fizera o suficiente por ela. Quando *Razão e sentimento* chegou à segunda edição, no ano seguinte, foi a Henry que Jane deveu "um bocado pela impressão etc.".[679]

Sem levar em conta se o benfeitor foi Henry Austen ou Catherine Knight, o ponto importante é que havia muito em jogo para Jane Austen. Se *Razão e sentimento* não conseguisse vender bem, ela teria de cobrir os elevados custos de impressão e publicidade. Em seu relato retrospectivo, Henry Austen insistiu que Jane ficou tão preocupada com a possibilidade de o livro não corresponder à "despesa de publicação" que "fez uma reserva de sua muito moderada renda para enfrentar a perda esperada".[680] Porém, ao mesmo tempo em que seu primeiro romance estava sendo impresso, ela estava correndo por Londres, gastando seu dinheiro em dois chapéus novos, "meias de seda" (três pares), jardas e jardas de musselina xadrez para vestidos novos, peliças com "botões caros" e "adornos de contas".[681] Essa não é a conduta de uma autora que pensa que seu livro não vai vender. Jane Austen tinha bem mais confiança em sua própria capacidade do que seu irmão deseja nos fazer crer.

O ano de 1811 foi movimentado e feliz. Ela estava corrigindo provas para *Razão e sentimento*, preparando *Orgulho e preconceito* para publicação e começando um romance novo, *Mansfield Park*. Passou a maior parte do ano em Londres, hospedada com Henry e Eliza. Isto, claro, garantiu que ela ficasse próxima de seu editor e impressor, capaz de manter um olhar atento sobre o andamento e os custos. Ela não iria permitir uma repetição da experiência com Crosby.

Razão e sentimento apareceu afinal em outubro, em edição com três volumes, ao preço de quinze xelins. As resenhas foram favoráveis: "agradável e divertido", "bem escrito", "incidentes são prováveis, e altamente agradáveis", "melhor que a maioria" –

embora esses dificilmente fossem elogios para colocar o mundo em polvorosa.[682]

A maioria das resenhas, na época, era escrita em benefício dos responsáveis pelos catálogos das bibliotecas, de modo que um resumo da trama era essencial, como também, muitas vezes, um pequeno trecho para transmitir o sabor do romance. As vendas para bibliotecas eram importantes para os editores, que podiam correr riscos com autores desconhecidos e ganhar um pequeno lucro. *Razão e sentimento* apareceu na biblioteca de Alton, como sabemos em função de uma anedota da família. Jane, Cassandra e a sobrinha Anna estavam passando os olhos pelos romances novos em sua biblioteca local quando Anna apanhou *Razão e sentimento* "com descuidado desprezo, mal imaginando quem o escrevera, exclamando para grande diversão de suas tias, paradas ao lado: 'Ah, pelo título só pode ser uma porcaria, tenho certeza'[683]".

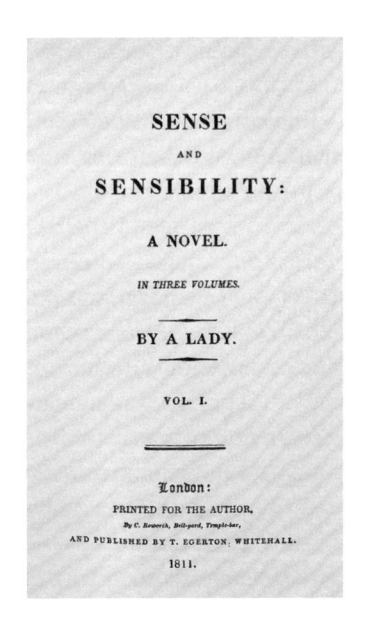

Jane não tinha como saber, e possivelmente não daria grande importância para isso, que outros leitores, mais aristocráticos, estavam apreciando o romance. Lady Bessborough, irmã da notória Georgiana, duquesa de Devonshire, comentou sobre *Razão e sentimento* numa carta para um amigo: "É um romance inteligente [...] embora termine de maneira estúpida, diverti-me bastante com ele". A filha de quinze anos do príncipe regente, a princesa Charlotte Augusta, comparou-se a uma das heroínas do livro: "Certamente é interessante, e você se sente como se fizesse parte do grupo. Creio que Maryanne e eu somos bastante parecidas em *temperamento*, que certamente eu não sou tão boa, a mesma imprudência etc., entretanto continuo muito parecida".[684]

No fim das contas, o romance se esgotou em julho de 1813, e o lucro remanescente, após o pagamento dos custos iniciais, foi de 140 libras.[685] Uma segunda edição foi publicada por Egerton no outono seguinte, com algumas correções e alterações, mas também erros textuais, e as vendas foram muito lentas.

Em novembro de 1812, Jane Austen já negociara um novo acordo com Egerton para publicar *Orgulho e preconceito*. Dessa vez, ele teve confiança suficiente para comprar os direitos autorais por 110 libras. Ela tinha pedido mais: "Eu preferia ter recebido 150 libras, mas não poderíamos ficar ambos satisfeitos, e não me causa surpresa que ele não tenha optado por arriscar tanto". Uma das razões pelas quais ela vendeu os direitos autorais de *Orgulho e preconceito* foi a de poupar a Henry os problemas associados à publicação em comissão: "Sua venda será, espero, uma grande economia de Incômodos para Henry, e, portanto, deve ser bem-vinda para mim – o Dinheiro há de ser pago ao fim de 12 meses".[686]

Orgulho e preconceito foi devidamente publicado em janeiro de 1813, também em três volumes por Egerton, numa tiragem de prováveis mil e quinhentos exemplares. Cinco cópias foram enviadas à autora, e, em 29 de janeiro, ela escreveu: "Recebi de Londres o meu próprio filho querido". Ela não tinha como saber disso na época, mas vender os direitos autorais daquele que seria seu romance mais popular foi um erro. Os riscos e lucros eram todos de Egerton, e o romance foi um sucesso.[687]

As resenhas para o segundo romance de Austen foram bem mais favoráveis do que para o primeiro. A *British Critic* comentou que *Orgulho e preconceito* foi "muitíssimo superior a quase todas as publicações do tipo que chegaram até nós nos últimos tempos". Elizabeth Bennet, como personagem, era "fundamentada com grande vitalidade e consistência do início ao fim".[688] A *Critical*

Review salientou a representação de um grande e variado elenco de personagens:

> Uma família inteira na qual cada indivíduo desperta interesse [...] muito superior a qualquer romance com o qual nos deparamos ultimamente no delineamento de cenas domésticas. Tampouco existe um único personagem que pareça raso ou se imponha aos olhos do leitor com impertinência problemática. Não há uma única pessoa no drama que pudéssemos facilmente dispensar; todos têm seus devidos lugares, ocupando suas diversas posições com grande crédito para si mesmos e muita satisfação para o leitor.[689]

Fica evidente, numa leitura das resenhas contemporâneas, que havia uma sensação contida, mas forte, de que Austen – ainda uma "dama" não identificada – era pioneira de um novo tipo de romance, com "cenas domésticas" povoadas por personagens "prováveis".

Orgulho e preconceito também estava gerando alvoroço entre os ricos e famosos: o dramaturgo, dono de teatro e político Richard Sheridan aconselhou uma amiga, a srta. Shirreff, a "comprá-lo imediatamente", pois era "uma das coisas mais astutas" que ele jamais lera. Annabella Milbanke, futura esposa do poeta Lord Byron, escreveu: "Terminei o Romance chamado *Orgulho e preconceito*, que considero uma obra muito superior. Não recorre a qualquer dos recursos comuns dos novos escritores, nenhum afogamento, nenhuma conflagração, nem cavalos desabalados, nem cãezinhos de colo ou papagaios, nem camareiras ou modistas, nem reencontros ou disfarces. Realmente o considero a ficção *mais provável* que já li". A obra se tornara, ela relatou, "o romance da moda no momento".[690]

Um sócio da prestigiosa editora Longman escreveu a uma de suas autoras: "Estamos particularmente interessados pelo sucesso de Austen, e sinceramente lamentamos que suas obras não tenham merecido o estímulo que poderíamos desejar".[691] A implicação clara é de que eles teriam realizado um trabalho bem melhor do que Egerton, caso tivessem recebido a oportunidade. Warren Hastings, por sua vez, enviou uma carta de louvor a Jane, dizendo que ele admirava, sobretudo, a personagem Elizabeth Bennet. Elizabeth, fica claro, foi percebida como uma nova espécie de heroína, uma jovem animada, espirituosa e intrépida que, sem dinheiro, família ou conexões importantes, ganha a mão do orgulhoso sr. Darcy e vira a soberana de Pemberley.

Jane Austen lia *Orgulho e preconceito* em voz alta em casa, num círculo de leitura só de mulheres, como sabia que Fanny Burney fizera com *Evelina* tantos anos antes. No mesmo dia em que os livros chegaram, uma amiga local, a srta. Benn, apareceu para jantar, e ela lhe fez uma leitura. A ideia era não lhe contar que o novo romance era de Jane, mas a srta. Benn parece ter adivinhado a verdade pela empolgação geral na casa. Austen ficou especialmente contente pelo fato de que "ela parece mesmo admirar Elizabeth. Devo confessar que *eu* a considero uma criatura encantadora como nunca antes surgiu impressa, e como serei capaz de tolerar aqueles que não gostam *dela* nem um pouco, isso eu não sei".[692] A leitura correu tão bem que a srta. Benn foi convidada a voltar para uma segunda noite. Jane escreveu a Cassandra:

> Fico muito grata a você por todos os seus elogios; vieram em um momento certo, pois eu tinha experimentado alguns ataques de aversão; nossa segunda noite de leitura com a srta. Benn não me agradara tanto, mas acredito que algo deve ser atribuído à maneira rápida demais com a qual minha Mãe procede – e, embora ela mesma compreenda perfeitamente os Personagens, não consegue falar como eles deveriam.

Para Austen, ler seus próprios romances em voz alta de forma correta – ao modo de um espetáculo dramático – era uma habilidade específica e uma alegria especial. Ela era, porém, tão crítica de seu próprio desempenho literário como era da recitação inferior de sua mãe: "A obra é demasiado leve e brilhante, e cintilante; precisa de sombra". Mas em seguida, como sempre, transforma a autocrítica em gracejo à custa de romances mais pedantes e degressivos:

Ele precisa ser esticado aqui e ali com um longo Capítulo – de sensatez se esta puder ser obtida, e se não, de especiosa e solene insensatez – sobre algo alheio à história; um Ensaio sobre a Escrita, uma crítica sobre Walter Scott, ou a história de Buonaparte – ou qualquer coisa que possa formar um contraste e atrair o leitor, com intensificado deleite, para o epigramatismo do estilo geral.

Ela mantinha um olhar igualmente atento às deficiências de seu impressor: "O maior erro de Impressão com o qual me deparei está na Página 220 – Vol. 3., onde duas falas viram uma só. Poderia muito bem ocorrer que não existissem ceias em Longbourn, mas suponho que era um vestígio dos velhos hábitos de Meryton da sra. Bennet".[693]

Jane ansiava para saber quais eram as opiniões daqueles que conheciam o segredo de sua autoria: "O louvor de Fanny é muito gratificante [...] Seu agrado com Darcy e Eliz[abeth] é suficiente. Ela pode odiar todos os outros, se quiser".[694] O diário de Fanny registra, no dia 5 de junho de 1813, que "Tia Jane passou a manhã comigo e leu O e P para mim". As irmãs Knight mais novas não foram autorizadas a ouvir. Uma deles recordaria mais tarde: "Eu e as mais novas costumávamos ouvir gargalhadas através da porta, e considerei muito duro que fôssemos excluídas de algo que era tão agradável".[695]

Jane transbordava de orgulho e confiança com *Orgulho e preconceito*: "Ah! Ganhei mais dessas tão doces lisonjas da srta. Sharp [...] Sou lida e admirada na Irlanda também".[696] Para sua diversão, soubera que tinha um fã irlandesa obsessiva: "Há uma certa sra. Fletcher, a esposa de um Juiz, uma Dama idosa e muito boa e muito inteligente, que é pura curiosidade a meu respeito – como sou e assim por diante. Não sou conhecida por ela pelo *nome*, no entanto". Ela fez questão de saber se a sra. Fletcher havia lido *Razão e sentimento* também. Pediu a Cassandra para descobrir e informá-la enquanto estivesse em Londres.[697]

Quanto à srta. Shirreff, que Sheridan aconselhou a garantir um exemplar de *Orgulho e preconceito* na primeira oportunidade possível, ela revelou a Mary Gibson (cunhada de Jane), que passou o recado para Cassandra, ser uma grande admiradora de Jane Austen. De fato, toda vez que sua carruagem passava por Chawton Cottage, ela desejava que o veículo quebrasse de modo que pudesse ser apresentada à autora. Não estava muito longe de virar uma perseguidora obsessiva de Jane Austen.

Embora o livro póstumo de memórias da família enfatizasse o desejo de anonimato, a própria Jane não se inquietava quanto à possibilidade de as pessoas descobrirem que ela era uma escritora. Ela pediu a Cassandra para deixar sua sobrinha Anna a par do segredo: "Se você a vir e não lhe desagradar o encargo, pode contar a ela por mim".[698] Também lhe contou que o segredo não era realmente um segredo em Chawton: "Você deve estar preparada para a Vizinhança já estar talvez informada da existência de tal Obra no Mundo, e no Mundo de Chawton!".[699] Agora que as resenhas haviam aparecido e o livro era um sucesso tão grande com a família, ela não parecia se importar com quem estava inteirado. Chegou até mesmo a se imaginar virando uma celebridade: "Não perco a esperança de ter meu retrato na Exposição afinal – todo branco e vermelho, com a minha Cabeça para o lado".[700]

Mais uma vez, Jane passou um tempo em Londres, passeando na caleche de Henry, divertindo-se com a brincadeira de apontar retratos de damas distintas na Exposição e fazer de conta que eram personagens de *Orgulho e preconceito*. "A sra. Bingley é exatamente ela mesma, tamanho, formato de rosto, feições e doçura; jamais houve maior semelhança."[701] Não conseguiu encontrar alguém semelhante à sra. Darcy, a quem imaginava em amarelo.

Em outubro de 1813, Egerton já tinha publicado anúncios das segundas edições de ambos os romances. "Agora, portanto, meus escritos já me renderam 250 libras", Jane Austen contou com orgulho a seu irmão Frank, que estava distante no mar, como de costume, "o que só me faz ansiar por mais. Tenho algo à mão".[702]

O "algo à mão" era *Mansfield Park*, iniciado em 1811 e terminado no verão de 1813, a ser publicado em três volumes, por Egerton, em maio de 1814. Dessa vez, conseguiu seu melhor acordo até então. Não precisou nem vender os direitos autorais nem arcar com os custos de impressão. O romance foi impresso "para T. Egerton", e não "para a autora". A tiragem, no entanto, foi de apenas 1.250 cópias. Posteriormente, o editor rival John Murray expressaria seu "espanto por tão pequena edição de tal obra ter sido enviada ao mundo".[703] Mesmo assim, Jane Austen obteve seu maior lucro com esse romance, arrecadando mais de trezentas libras (cerca de vinte mil libras, ou trinta mil dólares, em valores atuais).

Ela leu *Mansfield Park* na viagem a Londres com Henry. "Não começamos a ler até Bentley Green. A aprovação de Henry, até agora, quase equivale aos meus desejos; ele afirma que é muito diferente dos outros dois, mas não parece considerá-lo em nada inferior."[704] Ele admirou sobretudo Lady Bertram e a sra. Norris; "Gosta de Fanny e, creio eu, prevê como será tudo". Em momento posterior, relatou: "Henry está avançando com *Mansfield Park*; admira H. Crawford – quero dizer, adequadamente – como Homem astuto, agradável".[705]

A própria Jane Austen parece ter ficado particularmente satisfeita com seu terceiro romance publicado, embora muitos não compartilhem de seu sentimento. Houve poucas avaliações críticas, o que foi decepcionante. Talvez para compensar isso, ela decidiu registrar suas próprias anotações quanto às opiniões dos amigos e familiares, antecipando, em certo sentido, o fenômeno moderno das breves avaliações de leitores nos sites de livros. O fato de ela ter copiado todas as opiniões de sua família sobre *Mansfield Park* sugere que o considerava uma obra de especial importância. No todo, não foi um grande favorito entre os familiares. Fanny foi elogiada, mas Edmund, visto como um fracasso. A sra. Norris ganhou admiração universal. A maioria preferia *Orgulho e preconceito*.

Agora, porém, ela não limitava seu olhar à família. Os pareceres das pessoas de fora eram altamente alentadores. O sr. Egerton, o editor, "louvou-o por sua Moralidade, e por ser tão uniforme enquanto Composição. Nenhuma parte fraca". A escocesa Lady Kerr, que revelara grande admiração por seus romances anteriores, disse-lhe que *Mansfield Park* conquistara "admiração universal em Edimburgo por parte de todas as *pessoas sábias*. De verdade, não ouvi ninguém apontando um único defeito". O melhor de todos era um comentário de certa sra. Carrick: "Toda pessoa de pensamento profundo e sentimento forte dará Preferência a *Mansfield Park*".[706]

Ela verdadeiramente atingira uma posição de escritora profissional, e estava adorando. Seu puro prazer no ato da escrita é trazido nitidamente à vida por duas de suas sobrinhas de Godmersham, que se lembravam da tia trabalhando. Louisa: "Ela ficava muito abstraída, de fato. Ficava sentada por algum tempo, em seguida esfregava as mãos, ria consigo mesma e corria para seu quarto". E Marianne: "Recordo como Tia Jane ficava sentada em silêncio, trabalhando junto ao fogo na biblioteca, sem dizer nada por um bom tempo, e então, de súbito, caía na gargalhada, pulava e corria para o outro lado da sala, onde havia penas e papel, escrevia algo e depois voltava para o fogo e continuava trabalhando silenciosamente como antes".[707]

Louisa também se lembrava de Cassandra implorando a Jane Austen para mudar o final de *Mansfield Park* e permitir que Henry Crawford se casasse com Fanny, mas Tia Jane se manteve firme e não aceitou fazer a mudança. Isso sugere de novo, como sabemos em função de *Os Watson*, que ela planejava os romances de antemão em sua cabeça. Por mais que cedesse a Cassandra na maioria das coisas, não se deixava influenciar quando se tratava de seus romances. Ela sabia como o livro precisava terminar, mas também sabia que uma boa história deve manter o leitor especulando. Fazendo a Cassandra o relatório da primeira leitura do manuscrito do irmão Henry, notou com prazer que ele "mudou de ideia quanto à previsão para o fim; afirmou ontem, pelo menos, que desafiava qualquer um a dizer se H.C. iria se corrigir ou esqueceria Fanny em duas semanas".[708]

A pequena escrivaninha de colo, por essa altura, já tinha se prestado a um trabalho pesado. Da menininha que fizera circular os manuscritos de seus contos, Jane Austen crescera para começar a fazer figura no mundo literário. Mas ela se sentia cada vez mais descontente com Egerton. Ele não lhe dera oportunidade de corrigir erros antes de lançar a segunda edição de *Orgulho e preconceito*. Estava fixando alto demais o preço de seus livros. A ausência de resenhas para *Mansfield Park* indicava sua fraqueza na área da divulgação. Ele relutava em publicar uma segunda edição de *Mansfield Park*. A Military Library de Whitehall não servia mais. Ela decidiu ampliar um pouco mais seus horizontes.

17

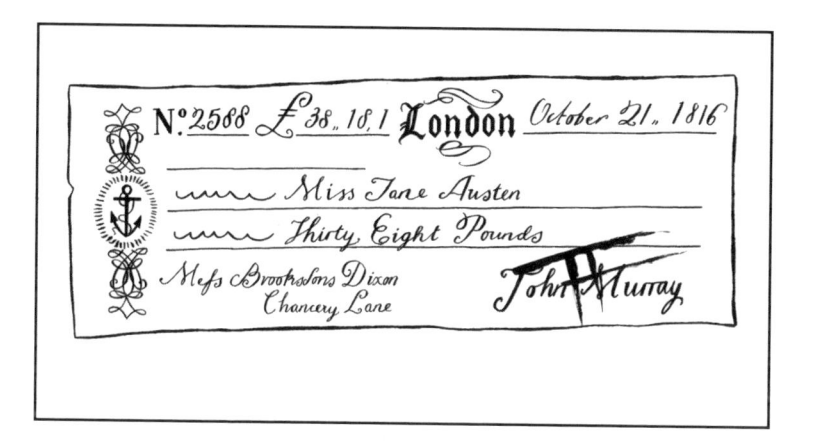

O cheque de royalties

É o mais comum, mas talvez o mais revelador dos objetos: um cheque de 38 libras, 18 xelins e um pêni. De acordo com o calculador de inflação histórica do Banco da Inglaterra, o equivalente moderno seria de mais ou menos 3.200 libras, ou cerca de cinco mil dólares. Do século XVIII até o final do século XX, o cheque assinado foi a principal base da transferência de fundos entre as contas bancárias de empresas e indivíduos. Este, datado de 21 de outubro de 1816, ostenta dois nomes muito famosos: o titular da conta é John Murray II, de Albemarle Street, editor de Lord Byron, e a beneficiária é "Srta. Jane Austin" (a grafia dos nomes era casual naquele tempo – os Austen eram referidos frequentemente como Austin). Esta é uma transação comercial: entre uma editora de prestígio e uma escritora profissional.[709]

No início de 1814, com três romances publicados em seu currículo (e um ainda em posse do editor Crosby), Jane Austen começou a trabalhar naquele que seria seu quarto romance publicado, *Emma*. Ela escrevera a seu irmão Frank no ano anterior para lhe dizer que não se importava mais quanto a manter o segredo de sua autoria: "A verdade é que o Segredo se espalhou tão longe que já não passa da Sombra de um segredo agora – e, acredito, quando quer que o terceiro [romance] apareça, não vou sequer tentar mentir a respeito. Vou tentar criar, em vez de Mistério, o máximo de Dinheiro possível com ele. Que as pessoas paguem pelo Conhecimento, no que depender de mim".[710] Como tantas vezes, sua língua se mostra mordaz. Mas o comentário ressalta sua seriedade mortal quanto à ideia de ganhar tanto dinheiro quanto possível com seus livros. Ela estabelecera, agora, uma rotina para sua escrita, e tinha sido libertada, pela mãe e pela irmã, de grande parte do fardo da arrumação doméstica – era o mínimo que podiam fazer, considerando-se que o rendimento seus escritos contribuía para a manutenção do lar em Chawton.

Em novembro de 1814, a primeira edição de *Mansfield Park* já estava esgotada. Austen escreveu para Fanny Knight:

> Você ficará feliz em saber que a primeira Edição de M.P. está toda vendida. Seu Tio Henry deseja bastante uma ida minha à cidade para acertar os detalhes de uma segunda Edição, mas, como não me seria muito conveniente sair de casa agora, relatei-lhe minha Vontade e prazer, e, a menos que ele continue insistindo, não irei. Sou muito gananciosa e quero fazer render o máximo; contudo, como você está muito acima de preocupações com dinheiro, não vou atormentá-la com quaisquer pormenores. Os prazeres da Vaidade cabem mais na sua compreensão, e você entrará na minha ao receber o *louvor* que de vez em quando chega a mim por meio de um ou outro canal.[711]

Ela queria dinheiro e aprovação: isso é algo natural e humano, embora não seja como a família a representou no livro póstumo de memórias.

Cada fiapo de louvor era importante para Jane. "Faça com que todos em Hendon admirem *Mansfield Park*", disse para Anna.[712] Ela soubera que *Razão e sentimento* era "muito admirado em Cheltenham" e que o livro tinha sido presenteado à autora Elizabeth Hamilton: "É agradável ter uma escritora tão respeitável citada".[713] Mas os aplausos não eram suficientes. Ela também escrevia por dinheiro. Contou a Fanny que Egerton andava vacilando quanto a uma segunda edição: "As pessoas estão mais dispostas a tomar emprestado e elogiar do que a comprar [...], mas, embora eu goste de elogios como qualquer um, gosto também do que Edward chama de *Peltre*".[714] Ela se sentia estimulada por ter obtido mais de trezentas libras com *Mansfield Park*, muito embora sempre tivesse imaginado que o romance não seria tão popular quanto *Orgulho e preconceito*. Se Egerton quisesse atrapalhá-la, Henry seria despachado para encontrar um editor melhor.

Apesar de seu próprio sucesso, ela ainda encontrava tempo para incentivar os empenhos literários de seus sobrinhos e sobrinhas. Caroline, Anna e Edward se imaginavam como autores e pediam o conselho da especialista: sua tia. As cartas de Jane para eles, falando dos romances que estavam lendo, bem como daqueles que estavam escrevendo, lançam valiosa luz sobre seus próprios altos padrões literários: "Há mil improbabilidades na história", reclamou a respeito de *Rosanne*, de Laetitia Hawkins, quando Anna pediu sua opinião sobre o livro.[715]

Anna Austen estava escrevendo um romance chamado *Qual é a heroína?* Ela o enviou à tia Jane, que o leu em voz alta para Cassandra e sua mãe e, então, encaminhou comentários em resposta. Anna, num ataque posterior de desânimo, destruiu seu romance, juntamente com as anotações da tia. O principal conselho era o de manter as coisas "naturais" – os personagens não deviam ser "muito Bons ou muito Maus". Tia Jane também era meticulosa em relação a impropriedades: "Não existe um Título de Desborough", "Como Lady H é superior de Cecilia, não seria correto falar *dela* sendo introduzida". Uma pequena cena foi "eliminada" por ser irrealista: "Creio que pode ser tão incomum a ponto de *não parecer* natural no livro". Mas muitos de seus comentários (ela enviou quatro longas cartas de análise crítica detalhada) eram de apoio: "Todas nos divertimos muito e gostamos da obra como sempre [...] St Julien é o encanto da nossa Vida". Cassandra se uniu à tarefa: "Sua Tia C. e eu ambas recomendamos que você faça uma pequena alteração na última cena [...] Consideramos que elas o pressionam demais – mais do que Mulheres sensatas ou Mulheres bem-educadas fariam".[716]

Foi em referência ao romance de Anna que Jane Austen fez uma de suas observações mais citadas: "Você agora está coletando suas Pessoas de modo encantador, fixando-as no preciso local que é o encanto da minha vida; 3 ou 4 famílias num Vilarejo Rural é o material perfeito para trabalhar".[717] Isso foi tomado como um manifesto da própria obra de Jane Austen, mas deve ser lembrado em seu contexto. Ela está se referindo ao romance de Anna, e não a seu próprio romance. É importante lembrar, também, que naquele momento Jane Austen estava trabalhando em *Emma*, seu único romance ambientado num único local e com um elenco restrito a "3 ou 4 famílias num vilarejo rural". Nos outros romances, há cenas importantes ambientadas nas cidades de Londres, Bath e Portsmouth. Antes de *Emma* houve *Mansfield Park*, no qual o vilarejo e as famílias da vizinhança desempenham um papel mínimo. Depois de *Emma*, ela voltaria à cidade de Bath em *Persuasão*, no qual também experimentou um cenário à beira-mar, localização que ela deslocaria, depois, para o centro do palco em *Sanditon*. O ponto central de sua observação era apoiar a jovem Anna: três ou quatro famílias num vilarejo rural era o tema certo para a moça porque era o assunto que ela conhecia. Jane Austen, de sua parte, conhecia muito mais: a cidade, a vida naval, famílias com plantações nas Índias Ocidentais ou parentes no Oriente, grandes mansões como Godmersham e ainda maiores, como Stoneleigh, escândalo na alta sociedade e mulheres ganhando a vida em serviço como preceptoras.

Para Caroline Austen, que também lhe enviou seu próprio romance em busca de aprovação, Jane notou com secura: "Eu gostaria de conseguir terminar Histórias tão depressa quanto você consegue".[718] Da mesma forma, seus comentários sobre o romance de seu sobrinho destacam a composição precipitada em contraste com seu próprio trabalho penoso. Foi aqui que Austen comparou sua arte ao ofício do miniaturista de retratos. A frase sobre seu "pequeno fragmento de marfim" é citada com frequência, mas seu contexto costuma ser negligenciado. Ela surge numa carta para seu sobrinho James Edward Austen-Leigh, em um trecho que começa se referindo às habilidades literárias de Henry Austen:

> Tio Henry escreve Sermões muito superiores. Você e eu devemos tentar botar as mãos em um ou outro e inseri-los em nossos Romances; seria excelente ajuda para um volume; e nós poderíamos fazer com que nossa Heroína o lesse em voz alta, numa Noite de Domingo, tão bem quanto Isabella Wardour é mostrada, no Antiquário, lendo a "História do Demônio de Hartz" nas ruínas de St Ruth, muito embora eu acredite, recordando agora, que Lovell seja o leitor. A propósito, meu caro Edward, estou muito preocupada com a perda mencionada por sua Mãe na Carta dela. Dois Capítulos e meio sumidos é algo monstruoso! Ainda bem que *eu* não estive em Steventon nos últimos tempos, e, portanto, não posso ser suspeita de tê-los furtado; dois fortes gravetos e meio para um Ninho de minha própria criação teria sido algo. Não creio, no entanto, que qualquer roubo desse tipo pudesse ser realmente de grande utilidade para mim. O que faria eu com os seus Esboços fortes, viris e animados, cheios de Variedade e Brilho? De que maneira eu poderia juntá-los ao pequeno fragmento (duas polegadas de largura) de Marfim no qual trabalho com tão fino Pincel, produzindo tão pouco efeito depois de muita labuta?[719]

Retomar o contexto da citação é retomar o contexto literário de Jane Austen. Os sermões de Henry são, a seu modo, obras de arte literárias. O sobrinho James Edward está escrevendo um romance: tia Jane, de brincadeira, pergunta se ele pensou em inserir um dos sermões do tio na história. Afinal de contas, no mais recente romance da moda – *O antiquário*, de Sir Walter Scott, devorado por Austen assim que foi publicado –, há uma inserção

John Murray II, que Jane Austen chamava de
"trapaceiro, claro, mas um trapaceiro cortês"

digressiva lida em voz alta por um dos personagens. Austen, então, salta para a notícia de que dois capítulos e meio do romance de seu sobrinho desapareceram. Talvez tivessem sido usados por uma criada para acender a lareira. Ou poderiam ter sido roubados? A cleptomania, como já vimos, estava longe de ser motivo de brincadeira na família Austen, mas aqui ela está, é inquestionável, fazendo uma piada: o estilo "viril" do sobrinho – semelhante, sem dúvida, àquilo que Sir Walter Scott chamou de seu próprio "traço clamoroso" – jamais poderia ser costurado com o dela. Seria como tentar colar um arrojado esboço de paisagem num retrato em miniatura finamente executado.

* * *

Seu novo romance, com uma heroína que era o total avesso da despossuída e doentia Fanny Price, foi outra aposta literária do tipo que Jane Austen adorava. "Vou usar uma heroína da qual ninguém exceto eu mesma gostará muito", ela anunciou.[720] Apesar do fato de Emma ser, de fato, irritantemente intrometida, enamorada de si mesma, desorientada, mimada e manipuladora, o romance tem por tema a bondade. A bondade, em especial com os vizinhos e as mulheres solteiras despossuídas, como a srta. Bates, é crucial.

Jane Austen, que muitas vezes brincava sobre detectar personagens da vida real em romances, achava graça quando outros começavam a imaginar que eram modelos para os personagens dela. Houve, por exemplo, certa srta. Dusautoy que ela conheceu em Godmersham: "A srta. D. tem uma forte impressão de ser Fanny Price, ela junto com sua irmã mais nova, cujo nome é Fanny".[721]

Uma de suas vizinhas em Chawton era Maria Benn, solteirona que vivia em circunstâncias muito decaídas. Era irmã do reverendo John Benn, reitor de Farringdon, nas proximidades. Tinha sido a srta. Benn quem manifestara grande admiração por Elizabeth Bennet ao participar da primeira leitura em família do exemplar publicado de *Orgulho e preconceito*. As mulheres de Chawton eram bondosas ao extremo com Mary, convidando-a para chá e ceia, comprando presentes, oferecendo frequente hospitalidade. Jane nunca se mostra mordaz quando fala da "pobre srta. Benn". Martha Lloyd queria lhe dar um presente e, uma vez que seu chalé era frio demais e tinha sido açoitado por tempestades recentes, Jane sugeriu um xale quente "para usar sobre os Ombros dentro de casa em clima muito frio [...] mas não deve ser bonito demais, pois ela não iria utilizá-lo. Sua longa Palatina está quase desgastada".[722]

Ela era a inquietação da vizinhança. Jane assegurou aos amigos da srta. Benn que ela "não está sendo negligenciada por seus vizinhos [...] A srta. B jantou na última quarta-feira no sr. Papillon, na quinta-feira com o Capt e a sra. Clement – sexta-feira aqui – sábado com o sr. Digweed e domingo com os Papillon de novo".[723] Mas então, para desgosto de Jane Austen, a srta. Benn foi despejada de seu chalé (ou, nas palavras de Austen, de sua "miserável moradia") e precisou encontrar novo alojamento: "Pobre Criatura! Você pode imaginar quão cheia de preocupações ela deve estar, e quão ansiosa toda Chawton ficará por vê-la decentemente estabelecida em algum lugar".[724] Em outra ocasião, escreveu que, embora a srta. Benn tivesse andado doente, "seu Ânimo está bom, e ela ficará muitíssimo feliz, acredito, em aceitar qualquer Convite".[725]

O cheque de royalties / 347

Após a morte da solteirona em 1816, Jane enviou *Emma* para sua amiga Catherine Prowting: "Tivesse a nossa pobre amiga vivido, estes volumes teriam estado a seu serviço, e, sabendo que vocês tinham o hábito de ler juntas, fiquei grata por tomar conhecimento de que *Obras da mesma mão* haviam lhes proporcionado prazer".[726] A srta. Benn e Catherine Prowting, como tantos outros no vasto círculo de conhecidos de Austen, claramente conheciam o segredo de sua autoria. Infelizmente, era tarde demais para que a pobre srta. Benn pudesse ler sobre a pobre srta. Bates.

É de se perguntar como ela teria reagido, caso tivesse vivido. Estaria a parte maliciosa de Jane Austen arriscando uma ofensa, como Emma em Box Hill? Ou estaria sua parte bondosa desempenhando um ato de boa vizinhança ao conceder um pequeno fragmento de imortalidade a uma mulher que levara uma vida difícil?

Ela terminou *Emma* em março de 1815 e ansiava por vê-lo impresso. Em outubro, já recebera uma oferta de John Murray, que, além de publicar *Emma*, ficou feliz em lançar uma segunda edição de *Mansfield Park*. Ambos os livros apareceram no início de 1816.[727] Isso foi, provavelmente, um erro comercial: eles competiram entre si, reduzindo o número de exemplares vendidos e forçando Murray a vender em saldo 539 das duas mil cópias de *Emma*.

A estudiosa Kathryn Sutherland argumentou, de forma convincente, que o interesse de John Murray pelos romances de Austen remonta a um momento anterior àquele que até então se deduzia.[728] Tendo vasculhado o arquivo Murray, ela corrigiu para novembro de 1814 a data de uma carta importante do leitor de Murray, William Gifford, chamando sua atenção para a obra dela. "Dei uma olhada, pela primeira vez, em 'Orgulho e Preconceito'; e é realmente uma coisinha muito bonita. Nenhum corredor escuro – nenhuma câmara secreta, nenhum vento uivando em compridas galerias, nenhuma gota de sangue sobre um punhal enferrujado – coisas que agora deveriam ser deixadas para criadas pessoais e lavadeiras sentimentais."[729] Murray editava poesia moderna – Byron era o nome mais eminente – e livros de viagem e história. Mantinha distância de romances, o "lixo da biblioteca de circulação". Aqui, porém, Gifford, um dos mais astutos editores e críticos de seu tempo, está dando a entender que Murray poderia considerar a hipótese de arriscar fichas em Austen por causa do poder de seu realismo. Outra carta descoberta por Sutherland revela que ele também leu – e estimou em alta conta – *Mansfield Park*.

Assim, foi oportuno que John Murray tenha sido abordado com o manuscrito de *Emma*. Gifford o leu para ele, e expressou grande entusiasmo. "Sobre Emma, não tenho nada que não seja *bom* para dizer", ele relata sobre o manuscrito, aconselhando fortemente a publicação: "Eu tinha certeza de quem era a escritora antes de você mencioná-la. O M.S., embora escrito com clareza, ainda tem algumas, de fato várias pequenas omissões, e uma expressão pode aqui e ali ser alterada de passagem no prelo. Posso prontamente assumir a revisão".[730] Murray estava pensando em oferecer a generosa soma de quinhentas libras, presumivelmente por *Emma* em conjunto com os direitos autorais de *Mansfield Park*. Gifford responde: "Quinhentas libras parece um bom negócio para um romance [...] Você não conseguiria incluir o terceiro romance na jogada, *Orgulho e preconceito*? Eu o li de novo recentemente – é muito bom".[731]

No fim, Murray ofereceu pouco menos de quinhentas libras pelos direitos autorais de *Razão e sentimento*, *Mansfield Park* e *Emma*. "A carta do sr. Murray chegou", Jane escreveu para Cassandra da nova casa de Henry em Hans Place, Londres, em 17 de outubro de 1815, "ele é um Trapaceiro, claro, mas um trapaceiro cortês. Oferece £ 450 – mas quer ficar com os direitos autorais de MP e R&S incluídos. Vou acabar publicando por minha própria conta, ouso dizer".[732] Henry Austen rejeitou a oferta – "Os Termos que você oferece são tão inferiores ao que esperávamos que receio ter cometido algum grande Erro em meu Cálculo Aritmético"[733] –, mas, adoentado, não pôde prosseguir com as negociações, e Jane tomou para si a tarefa. Sua relutância em se desfazer dos direitos autorais pela soma proposta significava que recuariam para um arranjo de comissão. Em retrospectiva, Jane Austen teria feito melhor aceitando a oferta de Murray pelos direitos autorais. Todos os seus lucros com *Emma* foram abatidos com as perdas decorrentes da reimpressão de *Mansfield Park*, e, por consequência, seu único lucro foi o cheque de 38 libras, 18 xelins e um pêni. No entanto, ela poderia dizer com orgulho que foi a primeira romancista a ser publicada pela casa editorial de Lord Byron, o poeta mais famoso desde Shakespeare.

Em 1812, Murray mudara suas dependências para o elegante endereço de Albemarle Street 50, em Mayfair. Era o centro de um círculo literário, fomentado pela tradição dos "Amigos das quatro horas" de Murray – escritores que apareciam para o chá da tarde. Não há evidência sobrevivente comprovando a participação de Austen em qualquer uma de suas recepções – numa ocasião, deixou passar a oportunidade de conhecer a famosa Madame de Staël –, mas ela chegou a ter um envolvimento direto com Murray. Enquanto cuidava do enfermo Henry, Jane procurou obter um encontro com seu novo editor: "Desejosa de chegar a alguma decisão quanto ao caso em questão, devo lhe rogar favor de que me visite aqui em qualquer dia que possa lhe ser conveniente [...] Uma breve conversa talvez possa fazer mais do que muita Escrita".[734]

Nesse meio-tempo, ela contou a Cassandra que estava contente com a opinião de Murray sobre *Emma*: "Ele envia mais elogios, no entanto, do que eu esperava. É uma carta divertida. Você vai ver".[735] Uma vez que os termos foram acertados, Jane Austen avançou a toda velocidade no sentido de instar a publicação imediata. Suas cartas insinuam sua frustração com a morosidade dos impressores. Henry escreveu ao impressor, Roworth, para reclamar. Jane escreveu a Murray para reclamar. A culpa, enquanto isso, foi jogada no dono da papelaria: "Os Impressores estão à espera de Papel", e o dono da papelaria "dá sua palavra de que não mais terei motivo de insatisfação".[736] Cassandra era constantemente informada de todos os problemas na leitura de provas: "Uma *Folha* acabou de chegar. 1º e 3º vol. estão agora em 144. 2º em 48. Tenho certeza de que você vai gostar dos Pormenores. Não teremos mais o incômodo de devolver as Folhas para o sr. Murray, os entregadores do Impressor trazem e levam".[737] Hans Place estava se tornando um domicílio literário profissional: mensageiros batiam à porta com entregas regulares de pacotes das provas.

Em sua frustração, Austen utilizou, com astúcia, a novidade de uma potencial dedicatória como ferramenta de barganha para apressar as coisas. "Não é provável que os Impressores sejam

"O 'ne plus ultra' da vida em Londres – Kate, Sue, Tom, Jerry e Logic visitam a sala do trono em Carlton Palace", na *Vida em Londres* de Pierce Egan (1822). Jane Austen conquistou o "ne plus ultra" de uma visita graças ao bibliotecário do príncipe regente

influenciados a maior Presteza e Pontualidade tomando do conhecimento que a Obra será dedicada, com Permissão, para o príncipe regente?"[738] (Em 1811, a loucura do rei George tinha sido considerada tão grave que o príncipe de Gales se tornara, oficialmente, o príncipe regente.)

De acordo com as memórias de Caroline Austen, Henry Austen compartilhou um médico com o príncipe. Tratava-se, provavelmente, de Sir Henry Halford, trazido para medicar Henry quando sua doença piorou de maneira brusca. Enquanto Henry se recuperava, Halford continuou a visitá-lo, conheceu Jane Austen, foi informado de que ela era a autora de *Orgulho e preconceito* e deixou escapar a informação que o príncipe era um grande admirador de seus romances, "que os lia com frequência e mantinha uma cópia de cada um em todas as suas residências".[739] Talvez seu amigo Sheridan lhe tivesse feito a recomendação.

O médico contou ao príncipe que Jane Austen estava em Londres, e o príncipe aconselhou seu bibliotecário a lhe fazer uma visita. O bibliotecário, o reverendo James Stanier Clarke, procurou-a em Hans Place e a convidou, a pedido do príncipe, para visitar Carlton House, residência em Londres do regente. Ela devidamente a visitou em 13 de novembro de 1815, e Clarke acompanhou-a num passeio guiado. O príncipe estava ausente, numa excursão de caça em Staffordshire.

Carlton House era imensa e espetacular, com uma fachada de mais de sessenta metros. Os visitantes entravam na casa por um pórtico de colunas coríntias que levavam a um vestíbulo flanqueado de cada lado por antecâmaras. Dali, a pessoa passava para um grande saguão de dois andares, iluminado por claraboia e decorado com colunas jônicas de mármore scagliola amarelo. Além do saguão havia uma sala octogonal, também iluminada por claraboia. A sala octogonal era flanqueada, à direita, pela grande escadaria, e à esquerda por um pátio, ao passo que logo à frente ficava a antecâmara principal. Tendo chegado à antecâmara, o visitante virava ou à esquerda, para os aposentos particulares da príncipe de Gales, ou à direita, para as salas de recepção formais: sala do trono, sala de visitas, sala de música, sala de jantar. A decoração e a mobília ostentavam um grandioso estilo francês, e as paredes eram adornadas por uma soberba coleção de pinturas, que iam dos Velhos Mestres a retratos modernos.

A biblioteca, no subsolo, era um lindo salão com estantes abertas em estilo gótico, decorada com mobiliário Buhl e cadeiras Tudor de ébano. A srta. Jane Austen, de Chawton, deve ter se sentido uma figura literária importantíssima enquanto era guiada pelo salão opulento, com suas prateleiras e mais prateleiras de requintadas encadernações. Na visita, Stanier Clarke sugeriu que Austen deveria dedicar seu mais recente romance ao príncipe.

Ela ficou horrorizada. Sua aversão pelo príncipe regente vinha de longa data. De 1788 a 1795, ele alugou Kempshott Park perto de Steventon, onde ocultou a sra. Fitzherbert, amante com a qual se casara secretamente (e ilegalmente). Humilhou sua esposa legítima, a princesa Caroline, levando-a a Kempshott para a lua de mel. Lord Minto, que era um amigo íntimo da princesa e esteve presente durante a lua de mel, comentou que a cena em Kempshott se assemelhava à de Eastcheap em *Henrique IV, Parte 1*, a peça de Shakespeare sobre um desregrado príncipe de Gales.[740] James, o irmão de Jane Austen, por vezes caçava raposas com o príncipe, e havia muita fofoca na vizinhança sobre as festas turbulentas em

Kempshott e as enormes dívidas contraídas pelo príncipe, de modo que ela não tinha ilusões quanto a seu estilo de vida.

Uma das mais fortes expressões de desgosto em todas as cartas remanescentes é dirigida contra o regente. A Inglaterra toda tinha sido arrebatada pela guerra dos Gales, que alcançara proporções épicas em 1813, quando a princesa de Gales vazou uma carta particular para a imprensa, tendo por objetivo apresentar o marido sob a pior luz possível pela recusa em permitir acesso à filha dos dois, a princesa Charlotte. Jane Austen sabia de que lado estava: "Suponho que o Mundo todo está fazendo um Julgamento da Carta da Princesa de Gales. Pobre Mulher, eu a defenderei enquanto puder, porque ela *é* uma Mulher e porque eu odeio seu Marido". A culpa, ela sentia, podia ser atribuída com firmeza ao regente: "Estou determinada, pelo menos, a pensar sempre que ela teria se mostrado respeitosa, se ao menos o Príncipe tivesse se comportado de maneira tolerável com ela no princípio".[741]

Agora, o homem que ela "odiava" estava dando mostras do maior respeito por seus romances e esperava uma dedicatória obsequiosa. Caroline Austen recordou: "Minha Tia fez todos os Agradecimentos adequados no momento, mas não tinha nenhuma intenção de aceitar a honra oferecida – até ser aconselhada, por alguns de seus amigos, de que deveria considerar a permissão como uma ordem".[742] Jane Austen escreveu a Stanier Clarke para esclarecer o assunto:

> Senhor
> Devo tomar a liberdade de lhe fazer uma pergunta: Entre as muitas atenções lisonjeiras que recebi do senhor em Carlton House, na segunda-feira passada, houve a Informação de que eu tinha a liberdade de dedicar qualquer futura Obra a Sua Alteza Real o P.R. sem a necessidade de qualquer Solicitação de minha parte. Ao menos foram essas, acredito, as suas palavras; porém, como anseio muito por me certificar daquilo que era pretendido, rogo-lhe que tenha a bondade de me informar como deve ser entendida tal Permissão, e seria obrigação minha demonstrar meu senso da Honra

dedicando a Obra agora no Prelo a S.A.R. Eu ficaria igualmente receosa de parecer ou presunçosa ou Ingrata."[743]

Clarke entendeu a dica: "Certamente não é *obrigação* sua dedicar a obra [...] O Regente leu e admirou todas as suas publicações".[744] Ele prosseguiu fazendo alguns elogios de sua própria lavra, sobretudo a *Mansfield Park*, e sugeriu que os dois poderiam se encontrar de novo quando ele retornasse de uma viagem vindoura para Sevenoaks.

Jane Austen engoliu seus princípios morais e abraçou a oportunidade de promoção, percebendo que poderia usar o patrocínio do regente a seu favor, para apressar John Murray. Ela confessou a Cassandra: "Eu *de fato* mencionei o P.R. em meu bilhete para o sr. Murray, o que me rendeu um belo elogio em retribuição; se isso me fez qualquer outro bem, eu não sei, mas Henry julgou que valia a pena tentar". Estava preocupada com aquilo que a íntegra Martha Lloyd iria pensar dela: "Espero que você tenha falado a Martha da minha resolução inicial de não deixar ninguém saber que eu *poderia* dedicar etc. – por medo de ser obrigada a fazê-lo – e que fique totalmente convencida de que sou influenciada, agora, por nada senão os mais mercenários motivos".[745]

Assim, ela fez sua dedicatória por razões comerciais, e sugeriu um breve agradecimento superficial: "Dedicado por Permissão a S.A.R. O Príncipe regente".[746] Murray, no entanto, foi rápido em sugerir uma dedicatória ampliada, deslocada para uma página separada: "A Sua Alteza Real, O Príncipe Regente, Esta Obra É, Por Permissão de Sua Alteza Real, Muito Respeitosamente Dedicada pela Zelosa, Obediente e Humilde Serva de Sua Alteza Real, A Autora". Ela concordou com isso e expressou sua gratidão a Murray por corrigi-la, mas ficou claramente irritada por ter de gastar seu próprio dinheiro suado num exemplar de cortesia: "O que me impressiona é que não é da minha conta dar ao P.R. uma Encadernação, mas tomaremos Aconselhamento na questão".[747] Ela acabou mandando encadernar três volumes em bonito couro carmesim, com vinhetas de ouro, incluindo o brasão de três penas do príncipe de Gales no topo da lombada. Isso lhe custou quase duas libras. O exemplar ainda está na Coleção Real.

Emma, especialmente encadernado para o
príncipe, às custas de Jane Austen

A dedicatória não foi agradecida pessoalmente pelo príncipe, e não contribuiu para vendas ou publicidade. Mas Murray tinha outras ferramentas do negócio das quais Jane Austen se beneficiou. Seu *Quarterly Review*, o principal periódico literário da época (o equivalente do *Times Literary Supplement* ou do *New York Review of Books*), forneceu uma prolongada análise crítica de seus romances, feita por ninguém menos do que Sir Walter Scott. "Por acaso teria vontade de rabiscar um artigo sobre *Emma*?", Murray perguntou a Scott.[748] Ele admitia que o livro "carecia de incidente e romance", mas sugeria que uma resenha-ensaio refletindo sobre a carreira de Austen até aquele momento seria de grande valor, sobretudo levando em conta o brilho de *Orgulho e preconceito*.

Scott percebeu que os romances de Jane Austen eram exemplares de um distanciamento notável em relação à ficção gótica e sentimental, "nem alarmando nossa credulidade, nem divertindo nossa imaginação com desvairada variedade de incidente", mas aperfeiçoando, em vez disso, "a arte de copiar da natureza como ela realmente existe nas esferas comuns da vida, e apresentando ao leitor, ao invés das cenas esplêndidas de um mundo imaginário, uma representação correta e impressionante daquilo que ocorre diariamente ao seu redor".[749]

Murray enviou a resenha para Jane Austen, que ficou contente, embora insatisfeita por Scott ter deixado de registar que ela era a autora de *Mansfield Park*. Isso era importante para ela, pois a segunda edição de *Mansfield Park* estava prestes a ser publicada e necessitava de publicidade, particularmente pela circunstância de ser o único de seus romances que não fora resenhado em lugar algum. "Não posso senão lamentar que um Homem tão inteligente como o resenhista de *Emma* possa considerá-lo [*Mansfield Park*] tão indigno de ser notado", reclamou para Murray.[750]

A análise de Scott chamava atenção para o novo tipo de personagem da "classe mediana" que Jane Austen retratava:

> Ao se manter próxima de incidentes comuns, e de personagens que ocupam as esferas ordinárias da vida, ela produziu esboços de tamanha vivacidade e originalidade que nunca sentimos falta da excitação que depende de uma narrativa de acontecimentos incomuns, decorrente da consideração de mentes, costumes e sentimentos muito acima do nosso próprio âmbito [...] A autora de *Emma* se limita, em essência, às classes medianas da sociedade; seus personagens mais destacados não se elevam muito acima de cavalheiros e damas bem-educados do campo; e aqueles que são esboçados com mais originalidade e precisão pertencem a uma classe um tanto abaixo desse padrão.

Scott percebeu que os personagens de Austen são instantaneamente reconhecíveis como pessoas "reais": "Um amigo nosso, com o qual a autora nunca se encontrou e de quem nunca ouviu falar, foi de pronto reconhecido por sua própria família como o original do sr. Bennet, e não sabemos se ele já se livrou do apelido". Ele foi, portanto, o primeiro a detectar em texto impresso uma das maiores qualidades dos personagens de Austen: o fato de que todos nós podemos identificar pessoas como eles entre os nossos próprios conhecidos.

Scott era inteligente o bastante para constatar algo que era pioneiro e inovador nos romances, ao contrário do reverendo

James Stanier Clarke, bibliotecário do príncipe, que aconselhou Jane a escrever um romance sobre "um Clérigo Inglês [...] Apreciador de Literatura e inteiramente envolvido com ela – leve seu Clérigo para o mar como Amigo de algum distinto Personagem Naval em uma Corte". Clarke, cujas cartas para Austen o fazem soar como uma encarnação de vida real do pomposo e interesseiro sr. Collins, parece ter ficado mais do que um pouco apaixonado por Jane Austen. Contudo, quando lhe ofereceu uma cama em Golden Square 37 – "se a senhorita puder fazer a Cela lhe prestar qualquer serviço como uma espécie de Ponto de Parada, quando vier à Cidade" –, ele estava indo um pouco longe demais.[751]

Clarke também procurou lhe oferecer o patrocínio de seu novo chefe, o príncipe Leopoldo de Saxe-Coburgo, que iria se casar com a princesa Charlotte: "Talvez, quando aparecer novamente em obra impressa, a senhorita possa optar por dedicar seus Volumes ao príncipe Leopoldo: qualquer Romance* Histórico ilustrativo da História da augusta casa de Coburgo, seria justo agora muito interessante".[752] Ao rejeitar com firmeza essa ideia, Jane Austen nos dá uma ilustração perfeita de suas próprias preocupações literárias:

> O senhor é muito, muito gentil em suas sugestões quanto ao tipo de Composição que poderia me recomendar no momento atual, e tenho plena noção de que um Romance Histórico fundado na Casa de Saxe Coburgo seria bem mais passível de lucro ou popularidade [...] mas eu não conseguiria escrever nem um Poema e muito menos um Romance Épico. Eu não conseguiria me sentar seriamente para escrever um Romance sério sob qualquer outro motivo afora salvar minha Vida, e, se me fosse indispensável trabalhar com rigor e nunca relaxar para rir de mim ou de outras pessoas, tenho certeza de que antes de terminar o primeiro capítulo eu estaria enforcada. Não – preciso me ater a meu próprio estilo e prosseguir a meu próprio Modo.[753]

---

* No original, *Romance* (história aventurosa ou de amor) em vez de *Novel*. (N.T.)

O que transparece com a máxima vividez, aqui, é sua confiança. Ela prossegue a seu próprio modo. Longe de ser intimidada pelo clérigo ligado à realeza, Jane gentilmente o provoca e o rechaça com firmeza. Ela também – como Scott percebeu – rechaça o "Romance" como algo oposto ao realismo. Deixa absolutamente claro que é uma romancista cômica, e não histórica: nunca irá desistir dos livros com os quais pode "relaxar para rir de mim ou de outras pessoas". Essa é, talvez, sua frase mais maravilhosamente reveladora de si.

A correspondência com o absurdo Stanier Clarke, que ela repassou alegremente para amigos e familiares, incentivou-a a escrever uma sátira curta e travessa às custas dele, "Plano de um Romance, de acordo com algumas sugestões de diversas proveniências". Num estilo que lembra os cadernos de velino, foi um retorno à paródia de tudo que era absurdo na ficção de seu tempo. A heroína é uma "personagem irrepreensível", e o herói, "pura perfeição". O "Plano" também revela seu compromisso com seu próprio estilo de ficção. Ele espicaça com astúcia os pontos de vista bem-intencionados, mas irritantes, de amigos, familiares e conhecidos, até mesmo do leitor de seu editor, o sr. Gifford. Mas a piada recai, de fato, sobre Stanier Clarke, que cometeu a temeridade de sugerir o tema de seu próximo romance – "sua ida ao mar como Capelão de um distinto personagem naval junto à Corte, sua ida depois à Corte em pessoa, o que o apresentou a uma grande variedade de Personagens e o envolveu em diversas situações interessantes, concluindo com suas opiniões sobre os Benefícios resultantes de Dízimos sendo suprimidos, e a circunstância de ter enterrado sua própria Mãe (pranteada Avó da Heroína) em consequência do Sumo Sacerdote da Paróquia na qual ela morreu recusando-se a pagar a seus próprios Restos o respeito que lhes era devido".[754]

A essa altura Jane estava escrevendo *Persuasão*, e esse, provavelmente, foi o momento em que ela comprou de volta o manuscrito de "Susan". Henry Austen, que se recuperou a pleno de sua doença potencialmente fatal, enfatizou que ela previa para si uma carreira longa e bem-sucedida: "A constituição natural [os Austen tinham todos uma saúde vigorosa, com bons antecedentes de longevidade], os hábitos regulares, as ocupações tranquilas e alegres de nossa

O reverendo George Austen, Henry Austen, Frank Austen, "Srta. Jane Austin", Charles Austen

autora pareciam prometer uma longa sucessão de diversões para o público e um gradual aumento da reputação para ela".⁷⁵⁵

* * *

Qual era a aparência de Jane Austen naquele momento? Na breve memória biográfica prefixada aos dois romances publicados postumamente, *A abadia de Northanger* e *Persuasão*, Henry Austen afirmou que sua irmã "possuía uma considerável parcela" de atrativos pessoais:

> Sua estatura era a estatura da verdadeira elegância. Não poderia ter sido aumentada sem exceder a altura mediana. Sua postura e sua conduta eram discretas, mas graciosas. Suas feições eram isoladamente boas. O conjunto produzia uma expressão sem igual da jovialidade, da sensibilidade e da benevolência que eram suas verdadeiras características.⁷⁵⁶

Essas palavras foram concebidas para criar uma imagem lisonjeira. Além de sugerir que ela era alta, não nos dizem muito

O cheque de royalties / 359

sobre a aparência efetiva de Jane Austen. Sua sobrinha Anna Lefroy dá mais corpo ao quadro: "Vulto alto e esbelto, não curvado [...] A tez daquela espécie um tanto rara que parece limitada à morena suave – uma pele sarapintada, não loura, mas perfeitamente clara e saudável em sua tonalidade: o belo cabelo de natural ondulação; nem claro nem escuro – brilhantes olhos castanhos para combinar – nariz um tanto pequeno, mas bem formado". Outra sobrinha, Caroline Austen, recordou que "seu rosto era mais arredondado do que comprido – ela tinha uma cor brilhante, mas não rosa – uma tez marrom clara e excelentes olhos castanhos [...] Seu cabelo, um marrom-escuro, naturalmente ondulado – era em cachos curtos em torno do rosto (pois madeixas encaracoladas não havia então.) Ela sempre usava um gorro – Tal era o costume com as damas que já não eram muito jovens".[757]

Na verdade, Austen ainda era bastante jovem – 22 anos – quando revelou seu pendor pelos gorros. Em 1798, ela escreveu para Cassandra: "Eu fiz para mim dois ou três gorros para usar à noite desde que vim para casa, e eles me poupam um mundo de tormento quanto aos arranjos do cabelo, que de momento não me dá incômodo além de lavar e escovar, pois meu cabelo comprido fica sempre entrançado fora da vista, e meus cachos curtos se enrolam bem o bastante para não precisar de papel".[758]

Outra recordação veio de Charlotte-Maria Beckford, uma prima de William Beckford que esteve frequentemente na companhia de Austen quando menina e tinha dela uma lembrança nítida. Ela viveu para ver a imagem publicada no livro de memórias de família, em 1870, e afirmou que sem dúvida não havia boa semelhança. "Eu me lembro dela como uma pessoa alta, magra e estreita, com maçãs do rosto muito salientes, linda cor, cintilantes Olhos não grandes, mas jubilosos e inteligentes. O rosto de maneira nenhuma tão amplo e rechonchudo como representado".[759] E talvez a melhor descrição a seu respeito, do momento em que deixou sua marca como autora profissional, é a de uma colega escritora, Mary Russell Mitford, anotada em abril de 1815:

> A propósito de romances, descobri que nossa grande favorita, a srta. Austen, é minha patrícia do campo; que mamãe

conheceu sua família toda muito intimamente; e que ela mesma é uma solteirona (peço perdão a ela – quero dizer uma jovem dama) [...] uma amiga minha, que a visita agora, afirma que ela se endureceu como uma peça da mais perpendicular, precisa e taciturna "bem-aventurança sozinha" que jamais existiu, e que, até *Orgulho e preconceito* revelar a joia preciosa que estava escondida naquele estojo inviolável, ela não era mais considerada na sociedade do que um atiçador ou um guarda-fogo, ou qualquer outra peça fina e vertical de madeira ou ferro que ocupa seu canto em paz e tranquilidade. O caso é muito diferente agora; ela ainda é um atiçador – mas um atiçador do qual todo mundo tem medo.[760]

Fina, vertical e ligeiramente intimidante, Jane Austen era equilibrada em seu corpo e firme em seu olhar.

Ela era uma dedicada seguidora da moda. Em Londres, no período de meados da Regência, ganhando algum dinheiro com seus livros, começou a esbanjar em seu guarda-roupa. Em setembro de 1813, escreveu para Cassandra, de Londres, o seguinte: "A srta. Hare tinha alguns gorros bonitos, e ficou de me fazer um no mesmo estilo, mas com cetim branco em vez de azul. Será em cetim branco e renda, e uma pequena pluma branca saindo empertigada na orelha esquerda, como a pluma de Harriet Byron [em *Sir Charles Grandison*, de Richardson]. Eu lhe permiti que chegasse até 1 libra e 16 xelins". Isso era um monte de dinheiro para se gastar num único gorro. A carta continua com deleite nos aspectos mais delicados da costura por encomenda: "Meu vestido será debruado em toda parte com fita branca entrançada de uma forma ou de outra. Ela diz que vai ficar bonito. Eu não sou tão otimista. Elas debruam demais com branco".[761]

Jane se mantinha a par das tendências recentes da moda com toda a avidez de uma mulher moderna lendo a *Vogue* ou a *Elle*. Em 1814, hesitou em usar mangas compridas, mas, no ano seguinte, passeou por Londres e constatou: "Mangas compridas parecem universais, até mesmo em Vestido".[762] Devemos imaginar a Austen de Londres, preparando-se para seus encontros com John Murray, como uma mulher usando um gorro de fino acabamento, preso com fitas por baixo do queixo, e um vestido de mangas compridas com cintura elevada, talvez debruado com renda branca.

Seu paradeiro durante a maior parte de 1815 é desconhecido. Ela pretendia ir a Londres em março, mas ninguém sabe se foi ou não. Ela certamente ficou na cidade por dois meses entre outubro e dezembro. Esse foi o período no qual começou a projetar-se como uma potencial grande figura na sociedade. Jane deve ter necessitado, sem dúvida, de um vestido elegante para visitar Carlton House – não tinha como saber se o príncipe ou outra pessoa digna de nota poderia estar lá em pessoa. Se houve um momento, em sua carreira, no qual teria posado para seu retrato, de pena na mão (fosse no ateliê de um profissional ou na sala de visitas de um amigo ou parente com pretensões artísticas), teria sido esse.

A mulher neste pequeno esboço de retrato da Regência parece estar a ponto de apagar ou revisar a linha de prosa que acabou de escrever. Há uma caneta sobressalente disponível e um maço de papéis sobre a mesa – em vez de um único papel de carta. A intensa ponderação no olhar evidencia um encontro com a Musa. Ela não lembra nem um pouco uma dama refinada qualquer escrevendo uma carta. Este parece ser o retrato de uma escritora trabalhando. No verso está escrito, no que aparenta ser uma caligrafia do início do século XIX, o nome "Srta. Jane Austin".

Há uma grande dose de incerteza quanto ao retrato.[763] As evidências forense, arquitetônica e histórica revelam que se trata, inquestionavelmente, de uma produção autêntica dos meados da Regência. A inscrição na parte de trás poderia ter sido um acréscimo posterior errôneo, fosse iludido ou enganoso, mas, até encontrarmos outra retratada potencial que estivesse na meia-idade por volta de 1815, que tivesse um gosto por mangas compridas e gorro, que fosse alta e magra, de costas retas, com cabelos cacheados escuros e características faciais ostentando uma fantástica semelhança com os irmãos de Jane Austen, precisamos manter em aberto a possibilidade de que este é verdadeiramente um retrato em vida da mulher que assinou seu nome no verso do cheque de royalties de John Murray para *Emma* como "Srta. Jane Austin".

É uma imagem intrigante, perdida de vista por mais de cem anos. Propõe mostrar Jane Austen como uma mulher madura, uma escritora profissional autoconfiante, trabalhando em um manuscrito num ambiente londrino, a poucos passos da Abadia de Westminster e do Canto dos Poetas, santuário para o gênio literário das Ilhas Britânicas. Sua proveniência anterior ao século XX permanece envolta em mistério, e não é de modo algum certo que o rosto seja realmente o de Austen, mas há sólida evidência de que, ao fim do século XIX, alguém a identificou como um retrato da romancista, emoldurou-a e pendurou-a com um rótulo no qual se lê "JANE AUSTEN *N. 1775 – M. 1817*".

Quem seria esse alguém? Certamente não era um membro da família. Mas era com certeza alguém que conhecia e amava os romances dela. Talvez devesse ser identificado como "o leitor desconhecido". Os leitores, por vezes, conhecem o verdadeiro espírito de um grande escritor mais profundamente do que a própria família e os descendentes do escritor. O leitor desconhecido que estimava o retrato como sua imagem de Jane Austen intuiu o que esta biografia tem procurado provar: que ela era uma profissional consumada, uma mulher preparada para dedicar sua vida, e sacrificar suas perspectivas de casamento, a sua arte como romancista. Ela lidou com a rejeição de sucessivos editores não desistindo, mas indo em frente: reescrevendo material antigo e recomeçando do zero com algo novo. Estava preparada para correr o risco da publicação às próprias custas no improvável estabelecimento da Military Library de Egerton. Tendo logrado êxito em sua aposta, ela passou a negociar seus próprios termos com a prestigiada casa de John Murray. Ganhou a aclamação de leitores que iam do príncipe regente a Sir Walter Scott, o gigante da literatura europeia. É apropriado, portanto, que exista uma imagem dela não como a violeta evanescente da tradição familiar, mas como uma genial escritora da Regência, confiante em seu olhar e firme ao empunhar a caneta de romancista.

Mesmo assim, a aparência pálida e doentia da mulher confere ao retrato uma aura de melancolia. Para alguns observadores, sua magreza e a estrutura óssea esquisitamente distendida sugerem os primeiros sintomas de uma doença degenerativa como o mal de Addison.

18

A máquina de banho

❦

Parece uma cabana de praia sobre rodas, uma pequena carroça de madeira ou lona, com teto e paredes, sobre quatro rodas. A banhista entrava em suas roupas do dia a dia, trocava-se colocando seu traje de natação e deixava as roupas normais numa prateleira alta. A máquina de banho era rodada até a água e a banhista descia os pequenos degraus para então entrar no mar, completamente escondida da visão pública. Mulheres banhistas usavam um vestido de algodão ou flanela do tipo visto em "Sereias em Brighton", esta caricatura evocativa executada por William Heath, um dos principais cartunistas satíricos da década de 1820.

Como demonstrado aqui, a maioria das estâncias balneárias empregava "mergulhadoras", corpulentas mulheres locais que empurravam as damas banhistas na água e depois as ajudavam a sair.[764] Ir até a beira da água podia ser um passeio acidentado, quando a praia era de seixos. Se a banhista não soubesse nadar, a mergulhadora amarrava uma corda resistente ao redor de sua cintura e a baixava na água. Depois de dez ou quinze minutos de espadanadas e chapinhadas, a mergulhadora rebocava a cliente de volta para ganhar, talvez, uma gorjeta por seus esforços.

A melhor descrição literária de uma máquina de banho é feita por Tobias Smollett em seu epistolar romance de estrada *A expedição de Humphry Clinker*, publicado em 1771, quando a engenhoca era uma grande novidade:

> Imagine consigo uma câmara de madeira pequena e aconchegante, fixada sobre um carro de rodas, tendo uma porta em cada extremidade, e, de cada lado, uma pequena janela acima, um banco abaixo. O banhista, ascendendo para este apartamento por degraus de madeira, fecha-se ali e começa a se despir, enquanto o atendente junge um cavalo à extremidade que dá para o mar e impele o carro à frente, até que a superfície da água esteja nivelada com o piso da sala de vestir, deslocando-se então para fixar o cavalo na outra extremidade. A pessoa no interior, já estando despojada de suas roupas, abre a porta diante do mar, ali encontrando seu guia pronto, e mergulha de cabeça dentro da água. Depois de ter se banhado, ele ascende novamente para o apartamento, por degraus dispostos com essa finalidade, e recoloca suas vestes à vontade, ao passo que o carro é arrastado de volta rumo à terra seca; de forma que não lhe resta nada mais a fazer senão abrir a porta e descer assim como subiu. Fosse ele fraco ou doente a ponto de requerer um criado para tirar e colocar suas roupas, haveria espaço suficiente no apartamento para meia dúzia de pessoas.[765]

Embora Smollett escreva aqui sobre "ele", as máquinas de banho eram projetadas principalmente para as mulheres. À beira-mar, era aceitável a visão de corpos masculinos.

Se você se banhasse por razões de saúde, muitos médicos acreditavam que os meses de inverno eram o momento mais benéfico do ano. Eliza de Feuillide e seu filho Hastings passaram de dezembro de 1790 até janeiro de 1791 em Margate, um dos balneários mais populares do sudeste. O pobre menininho foi forçado a suportar banhos em severas condições de gelo e neve:

> Eu havia marcado de seguir para Londres no final deste Mês, mas, para lhe mostrar o quanto sou apegada aos meus deveres maternais, ao ser informada por um dos especialistas de cuja Perícia ganho muitos pareceres que um mês de banhos nesta época do Ano era mais eficaz do que seis em qualquer outro, e que, por consequência, meu garotinho receberia o máximo benefício se eu prolongasse a minha estadia aqui além do tempo previsto, como a mais exemplar das mães resolvi abrir mão das delícias fascinantes da grande Cidade em troca de um mês a mais [...] Isso não foi heroico? [...] Hastings está crescendo muito e começou a balbuciar Inglês razoavelmente bem, sua educação da mesma forma já começou, com sua Vovó tendo conseguido lhe ensinar suas letras. O Mar o fortaleceu maravilhosamente, e, creio eu, tem sido igualmente de grande serventia para mim mesma, continuo tomando banhos não obstante a severidade de Clima e Geada e Neve, algo que é, a meu ver, um tanto corajoso.[766]

A destemida escocesa Elizabeth Grant nos dá um relato da sensação de estar imersa na água fria do mar do Norte em Margate e Ramsgate:

> O choque de um mergulho era sempre uma agonia: passado isso, no que dependesse de nós, ficaríamos imersas por bem mais tempo do que a mulher nos permitia. Era bastante assustador tomar banho quando as ondas se mostravam altas, pelo menos para as acanhadas. Algumas pessoas entravam no mar quando realmente poderiam ter sido levadas por ele, quando elas e as mulheres precisavam segurar firme nas cordas enquanto as ondas lhes passavam por cima.[767]

Os banhos de mar, em combinação com o consumo de água do mar, entraram na moda como cura para inúmeras e variadas doenças. Para algumas pessoas, os benefícios de saúde a serem obtidos com o mar continuaram sendo a principal razão de sua presença na praia. Mas os banhos de mar eram também uma fonte de relaxamento e entretenimento. Em *Orgulho e preconceito*, a sra. Bennet anseia por visitar Brighton: "Um ligeiro banho de mar me renovaria para sempre", ela diz, antegozando uma ida ao litoral, usando problemas de saúde imaginados (seus nervos combalidos) para alcançar seu verdadeiro objetivo de prazer e novidade.[768]

Não demorou muito para que as estâncias balneares começassem a ostentar fileiras de máquinas de banho em cores vivas. A realeza foi responsável por popularizar os aparelhos. Jorge III passava férias em Weymouth, e Fanny Burney registrou em seu diário um divertido relato do rei mergulhado no mar:

> As máquinas de banho assumem-no [o "Deus salve o rei"] como lema sobre todas as suas janelas; e os banhistas que pertencem aos mergulhadores reais usam-no nas fitas de seus gorros, para entrar no mar; e ostentam-no de novo, em letras grandes, em volta das cinturas, para enfrentar as ondas. Os trajes de flanela arregaçados, sem sapatos ou meias, com fitas e cintas, têm uma aparência muitíssimo singular; e, quando examinei pela primeira vez essas ninfas leais, foi com alguma dificuldade que mantive minhas feições em compostura.
> E isso não é tudo. Pense na surpresa de Sua Majestade, quando, banhando-se pela primeira vez, ele mal havia enfiado sua cabeça real embaixo d'água quando uma banda de música, escondida em uma máquina vizinha, começou a tocar "Deus salve o grande Jorge, nosso Rei".[769]

Alguns dos mergulhadores ficavam bastante famosos, sobretudo se tivessem mergulhado membros da realeza. Dois dos mais famosos trabalhavam em Brighton, Martha Gunn e Old Smoaker. Somos tentados a imaginá-los muito parecidos com a figura corpulenta no canto esquerdo da caricatura de Heath. Em agosto de 1806, o *Morning Herald* relatou:

> A Praia esta manhã estava repleta de damas, todas ansiosas pela perspectiva de dar um mergulho. As máquinas, claro, estavam em grande demanda, embora nenhuma pudesse ser deslocada para dentro do oceano em consequência da forte ondulação, de modo que permaneceram estacionadas à beira da água, ponto a partir do qual Martha Gunn e suas robustas assistentes femininas pegavam suas belas cargas, cobriam-nas bem com seus vestidos parcialmente coloridos e delicadamente as carregavam nos braços até as ondas de rebentação, que não tão delicadamente passavam por cima delas.[770]

Tanto Martha Gunn quanto Old Smoaker mergulharam o príncipe regente. Em certa ocasião, Old Smoaker precisou convencê-lo a não tomar banho porque o mar estava perigoso demais:

> "Vou tomar banho esta manhã, Smoaker."
> "Não, não, Vossa Alteza Real, é perigoso demais."
> "Mas eu vou."
> "Ora, ora, assim não pode ser [...] Vai ser o meu fim se vossa alteza tomar banho. O que acha que o seu real pai iria pensar de mim se vossa alteza se afogasse?"
> "Ele diria: 'A culpa é toda sua, Smoaker. Se você tivesse cuidado dele direito, o pobre Jorge ainda estaria vivo.'"[771]

No fim do verão de 1804, Jane Austen visitou Lyme Regis com sua família. Eles estavam empreendendo uma longa excursão por Devon e Dorset. Enquanto permaneceu em Lyme, Jane pegou uma febre – "é o grito da moda esta semana em Lyme" – e, como parte de sua recuperação, fez uso das máquinas de banho. "Eu continuo muito bem", contou a Cassandra, que havia partido para Weymouth com Henry e Eliza, "e, como prova disso, banhei-me de novo esta manhã".

Jane Austen gostou tanto da experiência de ser mergulhada que continuou a tirar proveito: "O Banho foi tão delicioso esta manhã, e Molly, tão insistente comigo para que eu me divertisse, que acredito ter permanecido até por tempo demais, pois desde o meio do dia tenho me sentido excessivamente cansada. Terei mais cuidado da próxima vez, e não vou tomar banho amanhã, como eu tinha pretendido antes".[772] Molly parece ter sido sua mergulhadora.

Emma Woodhouse, apesar de todos os seus privilégios, nunca viu o mar, mas sua lua de mel é de duas semanas à beira-mar. A própria Jane Austen nunca se sentia mais feliz do que quando estava junto ao mar, ou mesmo dentro dele. Já vimos que uma das compensações de sua mudança para Bath, em 1801, foi a perspectiva de férias de verão à beira-mar. Depois, os anos em Southampton proporcionaram um período de residência numa cidade litorânea. Ela pôde conhecer Lyme, Dawlish e Colyton, e também Teignmouth, Sidmouth e Charmouth. Vimos também que, segundo a recordação das sobrinhas, ela chegou a ir até Gales, permanecendo em Tenby e Barmouth.

A localização de Barmouth, na costa oeste de Gales do Norte, na foz do rio Mawddach, situada entre a cordilheira e o mar, é uma das mais belas numa terra de belezas. Tem uma gloriosa praia de areia. William Wordsworth a descreveu assim: "Com uma linda vista do mar em frente, as montanhas atrás, o glorioso estuário se estendendo por treze quilômetros terra adentro e Cadair Idris no limite de um dia de caminhada, Barmouth sempre poderá se defender contra qualquer rival".[773] Supondo que as memórias das sobrinhas não lhes falharam, essa foi a região mais sublime que Jane Austen já viu.

As férias em Sidmouth ocorreram, provavelmente, no verão de 1801. "Sidmouth", ela escrevera numa carta para Cassandra em janeiro daquele ano, "é mencionada agora como nossa morada de verão".[774] Na sequência de uma visita do rei em 1791, esse pequeno e isolado vilarejo costeiro de East Devon se viu em certa medida, súbita e inesperadamente, na condição de lugar da moda. Embora Cassandra recordasse mais tarde um jovem clérigo se apaixonando por Jane ali, a história real é a de que Jane se apaixonou pelo mar.

Sidmouth é uma adorável e intocada cidade à beira-mar, aninhada sob majestosas falésias avermelhadas e as colinas verdes do glorioso Sid Valley. Austen, sempre uma caminhante ávida, podia subir Peak Hill e contemplar as vistas panorâmicas das duas praias de Sidmouth, Clifton e Jacob's Ladder. Esta última se estende por um quilômetro e meio e fica em uma linda baía protegida. O mar em Sidmouth é de um cintilante rosa com azul, um efeito peculiar da areia vermelha. As estalagens e casas de pensão eram situadas na ampla e abrangente esplanada para oferecer as melhores vistas do mar.

O ar ameno e limpo de Sidmouth e seu clima quente somavam-se a suas atrações, como notado num guia contemporâneo: "Os habitantes são notáveis por sua aparência saudável e pela longevidade. Tal circunstância, na verdade, pode ser naturalmente esperada em função da adequação do ar, do bom solo seco e da localização muitíssimo saborosa, aberta para o oceano, mas não sujeita a névoas, e abrigada de todos os ventos a não ser o sul".[775]

Graças a seu novo status de destino da moda, a cidade tinha uma boa biblioteca, salões públicos, um elegante salão de baile e máquinas de banho alinhadas na praia. De acordo com um guia de 1803, era um lugar particularmente bom para desfrutar do "furor em voga pelos banhos".[776] Ficava a poucos quilômetros de Lyme Regis – em *Persuasão*, William Elliot viaja para Lyme via Sidmouth.

Os Austen foram convidados a visitar East Devon a pedido de Richard Buller, um dos alunos em Steventon de George Austen, agora casado e estabelecido no vilarejo de Colyton, onde era vigário. Colyton, com seus magníficos panoramas rurais, aninha-se entre Sidmouth, em Devonshire, e Lyme Regis e Charmouth, em Dorsetshire, sendo assim um ponto ideal do qual partir para uma excursão pelo litoral.

Jane Austen também esperava que visitar os Buller pudesse "ajudar com o esquema de Dawlish".[777] Eles podem ter descoberto que Dawlish, na costa sul de Devon, seria uma viagem longa demais naquela ocasião, mas passaram férias lá em 1802, quando também visitaram Teignmouth. Teignmouth era um pitoresco porto de pesca que virou balneário da moda por volta da virada do século. Uma grande atração, além do clima ameno, eram as "amazonas de Shaldon" – mulheres musculosas que puxavam redes de pesca estando "nuas até o joelho". Shaldon era uma pequena aldeia na margem oposta do rio. Teignmouth também possuía um teatro, uma casa de chá e salões públicos. Bailes eram promovidos, em geral uma vez por quinzena, e havia um excelente mercado local.[778] Fanny Burney, uma visitante regular, deu seu primeiro mergulho no mar ali, e John Keats permaneceria por várias semanas, completando seu longo poema *Endymion* ("Algo belo é alegria para sempre"). De acordo com a tradição familiar, os Austen se hospedaram numa casa chamada Great Bella Vista.[779]

Dawlish era o vizinho menor de Teignmouth, com seu nome derivado de "água do diabo", porque a água que corria das falésias vermelhas lembrava sangue. Era conhecido por seu ar puro e sua longa praia de areia, repleta de máquinas de banho.[780] Em 1800, John Nash construiu Luscombe Castle ali para o banqueiro Charles Hoare, com paisagismo projetado por Humphry Repton, abrindo-se para belos panoramas costeiros. O detestável Robert Ferrars, em *Razão e sentimento*, adora Dawlish e o escolhe como destino de lua de mel. Ele acredita, equivocado, que o chalé das Dashwood fica localizado ali: "Ele pareceu ficar bastante surpreso com o fato de que alguém pudesse morar em Devonshire sem morar perto de Dawlish". Claramente, Jane Austen conhecia o lugar bem, pois sua sobrinha Anna, que ambientou seu romance ali, pediu à tia que lhe ajudasse com a checagem de fatos. "Não me chamaram atenção quaisquer Erros a respeito de Dawlish", Jane escreveu, de maneira tranquilizadora, antes de acrescentar: "A Biblioteca era particularmente deplorável e desprezível 12 anos atrás, com pequena probabilidade de ter tido a publicação de qualquer pessoa".[781]

Era Lyme Regis, claro, "a pérola de Dorset", que verdadeiramente arrebatava a imaginação de Jane Austen, como sabemos por *Persuasão*. Notavelmente, ela ambienta seu episódio de Lyme fora de temporada, em novembro, o mesmo mês no qual visitou Lyme pela primeira vez, em 1803: "As casas para alugar estavam fechadas, quase todos os locatários haviam partido, restavam pouquíssimas além das residentes", a praia não se mostra, como no verão, "animada por máquinas de banho", mas está, talvez, ainda mais bonita fora de temporada; e é "um estrangeiro muito estranho", ela nos diz, "aquele que não vê os encantos dos arredores de Lyme, que o fazem desejar conhecê-los melhor".[782]

Lyme tinha Salões Sociais onde Jane Austen dançou e sua mãe jogou cartas. As principais estalagens eram a Three Cups e a Royal Lion, mas havia diversas casas de pensão para acomodar os turistas.

Um grande incêndio, testemunhado por Jane Austen e sua família, irrompeu em novembro de 1803.[783] Começou na Crossman's, a padaria perto do George Inn, na noite de 5 de novembro. Um menino tinha ido à padaria na esperança de comprar tojo para sua fogueira. Uma empregada levou uma vela até o sótão em busca do tojo, mas, para seu horror, a chama tocou o tojo seco e um incêndio foi deflagrado. Em vez de chamar por ajuda, ela entrou em pânico, abandonou o fogo e saiu correndo para buscar água. Enquanto isso, o teto se foi. Por azar, soprava uma ventania, e a casa ao lado logo se inflamou. Nessa altura, o caos se instalou, as chamas se espalharam depressa, chegando até Green Mill e alcançando uma confecção de roupas, que foi consumida pelo incêndio. Houve esforços para salvar a capela, mas 42 casas foram destruídas.[784]

As casas destruídas pertenciam aos pobres, de modo que foi aberto um fundo de arrecadação para ajudar a alimentá-los. Uma cozinha comunitária foi montada na capela. O fogo não afugentou os Austen, pois eles voltaram para Lyme Regis no ano seguinte, com Henry e Eliza Austen. Eles podem ter ficado em Broad Street, na pensão do sr. Pyne, antes de se mudar para a hospedaria de Hiscott.

Depois da partida para Weymouth de Cassandra, Henry e Eliza, Jane escreveu para contar a Cassandra que estivera se banhando e dançando nos Salões Sociais, onde um jovem estava "de olho" nela:

> O Baile ontem à noite foi agradável, mas não cheio para uma Quinta-feira. Meu Pai permaneceu, satisfeito, até nove e meia – nós fomos um pouco depois das oito – e então caminhou de volta para casa com James e uma Lanterna, embora essa Lanterna, creio eu, não tenha sido acesa pois havia Lua no céu. Mas a Lanterna pode às vezes ser uma grande comodidade para ele. Minha Mãe e eu permanecemos cerca de

uma hora a mais. Ninguém me convidou nas duas primeiras danças; as duas seguintes dancei com o sr. Crawford, e, tivesse eu escolhido permanecer mais tempo, poderia ter dançado com o sr. Granville, filho da sra. Granville, a quem minha querida amiga, a srta. Armstrong, ofereceu-se para me apresentar, ou com um novo Homem de aparência esquisita que havia ficado de olho em mim por algum tempo e afinal, sem qualquer apresentação, perguntou-me se eu pretendia dançar novamente. Creio que ele deve ser irlandês por seu desembaraço, e porque o imagino como pertencente aos Exmos. Barnwell, que são filho e esposa do filho de um visconde irlandês, gente audaz de aparência estranha, perfeitos na condição de Qualidade em Lyme.[785]

Seu comentário sobre o desembaraço dos irlandeses é interessante, considerando-se sua experiência com Tom Lefroy.

Constance Hill, biógrafa do início do século XX que fez uma peregrinação por todos os lugares associados a Jane Austen, viu os Salões Sociais antes de sua destruição:

O salão de baile pouco mudou desde que a srta. Austen dançou nele naquela noite de setembro, quase cem anos atrás. Ele perdeu seus três candelabros de vidro que costumavam pender do teto abobadado, mas estes ainda podem ser vistos em uma casa particular na vizinhança. A orquestra consistia, somos informados, de três violinos e um violoncelo. Visitamos o salão à luz do dia, e a sensação era quase de flutuação, pois nada senão mar e céu azuis podia ser visto de suas várias janelas. Da ampla janela recuada na extremidade, porém, obtivemos um vislumbre das areias, do porto e do Cobb além.[786]

Essa é uma imagem para guardar com carinho: Jane Austen dançando sem ter nada visível além do azul do céu e do mar pelas altas janelas georgianas.

* * *

O Cobb em Lyme, tal como desenhado em
Jane Austen: seus lares e seus amigos, de Constance Hill

É em *Persuasão* que ela une sua arte literária e a fascinação do mar, com seu charme hipnotizante – "apenas se detendo, como deve se deter e apreciar a visão ao estar mais uma vez diante do mar todo aquele que merece vê-lo".[787] Seu retrato do chalé do capitão Harville – um marinheiro inválido, vivendo tão perto do mar – é pungente. Anne acorda cedo para caminhar junto ao mar antes do desjejum. Ela é acompanhada por Henrietta: "Caminharam pela areia, para observar a subida da maré, que uma bela brisa sudeste trazia com toda a grandeza permitida por uma costa tão plana. Elogiaram a manhã, enalteceram o mar, compartilharam as delícias da brisa refrescante".[788]

Enquanto Henrietta vai tagarelando sobre os benefícios à saúde do mar e do ar, Anne revela um quieto divertimento com aquele discurso apaixonado, mas, enquanto sobe os degraus "pelos quais se saía da praia", ela é admirada abertamente por William Walter Elliot. A questão, aqui, é que vemos através de seus olhos a veracidade dos clichês que Henrietta fica declamando, pois o ar marinho beneficiou Anne: "Sua aparência era excelente; tendo o brilho e o frescor da juventude de seus traços muito regulares e muito belos sido restituídos pelo vento fresco que soprara sobre sua pele e pela animação do olhar também por ele provocado".[789]

É também na beira do mar, e como pano de fundo para a queda de Louisa no Cobb, que Anne e o capitão Benwick discutem poesia. Num detalhe que agradaria seu editor John Murray, Austen afirma que os "escuros mares azuis" de Lord Byron em *O corsário* "não poderiam deixar de vir à tona diante daquele cenário":

> No escuro mar azul, por sobre as águas contentes,
> Nossa alma, como nossos pensamentos, avança infinitamente.
> Até onde a brisa vai, os vagalhões se movimentam,
> Nosso império avistam, e nosso lar contemplam![790]

Lyme é o cenário do célebre e apavorante acidente que quase mata Louisa Musgrove, a queda dos degraus íngremes do Cobb – o velho molhe de pedra –, quando ela é "saltada" por Wentworth. A queda, prenunciada pela "queda feia" sofrida pelo pequeno Charles Musgrove num momento anterior do romance, provoca-lhe um ferimento grave na cabeça, e é um ponto de virada na trama.

Persuasão é cheio de personagens avariados. Há aqueles que foram profundamente afetados e afligidos por acontecimentos da vida, como a inválida sra. Smith, o capitão Benwick, inclusive Anne. Há acidentes físicos que vão do corriqueiro ao sério. O almirante Croft sofre de gota. O capitão Harville foi ferido no mar e é coxo. Charles Musgrove quebra a clavícula e sua família teme por danos na coluna. Louisa sofre o ferimento na cabeça. Depois, há aqueles que são espiritualmente avariados, como William Walter Elliot, que tem "um coração negro, oco e negro".[791]

Jane Austen transfere a ação da cidade termal para a beira-mar, refletindo uma tendência importante nas indústrias de saúde e lazer. Weymouth se tornou um dos primeiros destinos turísticos modernos depois que o irmão do rei George III, o duque de Gloucester, construiu ali uma grandiosa residência, Gloucester Lodge, para passar os invernos no clima ameno. O próprio rei fez de Weymouth sua residência de verão em catorze ocasiões entre 1789 e 1805. Quando Henry, Eliza e Cassandra trocaram Lyme por Weymouth, na esperança de ver a família real, Jane escreveu: "Eu estava em certa medida preparada – em particular, para sua decepção em não ver a Família Real subir a bordo na Terça-feira"[792] – os Austen haviam chegado tarde demais para ver o rei embarcar no iate real. Jane alegava ter pouco interesse por Weymouth ou pela realeza: "Weymouth é um lugar absolutamente chocante, percebo, sem recomendações de qualquer espécie e digno apenas de ser frequentado pelos habitantes de Gloucester".[793]

Brighton era o destino litorâneo preferido do príncipe regente. Ele havia tomado para si o Royal Pavilion, que foi remodelado por Nash no exótico estilo oriental adorado pelo príncipe. Brighton é o dissipado pano de fundo para a sexualmente ativa Lydia Bennet: "aquele balneário alegre" é para onde ela foge com Wickham.

Nos romances de Jane Austen, os mal-afamados balneários litorâneos associados à família real e seus parasitas são os lugares

"Balneário, vestidos matinais", imagem de
The Gallery of Fashion (setembro de 1797): visão por trás
de damas usando gorros, no alto de uma falésia que
se abre para o mar, com máquinas de banho abaixo.

A máquina de banho / 377

fora do palco nos quais ocorrem encontros de consequências desafortunadas. Em *Mansfield Park*, Weymouth é o pano de fundo para o encontro desastroso de Tom Bertram com John Yates, que mais tarde foge com a irmã de Tom, e é o lugar onde Frank Churchill encontra Jane Fairfax e fica noivo dela, em *Emma*. "Eu me sinto realmente muito contente por não termos ido para lá", Austen diz sobre a excursão para Weymouth em 1804, e, de fato, nós não vamos para lá nos romances.

O desvio para Lyme, em *Persuasão*, claramente estimulou seu apetite por escrever sobre o litoral. Tão logo terminou *Persuasão*, Jane começou um novo romance que pensou em chamar de "Os irmãos". A ação se passa num balneário fictício na costa de Sussex, em algum lugar entre Hastings e Eastbourne (talvez a Bexhill de hoje?). Ele é chamado de Sanditon, e esse foi o título dado ao romance inacabado pelo estudioso R.W. Chapman, quando este publicou o manuscrito na íntegra pela primeira vez, na década de 1920.

Sanditon é uma representação evocativa e brilhante de uma nova comunidade emergente à beira-mar, com direito a incorporadores imobiliários promovendo o turismo ao transformar chalés de pescadores em casas de pensão e construir casas modernas na encosta com vista para o mar. As novas edificações têm nomes da moda como Trafalgar House e há planos para a construção de um crescente, a ser nomeado em homenagem a Waterloo. Há lojas (Whitby's, Jebb's and Heeley's, exibindo "sapatos azuis e botas nanquim na vitrine") e uma quitanda, a Stringer's, onde os turistas podem comprar frutas e legumes. Mais afastado do vilarejo, subindo The Hill, onde o sr. Parker construiu sua nova casa, há um aglomerado de novas lojas e instalações, uma biblioteca contendo seu próprio centro de compras em escala menor, um terraço para caminhadas, uma modista para comprar os mais recentes artigos de chapelaria, um hotel e um salão de bilhar. Dali, a caminhada é leve até a praia "e até as máquinas de banho" que enfeitam, coloridas, a beira da praia.

A heroína, recém-chegada a Sanditon, sente-se revigorada pela energia do lugar, parada diante de sua "ampla janela veneziana" com vista para o "variado primeiro plano de edifícios inacabados, tecidos ondulantes e telhados de casas até o mar, dançando e cintilando sob a luz do sol e o frescor".[794] O fragmento sobrevivente é cheio dessa prosa ritmada. Deixa-se ler como um romance dos primórdios vitorianos, explodindo com uma gama de personagens fascinantes e exalando vitalidade, uma mistura de deleite e desprezo pela marcha do progresso. Há um mito de que *Persuasão* foi o romance outonal da despedida de Jane Austen, de que ela sabia que estava morrendo, mas *Sanditon* sugere o contrário.

Os "irmãos" são Tom, Sidney e Arthur Parker. Tom, de coração aberto e sociável, é o homem dedicado a popularizar Sanditon. Embora tenha um casamento feliz, "Sanditon era uma segunda esposa com quatro filhos para ele – não menos querida – e certamente mais absorvente – ele seria capaz de ficar falando do lugar para sempre".[795] Parte da razão pela qual Tom ama o litoral é o fato de ele pertencer a uma família de hipocondríacos, em particular suas duas irmãs, que são "tristes inválidas", e seu irmão mais novo, Arthur, que é descrito como delicado, mas é, na verdade, um glutão preguiçoso. Sanditon é a "loteria" de Tom Parker, "seu jogo de especulação e seu cavalinho de pau". O dom de Austen para o discurso indireto livre – animando as vozes de seus personagens enquanto mantém sua própria voz narrativa friamente isolada deles – ganha rédea solta aqui. Tom Parker fala como um anúncio promocional:

> O ar marinho e o banho de mar, juntos, eram praticamente infalíveis, um ou outro deles sendo a companhia ideal para qualquer transtorno, do estômago, dos pulmões ou do sangue; eles eram antiespasmódicos, antipulmonares, antissépticos, antibiliosos e antirreumáticos. Ninguém poderia pegar um resfriado junto ao mar, a ninguém faltava apetite junto ao mar, a ninguém faltava ânimo, a ninguém faltava força [...] se a brisa do mar falhasse, o banho de mar era o corretivo certo, e, onde os banhos desacordassem, a brisa do mar era por si só, evidentemente, projetada pela natureza para a cura.[796]

As irmãs Parker, Diana e Susan, são personagens intrigantes. Quando encontramos Diana, ela se mostra realmente obcecada por saúde, mas está desiludida com a medicina convencional: "Abandonamos inteiramente a tribo médica como um todo". As irmãs agora tratam a si mesmas ("automedicação") homeopaticamente, com chás de ervas e tônicos caseiros ou "amargos". A relação das duas com a comida é particularmente interessante: "Susan nunca come", diz Diana, e "eu jamais como por cerca de uma semana depois de uma viagem".[797]

Charlotte, a heroína perspicaz do romance, decide que "Alguma delicadeza natural da constituição [...] com uma desafortunada incursão pela medicina, especialmente a medicina curandeira", de fato prejudicou a "saúde física" das irmãs, mas "o resto de seu sofrimento era fantasia".[798] Quando ela as encontra pela primeira vez, seu olhar é atraído pelos inúmeros frascos de sais e gotas medicinais alinhados na lareira. O chá é servido em diversos bules diferentes, uma vez que elas têm uma grande variedade de "chá de ervas". Elas só comem torradas secas e bebericam xícaras de forte chá verde. O litoral sempre atrai pessoas seduzidas por um estilo de vida alternativo, assim como idosos, doentes e visitantes temporários.

Os Parker diagnosticam seus próprios problemas de saúde como sendo psicologicamente ligados aos nervos e à histeria. Charlotte, toda bom senso e a imagem de "juventude em flor", aconselha: "Até onde consigo entender o que são as moléstias nervosas, tenho grande confiança na eficácia do ar e do exercício para elas, o exercício regular e diário".[799]

Diana Parker é atraída ao encontro de outros inválidos, como a mocinha delicada das Índias Ocidentais, a srta. Lambe. Em nome da srta. Lambe, ela providencia alojamentos em Sanditon e fecha acordos com as mergulhadoras para banhos de mar. Faz votos de que vai acompanhar a srta. Lambe quando esta "der seu primeiro mergulho. Ela está tão assustada, pobre coitada, que eu prometi acompanhá-la para lhe dar ânimo, e entrar junto na máquina se ela desejasse".[800] Uma jovem mestiça e uma mulher com opiniões malucas a respeito de medicina e dieta, juntas em uma máquina de banho numa praia de Sussex: essa não é a nossa imagem habitual dos romances de Jane Austen.

A outra trama principal de *Sanditon* envolve os herdeiros de uma viúva rica, Lady Denham, uma dupla de irmão e irmã que chegou ao balneário para se congraçar com ela. No momento em que Jane estava escrevendo o romance, a família Austen esperava ansiosamente por notícias de sua própria herança do sr. Leigh-Perrot. O assunto estava muito presente nos pensamentos de Jane Austen. Ela também andava preocupada com um processo judicial que alguém estava movendo contra Edward Austen, contestando sua herança dos Knight. As mulheres Austen tinham plena consciência de que poderiam perder sua casa. Grande parte de sua futura segurança dependia do testamento do tio. A saúde de Jane estava em declínio, e a tensão não ajudava.

Em *Sanditon*, há duas facções na batalha pela herança de Lady Denham. Sir Edward Denham e sua irmã se posicionam num lado do campo, e no outro fica a adorável, mas pobre, Clara Brereton. Sir Edward é um dos libertinos mais interessantes de Jane Austen. Ele planeja seduzir a rival Clara. Seu outro plano, mais extremado, caso ela deixe de ceder a seus encantos, é raptá-la e, presumivelmente, submetê-la à força. Sir Edward conscientemente toma como modelo o monstro perverso de Samuel Richardson, Lovelace, que sequestra e estupra Clarissa Harlowe. Ele lê Richardson, e especificamente *Clarissa*, para inflamar seu ardor e adicionar um "incentivo ao vício": "Sua imaginação tinha sido capturada cedo por todas as partes apaixonadas e mais repreensíveis de Richardson [...] no que dizia respeito a determinada perseguição da mulher pelo homem, desafiando toda oposição do sentimento e da conveniência".

Seu "grande objetivo na vida", a narrativa nos diz, "é ser sedutor [...] ele sentia que havia sido formado para ser um homem perigoso – bem na linha dos Lovelaces [...] era Clara quem ele pretendia seduzir. A sedução dela estava bastante decidida [...] se ela não pudesse ser vencida pelo afeto, ele teria de levá-la consigo. Ele sabia o que fazer".[801] Sir Edward planeja "ruína e desgraça para o objeto de suas afeições". Fica evidente que Clara é uma versão "jovem, adorável e dependente" de Clarissa. Que o destino dela pode ser o mesmo é sugerido nas páginas finais da *Sanditon*, quando Charlotte os flagra sozinhos nos limites exteriores de Sanditon House.

Mas nós nunca saberemos se Sir Edward raptou e estuprou Clara, ou se ele era pura conversa e nenhuma ação. Tampouco saberemos se Charlotte se casou ou não com Sidney Parker. Anna Austen recordou ter conversado com Jane sobre *Sanditon* em seus meses finais, mas a autora não lhe contou como o romance terminaria. Austen começara *Sanditon* em janeiro de 1817, mas teve uma grave recaída no início de março. Ela não tinha estado bem de saúde desde julho de 1816. As duas tramas de *Sanditon*, herança e saúde, invadiram sua própria vida. O interesse de Jane pela relação entre a saúde física e a psicológica se tornou demasiado real quando ela soube da novidade quanto ao testamento de seu tio.

O sr. Leigh-Perrot morreu em 28 de março de 1817, e deixou tudo para sua esposa. Os Austen estavam na expectativa de uma herança, sobretudo a mãe de Jane e James Austen, herdeiro dos Leigh-Perrot, que não tinham filhos. Agora elas teriam de esperar até a morte da sra. Leigh-Perrot para receber um tostão de seu legado. A notícia fez Jane desmoronar. Ela implorou a Cassandra, ausentada naquele momento, que retornasse para casa: "Sinto vergonha de dizer que o choque do Testamento de meu Tio provocou uma recaída, e eu fiquei tão doente [...] que não pude deixar de pressionar pelo retorno de Cassandra [...] Sou a única dos Legatários que tem sido tão boba, mas um Corpo fraco deve servir de desculpa para nervos fracos".[802] Isso tem uma pungência adicional, considerando-se suas observações em *Sanditon* sobre a conexão entre "corpos fracos" e "nervos". Ela não tinha como saber que o mal de Addison, do qual provavelmente sofria, parece estar ligado especificamente ao estresse.[803] No mal de Addison, ou hipocortisolismo, as glândulas suprarrenais, localizadas logo acima dos rins, não produzem em quantidade suficiente um hormônio chamado cortisol. A função mais importante do cortisol é ajudar o corpo a responder ao estresse. Hoje, a doença é tratada de modo exitoso com hidrocortisona, um hormônio esteroide. Doses extras são ministradas em momentos de estresse, conhecidos como "crises addisonianas".

O primeiro choque vivenciado por ela ocorreu em março de 1816, quando o banco de seu irmão Henry quebrou. Isso parece ter precipitado seu mal de Addison. Se sua segunda crise addisoniana foi a exclusão da família no testamento, é particularmente pungente que a insegurança financeira das mulheres, sobre a qual ela escreveu com tamanho brilhantismo em seus romances, tenha minado sua saúde tão a fundo. O desastre financeiro de Henry, aliado ao do testamento de Leigh-Perrot e sua incerteza sobre o processo judicial de Edward em andamento, com toda certeza exacerbou sua condição. O ar fresco do mar e o exercício já não poderiam salvá-la. Em 24 de maio de 1817, Cassandra levou sua irmã, cada vez mais desvanecida, a Winchester para um tratamento médico melhor do que o disponível em Chawton. Jane morreu oito semanas depois.

Epílogo

Ela está sentada no chão ao ar livre, vestida de azul-claro, à sombra de uma árvore e contemplando um espaço vazio. Ela é desenhada de costas, de modo que não podemos ver seu rosto. Nunca saberemos o que estava escondido por baixo do gorro elegante. O que de fato sabemos é que este é o único retrato incontestavelmente autêntico de Jane Austen que chegou até nós.[804]

É um desenho em aquarela assinado por C.E.A., as iniciais de sua querida irmã, Cassandra Elizabeth Austen, e datado de 1804, quando Jane tinha 28 anos. Sua origem foi descrita mais de meio século depois, em uma carta de Anna Lefroy, sobrinha de Jane e Cassandra, escrita para James Edward Austen-Leigh em 1862, quando este estava recolhendo material para seu livro de memórias: "Um esboço que Tia Cassandra fez dela em uma de suas expedições – sentada ao ar livre num dia quente, com os barbantes de seu gorro desatados".[805] Essa não é a tia Jane sentada em uma sala silenciosa, ocultando seus escritos ao ouvir o rangido de uma porta. É uma mulher em meio a uma *expedição*, na companhia da pessoa que ela ama mais do que qualquer outra criatura no mundo. A imagem é maravilhosamente evocativa de uma Jane Austen ao ar livre, e de cenas dos romances como o passeio para colher morangos ou a viagem para Box Hill em *Emma*. No entanto, por não revelar seu rosto, ela cria uma sensação de mistério quanto à verdadeira aparência da romancista.

Seu rosto era desconhecido por seu público original. Não houve gravura dela na imprensa por ocasião de sua morte, nenhum frontispício para a breve notícia biográfica que seu irmão publicou em 1818, com *A abadia de Northanger* e *Persuasão*. Quinze anos depois da morte de Austen, um editor de clássicos populares chamado Richard Bentley decidiu reimprimir *Razão e sentimento* em sua coleção Standard Novels. Ele perguntou à família se havia uma imagem de Jane que pudesse usar como frontispício. Uma carta de Henry Austen a Bentley, datada de 4 de outubro de 1832, dá uma resposta muito interessante: "Quando encontrei o senhor em Londres, mencionei que um esboço dela tinha sido desenhado – em posterior indagação e inspeção, constato tratar-se meramente do vulto e da postura – O rosto estava escondido por um véu – tampouco havia pretensão de qualquer semelhança de feições – era um 'Estudo'". Henry, presumivelmente, consultou sua irmã Cassandra, e esta pode muito bem ter lhe mostrado o esboço desenhado por trás.

Jane Austen continua sendo a figura mais elusiva entre todos os nossos grandes escritores, com exceção de Shakespeare – o único autor em relação a quem, de acordo com seus primeiros admiradores na imprensa, ela fica em segundo lugar, e outra figura cuja imagem, como a de Austen, é uma questão de feroz controvérsia. Austen não deixou quaisquer diários íntimos ou cadernos de anotação reveladores. A vasta maioria de suas cartas foi perdida.

A correspondência, de modo exasperante, tem lacunas em diversos períodos-chave – a residência em Bath, os dois anos que antecederam sua primeira aparição impressa, o momento de sua transferência de Egerton para Murray. Além disso, os romances e as cartas são tão cheios de ironia e brincadeira que seus verdadeiros sentimentos e crenças nunca podem ser totalmente determinados. Ela mantém o rosto virado para longe de nós.

No final, então, é apropriado que a única imagem irrefutavelmente autêntica da verdadeira Jane Austen seja o esboço de Cassandra retratando a irmã de costas. No entanto, esse esboço revela mais do que já foi percebido por biógrafos anteriores. O contexto no qual Anna Lefroy descreveu sua origem foi uma pergunta sobre as viagens de Jane Austen. "*Ela* esteve certa vez, creio eu, em Tenby – e certa vez eles foram bem para o norte, chegando até Barmouth – eu daria um bocado, isto é, tanto quanto meus recursos me permitissem, por um esboço que Tia Cassandra fez dela em uma de suas expedições – sentada ao ar livre num dia quente, com os barbantes de seu gorro desatados". Não se trata de uma expedição qualquer, mas de uma expedição muito específica: uma viagem para o litoral numa daquelas férias em família durante os anos de Bath.

Charmouth ganhava uma predileção especial dos banhistas de mar. Aquecido pela corrente do Golfo, o mar é relativamente temperado. Em *Persuasão*, Mary Musgrove se banha ali. Charmouth não ostentava os prazeres da moda, mas era um lugar para os amantes da natureza. Sua posição elevada significava que oferecia vistas extraordinárias. Erguendo-se abruptamente acima das areias douradas há Stonebarrow Hill e Golden Cap, cujas falésias são o ponto mais alto do litoral sul da Grã-Bretanha. Das falésias verdes e douradas, os panoramas que se estendem por sobre Lyme Bay são espetaculares. Os caminhantes são estimulados a subir as falésias para sentar e contemplar a imensidão do mar abaixo.

Em *Persuasão*, Austen se mostra profundamente emocionada com Charmouth, "com suas terras altas e amplas extensões campestres e, ainda mais, sua encantadora e retirada baía, circundada por rochedos sombrios, onde fragmentos de rochas baixas em meio à areia fazem dali o melhor lugar para se observar o fluxo da maré, para se sentar em despreocupada contemplação".[806] Se nós tivéssemos de arriscar um palpite sobre a "expedição" na qual Jane e Cassandra estavam quando o desenho foi esboçado, uma resposta tão boa quanto qualquer outra seria o passeio para Charmouth em agosto de 1804, antes de Cassandra seguir para Weymouth.

Austen está claramente sentada em uma posição elevada. Poderia um leve vento do mar estar levantando suavemente as fitas de seu gorro afrouxado? Estaria ela ocupada em "observar o fluxo da maré [...] em despreocupada contemplação"? O vazio da vista abaixo sugere que aquele é de fato um panorama marinho, e não campestre.

Duas mulheres, irmãs e melhores amigas, estão caminhando no alto das falésias em um dia quente de verão no litoral sul da Inglaterra. Elas se sentam para descansar. É o ano anterior a Trafalgar. Elas conversam, como fazem todos os dias, sobre seus dois irmãos que estão longe, combatendo na mais feroz guerra marítima da história, arriscando as vidas pela preservação de sua nação. A irmã mais velha pega as aquarelas que trouxe consigo. A pintura *en plein air* era uma moda do momento. Ela esboça sua companheira por trás. O gorro da amada irmã mais nova está desatado, os barbantes ondulam na brisa salgada. Jane Austen está olhando para o mar.

Notas

PRÓLOGO: A CARPINTARIA DO CAPITÃO HARVILLE

1. A imagem pertence a uma série de delicados desenhos em aquarela e lápis de Lyme Regis e seus arredores, executados por Coplestone Warre Bampfylde durante uma excursão em 1784, hoje no Victoria and Albert Museum.
2. *Persuasão*, 1.11.
3. *Cartas de Jane Austen*, ed. Deirdre Le Faye (3ª ed., 1995), Carta 104, agosto de 1814. Todas as cartas citadas por mês e numeração de carta de Le Faye.
4. Mary Lloyd para Anna Lefroy, 9 de julho de 1829, citada em *Jane Austen: um registro familiar* (1989), de William Austen-Leigh e Richard Arthur Austen-Leigh, revisado por Deirdre Le Faye, p. 237. Doravante citado como *Registro familiar*.
5. *Persuasão*, 1.11.
6. Citação de M.A. DeWolfe Howe, "Uma carta de Jane Austen, com mais 'Janeana', de um velho livro de manuscritos", *Yale Review*, 15 (1925-6), pp. 319-35. Todas as citações subsequentes dessa correspondência são citadas da mesma fonte.
7. Carta 91, out. 1813.
8. Carta 4, set. 1796.
9. Henry Austen, "Notícia biográfica da autora" (1818), repr. em *J.E. Austen-Leigh: Uma memória de Jane Austen e outras recordações familiares*, ed. Kathryn Sutherland (2002), pp. 137-43. Doravante citado como *Memória*.
10. Quase todos os fatos conhecidos foram recolhidos pela incansável Deirdre Le Faye em *Uma cronologia de Jane Austen e sua família 1700-2000* (2006), obra à qual sou muito devedora. Doravante citada como *Cronologia*.
11. A mais completa, confiável e criteriosa biografia do berço ao túmulo é *Jane Austen: sua vida* (1987), de Park Honan. O *Registro familiar* também continua indispensável.
12. Kingsley Amis, *Memórias* (1992), p. 15.
13. *As cartas de Jane Austen*, ed. Edward, Lord Brabourne (1884), p. x.
14. Ibid., p. xi.
15. *Quarterly Review*, out. 1815, repr. em *Jane Austen: a herança crítica*, ed. B.C. Southam (1968), pp. 58-69.
16. Edward Orme, *Um ensaio sobre impressões transparentes e transparências em geral* (1807), citado em *British Critic*, vol. 30 (dez. 1807), p. 688.

CAPÍTULO UM: O PERFIL DA FAMÍLIA

17. Maria Augusta Austen Leigh, *James Edward Austen Leigh: memórias de sua filha* (1911), p. 11. Ver também Sophia Hillan, *May, Lou e Cass: as sobrinhas de Jane Austen na Irlanda* (2011), p. 56. Quanto a Wellings, Lavater e a arte da silhueta, ver http://www.wigsonthegreen.co.uk/silhouettes_guide.html (acessado em 16 de junho de 2012).
18. *Emma*, 1.11.
19. Esse relato foi feito por Anna Austen em suas memórias "Recordações de tia Jane" (1864), citado em *J.E. Austen-Leigh: Uma memória de Jane Austen e outras recordações familiares*, ed. Kathryn Sutherland (2002), p. 160. Doravante citado como *Memória*.
20. Richard Arthur Austen-Leigh, *Austen Papers, 1704-1856* (1940), pp. 32-3.
21. Carta 18, jan. 1799, adaptando uma frase de *Camilla*, de Burney (1796), "minha própria sobrinhazinha particular" (vol. 4, p. 30), em que o contexto é a separação da família.
22. *Registro familiar*, p. 20.
23. Austen-Leigh, *Austen Papers*, p. 27.
24. Carta de 23 set. a 7 nov. de 1772, ibid., pp. 64-8.
25. "Tenho todos os quatro em casa": Austen-Leigh, *Austen Papers*, pp. 27-8 (8 de novembro de 1772).
26. Outra carta da sra. Austen, datada de 6 de junho 1773, menciona todas as crianças na casa, mas não George, sugerindo que ele foi hospedado em outra casa anteriormente naquele ano, precisamente no momento em que o reverendo George Austen começou a receber meninos.
27. Ver Thomas Bewley, *Da loucura à doença mental: uma história do Royal College of Psychiatrists* (2008).
28. Carta 95, nov. 1813.
29. Carta 69, 26 de julho de 1809.
30. Ver o excelente texto de Linda Robinson Walker, "Por que Jane Austen foi mandada para a escola aos sete anos? Um olhar empírico sobre uma pergunta incômoda", *Persuasions On-Line 26.1* (Inverno de 2005).
31. Austen-Leigh, *Austen Papers*, p. 28.
32. Carta 99, mar. 1814.
33. Thomas Moore, cartas e diários de Lord Byron (1830), vol. 1, pp. 364-5.
34. Carta 24, nov. 1800.
35. Carta 25, nov. 1800.
36. Uma forma primitiva de beisebol era um jogo popular, especialmente com as meninas, no final do século XVIII (comparar com o moderno *rounders*).
37. *Memória*, p. 18.
38. *Registro familiar*, p. 46.
39. Ver Constance Hill, *Jane Austen: seus lares e seus amigos* (1902), p. 23.
40. William e Richard Arthur Austen-Leigh, *Jane Austen: vida e cartas: um registro familiar* (1913), p. 25.

41. *Emma*, 1.3.
42. Carta 4, set. 1796.
43. Henry Fielding se colocara na pele de um menino em *Tom Jones*, um romance bem conhecido por Austen.
44. *Mansfield Park*, 1.2.
45. Ibid., cap. 45.
46. William Cowper, *Obras poéticas com notas e uma memória* (1785), vol. 2, p. 217.
47. "Uma inclinação pelo campo é um defeito venial. Ele [William, o criado do irmão Henry] tem mais nele de Cowper do que de Johnson, mais apreciador de lebres domesticadas e verso branco do que da maré cheia da existência em Charing Cross": Carta 95, nov. 1813. Cowper escreveu um epitáfio sobre uma lebre de estimação.
48. *Mansfield Park*, 3.17.
49. Carta 53, jun. 1808.

CAPÍTULO DOIS: O XALE DAS ÍNDIAS ORIENTAIS

50. Austen-Leigh, *Austen Papers*, pp 57-8.; *Cronologia*, p. 51.
51. Carta de disposições testamentárias pessoais feitas ao mesmo tempo em que seu testamento, Pierpont Morgan Library, Nova York, MA4500; *Cronologia*, p. 664.
52. Carta 15, dez. 1798; Carta 121, out. 1815; Carta 19, maio 1799.
53. *Mansfield Park*, 2.13.
54. "Catharine, ou O caramanchão", no *Volume Terceiro*, em *Juvenília*, ed. Peter Sabor (2006), pp. 256-7. A edição de Sabor, à qual sou muito devedora, será citada doravante como *Juvenília*.
55. Carta 153, mar. 1817.
56. *Registro familiar*, p. 3.
57. Citação, Mark Bence-Jones, *Clive of India* (1974), p. 34.
58. "Catharine", em *Juvenília*, p. 257.
59. Para mais cor local, ver *Birds of Passage: Henrietta Clive's Travels in South India 1798-1801*, ed. Nancy K. Shields (2009).
60. Livro de cartas de Tysoe Hancock nos documentos de Warren Hastings, Biblioteca Britânica; citado em *A "prima extravagante" de Jane Austen: vida e cartas de Eliza de Feuillide*, ed. Deirdre Le Faye (2002), p. 31. Citado doravante como *Cartas de Eliza*.
61. Citação, Bence-Jones, *Clive of India*, p. 220.
62. Citação, *Cartas de Eliza*, p. 30.
63. Carta 87, set. 1813.
64. *Juvenília*, pp. 6, 92, 156.
65. Citação, *Cartas de Eliza*, p. 29.
66. Citação, ibid., p. 23.
67. Citação, ibid., p. 26.

68. Ibid., p. 46.
69. Citado em cartas de John Woodman para Warren Hastings na Índia: Documentos de Hastings, Biblioteca Britânica, Add. MSS 29150, fo. 23; 29152, fo. 150.
70. *Razão e sentimento*, 1.10.
71. *Cartas de Eliza*, p. 142.
72. Ibid., p. 62.
73. Ibid., pp. 88-9.
74. *Registro familiar*, p. 57.
75. *Cartas de Eliza*, p. 102.
76. Ibid., p. 112.
77. Ibid., p. 113.
78. Ver a gravura de William Hollands "Prelúdio para os motins em Mount Street", junho de 1792 (Departamento de Gravuras e Desenhos, Museu Britânico).
79. *Cartas de Eliza*, p. 116.
80. Ibid., p. 118.
81. *The Times*, 10 set. 1792.
82. *Registro familiar*, p. 53.
83. Citação, *Cartas de Eliza*, pp. 85-6.
84. Citação, ibid., p. 125.
85. Ibid., pp. 90, 95, 102, 119.
86. Caderneta de bolso de Warren Hastings, 15 de março de 1794, Museu Britânico Add. MSS 39882.
87. Ou seja, 23 de fevereiro de 1794. Le Faye, em *Cartas de Eliza* e *Cronologia*, confunde o dia da condenação com o da execução: ver *Liste générale et très exacte de tous ceux qui ont été condamnés à mort par le Tribunal révolutionnaire*, vol. 2 (1795), prisioneiro nº 396.
88. Louis Prudhomme, *Révolutions de Paris, dédiées à la nation* (1794), p. 540, tradução minha.
89. Ver sua biografia em *Biographie Bretonne* (1857), de Prosper Jean Levot.
90. *Juvenília*, p. 278.
91. Ibid., p. 251.
92. Grafado "Catharine" no título, mas quase sempre "Catherine" no texto.
93. *Juvenilia*, pp. 286-7.
94. Anos depois, Austen inseriu aqui uma referência ao romance moralista *Coelebs em busca de uma esposa*, de Hannah More, publicado em 1809: essa é uma evidência do continuado interesse da Austen madura por suas próprias obras precoces.
95. *A abadia de Northanger*, 1.14. Citações subsequentes de mesmo capítulo.
96. Citado em *Jane Austen: a herança crítica*, vol. 2: 1870-1940, ed. Brian Southam (1996), pp. 87-8.

CAPÍTULO TRÊS: OS CADERNOS DE VELINO

97. MS Don.e.7, Bodleian Library, Oxford; Add. MSS 59874 e 65381, Biblioteca Britânica, Londres. Descrição bibliográfica detalhada, fac-símile e transcrição diplomática, ed. Kathryn Sutherland et al., em www.janeausten.ac.uk (acessado em 11 de julho de 2012), na qual se baseia meu detalhamento dos três volumes.
98. Virginia Woolf, "Jane Austen", em *O leitor comum* (1925), pp. 168-72.
99. *Juvenília*, p. 131.
100. Caroline Austen, "Minha tia Jane Austen", em *Memória*, p. 174.
101. A última alteração foi feita provavelmente em 1811, quando ela inseriu "vestido da Regência" e "gorro da Regência".
102. Henry Fielding, *Shamela* (1741), Carta 2.
103. *Juvenília*, p. 6.
104. Ibid.
105. O Oxford English Dictionary registra exemplos que remontam a 1699.
106. *Juvenília*, pp. 7, 12.
107. Ibid., p. 16.
108. Ibid., p. 18.
109. Ibid., p. 16.
110. Ibid., p. 38.
111. *Bem está o que bem acaba*, 4.3.70. Uma das citações de Shakespeare favoritas do contemporâneo de Austen William Hazlitt.
112. *Juvenília*, p. 150.
113. Ibid., p. 190.
114. Na soberba edição de Peter Sabor (Cambridge) da *Juvenília*.
115. Ibid., p. 306.
116. Anotações para Goldsmith citadas de ibid., pp. 318-51.
117. "História da Inglaterra", citações de ibid., pp. 176-89.
118. Ibid., pp. 353-5.
119. Devo essa sugestão a ibid., p. 467.
120. Jaime se apaixonou por Carr quando este tinha apenas dezessete anos. Os dois permaneceram próximos até o afastamento em 1615. Jaime escreveu uma carta na qual se queixava de que Carr estivera "rastejando para trás e se recusando a deitar em meu quarto, apesar de minhas várias centenas de pedidos fervorosos solicitando-lhe o contrário". Ver *Homossexualidade e civilização* (2003), de Louis Crompton, p. 387.
121. "O generoso cura", p. 94.
122. *Juvenília*, pp. 59-60.
123. Ver o muitíssimo engenhoso *"A história da Inglaterra" de Jane Austen e os retratos de Cassandra*, ed. Annette Upfal e Christine Alexander (2009).
124. *Juvenília*, pp. 133.
125. Ibid., p. 28.
126. Ibid., pp. 37, 92-3.

127. *Loiterer*, no. 29. Texto integral disponível on-line em www.theloiterer/org/loiterer (acessado em 15 de julho de 2012).
128. *Loiterer*, nº 47, por James Austen.
129. *Loiterer*, nº 27.
130. O caso foi levantado pela primeira vez por Zachary Cope em "Quem era Sophia Sentiment? Teria sido Jane Austen?", *Book Collector*, 15 (1966), pp. 143-51. Fortes elementos de prova (por exemplo, a fonte de Hayley) foram fornecidos por Deirdre Le Faye, e o caso é analisado, com conclusão amplamente favorável à atribuição, por Sabor em *Juvenília*, pp. 356-61. Os céticos supõem que Sophia Sentiment seja Henry Austen escrevendo com uma voz feminina, mas vale a pena notar que, quando cartas imaginárias ao *Loiterer* são "ventriloquiadas" por James ou Henry, isso é sinalizado com suas iniciais, mas não é o caso aqui.
131. Para ver mais, Margaret Rogers, "O primeiro editor de Jane Austen", http://ibooknet-books4all.blogspot.co.uk/2009/12/jane-austens-first-publisher.html (acessado em 15 de julho de 2012).
132. *Juvenília*, p. 142.
133. Ibid., p. 126.
134. Cassandra Hawke, *Julia de Gramont*, 2 vols. (1788), vol. 1, p. 200.
135. *Juvenília*, pp. 127-8.
136. Coleridge, "Conferência sobre o tráfico de escravos", Bristol, 16 de junho de 1795.

CAPÍTULO QUATRO: A LISTA DE ASSINATURAS

137. Fanny Burney, *Camilla, ou Um retrato da juventude*, ed. Edward Alan Bloom e Lillian D. Bloom (1999), p. xvii.
138. Anotação de Austen em seu exemplar de *Camilla*, Bodleian Library, Oxford.
139. Ver David Allen, *Uma nação de leitores: a biblioteca de empréstimo na Inglaterra georgiana* (2008) e Katie Halsey, *Jane Austen e seus leitores* (2011).
140. *Orgulho e preconceito*, 1.14.
141. *Sanditon*, cap. 6, citado da edição da Oxford World's Classics de *A abadia de Northanger, Lady Susan, Os Watson e Sanditon*, ed. John Davie (1990).
142. Ibid.
143. *Orgulho e preconceito*, 2.19.
144. *Memória*, p. 16.
145. *Spectator* (1709), nº 365.
146. Carta 14, dez. 1798.
147. Carta 54, jun. 1808.
148. *Sanditon*, cap. 8.
149. Fanny Burney, prefácio de *A errante* (1814), vol. 1, p. xx.
150. *Sanditon*, cap. 8; *A abadia de Northanger*, cap. 14.
151. *A abadia de Northanger*, 1.5.

152. Ibid, 1.7.
153. Ibid, 1.5.
154. Diário, 6 de abril de 1782, *Os primeiros diários e cartas de Fanny Burney*, vol. 5: *1782-1783* ed. Lars E. Troide e Stewart J. Cooke (2012), p. 44.
155. Fanny Burney, *Cecilia*, ed. Peter Sabor e Margaret Anne Doody (1988), p. 930.
156. *Diário e cartas de Madame D'Arblay*, ed. Charlotte Barrett, 7 vols. (1904), vol. 2, pp. 72, 154.
157. Ver Pat Rogers, "Sposi in Surrey", *Times Literary Supplement*, 23 ago. 1996.
158. Carta 10, sáb. 27-dom. 28 de outubro de 1798.
159. Ver o excelente ensaio "Parcialidade e preconceito", de Claire Harman, www.claireharman.com/documents/Austenmarginalia_001.docx (acessado em 11 de julho de 2012).
160. Ver www.chawton.org/library/files/Hawke2.pdf (acessado em 11 de julho de 2012).
161. *Diário e cartas de Madame D'Arblay*, vol. 3, pp. 500-1.
162. *Os primeiros diários e cartas de Fanny Burney*, vol. 5, p. 24.
163. Ibid., vol. 2, pp. 5-7.
164. "Entre aqueles que, mais cedo ou mais tarde, foram vizinhos dos Leigh-Perrot estavam o pai de Maria Edgeworth, Richard Lovell Edgeworth (que fala da ajuda que recebeu do sr. Perrot em seus experimentos de telegrafar de Hare Hatch para Nettlebed por meio de moinhos de vento)": Austen-Leigh, *Jane Austen: vida e cartas*, cap. 9.
165. *Vida e cartas de Maria Edgeworth*, ed. Augustus Hare (2 vols., 1895), vol. 1, p. 131.
166. Carta a seu meio-irmão Charles Sneyd Edgeworth, citação de *Registro familiar*, p. 208.
167. Maria Edgeworth, *Belinda* (1801), c. 17.
168. Carta 65, jan. 1809.
169. Citação de Lisa Wood, *Modos de disciplina: mulheres, conservadorismo e o romance após a Revolução Francesa* (2003), p. 121.
170. Carta 108, set. 1814. A melhor análise das diferenças entre Jane Austen e Jane West, e de suas posições políticas, continua sendo *Jane Austen: mulheres, política e romance* (1988), de Claudia L. Johnson.
171. Carta 43, abr. 1805.
172. *Memória*, p. 71.
173. Frase de Anne Elliot em *Persuasão*, quando ela tenta se aproximar do capitão Wentworth.
174. Elogiado por Austen ao sobrinho Edward – ver David Gilson, *Uma bibliografia de Jane Austen* (1982), p. 89.
175. Carta 66, jan. 1809.
176. Carta 5, set. 1796.
177. Carta 108, set. 1814.

CAPÍTULO CINCO: AS IRMÃS

178. English Provincial School (artista desconhecido), *As irmãs Trevanion*, c.1805, coleção particular.
179. *West Briton*, 27 mar. 1840.
180. Não fui capaz de traçar o parentesco de Charles Leigh, mas a circunstância de que ele ascendeu ao posto de general, tornou-se um governador nas Índias Ocidentais e camareiro real do príncipe regente demonstra que ele tinha boas conexões – havia muitos ramos da família Leigh, remontando a Sir Thomas Leigh, o Lord Mayor elisabetano de Londres. Outra conexão byroniana é o fato de que Chandos Leigh, primo de Jane Austen cujo pai herdaria Stoneleigh alguns anos depois da visita de Jane (discutido em um capítulo posterior), foi colega de escola em Harrow e amigo próximo de Lord Byron. Os dois jantaram juntos um dia antes de Byron deixar a Inglaterra para sempre, em abril de 1816.
181. Carta 98.
182. Carta de 30 de novembro de 1796, *Registro familiar*, p. 92. Diferentes estudiosos atribuem a data do noivado de Cassandra a diversas ocasiões entre 1792 e 1795.
183. Carta 1, jan. 1796.
184. Carta 2, jan. 1796.
185. *Orgulho e preconceito*, 3.19.
186. A mãe de Jane e Cassandra, Cassandra Leigh, era neta de Theophilus Leigh (1643-1725) com sua segunda esposa, Mary Brydges (irmã do duque de Chandos). A mãe de Tom Fowle, Jane Craven, vinha de uma família que se casara com os Leigh.
187. O *Dicionário* do dr. Johnson fornece o uso correto de "nice": 1. Preciso em julgamento com exatidão minuciosa; superfluamente exato, 2. Delicado; escrupulosa e minuciosamente cauteloso.
188. Carta 58, out. 1808.
189. Carta 2, jan. 1796.
190. *Cartas de Eliza*, p. 138.
191. Carta 89, set. 1813.
192. Carta 84, maio 1813.
193. Carta 12, dom. 25 nov. 1798.
194. *Memória*, p. 175.
195. Carta 4, set. 1796.
196. Carta 10, out. 1798.
197. Carta 92, out. 1813.
198. Carta 39, set. 1804.
199. Christopher Ricks, "O negócio da maternidade", *Essays in Appreciation* (2004).
200. Carta 53, jun. 1808.
201. Carta 1, jan. 1796.

202. Ibid.; e Carta 85, maio 1813.
203. Carta 27, nov. 1800.
204. Carta 92, out. 1813.
205. *Memória*, p. 159.
206. Carta 74, maio 1811.
207. Carta 10, out. 1798.
208. Carta 89, set 1813.
209. Carta 159, maio 1817.
210. *Registro familiar*, p. 177.
211. *Razão e sentimento*, cap. 2.
212. *Memória*, p. 158.
213. Carta 55, junho/julho 1808.
214. Carta 58, out. 1808.
215. Austen, sra. Charles-John (Fanny Palmer), Cartas 1810-14: Gordon N. Ray Collection, Morgan Library and Museum, Nova York (MA 4500).
216. *Persuasão*, 1.8.
217. Cartas de Fanny Palmer, Morgan Library.
218. Carta 93, out. 1813.
219. Carta 92, out. 1813.
220. *Registro familiar*, p. 194.
221. Caderneta de bolso de Charles Austen, *Cronologia*, p. 501.
222. Ibid., p. 506.
223. Citação de Brian Southam, *Jane Austen e a Marinha* (2000), p. 255.
224. Fanny-Caroline Lefroy (filha de Anna, sobrinha de Austen, e Ben, filho da sra. Lefroy), "História da Família", citada em *Memória*, p. 198.
225. *Juvenília*, pp. 75, 223.
226. *Memória*, p. 158.
227. Carta 17, jan. 1799.
228. *Orgulho e preconceito*, 2.1.
229. *Registro familiar*, p. 76.
230. *Razão e sentimento*, 3.14.
231. Carta 109, nov. 1814.
232. *Razão e sentimento*, 3.10.
233. *Persuasão*, 1.4.
234. *Registro familiar*, p. 241.
235. Citação de Hillan, *May, Lou e Cass*, p. 70.
236. Ibid., p. 71.
237. *Memória*, p. 157.
238. Ibid., p. 160.
239. Carta CEA/1, dom. 20 de julho de 1817.

CAPÍTULO SEIS: A CALECHE
240. Citação de George Athelstane Thrupp, *A história das carruagens* (1877), p. 84.

241. *Juvenília*, p. 51.
242. Carta 87, set. 1813.
243. Carta 6, set. 1796.
244. Carta 28, dez. 1800.
245. *Orgulho e preconceito*, 2.14.
246. *Cronologia*, p. 211.
247. Carta 7, set. 1796.
248. *Persuasão*, 2.12.
249. *Orgulho e preconceito*, 3.10.
250. Carta 7, set. 1796. A referência é Clarissa Harlowe, a heroína de Richardson. Carruagens voando ao longo da estrada – levando um jovem a uma aventura na cidade, uma jovem para um destino perigoso ou uma família em uma excursão – são características essenciais dos romances de Fielding, Richardson e Smollett, que tão decisivamente moldaram o desenvolvimento da ficção inglesa.
251. "Amor e amizade", Carta 13.
252. *Cartas de Eliza*, p. 25.
253. *A abadia de Northanger*, 2.14.
254. Ibid.
255. *Emma*, 1.15.
256. *A abadia de Northanger*, 2.1.
257. Ibid, 1.7.
258. Ibid, 2.5.
259. Carta 142, jul. 1816.
260. Ver William Curtis, *Uma breve história e descrição da cidade de Alton* (1896).
261. Carta 90, set. 1813.
262. Carta 105, ago. 1814.
263. *Juvenília*, p. 133.
264. Ibid, p. 134.
265. Ibid, p. 136.
266. *Gilpin on the Wye*, ed. T.D. Fosbroke (1822), p. 44.
267. George Colman, *As peças*, ed. Peter Tasch, 2 vols. (1983), p. 38.
268. *Juvenília*, p. 181.
269. *Orgulho e preconceito*, 1.10.
270. *Mansfield Park*, 1.8.
271. Ibid.
272. *Registro familiar*, p. 226.
273. Carta 85, maio 1813.

CAPÍTULO SETE: O CHAPÉU DE BICO

274. Objeto OBLI:5673 no Soldiers of Oxfordshire Museum, Woodstock.
275. *Mansfield Park*, 1.13.

276. *Mansfield Park*, 1.11.
277. *Orgulho e preconceito*, 1.16.
278. Mary Wollstonecraft, *Uma defesa dos direitos da mulher* (1792), p. 26.
279. *Orgulho e preconceito*, 2.18.
280. Ibid, 1.15.
281. *Registro familiar*, p. 52.
282. Carta 102, jun. 1814.
283. Clive Caplan, "O irmão soldado de Jane Austen: a carreira militar do capitão Henry Thomas Austen do Oxfordshire Regiment of Militia, 1793-1801", *Persuasions*, 18 (1996), pp. 122-43 (p 124). Este capítulo é muitíssimo devedor à admirável pesquisa original de Caplan.
284. Ibid., p. 130.
285. Citação de Chris Koenig, *Oxford Times*, 10 nov. 2010.
286. Ibid.
287. Caplan, "O irmão soldado de Jane Austen", pp. 130-1.
288. Em 1768, o rei George III outorgou o título 12th Regiment of (Light) Dragoons (do príncipe de Gales), e o regimento recebeu o emblema do príncipe com três penas de avestruz e seu lema "Ich Dien". Quanto à citação, ver *A abadia de Northanger*, cap. 14.
289. Ibid, cap. 27.
290. *Orgulho e preconceito*, 3.8.
291. Carta 1, jan. 1796.
292. *Cartas de Eliza*, p. 139.
293. *Mansfield Park*, 1.9.
294. *Cartas de Eliza*, p. 151.
295. Ibid., p. 154.
296. Ibid., p. 153.
297. Ibid., p. 155.
298. WO17/960, Public Record Office, Kew, citação de Caplan, "O irmão soldado de Jane Austen", p. 142.
299. Clive Caplan, "O irmão banqueiro de Jane Austen: Henry Thomas Austen da Austen and Co., 1801-1816", *Persuasions*, 20 (1998), pp. 69-90 (p. 71). Quanto a Charles James, ver David Gilson, "Henry Austen, banqueiro", *Jane Austen Society Report for 2006*, pp. 43-6.
300. Folha de rosto da 4ª edição, 1816. A edição mais antiga que vi é a 2ª (1805), "Impresso para T. Egerton, na Military Library, perto de Whitehall".
301. Em 1802, Henry e Eliza efetivamente visitaram a França, durante a breve Paz de Amiens, para tentar recuperar algumas das propriedades sequestradas do primeiro marido dela.
302. *Cartas de Eliza*, p. 159.
303. Ele havia empreendido alguma publicação literária, mas, geralmente, apenas ao tomar parte em grandes consórcios de livreiros produzindo edições de Shakespeare, coleções de poetas ingleses clássicos e assim por

diante; tinha pouquíssima experiência prévia em publicação e comercialização de romances. Outras conexões entre Henry Austen e Thomas Egerton incluem o fato de que Egerton tinha sido, anos antes, distribuidor em Londres do *Loiterer*, e o compartilhamento de um impressor: o banco Austen, Maunde e Austen se valia dos serviços do mesmo Charles Roworth de Bell Yard, Temple Bar, que imprimia os livros de Egerton, incluindo *Razão e sentimento*. O segundo "Austen" no título do banco parece ter sido resultado da circunstância de um dos irmãos marinheiros ter virado sócio oculto.

304. Carta 70, abr. 1811.
305. Carta 71, abr. 1811.
306. Ibid.

CAPÍTULO OITO: OS CENÁRIOS TEATRAIS

307. *Os poemas reunidos de James Austen*, ed. David Selwyn (2003), p. 8.
308. Considerando-se sua inclusão na lista entre os barris e o lúpulo, parece provável que os "cenários teatrais" sejam realmente painéis de palco, mas é possível que a referência indique um conjunto de gravuras de cenas dramáticas análogas à "Curiosa coleção, composta por 627 estampas de cenas teatrais e retratos dos atores, gravadas por diferentes mestres. Muitos deles provas, em 3 grandes vols., folio", que aparece no *Catálogo da Biblioteca do falecido John, duque de Roxburghe* (1812), nº 4034. De qualquer forma, o testemunho dos interesses teatrais da família Austen permanece vívido.
309. *Mansfield Park*, 1.13.
310. Ibid, 3.3.
311. Este capítulo se baseia em grande medida no meu estudo abrangente *Jane Austen e o teatro* (2002), mas também inclui nova pesquisa e análise.
312. *As obras de Jane Austen* (Oxford Jane Austen), ed. R.W. Chapman, vol. 6: *Obras menores*, revisto por B.C. Southam (1975), p. 65. Doravante citado como *Obras menores*.
313. *Mansfield Park*, 1.13.
314. *Registro familiar*, p. 58.
315. Ibid, p. 47.
316. *Cartas de Eliza*, p. 151.
317. *Poemas de James Austen*, p. 20.
318. *O prodígio*, citação de *O moderno drama britânico*, ed. Walter Scott (1811), vol. 4, p. 264.
319. Carta 31, jan. 1801.
320. Ver meu *Jane Austen e o teatro*, p. 27.
321. Ver Hillan, *May, Lou e Cass*, p. 18.
322. Ver meu *Jane Austen e o teatro*, p. 25.
323. Gisborne, *Inquirição quanto aos deveres do sexo feminino* (1797), p. 175.

324. Carta 30, ago. 1805.
325. Carta 3, ago. 1796.
326. Citação de Byrne, *Jane Austen e o teatro*, p. 35.
327. *Orgulho e preconceito*, 3.9.
328. Byrne, *Jane Austen e o teatro*, pp. 45-6.
329. Carta 70, abr. 1811.
330. Carta 71, abr. 1811.
331. Carta 114, nov. 1814.
332. Siddons efetivamente se aposentou, regressou e se aposentou de novo várias vezes.
333. Carta 112, nov.1814.
334. Carta 99, mar. 1814.
335. Carta 98, mar. 1814.
336. Carta 71, abr. 1811.
337. Carta 87, set. 1813.
338. Ibid.
339. Carta 30, jan. 1801.
340. Carta 71, abr. 1811.
341. Carta 51, fev. 1807.
342. *Promessas de amantes* foi encenada pelo menos dezessete vezes em Bath entre 1801 e 1806.
343. Ver Belville Penley, *O palco de Bath* (1892).
344. Carta 98, mar. 1814.
345. *Promessas de amantes*, texto reproduzido em *Mansfield Park*, ed. R.W. Chapman (Oxford Jane Austen, 1923), p. 462.
346. *Mansfield Park*, 1.18.
347. Ibid., 1.17.
348. Ibid., 3.5.
349. Ibid.
350. Ibid., 1.18.
351. Ibid.
352. *Mansfield Park*, 2.2.

CAPÍTULO NOVE: O CARTÃO DE RENDA

353. De uma coleção particular.
354. *Orgulho e preconceito*, 1.7.
355. *A abadia de Northanger*, 1.6.
356. Ibid., 1.14.
357. *Razão e sentimento*, 2.11.
358. *Emma*, 3.19.
359. Carta 88, set. 1813.
360. Southey, "Lojas", em suas *Cartas da Inglaterra* (1808), vol. 1, p. 39.
361. *Sophie em Londres, 1786*, consistindo no diário de Sophie v. La Roche,

traduzido do alemão com um ensaio introdutório de Clare Williams (1933), p. 28.
362. Jane Austen, "Amor e amizade", Carta 4.
363. *Bath Chronicle*, 23 nov. de 1797. É possível que Austen tivesse feito uma visita anterior, embora não exista registro remanescente disso. A pequena novela "Evelyn", nos cadernos de velino, inclui uma carta datada de "Westgate Buildings" (naquele tempo, um endereço mais elegante do que seria na época de *Persuasão*, no qual é a residência caindo aos pedaços da pobre sra. Smith). Austen pode ter se familiarizado com o nome como resultado de uma visita, na infância, a sua tia Jane Cooper (irmã da sra. Austen que se casou com o dr. Edward Cooper, que residia em Bath apesar de ser um prebendeiro da Catedral de Wells).
364. Carta 19, maio 1799.
365. Carta 21, jun. 1799.
366. Carta 21, jun. 1799.
367. Christopher Anstey, *Novo guia de Bath* (1799), p. 26.
368. Cartas 19 e 20, maio 1799.
369. Carta 22, jun. 1799.
370. Cartas 20 e 21, jun. 1799.
371. Carta 21, jun. 1799.
372. *Registro familiar*, p. 113.
373. *Cronologia*, p. 249.
374. *Registro familiar*, p. 107.
375. Ibid., pp. 106-10.
376. Ibid., p. 109.
377. Ver Elia Aboujaoude e Lorrin M. Koran, *Transtornos do controle de impulsos* (2010), cap. 3: "Cleptomania: aspectos clínicos".
378. *Mansfield Park*, 2.2.
379. Carta 31, jan. 1801.
380. Carta 29, jan. 1801.
381. Carta 32, jan. 1801.
382. Carta 29, jan. 1801.
383. Carta 37, maio 1801.
384. *Registro familiar*, p. 120.
385. Claire Tomalin, *Jane Austen: uma vida* (1997), pp. 167-9.
386. Cassandra se lembrava de "Susan" ter sido escrito em 1798, mas várias alusões indicam reformulação nos anos de Bath – por exemplo, a referência ao romance *Belinda*, de Maria Edgeworth, que só foi publicado em 1801.
387. Carta 3, ago. 1796.
388. *A abadia de Northanger*, 1.10.
389. Anstey, *Novo guia de Bath*, p. 26.
390. *A abadia de Northanger*, 1.3.

391. Ibid.
392. Carta 36, maio 1801.
393. Ibid.
394. Carta 37, maio 1801.
395. *A abadia de Northanger*, 1.10, 1.11.
396. *Emma*, 2.14.
397. *A abadia de Northanger*, 1.10.
398. Deixando de lado a possibilidade de que ela fosse Sophia Sentiment.
399. *A abadia de Northanger*, 1.1.
400. Ibid, 2.9.
401. Ibid, 2.15.

CAPÍTULO DEZ: OS PROCLAMAS DE CASAMENTO

402. Hampshire Archives and Local Studies, 71M82/PR3.
403. *Memória*, p. 133.
404. Carta 1, jan. 1796; Carta 25, nov. 1800.
405. Carta 1, jan. 1796.
406. Ibid.
407. Carta 2, jan. 1796.
408. *Registro familiar*, pp. 251-2.
409. *Memória*, p. 186.
410. *Orgulho e preconceito*, 2.1.
411. Carta 2, jan. 1796.
412. Carta 11, nov. 1798.
413. Carta 15, dez. 1798.
414. Carta 46, ago. 1805.
415. Carta 55, jun./jul. 1808.
416. Carta 57, out. 1808.
417. Carta 61, nov. 1808.
418. Carta 90, set. 1813.
419. Carta 94, out. 1813.
420. Carta 14, dez. 1798.
421. Citado das memórias autobiográficas de Francis Austen por Honan, *Jane Austen: sua vida*, p. 156.
422. Carta 11, nov. 1798.
423. Ibid.
424. Carta 155, mar. 1817.
425. Carta 86, jul. 1813.
426. *Memória*, p. 188.
427. Citação de R.W. Chapman, *Jane Austen: um estudo de fatos e problemas* (1948), pp. 67-8.
428. *Registro familiar*, p. 122.
429. Catherine Hubback (filha de Frank), referindo-se a uma carta – presumivelmente para Frank – hoje inexistente (ibid.).

430. Ibid.
431. Carta 114, nov. 1814.
432. Carta 25, nov. 1800. Em 1802, a sra. Lefroy escreveu que a mão de Harris Wither "ainda está muito incapacitada, e agora receio que ele nunca irá recuperar seu uso" – *Cartas da sra. Lefroy: querida amiga de Jane Austen*, ed. Helen Lefroy e Gavin Turner (2007), p. 69.
433. Carta 18, jan. 1799.
434. http://addictedtojaneausten.blogspot.co.uk/ (acessado em 25 de julho de 2012).
435. *Orgulho e preconceito*, 1.22.
436. Wollstonecraft, *Uma defesa dos direitos da mulher* (1792), cap. 9, "Dos efeitos perniciosos que decorrem das distinções artificiais estabelecidas na sociedade".
437. *Orgulho e preconceito*, 3.4.
438. Ibid, 3.10.
439. *Mansfield Park*, 1.10.
440. *Orgulho e preconceito*, 3.5.
441. Ibid, 3.14.
442. Ibid, 3.6.
443. Carta 13, dez. 1798.
444. Carta 56, out. 1808.
445. Carta 155, mar. 1817.
446. Ibid.
447. Carta 153, mar. 1817.
448. Carta 109, nov. 1814.
449. *Memória*, p. 188.
450. Esboço da introdução de Burney para *Cecilia*, ed. Peter Sabor (1992), p. 945.
451. Carta 109, nov. 1814.
452. Carta 151, fev. 1817.
453. Ver Glenda Hudson, *Amor fraterno e incesto na ficção de Jane Austen* (1992). Os exemplos clássicos são *A noiva de Abydos*, de Byron, e *Laon e Cythna*, de Shelley.
454. *Emma*, 3.13.
455. *Mansfield Park*, 3.17.
456. *Persuasão*, 2.11.
457. Capítulo cancelado de *Persuasão*.
458. Caroline Austen para Anna Lefroy, citação de Constance Hill, *Jane Austen*, p. 236; *Memória*, p. 188; *Emma*, cap. 8.
459. *Juvenília*, p. 142.
460. Citação de Chapman, *Fatos e problemas*, p. 67.
461. Carta 135, ?dez. 1815/jan. 1816.

CAPÍTULO ONZE: A MINIATURA EM MARFIM

462. Livro de contabilidade de Richard Crosse, transcrito em *Society Walpole*, vol. XVII (1929), p. 72, citação em http://www.historicalportraits.com/Gallery.asp?Page=ItemandItemID=1483andDesc=Anne-Lefroy,-by--Richard-Crosse-|-Richard-Crosse (acessado em 27 de setembro de 2012).
463. *A autobiografia, a época, as opiniões e os contemporâneos de Sir Egerton Brydges*, 2 vols. (1834), 1.137.
464. Ibid., 1.5.
465. Ibid., 1.137.
466. "Vendo alguns colegiais", "Epístola poética à srta. KB", "Poema à srta. D.B.", em *O registro e repositório poético de poesia fugaz* (1801); *Carmina Domestica; ou Poemas em diversas ocasiões (a maioria escrita no início da vida)*, editado por seu filho Christopher Edward Lefroy (1812).
467. Brydges, *Autobiografia* 1.137.
468. Ibid., 1.11.
469. Citação de *Cartas da sra. Lefroy*, p. 20.
470. Ibid, p. 8.
471. A admiração não se estendia de Jane para Egerton: mais tarde, Jane professou desdém por seus escritos, particularmente seu romance *Arthur Fitz-Albini*, que ela leu com seu pai em novembro de 1798: "Nenhum de nós dois terminou o primeiro volume. Meu pai está desapontado – eu não estou, pois não esperava nada melhor". Ela acrescentou: "Jamais algum livro transpareceu mais evidências internas de seu autor. Cada sentimento é completamente pertencente a Egerton." (Carta 12, nov. 1798). Eis Austen, ainda com menos de 23 anos, mas totalmente confiante em seu próprio julgamento literário, mesmo que isso signifique falar sem rodeios do irmão de seu mentor. Jane já sabe o que rende um bom romance: equilíbrio, elementos de impessoalidade, a vocalização de sentimentos diferentes por personagens diferentes.
472. *Cartas da sra. Lefroy*, p. 44.
473. Ibid, pp. 139-40.
474. Ibid, p. 114.
475. *Gentleman's Magazine*, vol. 96 (1804), p. 1179.
476. *Obras menores*, pp. 440-2.
477. Ibid.
478. Carta 40, jan. 1805.
479. Carta 41, jan. 1805.
480. Há três orações ao todo, copiadas em duas caligrafias diferentes, provavelmente de Cassandra e Henry. Duas das netas de Charles as venderam, juntamente com outros documentos e memorabilia de Austen, em 1927. Encontram-se agora no Heller Rare Book Room da F.W. Olin Library em Mills College, Oakland, Califórnia. Ver Bruce Stovel, "'Uma nação se aprimorando na religião': as orações de Jane Austen e o lugar delas em sua vida e arte", *Persuasions*, 16 (1994), pp. 185-96.

481. Carta 60, out. 1808.
482. *Mansfield Park*, 1.9.
483. Carta 106, set. 1814.
484. Carta 53, jun. 1808.
485. *Memória*, p. 141.
486. *Juvenília*, p. 186.
487. O evangélico Joseph Milner, depreciando Locke, citado por Irene Collins em seu excelente *Jane Austen e o clero* (2003), p. 44.
488. Carta 145, set. 1816.
489. Edward Cooper, *Dois sermões pregados em Wolverhampton* (1816), p. 15.
490. Carta 67, jan. 1809.
491. Carta 55, out. 1808.
492. Carta 65, jan. 1809.
493. Carta 67, jan. 1809.
494. Carta 109, nov. 1814.
495. Carta 114, nov. 1814.
496. Citação de *Jane Austen: a herança crítica*, ed. Brian Southam (1968), p. 95.
497. *Os Watson*, citado da edição da Oxford World's Classics de *A abadia de Northanger, Lady Susan, Os Watson e Sanditon*, ed. John Davie (1990), p. 301.
498. *Obras menores*, p. 439.
499. Carta 108, set. 1814.
500. Gilson, *Bibliografia*, p. 445.
501. Ibid.
502. *Orgulho e preconceito*, 2.13.
503. *Razão e sentimento*, 3.10.
504. *Mansfield Park*, 3.5.
505. Ibid., 1.9.
506. Ibid., 1.11.
507. Para uma excelente análise de Austen e a religião "fundamentada" do século XVIII, ver Peter Knox-Shaw, *Jane Austen e o Iluminismo* (2004), que convincentemente a coloca em um "caminho do meio" muito inglês em termos religiosos e políticos.
508. "Opiniões sobre *Mansfield Park*", em *Obras menores*, pp. 431-5.
509. *Mansfield Park*, 1.11, 1.9.
510. Ibid., 1.9.
511. Ibid., 3.16.
512. Carta 79, jan. 1813.
513. *Mansfield Park*, 3.17.
514. "Opiniões sobre *Mansfield Park*", em *Obras menores*, pp. 431-5.
515. *Mansfield Park*, 3.13.
516. *Razão e sentimento*, 2.6; *Orgulho e preconceito*, 2.4; *Persuasão*, 1.12.
517. *Persuasão*, 1.11.

518. *Memória*, p. 178.
519. Carta 159, maio 1817.
520. Carta CEA/1, dom. 20 jul. 1817.
521. Anotação de Charles Austen sobre o clima em sua caderneta de bolso (*Cronologia*, p. 577) – ele estava em Eastbourne, mas o boletim meteorológico da *Gentleman's Magazine* para o dia registra chuva pesada em todo o sul da Inglaterra.
522. "Quando Winchester corre", em *Obras menores*, pp. 451-2.

CAPÍTULO DOZE: A FILHA DE MANSFIELD

523. *Diário e cartas de sua excelência Thomas Hutchinson*, 2 vols. (1884-6), vol. 2, p. 277, inscrição de agosto de 1779.
524. Carta 45, ago. 1805. A ligação me foi mencionada por Jane Odiwe em 2008 e é discutida de modo detalhado por Christine Kenyon Jone em "Parentesco ambíguo: *Mansfield Park* e a família Mansfield", *Persuasions Online*, 31.1 (inverno de 2010).
525. *Sanditon*, cap. 11.
526. *Somersett v Stewart*, King's Bench, 22 de junho de 1772.
527. William Cowper, *A tarefa* (1785), Livro 2.
528. *Emma*, 2.17.
529. Contudo, para sermos justos com o sr. Suckling, o nome "Maple Grove" tem, de fato, conotações abolicionistas: o lobby antiescravidão defendia o bordo, "maple", como uma alternativa para o açúcar produzido nas plantações de trabalho escravo das Índias Ocidentais.
530. Ver Gabrielle White, *Jane Austen no contexto da abolição* (2006), p. 149.
531. Southam, *Marinha*, p. 189.
532. Carta 78, jan. 1813.
533. Thomas Clarkson, *História da ascensão, progresso e efetivação da abolição do tráfico de escravos africanos*, 2 vols. (1808), vol. 1, cap. 7.
534. Ibid., vol. 2, p. 154.
535. *Registro familiar*, p. 54.
536. Para uma cópia do mapa, ver "Jane Austen e a conexão Antígua", no site da Jane Austen Society of Australia, http://www.jasa.net.au/antigua.htm (acessado em 21 de agosto de 2012).
537. Austen-Leigh, *Austen Papers*, pp. 26-7.
538. *Persuasão*, 1.8.
539. *Emma*, 2.4.
540. Ver Eric Williams, *Capitalismo e escravidão* (1944), p. 151.
541. Ver Robert Blackburn, *A derrubada da escravidão colonial* (1998), pp. 303-4.
542. *Mansfield Park*, 3.17.
543. Clarkson, *História*, vol. 2, cap. 2.
544. *Mansfield Park*, 2.3.

CAPÍTULO TREZE: AS ALMOFADAS DE VELUDO CARMESIM

545. *Mansfield Park*, 1.9.
546. *Registro familiar*, p. 138.
547. Ver Mairi Macdonald, "Não sem marcas de algumas singularidades: a família Leigh de Stoneleigh Abbey", em Robert Bearman, ed., *Stoneleigh Abbey: a casa, seus proprietários, suas terras* (2004), p. 151.
548. Arquivo Stoneleigh (Shakespeare Birthplace Trust Records Office, Stratford-upon-Avon), DR 18/17/27/171.
549. Foi reconstruída na tradição de Chatsworth, com todas as quatro fachadas ao redor de um pátio, no modelo de Hampton Court. Ver Andor Gomme, "De abadia a palácio: um Wilton menor", em Bearman, ed., *Stoneleigh Abbey*, p. 82.
550. "Epístola a Joseph Hill", linha 62 (1785).
551. Parte desta carta é reproduzida em *Registro familiar*, pp. 139-40.
552. Ibid.
553. Austen-Leigh, *Austen Papers*, p. 247.
554. Ver o excelente ensaio de Gaye King, "A conexão Jane Austen", em Bearman, ed., *Stoneleigh Abbey*, p. 173.
555. *Mansfield Park*, 1.9.
556. Ibid., 1.9.
557. Elizabeth "Betty" Lord se casou secretamente com um pobre tenente chamado Wentworth, que depois fez fortuna na Marinha e foi afinal aceito na família. Ver King, "A conexão Jane Austen", pp. 174-5.
558. *Mansfield Park*, 1.9.
559. *Orgulho e preconceito*, 3.1.
560. *Emma*, 3.6.
561. *Mansfield Park*, 1.5.
562. Carta 86, jul. 1813.
563. *Mansfield Park*, 1.9.
564. *Orgulho e preconceito*, 3.1.
565. Carta de 12 jan. 1848 para George Lewes, *As cartas de Charlotte Brontë*, ed. Margaret Smith, vol. 2: *1848-1851* (2000), p. 10 – embora na mesma carta Charlotte Brontë faça um grande elogio ao estilo de Austen: "Com infinitamente mais apreciação posso simpatizar com o claro bom senso e a sutil astúcia da srta. Austen. Se não encontramos inspiração na página da srta. Austen, tampouco encontramos um mero palavreado pomposo; para usar suas palavras de novo, ela primorosamente adapta seus meios a seu fim; ambos são muito moderados, um pouco contraídos, mas nunca absurdos".
566. Arquivo Stoneleigh (Shakespeare Birthplace Trust Records Office, Stratford-upon-Avon), DR/18/17/32.

CAPÍTULO CATORZE: AS CRUZES DE TOPÁZIO

567. Carta 38, maio 1801.
568. *Mansfield Park*, 2.8.
569. "E a propósito – você se oporia a eu mencionar o Elephant nele, e dois ou três outros de seus antigos navios?" Carta 86, jul. 1813.
570. *Mansfield Park*, 3.7.
571. Ver Southam, *Marinha*, p. 32.
572. Carta 27, nov. 1800.
573. John Marshall, *Royal Naval Biography* (1828), p. 74.
574. Carta 69 (D), jul. 1809.
575. *Mansfield Park*, 2.6.
576. Ibid.
577. Ibid.
578. *Mansfield Park*, 2.7.
579. Cartas de Lefroy, pp. 30, 63.
580. Jane Austen menciona uma conexão com Sir J. Moore. O médico de seu padrinho era o pai de Sir John, que também era romancista. Ver Southam, *Marinha*, p. 69.
581. Robert Gardiner, *Memória do almirante Sir George Moore* (1912).
582. Ver Honan, *Jane Austen: sua vida,* p. 160, Mss Nat. Mar. Mus., diário de bordo do *London*, 27 ago. 1798.
583. *Mansfield Park*, 1.6.
584. *Cartas de Jane Austen*, ed. Brabourne, vol. 1, p. 37.
585. Carta 86, jul. 1813.
586. Citação de J.H. e Edith C. Hubback, *Os irmãos marinheiros de Jane Austen* (1906), p. 85.
587. *Persuasão*, 1.4.
588. Carta 18, jan. 1799.
589. Carta 55, jun./jul.1808.
590. *Registro familiar*, p. 143.
591. Versos, em *Obras menores*, p. 446.
592. Carta 64, jan. 1809.
593. Carta 66, jan. 1809.
594. Carta 67, jan. 1809.
595. *Mansfield Park*, 3.6.
596. Ibid.
597. Ibid.
598. Ibid, 3.15.
599. Ibid., 3.7, 3.8.
600. *Obras menores*, p. 435.
601. *Persuasão*, 2.1.
602. Ibid.
603. *Mansfield Park*, 3.17.

604. *Persuasão*, 1.4.
605. *Mansfield Park*, 1.16.
606. India Office Library, Ms. EUR B151, citação de Southam, *Marinha*, p. 98.

CAPÍTULO QUINZE: A CAIXA DE LETRAS

607. Blocos de alfabeto, inglês, 1800-40, Victoria and Albert Museum, ref. E.1739-1954.
608. *Emma*, 3.5.
609. Carta 64, jan. 1809.
610. *Emma*, 3.8.
611. Ibid., 3.15.
612. Ibid., 3.13.
613. Carta 50, fev. 1807.
614. A melhor consideração deste assunto se encontra no excelente livro de David Selwyn *Jane Austen e as crianças* (2010).
615. Ibid.
616. Carta 60, out. 1808.
617. Carta 30, jan. 1810.
618. Carta 112, nov. 1814.
619. *Emma*, 3.3.
620. Caroline Austen, "Minha tia Jane Austen", em *Memória*, p. 167.
621. Ibid., p. 168.
622. Citação de *Registro familiar*, p. 178.
623. Carta 105, ago. 1814; Carta 9, out. 1798; Carta 60, out. 1808.
624. Carta 148, jan. 1817; Carta 97, mar. 1814.
625. Carta 123, out. 1815.
626. Carta 91, out. 1813.
627. Carta 117, jul. 1815.
628. Ibid.
629. Citação em Deirdre Le Faye, *Diários de Fanny Knight: Jane Austen através dos olhos de sua sobrinha* (2000), p. 6.
630. *Obras menores*, p. 434.
631. Carta 102, jun. 1814.
632. Ver censo de 1851, Paróquia de Everton. Sua escola ficava em York Terrace 124.
633. Carta 72, abr. 1811.
634. Carta 86, jul. 1813.
635. *Persuasão*, 2.11.
636. Carta 53, jun. 1808.
637. *Razão e sentimento*, 1.21.
638. *Emma*, 1.18; *Razão e sentimento*, 3.6.
639. *Emma*, 1.12.
640. *Mansfield Park*, 1.3.

641. *Emma*, 3.17.
642. *Persuasão*, 1.9.
643. Ibid.
644. Mais tarde, ele admite que "se imaginara indiferente, quando só havia ficado irritado", ibid., 2.11.
645. *Os Watson*, citado da edição da Oxford World's Classics de *A abadia de Northanger, Lady Susan, Os Watson e Sanditon*, ed. John Davie (1990), p. 289.
646. Ibid., pp. 289-90.
647. Ibid., p. 291.
648. Carta 67, jan. 1809.
649. Carta 153, mar. 1817.
650. Carta 155, mar. 1817.

CAPÍTULO DEZESSEIS: O LAPTOP

651. *Cronologia*, p. 171.
652. George Austen também registrou uma segunda aquisição de uma caixa de escrita em outro momento, por isso não podemos ter certeza absoluta de que a caixa da Biblioteca Britânica seja de Jane.
653. Carta 9, out. 1798.
654. Carta 10, out. 1798.
655. Carta 9, out. 1798.
656. Carta 89, set. 1813.
657. Este mito derivou do livro de memórias de família (*Memória*, p. 81). Tomalin vai ainda mais longe. "Durante dez anos ela não produziu quase nada", afirma (p. 167), sugerindo um bloqueio criativo e até mesmo depressão clínica.
658. *Flowers of Literature 1801-1802* (1803), p. 462. Quanto ao registro da publicação de romances por Crosby, ver Anthony Mandal, *Jane Austen e o romance popular: a autora determinada* (2007).
659. Carta 121, out. 1815.
660. *Lady Susan*, Carta 4.
661. Ibid., Carta 7.
662. Ibid., Carta 14.
663. Ibid., Carta 25.
664. Ibid.
665. Ibid., Carta 16.
666. Para exemplo ibid., Carta 24.
667. Elizabeth Jenkins, *Jane Austen: uma biografia* (1938, reimpresso 1949.), p. 156.
668. "Notícia biográfica", em *Memória*, p. 138.
669. Biógrafos mencionam o manuscrito sendo vendido para Richard Crosby em 1803, mas, nessa época, a firma era "B. Crosby" – Richard assumira os negócios da família nos anos intermediários.

670. Advertência "da autora" para *A abadia de Northanger* (1818).
671. Exceto por uma carta em verso para Frank, felicitando-o pelo nascimento de um filho em julho de 1809.
672. Carta 70, abr. 1811.
673. Carta 71, abr. 1811.
674. Ver Jan Fergus, *Jane Austen: uma vida literária* (1991), p. 131. Fergus oferece um levantamento excepcionalmente bom da carreira profissional de Austen.
675. *Cronologia*, pp. 324, 328. Embora Cassandra também tivesse um legado de seu falecido noivo.
676. Carta 49, jan. 1807.
677. Carta 71, abr. 1811.
678. "Esta manhã me trouxe uma carta da sra. Knight, contendo a gratificação de costume e toda a bondade de costume" (Carta 53, jun. 1808).
679. Carta 95, nov. 1813.
680. "Notícia biográfica" de 1818, em *Memória*, p. 140.
681. Carta 70, abr. 1811.
682. *Critical Review*, fev. 1812; *British Critic*, maio 1812.
683. *Registro familiar*, p. 171.
684. Ibid., p. 168.
685. Jane para Frank: "Você ficará feliz em saber que todos os exemplares de R e S estão vendidos, e que isso me rendeu 140 libras" (Carta 86, jul. 1813).
686. Carta 77, nov. 1812.
687. Jan Fergus calculou que Egerton lucrou em torno de 450 libras com as duas primeiras edições de *Orgulho e preconceito*.
688. *British Critic*, fev. 1813, e ver também *New Review or Monthly Analysis of General Literature*, abr. 1813, pp. 393-6.
689. *Critical Review*, mar. 1813, pp. 318-24.
690. Ver Gilson, *Bibliografia*, pp. 25-7.
691. Para Amelia Opie, 11 out. 1813, citação de Fergus, *Jane Austen: uma vida literária*, p. 188.
692. Carta 79, jan. 1813.
693. Todas as citações da Carta 80, fev. 1813.
694. Carta 81, fev. 1813.
695. Ver Hillan, *May, Lou e Cass*, p. 37.
696. Carta 95, nov. 1813.
697. Ibid.; as informações sobre a sra. Fletcher chegaram a Austen através de certa sra. Carrick.
698. Carta 81, fev. 1813.
699. Carta 80, fev. 1813.
700. Carta 95, nov. 1813.
701. Carta 85, maio 1813.
702. Carta 86, jul. 1813.

703. Gilson, *Bibliografia*, p. 49.
704. Carta 97, mar. 1814.
705. Ibid.
706. "Opiniões sobre *Mansfield Park*", pp. 431-5.
707. *Registro familiar*, p. 184.
708. Carta 98, mar. 1814.

CAPÍTULO DEZESSETE: O CHEQUE DE ROYALTIES

709. Encontra-se agora no arquivo John Murray, Biblioteca Nacional da Escócia.
710. Carta 90, set. 1813. O "terceiro" romance é *Mansfield Park*.
711. Carta 109, nov. 1814.
712. Carta 110, nov. 1814.
713. Carta 96, nov. 1813.
714. Carta 114, nov. 1814.
715. Carta 118, fev./mar. 1815.
716. Carta 104, ago.1814.
717. Carta 107, set. 1814.
718. Carta 115, dez. 1814.
719. Carta 146, dez. 1816.
720. *Memória*, p. 119.
721. Carta 102, jun. 1814.
722. Carta 77, nov. 1812.
723. Carta 78, jan 1813.
724. Carta 82, fev. 1813.
725. Carta 102, jun. 1814.
726. Carta 136, 1816.
727. *Emma* foi efetivamente publicado em dezembro de 1815, embora a folha de rosto indique 1816. A segunda edição de *Mansfield Park* foi publicada em fevereiro de 1816.
728. Ver Kathryn Sutherland, "As negociações de Jane Austen com John Murray e sua firma", *Review of English Studies*, mar. 2012, http://res.oxfordjournals.org/content/early/2012/03/31/res.hgs020.full.
729. A carta é conhecida desde a publicação de uma biografia vitoriana de John Murray II, mas está incorretamente datada, ali, com o ano posterior. A correspondência Murray-Gifford encontra-se no arquivo John Murray na Biblioteca Nacional da Escócia. Cito as cartas a partir do artigo de Sutherland.
730. 29 set 1815. Outra versão desta carta também encontra-se preservada no arquivo Murray; datada de 21 de setembro de 1815, é provavelmente um esboço não enviado: "Li o Romance, e gostei muito – eu tinha certeza, antes de rec. sua carta, de que a escritora era a autora de O. e preconceito etc. Não tenho conhecimento de seu valor, mas, se

você puder obtê-lo, certamente venderá bem. Está copiado de maneira muito descuidada, embora a caligrafia seja excelentemente simples, e há muitas omissões pequenas que precisam ser inseridas. Posso prontamente corrigir a prova para você, e poderei fazer algum bem ao texto aqui e ali, embora não haja muito a fazer, é preciso confessar." Gifford, de fato, fez "melhorias" no manuscrito de *Emma*, como Sutherland demonstrou.

731. Sem data, mas quase certamente do início de outubro de 1815.
732. Carta 121, out. 1815.
733. Carta 122(A), Henry Austen para John Murray, out. 1815.
734. Carta 124, nov. 1815.
735. Carta 121, out. 1815.
736. Carta 127, nov. 1815.
737. Ibid.
738. Jane Austen para John Murray, Carta 126, nov. 1815.
739. Caroline Austen, "Minha tia Jane Austen", em *Memória*, p. 176.
740. Ver Lewis Melville, *O primeiro cavalheiro da Europa* (1906), p. 30, e A.M.W. Stirling, ed., *O diário de Dummer* (1934), p. 80.
741. Para Martha Lloyd, Carta 82, fev. 1813.
742. Caroline Austen, "Minha tia Jane Austen", em *Memória*, p. 176.
743. Carta 125, nov. 1815.
744. James Stanier Clarke para Jane Austen, Carta 125(A), nov. 1815.
745. Carta 128, nov. 1815.
746. Para John Murray, Carta 130, dez. 1815.
747. Carta 129, dez. 1815.
748. Murray para Scott, 25 dez. 1815.
749. Scott, *Quarterly Review*, out. 1815, repr. em *Jane Austen: a herança crítica*, ed. B.C. Southam (1968), pp. 58-69. Citações subsequentes da mesma fonte.
750. Carta 139, abr. 1816.
751. Carta 132(A), Stanier Clarke para Austen, dez. 1815.
752. Carta 138(A), Stanier Clarke para Austen, mar. 1816.
753. Carta 138 (D), abr. 1816.
754. "Plano de um romance", em *Obras menores*, pp. 428-30.
755. "Notícia biográfica" de 1818, em *Memória*, p. 138.
756. Ibid., p. 139.
757. Ibid., p. 169.
758. Carta 13, dez. 1798.
759. *Registro familiar*, p. 254.
760. Ibid., pp. 198-9.
761. Carta 87, set. 1813.
762. Carta 106, set. 1814.

763. Ver o meu "Quem era a srta. Jane Austin? Uma possível alternativa para Tia Jane: a escritora profissional trabalhando", *Times Literary Supplement*, 13 abr. 2012, e a resposta de Deirdre Le Faye (14 maio). Também a criteriosa consideração de Deborah Kaplan, "'Eis ela, enfim': a controvérsia do retrato de Byrne", *Persuasions*, edição 34 (2012).

CAPÍTULO DEZOITO: A MÁQUINA DE BANHO

764. Ver o excelente artigo on-line de Andrea Richards para a Jane Austen Society of Australia, "'O banho foi tão delicioso esta manhã': a experiência balnear de Jane Austen e outras", http://www.jasa.net.au/seaside/Bathing.htm (acessado em 1º de setembro de 2012), ao qual também devo as referências a Smollett, Grant e Burney.
765. Tobias Smollett, *A expedição de Humphry Clinker* (1771, reimpresso 2 vols., 1793), 1.245.
766. *Cartas de Eliza*, pp. 97-9.
767. Elizabeth Grant, *Memoirs of a Highland Lady* (1950), pp. 106-7.
768. *Orgulho e preconceito*, 2.18.
769. *Diário e cartas de Madame D'Arblay*, vol. 5, pp. 35-6.
770. Clifford Musgrave, *Vida em Brighton* (1970), p. 199.
771. James Walvin, *Na beira da beira-mar: história social das populares férias à beira-mar* (1978), p. 25.
772. Carta 39, set. 1804.
773. *As obras em prosa de William Wordsworth* (2005), p. 246.
774. *Cronologia*, p. 261.
775. John Feltham, *Guia para todos os balneários e estações de águas* (1803), p. 366.
776. Ibid., p. 365.
777. Carta 25, nov. 1800.
778. Feltham, *Guia para todos os balneários e estações de águas* (1803), p. 418.
779. *Cronologia*, p. 272.
780. Feltham, *Guia para todos os balneários e estações de águas* (1803), p. 420.
781. *Razão e sentimento*, 2.14; Carta 104, ago. 1814.
782. *Persuasão*, 1.11.
783. Carta 57, out. 1808.
784. Ver George Roberts, *A história e as antiguidades do burgo de Lyme Regis e Charmouth* (1834), pp. 171-2.
785. Carta 39, set. 1804.
786. Hill, *Jane Austen: seus lares e seus amigos*, pp. 142-4.
787. *Persuasão*, 1.11.
788. Ibid., 1.12.
789. Ibid.
790. *As obras de Lord Byron*, 6 vols. (1831), vol. 2, p. 68.
791. *Persuasão*, 2.9.

792. Carta 39, set. 1804.
793. Ibid.
794. *Sanditon*, cap. 4.
795. Ibid., cap. 2.
796. Ibid., cap. 2.
797. Ibid., cap. 9.
798. Ibid., cap. 10.
799. Ibid., cap. 10.
800. Ibid., cap. 12.
801. Ibid., cap. 8.
802. Carta 157, abr. 1817.
803. Sir Zachary Cope foi o primeiro a sugerir que ela estava sofrendo do mal de Addison. Ver "A doença final de Jane Austen", *British Medical Journal*, 18 de julho de 1964.

EPÍLOGO

804. O esboço muitas vezes reproduzido (e muitas vezes retrabalhado), suposta obra de Cassandra e hoje preservado na National Portrait Gallery, não está assinado ou identificado na parte de trás. Embora quase certamente retrate Jane, é inacabado, foi considerado por membros da família como dissimilar e até pode ser interpretado num sentido mais adequado, como Kathryn Sutherland sugere de forma brilhante em *As vidas textuais de sua Jane Austen: de Ésquilo a Bollywood* (2007), como antes uma caricatura do que um retrato (p. 115).
805. Citação de R.W. Chapman, *Jane Austen: fatos e problemas* (1948), p. 213. Minha reprodução é de uma fotografia em preto e branco do esboço, publicada como frontispício para a edição de Chapman das *Cartas de Jane Austen para sua irmã Cassandra e outros* (1932, reimpresso em 1952). De acordo com a nota de Chapman a sua "Lista de ilustrações", o desenho original foi inserido por Anna Lefroy em seu volume manuscrito da história da família, e existem pelo menos duas cópias dele em outras coleções da família.
806. *Persuasão*, 1.11.

Créditos das imagens

Cortesia da Pierpont Morgan Library, Nova York (MA 977.4). Fotografia de Schecter Lee: parte de uma carta de Jane para Cassandra Austen, 2 de junho de 1799, com esboço de padrão de renda.

Cortesia do conselho da Stoneleigh Abbey Limited: carta de Thomas Leigh para Thomas Hill; aquarela de Humphry Repton em seu Livro Vermelho de Stoneleigh. Fotos: Tom Bate.

De uma coleção particular, copyright de fotografia da Sotheby's: folha de rosto do exemplar de cortesia de *Emma* enviado por Jane Austen a Maria Edgeworth.

Cortesia do Jane Austen Memorial Trust (Jane Austen's House Museum): esboço de Anna (Austen) Lefroy dos fundos do presbitério de Steventon; miniatura de Phila Hancock; aquarela de Fanny Knight escrevendo; miniaturas de George Austen e Henry Austen.

Copyright Georgios Kollidas/Dreamstime.com: John Murray II (1778-1843), gravura de E. Finden publicada em Londres por A. Fullarton.

Cortesia do Royal Collection Trust, copyright HM Queen Elizabeth II, 2012: conjunto de cortesia de *Emma* presenteado ao príncipe regente.

Ilustrações de J.H. e E.C. Hubback em *Os irmãos marinheiros de Jane Austen* (1905), na coleção pessoal da autora: desenho de um navio por Herbert Austen; silhueta de Cassandra Austen; miniatura do capitão Charles Austen; "*Peterel* em ação com o brigue francês *La Ligurienne*, depois de jogar outros dois nas rochas perto de Marselha, em 21 de março de 1800", esboçado por Herbert Austen; miniatura do capitão Francis Austen; "Escrivaninha do vice-almirante Sir Francis Austen, Cavaleiro da Ordem de Bath", esboçado por sua filha Cassandra.

Ilustrações de *Jane Austen: seus lares e seus amigos* (1902), de Constance Hill, na coleção pessoal da autora: esboço do saguão de entrada de Godmersham House; retrato em miniatura de Eliza de Feuillide; esboço do bilboquê de Jane Austen; esboço dos degraus do Cobb, em Lyme Regis (esboços de Ellen G. Hill).

Ilustrações de *Amor e amizade e outras obras precoces agora impressas pela primeira vez a partir dos manuscritos originais* (1922), de Jane Austen, na coleção pessoal da autora: fraseado da dedicatória de "Amor e amizade"; esboços de Cassandra Austen na "História da Inglaterra" de Jane Austen.

Frontispício de *Cartas de Jane Austen para sua irmã Cassandra e outros* (1932, reimpressão 1952), de R.W. Chapman, na coleção pessoal da autora: fotografia da aquarela de Cassandra Austen, com Jane Austen vista por trás, cortesia da Oxford University Press.

Obras originais na coleção pessoal da autora: gravura de Fanny Burney; caricatura "Viajando na Inglaterra, ou uma espiada de dentro do White Horse Cellar", de George Cruikshank (1819); "O honorável Tom Dashall e seu primo Bob, no saguão do Drury Lane Theatre", gravura de Cruikshank em *A vida real em Londres* (1821), de Pierce Egan; gravura de C. Heath reproduzindo pintura de Howard sobre uma cena de *Promessas de amantes* (1816); gravura da sra. Leigh Perrot; gravura de Bath Street (em *Nattes's Bath*, 1806); folha de rosto do panfleto *O julgamento de Jane Leigh-Perrot* (Taunton, 1800); "Sr. B. na vigília média" e "Sr. B. promovido a tenente e trajando pela primeira vez seu uniforme" (1835), caricaturas de George Cruikshank; "O 'ne plus ultra' da vida em Londres – Kate, Sue, Tom, Jerry e Logic visitam a sala do trono em Carlton Palace", gravura de Cruikshank em *Vida em Londres* (1822); desenho a grafite em velino retratando "Srta. Jane Austin", c.1815; fotografia da gravura "Balneário, vestidos matinais", em *The Gallery of Fashion* (setembro de 1797).

Todas as fotografias da coleção pessoal da autora © Tom Bate.

Imagens em domínio público: folha de rosto da edição dublinense de *The Loiterer* (1792) pela Byrne and Jones; folhas de rosto de *Razão e sentimento* (1811) e *Orgulho e preconceito* (1813); gravura de Harris Bigg-Wither (liberada em domínio público pelo arquivo da família).

A editora empreendeu todos os esforços para localizar os detentores dos direitos autorais das imagens reproduzidas neste livro, mas ficará feliz por retificar eventuais omissões em futuras edições.

Agradecimentos

Escrever esta biografia não teria sido possível sem o trabalho de outros estudiosos de Jane Austen, do passado e do presente. Muitas dívidas locais são reconhecidas nas notas finais. Devo muitíssimo às edições das cartas de Jane Austen por Lord Brabourne (1884), R.W. Chapman (1932 e 1952) e Deirdre Le Faye (1995 e 2011), assim como ao *Registro familiar* de Richard e William Austen-Leigh (1913) e sua revisão por Le Faye (1989). A extraordinariamente detalhada *Cronologia de Jane Austen e sua família* (2006), de Deirdre Le Faye, foi minha companheira constante. Ela é, agora, o definitivo registro dia a dia da vida de Austen, e talvez o livro que tornou obsoleto o gênero da biografia cronológica do berço ao túmulo. Exceto por um milagre, como a descoberta de um maço de cartas perdidas, se os futuros biógrafos quiserem dizer algo de novo, eles terão de ser inovadores em seus métodos, como tentei ser aqui. Mas a inovação, com frequência, acaba olhando tanto para trás como para frente, e foi esse o caso comigo: tirei particular inspiração de *Jane Austen: seus lares e seus amigos* (1902), de Constance Hill, que foi baseado numa peregrinação a lugares onde Austen viveu e que incluiu ilustrações da irmã de Constance, Ellen: isso criou uma combinação pioneira de "pegadas" (uma técnica que eu já conhecia através de Richard Holmes, o biógrafo vivo que mais admiro) e "coisas" (entre os esboços de Ellen Hill estão os degraus do Cobb e o bilboquê de marfim de Jane Austen).

Outra inovação de enorme ajuda na minha pesquisa é a internet: que biógrafo anterior teve acesso, com o mero clique de um mouse, ao texto integral, digamos, dos romances das primas de Jane Austen ou aos livros hoje obscuros mencionados em suas cartas? O primeiro capítulo de Constance Hill foi denominado "Uma chegada na Austenlândia": cem anos depois, a Austenlândia é um fervilhante mundo virtual de publicações on-line e blogs, no qual uma erudição incrivelmente viçosa coexiste com o sentimento desavergonhadamente "janeite": meus especiais agradecimentos para pemberley.com, austenprose.com, austenonly.com e muitos mais.

Voltando ao mundo visitado por Constance Hill, tive um enorme auxílio de Louise West e de todos os funcionários do Jane Austen's House Museum.

A professora Kathryn Sutherland foi generosa tanto em amizade calorosa como em erudição exemplar, e, desde a minha chegada a Oxford, tive sorte o bastante para entrar num círculo de irmãs estudiosas de Austen, incluindo Fiona Stafford, Mary Favret, Freya Johnston e Nicola Trott. Meus agradecimentos a Kelvin Everest e Edward Burns, pela ajuda com minhas primeiras ideias a respeito enquanto estive na Universidade de Liverpool, e à grande especialista em Austen Claudia L. Johnson, que foi uma valiosa apoiadora desde que avaliou meu doutorado.

Ainda não há uma decisão do júri quanto ao desenho em plumbagina da "Srta. Jane Austin", mas, graças à pesquisa realizada para o documentário de televisão "Jane Austen: o retrato despercebido?", podemos ter certeza de que é uma obra autêntica do período da Regência, e devo, por isso, minha profunda gratidão a Liz Hartford, Neil Crombie, toda a equipe da Seneca Productions e todos os colaboradores especializados, em particular Roy Davids, Hilary Davidson do Museu de Londres e Nicholas Eastaugh da Art Access and Research; também a Janice Hadlow e Mark Bell da BBC2.

Pela particular ajuda na identificação da origem das imagens, meus agradecimentos a Mette Korsholm da David Collection, em Copenhague; Marcie Knowles, colecionadora de rendas no Alabama; David Rymill e Nicola Pink do Hampshire Record Office; Marilyn Palmeri da Morgan Library, em Nova York; Sara Denham e Emma Rutherford da Philip Mould and Company; Daniel Bell da Royal Collection; Beverley Green da Royal Pavilion and Museums, em Brighton; Bernard Robinson e Kevin Tobin do Soldiers of Oxfordshire Museum, em Woodstock; Katherine Marshall da Sotheby's; Paula Cornwell e Gretchen Ames de Stoneleigh Abbey; Olivia Stroud do Victoria and Albert Museum.

Bob Bearman chamou minha atenção para a importância do arquivo Stoneleigh no Shakespeare Birthplace Trust Records Office, em Stratford-upon-Avon, e David McLay, curador do John Murray Archive, foi generoso concedendo seu tempo. Richard Ovenden propiciou o maravilhoso apoio da Bodleian Library. Claire Johnstone da Mansfield College, em Oxford, verificou e corrigiu referências para mim a uma velocidade fantástica, mesmo estando no processo de mudar de casa.

Pela oportunidade de testar material antes da publicação, agradeço a James Runcie do Bath Literature Festival, Vicky Bennett do Chipping Campden Literature Festival, e Tim Hipperson e Juliette Coles da Oundle School.

Na Harper*Press*, Arabella Pike é a melhor de todas as editoras de aquisição possíveis – tremendamente entusiasmada em seu apoio aos meus livros, mas também rigorosa e imaginativa em sua edição linha a linha. O mesmo vale para sua contraparte, Terry Karten, em Nova York. Kate Tolley colocou o livro no prelo em tempo recorde, um feito ainda mais notável por causa do número de ilustrações, e Peter James foi um preparador incrível, fazendo sugestões inestimáveis e me salvando de erros crassos.

Como a vida de Jane Austen demonstra, nunca foi fácil para uma mulher ganhar a vida escrevendo, mas, em nosso próprio tempo dificílimo para os aspectos econômicos da autoria, nenhuma biógrafa profissional poderia desejar agentes melhores do que Andrew Wylie e Sarah Chalfant.

Tom Bate tirou fotografias soberbas tanto de documentos como de lugares. Seguir os passos de Jane Austen com ele e, em outras ocasiões, com meus pais, Tim e Clare Byrne, foi um dos grandes prazeres da pesquisa. Minha sobrinha Sarah Bate ajudou com referências. Fico muito grata a Agnieszka Kuzminska, sem cujo trabalho duro e auxílio com as crianças eu teria ficado perdida. Minúcias eclesiásticas foram fornecidas pelos reverendos Matthew Catterick e Paul Edmondson, meus queridos amigos.

Durante o agitado processo de completar o livro a tempo para o bicentenário da publicação de *Orgulho e preconceito*, ao mesmo tempo acomodando três filhos em novas escolas e assumindo o atarefado papel acadêmico de "Sra. Diretora", minha sanidade foi preservada pelo Northwick Park (que Warren Hastings visitou, vindo de Daylesford) e por todos os meus amigos lá, em especial Betina Goodall, Fiona Laidlaw e Katy Whyard.

Acima de tudo, minha mais profunda gratidão é reservada ao meu caríssimo marido, Jonathan Bate. Eu não poderia ter escrito este livro sem sua confiança, seu amor e seu apoio. Sou grata por tê-lo em minha vida.

Índice remissivo

12th Light Dragoons 156

Abbey School, Reading 40-41
Ackermann, Rudolph 135
Adlestrop (Gloucester) 54, 98, 137, 269, 274, 277
adoção 20, 22, 28, 30, 41, 257, 324
Age (diligência) 144
Alton Book Society 101
Amis, Kingsley 21
amor e casamento 210
Andover 30
Anstey, Christopher, *Novo guia de Bath* 191, 201
Antígua 217, 262-265
Ashe Park 262
Ashe (presbitério de) 212, 215, 232-234
Astley's Theatre 173
Augusto, príncipe 286
Austen, almirante Francis William "Frank" "Fly" (1774-1865)
 a favor da abolição 259
 ajuda financeira à família 290
 caráter e descrição 19, 35, 289-290
 carreira naval 284-285, 288-290
 casamento com Martha Lloyd 119
 casamento com Mary Gibson 268, 290
 comentário sobre a transferência dos pais para Bath 194
 correspondência com Jane 342
 correspondência com Susan Quincy 17-19
 guarda carta de aconselhamento do pai como tesouro 284
 influência na obra de Jane 18, 20, 86, 283-284, 286
 morte de 298
 poema de Jane sobre 35
Austen, Anna (sobrinha). *ver* Lefroy, Anna
Austen, Caroline Mary Craven (n.1805)
 comentário sobre ligações românticas de Jane 219, 344
 comentário sobre o relacionamento de Jane com Cassandra 122
 conselho de Jane sobre seus esforços literários 343-344
 correspondência com Jane 307
 descrição de Jane 359
 memória de 351
 relato da morte de Jane 251
Austen, Cassandra Elizabeth (1773-1845)
 apoio a Edward Knight e Mary Knatchbull quando eles fogem 133
 comentário sobre a morte de Jane 251
 comentário sobre o romance à beira-mar de Jane 217-218
 como caricaturista 82
 conhece Eliza Hancock 60
 considerada a melhor escritora cômica de sua época por Jane 122
 contrai tifo 39

423

convites para Goodnestone Park 268
correspondência com Jane 38, 108, 118, 120-124, 162, 179, 192, 216-217, 335, 350, 354, 360, 370
destrói as cartas de Jane 32
enviada para o internato 39-40, 76
e o noivado relâmpago de Jane 219, 221
esboço de Jane 385, 387
herda livros de Jane 98
incentiva Jane a se tornar uma autora publicada 129
Jane como "brinquedinho" 31
lembrada por alguns dos estudantes 37
menciona um xale indiano 46
morte de 237
morte de seu noivo 120
noivado com Tom Fowle 118, 128, 211
pede a Jane para mudar fim de *Mansfield Park* 339
proximidade com Jane 129, 133, 230
temperamento romântico 132, 226
visitas a Bath 29, 188
Austen, Cassandra Esten ("Cassy") 237
Austen, Cassandra Leigh (m.1827)
amor pela comida 274-275
casamento 53
comentário sobre a pobre Lady Saye and Sele 274
comentário sobre viajar através de Bagshot Heath 140
concorda com adoção de Edward pelos Knight 28-29
descreve Stoneleigh 272-274
e a loucura na família 35
envia as meninas para o internato 39
leva George Hastings em lua de mel consigo 29, 53-54
morte de 34
muda-se para Bath 188-189
nascimento de crianças 31-33
popular com os estudantes 36
problemas de estômago 317
situação financeira 330
visitas a Bath 188-189
Austen, Charles John (1779-1852)
adorado pelos filhos 309
arrastado por Jane para encontrar o cabriolé do pai 30, 35
caráter e descrição 35, 283, 309
casamento com Fanny Palmer 126, 128, 265
casamento com Harriet Palmer 128
como pai de oito filhos 303
e a morte de Jane 149
e as representações teatrais em Steventon 170-171
influência na obra de Jane 18, 283-284
morte de 284
morte de sua esposa 128
nascimento de 32
premiado com dinheiro pela captura de corsário francês 281
Austen, Edward (1767-1852). *ver* Knight, Edward
Austen, Fanny Palmer 126, 263
Austen, Florence (sobrinha-neta) 246
Austen, Francis (tio-avô) 17-19, 31

Austen, George (1766-1838) 28-29, 57
Austen, Harriet Palmer 128
Austen, Henry Thomas (1771-1850)
   amor pelas representações teatrais 168-169, 174-175
   caráter e descrição 153
   carreira militar 86, 151-160
   casamento com Eliza Hancock Feuillide 60-61, 159-163
   comentário sobre o esboço de Jane 386
   comentário sobre os métodos de composição de Jane 326
   comentário sobre os romances de Jane 337-338, 358
   comentário sobre os sentimentos religiosos de Jane 240
   descrição de Jane 359
   doença de 351, 358
   e morte de Jane 149
   entra na Igreja 164
   habilidades literárias 345
   investimentos e falência 161-162
   lança o *Loiterer* 90, 154
   ligações românticas 61, 158
   lista os romancistas favoritos de Jane 104
   quebra de seu banco 383
   sem filhos 303
Austen, James (1765-1819)
   amor pelas representações teatrais 168
   biografia de Jane pelo filho 20
   caráter e descrição 90
   carreira militar 160
   casamento com Mary Lloyd 119
   como pai de três filhos 303
   e morte de Jane 149
   encontro com Anne Lefroy 235
   e o noivado relâmpago de Jane 219
   estudos em Oxford 39, 90
   forma e orienta o gosto de Jane pela leitura 100
   herda Steventon 154
   infância 33
   lança o periódico *Loiterer* 90
   ordenação como diácono 90
   sai em excursão extensa 90
Austen, James Edward (n.1798) 20, 28, 230, 345
Austen, Jane (1775-1817)
   amor pelo litoral 14-15, 365, 367-368, 370-371, 374-376, 378-379, 387-388
   amor pelos livros e pela leitura 99-101, 103-104, 106, 111-114, 117, 172
   aversão pelo príncipe regente 352-354
   caráter e descrição 19-20, 122, 360-361, 363-364, 386-388
   como satirista social 76-79, 81, 83-86, 122-123, 193
   correspondência com Cassandra 37, 108, 117-118, 120-124, 162, 179, 192, 216, 335, 350, 354, 360, 370
   correspondência com sobrinhos e sobrinhas 75, 125, 220, 225, 227-228, 230, 242-343, 345
   crenças religiosas 237-252
   deseja ganhar dinheiro e receber aprovação por suas obras 341-343, 348, 350
   doença final e morte 238, 251, 382
   e a morte de seu pai 236-237

educação 39-40
estilo de escrita e método 23, 129-130, 132, 325-326
forte vínculo com Cassandra 124, 128-129, 132-133
infância 30, 32, 34
ligação com tráfico de escravos e proprietários de plantações 261-263
ligações românticas 211-230
memórias familiares de 19
mudança para Chawton 306
mulher viajada 137-141, 144-150
poderes de observação 14-15
possível contribuição para o *Loiterer* 92, 94
proximidade com sua família 34, 36, 41, 120-121, 211, 282, 283
reação à mudança da família para Bath 194-195, 197
relacionamentos com mulheres 119-120, 122, 124, 128, 160, 233-235
representação de pares de irmãs 129-130
vida social 148, 162-163, 167-171, 173-184
influências sobre sua escrita
 adoção 44
 amor, romance e *femmes fatales* 131-133, 163, 182-183, 206-207, 223-224, 227-230, 322
 assuntos navais 281-298
 crianças 303-314
 escravidão e direitos civis 255-266
 herança e grandes casas 267-269, 271-280, 382
 jogos 301

lar e a família 19-21, 42-43, 59-66, 86, 125, 127-130, 152-154, 164, 167, 194, 259, 283-286, 288-291, 293
litoral 367-372, 374-379
locais e bens exóticos 46-47
lojas e compras 186-188
milícia 152-153, 155-158
religião 245-250, 252
revoltas e revoluções 64-71
romances góticos 103
romancistas e poetas 59, 76-83, 86, 103-104, 113-114, 146-147, 259
obras literárias
 A abadia de Northanger 19, 69, 71, 95, 102-104, 107, 109, 111, 141-143, 157, 174, 186, 188, 190, 201, 203, 206, 245, 275, 314, 318, 359, 386
 "A bela Cassandra" 86
 "Amor e amizade" 67, 87, 94-95, 102, 140, 145, 163, 188
 "As três irmãs" 128
 Cadernos de velino (escritos juvenis) 73, 75-76, 78, 80-81, 87-89, 91, 94, 96, 140, 170, 193, 213, 230, 321, 358
 "Carta de uma jovem dama" 129
 "Catharine, ou O caramanchão" 47, 67, 71, 74, 94
 "Edgar e Emma" 87
 "Elinor e Marianne" 129, 133, 200, 318-319, 321, 324
 Emma 23, 30, 40, 44, 80, 87, 106, 108, 110-111, 113, 116, 128, 141-142, 152, 173, 186-187, 206, 229, 230, 245-246, 258, 263, 276, 278, 299-302, 305-306, 308, 310-311, 313, 324-325, 342,

344, 346, 348-350, 355-356, 363, 370, 378, 386
"Frederic e Elfrida: um romance" 78
"Henry e Eliza" 61, 86, 160
"História da Inglaterra" 74, 81-83, 86, 88
"Jack e Alice: um romance" 79
Lady Susan 21, 163, 200, 320-324
"Lesley Castle" 81
Mansfield Park 23-24, 28, 30, 41-44, 46, 48, 108, 114, 140, 148, 151-152, 159, 163, 167-168, 177, 180-181, 183-184, 195, 223, 238, 245-249, 257-258, 262-267, 269, 275-276, 278, 280, 282-283, 285, 289, 293-297, 301, 306, 308, 323, 331, 337-339, 342-344, 348-349, 354, 356, 378
Orgulho e preconceito 23, 77-78, 100-101, 105, 110, 119, 128-130, 139-140, 148, 152-153, 157, 161, 163-164, 174, 180, 186, 190, 213, 222, 224, 245, 248-249, 255, 258, 278, 306, 308, 318, 328, 331, 333-339, 343, 347, 349, 351, 355, 361, 368
Os Watson 30, 200, 244, 312, 320-321, 325, 339
Persuasão 14-15, 18-19, 44, 126, 132, 140, 152, 203, 213, 250, 258, 263, 276, 278, 283, 290, 296, 298, 306, 309, 310-311, 313, 344, 358, 359, 371-372, 375-376, 378-379, 386-387
"Primeiras impressões" 129, 157, 190, 200, 318-319, 321

Razão e sentimento 23, 58, 89, 124, 129-131, 133, 143, 152, 161-163, 172, 174, 186, 200, 223-224, 245, 278, 310, 313-314, 318, 324-325, 328-332, 336, 343, 349, 372, 386
Sanditon 96, 100, 102-103, 140, 223, 255, 306, 314, 344, 378-382
Sir Charles Grandison, ou O homem feliz 173
"Susan" 190, 200, 206, 318-321, 324, 327-329, 358
"Uma coleção de cartas" 81
Austen, Jane (tia-avó) 31
Austen, Lady 43
Austen-Leigh (família) 316
Austen-Leigh, James Edward 19-20, 345, 386
Austen, Leonora (n.1733) 261
Austen, Martha Lloyd (1765-1843)
 bondade com Mary Benn 347
 caráter e descrição 120
 casamento com Frank 119
 correspondência com Jane 139
 Jane compra sapatos para 192
 relacionamento com Jane 120, 190, 290
Austen, Mary Gibson
 casamento com Frank 268, 290
 gravidez e confinamento 291
Austen, Mary-Jane 291
Austen, Mary Lloyd (1771-1843)
 casamento com James 119
 comentário de Jane sobre sua gravidez 224
 comentário sobre Lyme Regis 15
 correspondência com a sra. Austen a respeito de Stoneleigh 272-273

e a história do noivado de Jane
  com Harris Bigg 219
marcada pela varíola 120
relacionamento com Jane 124
Austen, Philadelphia 'Phila'.
  ver Hancock, Philadelphia
Austen, rev. George (1731-1805)
  adquire uma carruagem 139
  age em nome da irmã Phila 57
  amizade com Warren Hastings 56
  antecedentes familiares 48
  aquisição de caixa de escrita 316
  caráter e descrição de 213-214
  casamento 53
  concorda com adoção de Edward pelos Knight 28-29
  conexão com a família Nibbs 262
  desaprova o casamento de Eliza 58
  educação 53
  envia as meninas para o internato 39
  hospeda estudantes 36
  incentivo a arte e leitura 167
  infância 48
  leva George Hastings em lua de mel consigo 29, 53-54
  morte de 236-237, 268, 325, 330
  muda-se para Bath 165, 194
  ocupado com deveres paroquiais 33
  recebe miniatura de Phila 57
Austen, Stephen 48
Austen, Tom 35
Austen, William (m.1737) 48, 261

Bagshot Heath 140
Balliol College, Oxford 107
balneários 60, 367, 377
Banks, Sir Joseph 98
Barbados 261
Barmouth 370, 387
Barrow, John, *Um relato da vida pública e uma seleção de escritos inéditos do conde de Macartney* 297
Barrymore, conde de 167, 178
Barton Court, Kintbury 120
Bath
  compras em 186, 188, 191-192
  entretenimentos e diversões em 179, 192, 201-207
  episódio do furto em loja 194-197
  famosa pela eletroanalgesia 190-191
  mudança da família Austen para 14, 99, 165, 194, 200, 215, 262, 268, 319
  Novos Salões de Dança 202-203
  Salões Baixos 201-203
  Sydney Gardens 192, 199
  visitas a 29, 30, 113, 189-190
Bath Chronicle 188
Beckford, Alderman 262
Beckford, Charlotte-Maria 360
Beckford, William 184, 262, 360
Bedlam Hospital 34, 269
Belle, Dido 254, 257
Benn, Mary 335, 347
Bentley, Richard 145, 338, 386
Berry, tenente William 287, 292
Bessborough, Lady 332
Betham, Matilda 320
Biblioteca Britânica 74, 316
biblioteca de Alton 332
bibliotecas 58, 80, 93, 99-101, 112, 126, 166, 171, 189, 199, 201, 206, 234, 291, 307,

316, 332, 339, 348, 352, 371, 378
Bickerstaff, Isaac
 A criança mimada 172
 O hipócrita 177
Bigeon, Madame 66, 162, 164
Bigg, Alethea 119, 219, 221
Bigg, Catherine 219
Bigg-Wither (família) 171, 268
Bigg-Wither, Harris 218, 222, 230
Billington, Elizabeth 174
Blackall, rev. Samuel 216-217, 224, 234
Bodleian Library (Oxford) 74, 99
Bolton, duquesa de 233
Bombay Castle (navio) 49
Brabourne, Lord 21-22
Bridges, Elizabeth 125
Bridges, Lady 214
Bridges, rev. Edward Brook 214
Brighton 153-155, 157, 365, 368, 377
British Critic 333
Brontë, Charlotte 279-280
Brydges, Sir Samuel Egerton 232
Buller, Richard 36-38, 371
Burke, Edmund 98
Burney, Charles 32, 34, 87, 97-98, 100, 102-110, 113-114, 129, 171, 174, 206, 226, 255, 319, 321-322, 328, 335, 368, 372
Burney, Fanny
 admirada por Jane 87, 113-114
 A errante 108, 114
 Camilla: ou Um retrato da juventude. Da autora de Evelina e Cecilia 68, 97-100, 102-104, 106, 108, 113-114, 319
 casamento com John Thorpe 107

Cecilia 47, 58, 68, 97, 102, 104-107, 114, 174, 343
 citada por Jane 32
 comentário sobre as irmãs Hawke 109
 comentário sobre ser mergulhada no mar 367
 comentários sobre seus personagens 105-106
 defende o romance 103
 Evelina 97, 102, 105-106, 110, 129, 171, 206, 321, 335
 testemunha loucura de Jorge III 34
 visitante frequente dos Cooke 107
Burns, Robert 319
Byrne, Patrick 93
Byron, almirante "Fairweather" Jack 116
Byron, capitão "Mad" Jack 116
Byron, Lord 16, 37, 116-117, 133, 278, 334, 341, 350, 376
 O corsário 117, 376

Cadell e Davies, editores 97, 328
Cadell, Thomas 318-319
caixas de escrita 316
Calcutá 46, 51-52, 54, 58
Carlos I 83, 108-109, 271
Carlton House 351-353, 362
Caroline, princesa 352
casa 42-44
Cawley, sra. 39
Caxemira 45-46
Centlivre, Susanna, *O prodígio: uma mulher guarda um segredo* 168
Chapman, R. W. 378
Charles Stuart, príncipe "Bonnie Prince Charlie" 83

Charlotte Augusta, princesa 333
Charlotte, princesa 353, 357
Charmouth 14, 370-371, 387-388
Chatsworth House 271
Chawton 20, 44, 46, 101, 112, 127, 133, 149, 164, 171, 222, 250, 305-306, 308, 318, 320, 337, 342, 347, 352, 383
Chawton Cottage 28, 144, 282, 337
Chawton House 280
Chawton Manor 306
Cheltenham 149, 250, 343
China 55, 297-298
Chute (família) 30, 41
Clapham, seita (ou Os santos) 241
Clarence, duque de 178
Clarke, rev. James Stanier 222, 351-354, 357-358
Clarkson, Thomas 21, 96, 259
  História da ascensão, progresso e efetivação da abolição do tráfico de escravos africanos 259
Clive, Robert 51, 54
Cobbett, William 137
Coleridge, Samuel Taylor 44, 96, 320
Colman, George 167, 183
  (com David Garrick) *O casamento clandestino* 147, 178
Colyton 38, 370-371
Companhia das Índias Orientais 46, 49, 51, 54, 56
Cooke, Cassandra Leigh 107-109, 275
  Battleridge: um conto histórico 108-109
Cooke, Edward (tecelão de cobertores) 156
Cooke, Mary 107

Cooke, Samuel 31, 107-108
Cooper, dr. 40
Cooper, Edward 40, 82, 87, 172, 240-241, 271
  Dois sermões pregados nas igrejas antiga e nova em Wolverhampton, preparatórios para o estabelecimento de uma instituição bíblica 241
Cooper (família) 29, 168
Cooper, Jane 39, 40, 126, 282
Cowley, Hannah 170
  O estratagema da beldade 170
  Qual é o homem? 170
Cowper, William 256
  A tarefa 43, 154, 256, 272
  "Epístola a Joseph Hill" 272
  Tirocinium 42-43
Craven, Lord 120-121
Crianças 145, 303, 306
Critical Review 333
Cromwell, Oliver 83, 109
Crosby and Co. editores 319-320
Crosse, Richard 231
Crown (navio) 284
Culham, Francis 33-34

d'Antraigues, Comte 163
d'Arblay, general Alexandre 107
d'Arblay, Madame. *ver* Burney, Fanny
Darcy, Lady Amelia 116
Dawlish 14, 370-372
Deane, George (ou Henry) 36
Deane (presbitério de) 54, 236, 240
de Feuillide, Eliza Hancock (1761-1813)
  à beira-mar 367
  caráter e descrição 59-60, 162-163

casamento com Henry Austen 159-162, 174
casamento com Jean-François 57-58
comentários sobre as crianças Austen 65, 67
como musa para Jane 163
correspondência de 261
desfruta de visitas a Steventon 60-61, 63
doença e aborto 62
doença e morte 163
e as representações teatrais em Steventon 169-170
educação 56
envolvida em distúrbios em Londres 62-63
execução de seu marido 66
filha ilegítima de Warren Hastings 54-56
filho sofre convulsões 35, 64
morte de sua mãe 62
recebe notícias de atrocidades francesas 64
vida aventurosa de 60-61, 65
visitada por James Austen 89
de Feuillide, Hastings 35, 54, 60-61, 64-65, 67, 162, 367
de Feuillide, Jean-François Capot 57, 61, 63-64, 162
Dicionário Militar 160, 162
Digweed (família) 168, 210, 215
Digweed, Harry 215, 318
doença mental 34, 35, 269, 272
Dundas, sra. 120
Dusautoy, srta. 347

East, Gilbert 36
Eastwell Park (Kent) 255
Ecclesford (Cornwall) 167

Edgeworth, Maria 104, 110-111, 113, 136, 244, 328
Belinda 104, 111-112, 328
Castelo Rackrent 111
Contos da vida elegante 111
Leonora 47, 48, 111, 261
Patronato 111, 114
Edwin, Elizabeth 178
Egerton, Thomas 90, 160-162, 164, 232, 257, 328-330, 333-334, 337-339, 343, 364, 387
Eldridge, Henry 226
Elizabeth I 84, 87
Elliston, Robert 179
Endymion 281, 372
escassez de alimentos e distúrbios 155
escravidão 21, 256, 258-259
evangélico (movimento) 21, 240, 244

Fielding, Henry
  A tragédia das tragédias, ou A história de Tom Thumb, o Grande 76, 169-170
  Tom Jones 80, 104, 212
Finch-Hatton, Daniel 303
Finch-Hatton, George 255
Fletcher, John 168
Fonthill Abbey 263
Fowle, Charles 36, 215
Fowle, Eliza Lloyd 119
Fowle, Fulwar Craven 36
Fowle, Tom 38, 118-120, 128-129, 132, 168, 211, 214, 226
Fowle, William 36

Garrick, David 98, 167-168
  As chances 168, 170

Índice remissivo / 431

(com George Colman) *O casamento clandestino* 147, 178
Gentleman's Magazine 235
Georgiana, duquesa de Devonshire 332
Gibbon, Edward, *Declínio e queda do Império Romano* 319
Gifford, William 348-349, 358
Gilpin, William, *Observações, relativas principalmente à beleza pitoresca, feitas no ano de 1776 em diversas regiões da Grã-Bretanha, particularmente na Escócia* 147
Gisborne, Thomas 172, 241-242
  Inquirição quanto aos deveres do sexo feminino 172
Godmersham (Kent) 29, 31, 44, 125, 137, 171-172, 255, 268, 280, 284, 290, 308, 317-318, 339, 344, 347
Goethe, J.W. von, *Os sofrimentos do jovem Werther* 89, 227
Goldsmith, Oliver
  Ela se curva para conquistar 180
  História da Inglaterra desde os primórdios até a morte de Jorge II 82
  O vigário de Wakefield 89
Goodenough, William 36
Goodnestone Park 125, 137, 268, 280
Graham, dr. James 190-191
Granada 261
Grant, Elizabeth 367
Great Bookham 107-108
Guerra da Independência Americana 263
Gunn, Martha 368-369

Hackitt, Sarah "Madame Latournelle" 40
Hackwood Park 233
Haddon's (ou Week's) (plantação de) (Antígua) 262
Halford, Sir Henry 351
Hampden, John 83
Hampson (família) 261
Hampson, Sir Jorge 261
Hampson, Sir Thomas 261
Hancock, Eliza (n.1761). *ver* de Feuillide, Eliza
Hancock, Philadelphia "Phila" Austen (1730-1792)
  aprendiz de modista em Covent Garden 49
  casamento 51
  enviada à Índia 49-51
  ganha um xale indiano 46
  infância 48-49
  morte de 62
  nascimento de Eliza 54
  permanece na Inglaterra após o retorno do marido para a Índia 55
  relacionamento com Warren Hastings 54
  viagens pela Europa 57
Hancock, Tysoe Saul (m. 1775) 33, 51-52, 54-59, 61-62, 140
Hanson, srta. 37
Hardy, Thomas 71
Harrison, Elizabeth-Matilda Butler 303
Harrison, Frederick 71
Harrison, sra. 34
Hastings, Elizabeth (n.1758) 52
Hastings, George 29, 53-54
Hastings, Mary Elliott (m.1759) 49, 52

Hastings, Warren
   apoio ao romance de Burney *Camilla* 98
   casamento com Mary Elliott 52
   envia carta de louvor a Jane 335
   filha ilegítima 53-55
   informado sobre o casamento de sua afilhada 160
   negocia ópio para a Companhia das Índias Orientais 52, 58

Hawke, Cassandra 95, 109-110, 275
Julia de Gramont 95, 109
Hawkins, Laetitia M., *Rosanne* 102, 343
Hayley, William, *O mausoléu* 93
Haymarket Theatre (Londres) 173-174
Heathcote, Sir William 170
Heath, William 365
Henrique II 271
Hill, Constance 304, 374-375
Hill, Joseph 269, 270, 272
Hoare, Charles 372
Holder, James 262
Holder, William 262
Holt-Leigh, Robert 275
homossexualidade 184
Hume, David, *História da Inglaterra desde a invasão de Júlio César até a Revolução de 1688* 82
Hursley Park (Hampshire) 170
Hurstbourne Park 36-37, 280

Ilha de Wight 14, 221, 291, 294
Ilusão; ou os transes de Nourjahad (peça) 179
Índia 49-53, 55, 57-59, 68
Índias Ocidentais 37-38, 112, 120-121, 255, 262-264, 285, 296, 298, 317-318, 344, 380
Índias Orientais 21, 45-49, 51-52, 54, 56, 58, 79, 98, 152, 284, 298, 316

Jaime I 87
Jamaica 256, 261-262
Jane Shore (peça) 233
Jekyll, Joseph 196
Jenner, dr. Edward 233
jogos 179, 202, 300-302, 304, 306-307
Johnson, Samuel 319
   Vidas dos poetas ingleses 319
Jones, W. 93
Jordan, Dora 170, 172, 178
Jorge III 368

Kean, Edmund 176-177, 180
Keats, John, *Endymion* 372
Kempshott Park 280, 352
Kenwood House (Hampstead) 253-254
Knatchbull, Mary 133
Knatchbull, Sir Edward 133
Knight, Cassandra 214
Knight, Catherine 28, 46, 331
Knight, Edward Austen (1767-1852)
   abalado com a fuga de Edward Knight e Mary Knatchbull 133
   adotado pelos Knight 28, 30, 40-41, 154
   aluga Chawton Cottage para Jane 305
   caricaturado por Cassandra 86
   casamento com Elizabeth Bridges 125, 137
   como inspiração literária para Jane 44
   como pai de onze filhos 303

fruição de representações teatrais 171
infância de 33
morte de 284
saúde de 189
visitado por Jane e família 268
visitas a Bath 189-190
Knight, Edward (sobrinho) 34, 41, 44, 133, 268
Knight, Elizabeth Bridges 125
Knight, Fanny, Lady Knatchbull (1793-1882)
   casamento com Edward Knatchbull 133
   correspondência com Jane 242, 307, 343
   ganha conselhos sobre namoro e casamento 228, 242
   ganha conselhos sobre religião 242
   ganha conselhos sobre seu romance 343
   morte de 21
   preceptora de 172, 308
   relacionamento com Jane 128
Knight, George 306
Knight, Louisa 214, 339
Knight, Marianne 314
Knight, Thomas 28-29, 85
Knight, William 303
Knox, Vicesimus, *Extratos elegantes: ou úteis e divertidas passagens em prosa selecionadas para o aperfeiçoamento dos estudiosos* 84
Kotzebue, August von, *O aniversário* 192

La Ligurienne (brigue francês) 289-290
Lamballe, princesa de 64

lap-desk. *ver* caixas de escrita
Lavater, Johann Caspar 28
Laverstock House 280
Lefroy, Anna (Jane Anna Elizabeth Austen, 1793-1872) 385
   comentário de Jane sobre a proposta de casamento de Anna 34
   comentário sobre Henry Austen 154
   comentário sobre o esboço de Jane por Cassandra 385
   comentário sobre o forte vínculo de Jane e Cassandra 133
   correspondência com Jane 176, 230, 307
   descrição de Jane 360
   lembranças da aposentadoria da família Austen em Bath 194, 200
   nascimento de sua filha Jemima 230
   ouve falar de Lyme Regis 15
   Qual é a heroína? 343
   Sir Charles Grandison ou O homem feliz 173
   sobre o senso de humor de Jane 123
Lefroy, Anne (1749-1804)
   amizade com Jane 233, 235, 236
   caráter e descrição 231-235
   comentário sobre rapaz naval açoitado 286
   maquinações românticas 211, 215
   morte de 235
   obras de caridade 234
   retrato em miniatura de 231
Lefroy, Benjamin 305
Lefroy, Charles 307
Lefroy, Christopher Edward 234

Lefroy, Jemima 314
Lefroy, Julia 314
Lefroy, rev. George 232
Lefroy, Tom 211-213, 215, 219, 224, 234, 374
Lei de Habeas Corpus 256
Lei de Ordenação do Clero 245
Leigh, Chandos, barão Leigh por segunda criação 278
Leigh, Edward, quinto barão Leigh (m.1786) 269, 279
Leigh, Edward, terceiro barão Leigh 271
Leigh (família) 35, 54, 108, 110, 272, 276, 280
Leigh, general Charles 116
Leigh, Georgiana Augusta 116
Leigh, James Henry 269, 274, 278
Leigh, Julia Judith Twiselton 278
Leigh, Mary 109, 269, 272, 280
Leigh, Medora 116-117
Leigh-Perrot, James (m.1817) 110
Leigh-Perrot, sra. Jane Cholmeley
 amizade com Maria Edgeworth 110
 desgosto de Jane por 189
 e o romance de Jane com Harry Digweed 215
 herda tudo quando da morte de seu marido 382
 herdeira de propriedade em Barbados 261
 incidente do furto em loja 194-196
 visita de Jane, Cassandra e mãe delas 188
Leigh, rev. Thomas (m.1813) 269-270, 277-278
Leigh, Sir Thomas 108, 269, 271
Leigh, tenente-coronel George 116
Leigh, Theophilus 107
Leigh, Thomas (cavalheiro elisabetano) 269
Leigh, Tom (tio) 33
Lennox, Charlotte, *A Quixote mulher* 101
Leopoldo de Saxe-Coburgo, príncipe 357
Le Scipio (corsário francês) 281
Lewes, G. H. 279
Lewis, M.G., *O monge* 103
Lindsay, capitão John 254
Linley, Elizabeth 192
Liston, John 174, 178
Littleworth, Anne "Nanny" 303
Littleworth (família) 32
Littleworth, John 303
Lloyd (irmãs) 119, 120
Loiterer (periódico) 90-94, 154
Londres 34, 40, 48-49, 55-57, 60-62, 64, 66, 69-71, 74, 108, 133, 136-137, 139, 143-145, 150, 157-158, 162-163, 167, 172-177, 179, 183, 185-188, 191-192, 200-201, 210, 214, 223, 225, 227, 239, 241, 254, 257, 259, 269, 298, 306, 316, 319-320, 322, 328, 331, 333, 336-338, 344, 349, 351, 361-362, 367, 386
 distúrbios de Londres 62-63, 70-71, 156
Luscombe Castle 372
Lyceum Theatre 175
Lyford, Giles King 149
Lyford, John 211
Lyme Regis 13-14, 296, 369, 371-373

Macaulay, Catherine 191

Mackenzie, Henry, *O homem de sentimento* 89
Madras (atual Chennai) 50-52, 298
Mangin, Nicolas 66
Mansfield, Lord 22, 30, 41, 253-256, 303
Manydown 171, 212, 219-220, 224, 268
máquinas de banho 14, 366, 368-369, 371-372, 377-378
Marbeouf, marquesa de 66
Margate 367
Maria Antonieta 57, 60, 64, 71
Maria da Escócia 84-88
Marinha Real 17, 259-260, 287
Maskelyne, Edmund 49
Maskelyne, Margaret 49, 51
Matilda (peça) 166, 168
Matthews, Charles 177
Meadows, capitão John 151
Micheldever 30
Middleton, Charlotte Maria 123, 306, 310
Milbanke, Annabella 334
milícia 152-153, 155, 157-158, 293
miniaturas 57, 87, 231-232, 237, 346
Minto, Lord 352
Mitford, Mary Russell 211, 360
Moira, Lord 162
Molière 177
Monk Sherborne 33, 65
Moore, dr. John 293
Moore, general Sir John 287, 292-293
More, sra. Hannah 98, 241, 244
 Coelebs em busca de uma esposa 241
Morning Chronicle 98

Morning Herald 369
Morrell, Deacon 36
Munro, John 269
Murray, John 99, 110, 338, 341, 348-350, 354-356, 361, 363-364, 376, 387
Murray, Lady Elizabeth 30, 254-255
Musgrave, sra. 31

Namur (navio) 126
Napoleão Bonaparte 284, 292
Nash, John 372
Nelson, Lord 290
Netley Abbey 291
New Down 30
Newnham, Francis 36
Newton, John, "Amazing Grace" 44
Nibbs, George 36-37, 262
Nibbs, James 262
Norris, Robert 265

Old Smoaker 368-369
O'Neill, Eliza 176-177
ópio 47, 52, 55, 58, 112, 264, 298
O registro e repositório poético de poesia fugaz 232
Orme, Edward, *Um ensaio sobre impressões transparentes e transparências em geral* 24
Os cadernos de velino influência na obra de Jane 86
O sino da meia-noite (romance gótico) 317
Owenson, Sydney (Lady Morgan), *A selvagem garota irlandesa* 112
Oxford 31, 39-40, 49, 53, 60, 74, 90, 92, 93, 99, 107, 118, 137, 155, 174, 220, 262, 269

Oxfordshire Militia 151, 153-154

Paisley, Charles, *Um ensaio sobre a política militar e as instituições do Império Britânico* 259
Palmer (família) 128
Pantheon (Oxford Street) 174
Papillon, sr. 221-222, 347
Parish, Sam 156
Pearson, Mary 158
perfis 24, 28
Perseverance (navio) 79, 284
Phoenix (fragata) 284
Pierpont Morgan Library (Nova York) 321
Pinnock, Mary 261
Pinny 14
Pitt, o Jovem, William 155
Pope, Jane 174, 232
Popham, Sir Home 171, 292
Portsdown Lodge 298
Portsmouth 42, 86, 137, 140, 195, 284, 286, 291, 293-296, 298, 344
Portsmouth, Lord 36, 37
Powlett, Charles 211, 215, 239
príncipe regente 211, 222, 333, 351-352, 364, 369, 377
Prowting, Catherine 348

Quarterly Review 243, 355
Quincy, srta. Susan 17-19

Radcliffe, sra. Ann 98, 102-103, 109, 319
  O italiano 319
  Os mistérios de Udolpho 319
Ravenshaw, Muito Honorável Lord 167
Reading 40, 137

Reading Mercury 90, 165
Red Rover (diligência) 144
religião 19, 57, 85, 102, 117, 240, 244, 246-249
representações teatrais e idas ao teatro 167, 169-170, 184, 261, 302
Repton, Humphry 98, 254, 269, 277-278, 372
Revolução Francesa 65, 68-89
Richardson, Samuel 59, 77, 87, 103-104, 109, 129, 142, 173, 183, 223, 321-322, 361, 381
  Clarissa 103-104, 129, 321, 381
  Pamela, ou A virtude recompensada 77
  Sir Charles Grandison 59, 87, 104, 114, 129, 173, 321, 361
romances 101-106
  epistolar 129, 323-324
  gótico 61, 69, 95, 109, 183, 263
Rosings Park 280
Rousseau, Jean-Jacques 89, 91, 314
  Contrato social 89
  La Nouvelle Héloïse 89
Rowling 125, 137, 139
Royal Mail 138

Scarlets 189, 195, 280
Scott, Sir Walter 16, 23, 111, 114, 187, 336, 345-355, 364
  O antiquário 345
sensibilidade (ou sentimentalismo), culto da 88
Sevenoaks 31, 51, 137, 354
Seymour, William 222, 319, 320, 323, 328
Shadwell, Thomas, *O libertino* 178

Shakespeare, William 17, 43, 80, 167, 168, 175, 180, 226, 232, 264, 350, 352, 386
  Henrique IV, Parte 1 352
  O mercador de Veneza 177-178
  Rei João 175
  Ricardo III 152, 177
Sharp, Anne 171-172, 250, 308, 336
Sheridan, Richard Brinsley 101, 168, 170, 192, 334, 336, 351
  A escola do escândalo 170
  Os rivais 101, 168
Sherlock, bispo Thomas 245
Shirreff, srta. 334, 336
Siddons, Sarah 98, 175-176
Sidmouth 14, 217, 370-371
silhuetas. *ver* perfis
Smollett, Tobias, *A expedição de Humphry Clinker* 366
Somersett, James 256-257, 260
Sotherton Court 246, 268, 275, 280
Southampton 39, 40, 100, 118, 137, 144, 154, 167, 188, 268, 290-291, 304, 327, 370
Staël, Madame de 323, 350
St Albans (navio) 292, 298
Stanier Clarke, rev. James. *ver* Clarke, rev. James Stanier
Stapleton (prisão de) (Bristol) 154
Stephens, Catherine 178
Sterne, Laurence, *Viagem sentimental* 89
Steventon 14, 20, 29, 31, 35-36, 38-40, 46, 57, 59-61, 63, 65-67, 69, 80, 82, 84, 90, 93, 98, 118-120, 124, 129, 133, 154, 165-170, 183-184, 189-190, 194, 199-200, 209-212, 215, 219, 232, 234, 236, 240, 261-262, 268, 282, 284, 304, 306, 318, 345, 352, 371
Steventon Manor House 210, 215
St. John's College, Oxford 53, 90
St. Michael, Caerhays 116
St. Nichola's, Steventon 209-210
Stoneleigh Abbey (Warwickshire) 267, 269, 271, 275, 277
Strachey, Jenny 54
St. Swithin's, Bath 236
Stuart, Frank 36
Surrey Regiment 152
Sutherland, Kathryn 348-349

Taylor, Edward 211
Teignmouth 14, 370-372
Tenby 370, 387
Terry, Daniel 177
Theatre Royal (Bath) 174, 179
Theatre Royal (Covent Garden) 173, 179
Theatre Royal (Drury Lane) 172-173, 179
The Devil to Pay (peça) 178
The Retreat 34
The Times 64, 293
The Vyne (Hampshire) 280
Tilson, Frances 225
Times (diligência) 144
T. Payne, editores 97
transparências 23, 192
Trevanion, Charlotte Hosier 116-117
Trevanion, Georgiana 116
Trevanion, Henry 116-117
Trevanion, John Purcell 116
Trevanion, Marie-Violette 117
Tuke, William 34
Twiselton, Elizabeth, viúva dotada Lady Saye and Sele 274
Twiselton, Mary-Cassandra 204

Um guia para o altar (livro) 245
Up Lyme 14

Vanderstegen, William 36-37
Vermeer 23
viagens e transporte 21, 57, 69, 102, 136-140, 148-150, 169, 306, 316, 318, 387
von la Roche, Sophie 188

Wallop, John Charles, Lord Lymington 36-37
Walter (família) 261
Walter, Philadelphia "Phylly"
　antipatia por Jane 63
　comentário sobre a deficiência mental de George Austen 65
　comentário sobre as representações teatrais em Steventon 168
　preserva as cartas de Eliza de Feuillide 261
　recebe notícias de Henry Austen 158
　toma conhecimento da vida dissipada de Eliza 60
Walter, Susannah 261
Walter, William 261, 375-376
Walter, William Hampson 261
Wargrave (Berkshire) 167, 178
Warren, John 36, 211-212
Wellings, William 28
West, Benjamin, *Cristo rejeitado* 239
West, Jane 112, 113
Weymouth 368-369, 373, 376-378, 388
Whately, Richard, arcebispo de Dublin 243-244
Wigget, Caroline 30
Wilberforce, William 241
Williams, capitão Sir Thomas 281
Willis, dr. Francis 34
Winchester 20, 99, 149, 154, 164, 221, 251, 287, 306, 383
Wollstonecraft, Mary, *Uma defesa dos direitos da mulher* 112, 152, 222, 328
Wood, John 202
Woolf, Virginia 75
Wordsworth, William 23, 44, 64, 76, 314, 370
Worthing 268

xales 45, 46, 56

Yalden, sr. 145

Zoffany, Johann 253
Zong (navio negreiro) 257, 260

lepmeditores
www.lpm.com.br
o site que conta tudo

IMPRESSÃO:

PALLOTTI
GRÁFICA

Santa Maria - RS | Fone: (55) 3220.4500
www.graficapallotti.com.br